AF132034

GÜTERSLOHER
VERLAGSHAUS

Ökumenischer Taschenbuchkommentar
zum Neuen Testament
Band 5/1
Herausgegeben von
Erich Gräßer und Karl Kertelge

Alfons Weiser

Die Apostelgeschichte

Kapitel 1–12

Gütersloher Verlagshaus

Bibliografische Information der Deutschen Nationalbibliothek

Die Deutsche Nationalbibliothek verzeichnet diese Publikation
in der Deutschen Nationalbibliografie; detaillierte bibliografische
Daten sind im Internet über http://dnb.d-nb.de abrufbar.

Unveränderter Nachdruck der 1. Auflage 1982
Copyright © 1982 by Gütersloher Verlagshaus, Gütersloh,
in der Verlagsgruppe Random House GmbH, München

Satz: Clausen&Bosse, Leck
Druck und Einband: Books on Demand GmbH, Norderstedt
Printed in Germany
ISBN 978-3-579-04837-6

www.gtvh.de

Der Familie
meines Bruders Georg
in Dankbarkeit

Vorwort der Herausgeber

Das Taschenbuch als literarisches Hilfsmittel hat im heutigen Wissenschaftsbetrieb längst seinen festen Platz. Mit dem vorliegenden Band, der eine neue Kommentarreihe zum Neuen Testament fortsetzt, soll nun auch für diesen wichtigen Zweig exegetischer Arbeit das Taschenbuch zur Veröffentlichung und Verbreitung genutzt werden. Wir hoffen, daß wir damit einer wachsenden Nachfrage von Studenten, Lehrern, Pfarrern und interessierten Laien entgegenkommen, die sich über den heutigen Stand wissenschaftlicher Exegese des Neuen Testamentes in zuverlässiger Weise und in faßlicher und leicht zugänglicher Form informieren wollen. Bisher hatten Studenten, Lehrer und Pfarrer eigentlich nur zu wählen zwischen einem großen Kommentarwerk mit sehr detaillierten Ausführungen, das kostspielig war, und einer allgemeinverständlichen Auslegung mit zu knappen Textanalysen, die dafür dann preiswerter war. In diesem neuen Kommentarwerk wird angestrebt, die modernen exegetischen Erkenntnisse zu den einzelnen Schriften des Neuen Testamentes auf der Grundlage historisch-kritischer Auslegung so zur Darstellung zu bringen, daß das Zuviel und das Zuwenig gleicherweise vermieden werden.

Eine alte Tradition ist auch insofern durchbrochen, als die Mitarbeiter nicht mehr nur aus *einem* konfessionellen Lager kommen. Zu diesem Kommentarwerk haben sich Exegeten evangelischen und katholischen Bekenntnisses zusammengefunden, weil sie überzeugt sind, daß es neben dem Glauben an den gemeinsamen Herrn der Kirche vor allem die Heilige Schrift ist, die sie verbindet. Allzu lange hat die Bibel des Alten und Neuen Testamentes eher zur konfessionellen Abgrenzung und Selbstbestätigung herhalten müssen, als daß sie als verbindendes Element zwischen den Kirchen, christlichen Gruppen und theologischen Schulen empfunden wurde. Natürlich dürfen auch die konfessionell gebundenen Auslegungstraditionen in der heutigen Exegese nicht übersehen und überspielt werden. Vielmehr gilt es, die aus der Kirchengeschichte bekannten Kontroversfragen hinsichtlich der Auslegung der Heiligen Schrift heute neu zu bedenken und – vielleicht – in einer entspannteren, gelasseneren und daher sachlicheren Form einer exegetisch verantwortlichen Lösung näherzubringen. Zu besonders relevanten Texten oder Schriften sollen diese Fragen daher in kurzen Erklärungen oder in Exkursen dargestellt und diskutiert werden. Dabei geht es darum, nicht den Schrifttext und die Lehrtradition gegeneinander auszuspielen, sondern die Probleme der Lehrtradition im Lichte der Schrifttexte zu erhellen und im exegetischen Gehorsam gegenüber der Schrift Verstehensschwierigkeiten, die sich oft aus einer zu starren Handhabung der Lehrtradition ergeben, zu überwinden. Hierdurch besonders, aber grundsätzlich auch schon durch die methodisch sachgerechte Auslegung der neutestamentlichen Schriften hoffen wir, einen Dienst für die Verständigung von Christen verschiedener Bekenntnisse untereinander und für das allen Christen aufgegebene Werk ökumenischer Vermittlung und Einheitsfindung leisten zu können.

Die Herausgeber

Inhalt

VERZEICHNIS DER EXKURSE
ZU DEN KAPITELN 1–12

Vorwort des Verfassers

Der vorliegende Kommentar möchte den Text der Apostelgeschichte erschließen. Dies geschieht in der Weise, daß zunächst eine Übersetzung des jeweiligen Abschnitts erfolgt. Sie ist aber schon als Ergebnis der sich anschließenden Exegese zu betrachten. Die Kommentierung vollzieht sich sodann in drei Schritten: Der erste Schritt führt an die *sprachliche Gestalt* der einzelnen Texteinheit heran. Dabei werden die Gliederung, der Aufbau und die literarische Form geklärt. Im zweiten Schritt wird das Verhältnis der *lukanischen Redaktions- und Kompositionsarbeit* zum *vorlukanischen Überlieferungsgut* bestimmt. Entsprechend dem gegenwärtigen Forschungsstand erscheint mir diese Teilaufgabe besonders notwendig. Sie wird auch seit der Herausgabe des großen Kommentars von *E. Haenchen* allgemein als dringlich angesehen. Ein dritter Durchgang durch die Texteinheit ist der *zusammenhängenden Darstellung* der lukanischen Gedanken und Aussagen gewidmet. Nur der Übersichtlichkeit wegen folgen diese Arbeitsgänge getrennt aufeinander. In Wirklichkeit sind bei jedem Schritt auch die Gesichtspunkte der anderen Arbeitsgänge zu berücksichtigen. Dies fordert auch zu Recht *W. Schenk* in seinem Aufsatz »Was ist ein Kommentar?«, BZ NF 24 (1980) 1–20.

Der Anspruch, der heute an die Kommentierung eines biblischen Buches gestellt wird, ist sehr hoch. *G. Lohfink* nennt sie »die adäquate Ausdrucksform christlicher Theologie« (BiLe 15 [1974] 16). *W. Schenk* erachtet diese hohe Einschätzung für berechtigt, »weil die Kommentare den Standard der Einsicht ausdrücken, welcher der Kirche durch ihre Grundlagenwissenschaft »Bibelexegese« geschenkt ist« (siehe oben 20). Ein derart hoher Anspruch läßt die Schwierigkeiten erahnen, vor die sich ein Kommentator gestellt sieht. Hinzu kommt für die Auslegung der Apostelgeschichte, daß sie in den letzten Jahrzehnten ein regelrechtes »Sturm-Zentrum« innerhalb der Exegese geworden ist (vgl. *van Unnik* in: *Keck/Martyn*: Studies 15–32). Wenn ich dennoch mit einer Apostelgeschichts-

Kommentierung begonnen habe, dann deshalb, weil ich das Entstehen des ÖTK nach Kräften fördern möchte. Bei der vorliegenden Auslegung wurde mir immer klarer, daß es zur sachgemäßen Erschließung des lukanischen Werkes eigentlich eines Gesamtkommentars zum Lk-Evangelium und der Apostelgeschichte bedürfte. So sind Schwierigkeiten und Grenzen angedeutet, deren ich mir bewußt bin. Sie lassen von vornherein erkennen, daß mein Beitrag zum besseren Verstehen der Apostelgeschichte nur bruchstückhaft und selbst wieder überholungsbedürftig sein wird.

Mein Dank gilt den Herausgebern für manchen guten Rat und den Verlagen für die sorgfältige Drucklegung. Herr Kollege Gerhard Schneider war so freundlich, mir den Einleitungsteil seines Apostelgeschichts-Kommentars, der zur Zeit im Verlag Herder gedruckt wird, zur Verfügung zu stellen. Herrn Kollegen Schneider und dem Verlag Herder danke ich für dieses Entgegenkommen.

Vallendar, den 1. Mai 1980   *Alfons Weiser*

Literatur

Die Auswahl berücksichtigt nur häufig benutzte Werke. Sie werden abgekürzt zitiert. Spezialliteratur wird zu jedem Abschnitt eigens angegeben und ebenfalls abgekürzt zitiert.

1. Außerbiblische Quellen

Clementz, H.: Des Flavius Josephus Jüdische Altertümer, übersetzt und mit Einleitung und Anmerkungen versehen, 2 Bde., Halle 1899.

Cohn, L., F. Heinemann, M. Adler, W. Theiler: Philo von Alexandria. Die Werke in deutscher Übersetzung, 6 Bde., Berlin 1909–1938, Neudruck 1962.

Fischer, J. A. (Hg.): Die Apostolischen Väter. Griechisch und deutsch, München 1956.

Flavii Josephi Opera, edidit B. Niese, 7 Bde., Berlin 1885–1895.

Flavius Josephus: De Bello Judaico, zweisprachige Ausgabe, 3 Bde., hg. von O. Michel/O. Bauernfeind, Darmstadt 1959–1969.

Goldschmid, L.: Der Babylonische Talmud, 12 Bde., Berlin ²1964–1967.

Hennecke, E., W. Schneemelcher: Neutestamentliche Apokryphen, 2 Bde., Tübingen I ³1959, II ³1964.

Kautzsch, E. (Hg.): Die Apokryphen und Pseudepigraphen des Alten Testaments, 2 Bde., Tübingen 1900, Neudruck: Darmstadt 1962.

Lohse, E. (Hg.): Die Texte aus Qumran, Hebräisch und deutsch, München 1964.

Philonis Alexandrini Opera quae supersunt, edid. L. Cohn/P. Wendland, 7 Bde., Berlin 1896–1930.

Philostratus: The Live of Apollonius of Tyana, 2 Bde., griech.-engl., ed. by F. C. Conybeare, London und Cambridge ⁵1960.

Rießler, P.: Altjüdisches Schrifttum außerhalb der Bibel, Augsburg 1928.

2. Allgemeinere Literatur

Balz, H./G. Schneider (Hg.): Exegetisches Wörterbuch zum Neuen Testament, Bd. I, Stuttgart, Berlin, Köln und Mainz 1980.

Bauer, W.: Griechisch-deutsches Wörterbuch zu den Schriften des Neuen Testaments und der übrigen urchristlichen Literatur, Berlin ⁵1958, Neudruck 1963.

Beasley-Murray, G. R.: Die christliche Taufe, Kassel 1968.

Behm, J.: Die Handauflegung im Urchristentum, Leipzig 1911, Darmstadt ²1968.

Benz, E.: Die Vision. Erfahrungsformen und Bilderwelt, Stuttgart 1969.

Billerbeck, P./H. L. Strack: Kommentar zum Neuen Testament aus Talmud und Midrasch, 4 Bde., München ⁴1965.

Blinzler, J.: Der Prozeß Jesu, Regensburg ⁴1969.

Bornkamm, G.: Paulus, Urban-Taschenbücher 119, Stuttgart, Berlin, Köln und Mainz ²1970.

Brown, R. E./K. P. Donfried/J. Reumann (Edit.): Peter in the New Testament. A Collaborative Assessment by Protestant and Roman Catholic Scholars, Minneapolis und New York 1973.

Bultmann, R.: Die Geschichte der synoptischen Tradition, FRLANT 12, Göttingen ⁸1970. Dazu Ergänzungsheft von G. Theißen/Ph. Vielhauer ⁴1971.

Bussmann, C.: Themen der paulinischen Missionspredigt auf dem Hintergrund der spätjüdisch-hellenistischen Missionsliteratur, Europäische Hochschulschriften T 3, Bern und Frankfurt/M. 1975.

Cerfaux, L.: Recueil Lucien Cerfaux I/II, Gembloux 1954.

Cullmann, O.: Die Tauflehre des Neuen Testaments, Zürich 1948. – Die Christologie des Neuen Testaments, Tübingen ⁴1966.

Delling, G.: Die Taufe im Neuen Testament, Berlin o. J. (1963).

Dibelius, M.: Die Formgeschichte des Evangeliums, Tübingen ⁴1961.

Ellis, E. E.: Prophecy an Hermeneutic in Early Christianity, WUNT 18, Tübingen 1978.

Filson, F. V.: Geschichte des Christentums in neutestamentlicher Zeit, Düsseldorf 1967.

Gasque, W. W./R. P. Martin (Edit.): Apostolic History and the Gospel. Biblical and Historical Essays presented to F. F. Bruce, Exeter 1970.

Goguel, M.: Aux sources de la tradition chrétienne, FS M. Goguel (ohne Angabe der Hg.), Neuchâtel und Paris 1950.

Goppelt, L.: Christentum und Judentum im ersten und zweiten Jahrhundert. Ein Aufriß der Urgeschichte der Kirche, Gütersloh 1954.

Haenchen, E.: Gott und Mensch. Gesammelte Aufsätze, Tübingen 1965. – Die Bibel und wir. Gesammelte Aufsätze II, Tübingen 1968.

Hahn, F.: Christologische Hoheitstitel. Ihre Geschichte im frühen Christentum, FRLANT 83, Göttingen ³1966. – Das Verständnis der Mission im Neuen Testament, WMANT 13, Neukirchen ²1965.

Hengel, M.: Die Ursprünge der christlichen Mission, in: NTS 18(1971/72) 15–38.

Herzog, R.: Die Wunderheilungen von Epidauros. Ein Beitrag zur Geschichte der Medizin und der Religion, Leipzig 1931.

Jaeger, W.: Das frühe Christentum und die griechische Bildung, Berlin 1963.

Jeremias, J.: Jerusalem zur Zeit Jesu, Göttingen ³1962.

Kasting, H.: Die Anfänge der urchristlichen Mission, BEvTh 55, München 1969.

Klein, G.: Die zwölf Apostel, FRLANT 77, 1961.

Kümmel, W. G.: Einleitung in das Neue Testament, Heidelberg ¹⁸1976.

Kuss, O.: Paulus. Die Rolle des Apostels in der theologischen Entwicklung der Urkirche, Regensburg 1971.

Leipoldt, J./W. Grundmann (Hg.): Umwelt des Urchristentums, 3 Bde., Berlin I ²1967, II ³1972, III 1966.

Lindblom, J.: Gesichte und Offenbarungen. Vorstellungen von göttlichen Weisungen und übernatürlichen Erscheinungen im ältesten Christentum. Acta Reg. Societatis Humaniorum Litterarum Lundensis 65, Lund 1968.

Maier, J./J. Schreiner: Literatur und Religion des Frühjudentums. Eine Einführung, Würzburg und Gütersloh 1973.

Marxsen, W.: Einleitung in das Neue Testament, Gütersloh ⁴1978.

Moule, C. F. D. (Edit.): Miracles, Cambridge Studies in their Philosophy and History, London 1965.

Mußner, F.: Praesentia Salutis. Gesammelte Studien zu Fragen und Themen des Neuen Testamentes, Düsseldorf 1967.

– Petrus und Paulus – Pole der Einheit, QD 76 Freiburg, Basel und Wien 1976.

Norden, E.: Agnostos Theos. Untersuchungen zur Formengeschichte religiöser Rede, Darmstadt ⁴1956.

Ollrog, W.-H.: Paulus und seine Mitarbeiter. Untersuchungen zur Theorie und Praxis der paulinischen Mission, WMANT 50, Neukirchen-Vluyn 1979.

Pesch, R.: Zur Initiation im Neuen Testament: LJ 21 (1971) 90–107.

Petzke, G.: Die Traditionen über Apollonius von Tyana und das Neue Testament, Leiden 1970.

Pieper, K.: Paulus. Seine missionarische Persönlichkeit und Wirksamkeit, NTA 12, Münster 1926.

Reicke, Bo: Neutestamentliche Zeitgeschichte. Die biblische Welt 500 v.–100 n. Chr., Berlin 1965.

Reitzenstein, R.: Hellenistische Wundererzählungen, Leipzig 1906, Darmstadt ²1963.

Renan, E.: Paulus. Sein Leben und seine Mission, Berlin 1935.

Sabourin, L.: The Divine Miracles discussed and defended, Rom 1977.

Schenke, H.-M.: Das Weiterwirken des Paulus und die Pflege seines Erbes durch die Paulus-Schule: NTS 21 (1975) 505–518.

Schierse, F. J.: Einleitung in das Neue Testament, Leitfaden Theologie 1, Düsseldorf 1978.

Schille, G.: Anfänge der Kirche. Erwägungen zur apostolischen Frühgeschichte, BEvTh 43, München 1966.

Schmithals, W.: Das kirchliche Apostelamt. Eine historische Untersuchung, FRLANT 81, Göttingen 1961.

– Paulus und Jakobus, FRLANT 85, Göttingen 1963.

Schoeps, H. J.: Paulus. Die Theologie des Apostels im Lichte der jüdischen Religionsgeschichte, Tübingen 1959.

Schürer, E.: Geschichte des Jüdischen Volkes im Zeitalter Jesu Christi, 3 Bde., Leipzig [4]1901–1909.

Schürmann, H.: »... und Lehrer«. Die geistliche Eigenart des Lehrdienstes und sein Verhältnis zu anderen geistlichen Diensten im neutestamentlichen Zeitalter, in: *Ders.:* Orientierungen am Neuen Testament. Exegetische Aufsätze III, Düsseldorf 1978, 116–156.

Schüssler-Fiorenza, E.: Miracles, Mission and Apologetics – An Introduction, in: *Dies.:* Aspects of Religious Propaganda in Judaism and Early Christianity, Notre Dame/London 1976, 1–25.

Schulz, S.: Die Stunde der Botschaft. Einführung in die Theologie der vier Evangelisten, Hamburg und Zürich [2]1970.

Seidensticker, Ph.: Paulus, der verfolgte Apostel Jesu Christi, SBS 8, Stuttgart 1965.

Söder, R.: Die apokryphen Apostelgeschichten und die romanhafte Literatur der Antike, Würzburger Studien z. Altertumswiss. 3, Stuttgart 1932, Neudr. 1968.

Suhl, A.: Paulus und seine Briefe. Ein Beitrag zur paulinischen Chronologie, StNT 11, Gütersloh 1975.

Theißen, G.: Urchristliche Wundergeschichten. Ein Beitrag zur formgeschichtlichen Erforschung der synoptischen Evangelien, Gütersloh 1974.

– Studien zur Soziologie des Urchristentums, WUNT 19, Tübingen 1979.

Vielhauer, Ph.: Geschichte der urchristlichen Literatur. Einleitung in das Neue Testament, die Apokryphen und die Apostolischen Väter, Berlin 1975.

Weinreich, O.: Antike Heilungswunder. Untersuchungen zum Wunderglauben der Griechen und Römer, Gießen 1909.

– Türöffnung im Wunder – Prodigien – und Zauberglauben der Antike, des Judentums und Christentums, in: Genethliakon, FS W. Schmid, hg. von J. Mewaldt, W. Schmid, J. Vogt, O. Weinreich, TBAW 5, Stuttgart 1929, 200–464.

Wikenhauser, A./J. Schmid: Einleitung in das Neue Testament, Freiburg, Basel und Wien, 6. völlig neu bearbeitete Aufl. 1973.

Zmijewski, J./E. Nellessen (Hg.): Begegnung mit dem Wort, FS H. Zimmermann, BBB 53, Bonn 1980.

3. Kommentare

Bauernfeind, O.: Die Apostelgeschichte, ThHK 5, Leipzig 1939.

Beyer, H. W.: Die Apostelgeschichte, NTD 5, Göttingen [4]1947.

Bisping, A.: Erklärung der Apostelgeschichte, Exeget. Handb. 4, Münster 1866.

Boor, W. de: Die Apostelgeschichte, Wuppertaler Studienbibel, Wuppertal 1973.

Bruce, F. F.: The Acts of the Apostles, London ²1952, Reprinted 1953.

Conzelmann, H.: Die Apostelgeschichte, HNT 7, Tübingen 1963.

Ernst, J.: Das Evangelium nach Lukas, RNT 3, Regensburg 1976.

Foakes-Jackson, F. J.: The Acts of the Apostles, MNTC, London ⁷1948.

Haenchen, E.: Die Apostelgeschichte, KEK III, Göttingen ⁷1977.

Hanson, R. P. C.: The Acts, Oxford 1967.

Holtzmann, H. J.: Die Apostelgeschichte, HC1/2, Tübingen und Leipzig ³1901.

Jacquier, E.: Les Actes des Apôtres, Études Bibliques, Paris 1926.

Knox, W. L.: The Acts of the Apostles, Cambridge 1948.

Kürzinger, J.: Die Apostelgeschichte, Geistl. Schriftlesg. 5, Düsseldorf I 1966, II 1970.

Loisy, A.: Les Actes des Apôtres, Paris 1920.

Munck, J.: The Acts of the Apostles, rev. by W. F. Albright, C. S. Mann, The Anchor Bible 31, Garden City N. Y. 1967.

Overbeck, F.: Kurze Erklärung der Apostelgeschichte von W. M. L. de Wette 4. Aufl., bearb. und stark erweitert von F. Overbeck, Leipzig 1870.

Preuschen, E.: Die Apostelgeschichte, HNT 4/1, Tübingen 1912.

Rieu, C. H.: The Acts of the Apostles. By Saint Luke. Translated with an Introduction and Notes, The Penguin Classics 156, Edinburgh 1958.

Schlatter, A.: Die Apostelgeschichte, Erläuterungen zum NT 4, Stuttgart 1962.

Schneider, G.: Das Evangelium nach Lukas, 2 Bde., ÖTK 3, Gütersloh und Würzburg 1977.

– Die Apostelgeschichte. Erster Teil: Einleitung und Kommentar zu Kap. 1,1–8 40, HThK 5/1, Freiburg, Basel und Wien 1980.

Schürmann, H.: Das Lukasevangelium. Erster Teil: Kommentar zu Kap. 1,1–9,50, HThK 3/1, Freiburg, Basel und Wien 1969.

Stählin, G.: Die Apostelgeschichte, NTD 5, Göttingen ¹¹1966.

Steinmann, A.: Die Apostelgeschichte, Test. Novum deutsch = Bonner Bibel 4, Bonn ⁴1934.

Wendt, H. H.: Die Apostelgeschichte, KEK III, Göttingen ⁹1913.

Wikenhauser, A.: Die Apostelgeschichte, RNT 5, Regensburg ⁴1961.

Williams, C. S. C.: A Commentary on the Acts of the Apostles, BNTC, London 1957.

Zahn, Th.: Die Apostelgeschichte des Lucas, 2 Bde., KNT 5, Leipzig und Erlangen I ³1922; II ²1921.

4. Literatur zu Apg und Lk

Achtemeyer, P. J.: The Lucan Perspective on the Miracles of Jesus. A Preliminary Sketch: JBL 94 (1975) 547–562.

Allmen, J. J. V.: Notizen zu den Taufberichten der Apg, in: Zeichen des Glaubens, FS B. Fischer, hg. von H. Auf der Maur und B. Kleinheyer, Freiburg, Basel und Wien 1972, 41–60.

Baer, H. v.: Der Heilige Geist in den Lukasschriften, BWANT 3. Folge Heft 3, Stuttgart 1926.

Barnikol, E.: Das Fehlen der Taufe in den Quellenschriften der Apg und in den Urgemeinden der Hebräer und Hellenisten: Wissenschaftl. Zeitschr. d. Martin-Luther-Universität Halle/Wittenberg 6 (1956/57) 593–610.

– Personenprobleme der Apostelgeschichte: Johannes Markos, Silas und Titus, Kiel 1931.

Barrett, C. K.: Acts and the Pauline Corpus: ET 88 (1976) 2–5.

Bauernfeind, O.: Vom historischen zum lukanischen Paulus: EvTh 13 (1953) 347–353.

– Zur Frage nach der Entscheidung zwischen Paulus und Lukas: ZSTh 23 (1954) 59–88.

Borgen, P.: Eschatology and Redemptive History in Luke-Acts, Oslo 1957.

– From Paul to Luke: CBQ 31 (1969) 168–182.

Bovon, F.: L'importance des médiations dans le projet theologique de Luc: NTS 21 (1974/75) 23–39.

– Luc le théologien. Vingt-cinq ans de recherches (1950–1975), Neuchatel und Paris 1978.

Bowker, J. W.: Speeches in Acts: A Study in Proem and Yelammedenu Form: NTS 14 (1967/68) 96–111.

Braumann, G. (Hg.): Das Lukas-Evangelium. Die redaktions- und kompositionsgeschichtliche Forschung, WdF 280, Darmstadt 1974.

Braun, H.: Zur Terminologie der Acta von der Auferstehung Jesu: ThLZ 77 (1952) 633–637.

Bultmann, R.: Zur Frage nach den Quellen der Apostelgeschichte, in: Exegetica. Aufsätze zur Erforschung des Neuen Testaments, hg. von E. Dinkler, Tübingen 1967, 412–423.

Burchard, Chr.: Der dreizehnte Zeuge. Traditions- und kompositionsgeschichtliche Untersuchungen zu Lukas' Darstellung der Frühzeit des Paulus, FRLANT 103, Göttingen 1970.

– Paulus in der Apostelgeschichte: ThLZ 100 (1975) 881–895.

Busse, U.: Die Wunder des Propheten Jesus. Die Rezeption, Komposition und Interpretation der Wundertradition im Evangelium des Lukas, FzB 24, Stuttgart und Würzburg ²1979.

– Das Nazareth-Manifest Jesu. Eine Einführung in das lukanische Jesusbild nach Lk 4,16–30, SBS 91, Stuttgart 1978.

Cadbury, H. J.: Acts and Eschatology, in: The Background of the New Testament and its Eschatology. Studies in Honour of C. H. Dodd, ed. by W. D. Davies/D. Daube, Cambridge 1956, 300–321.

Campenhausen, H. v.: Taufen auf den Namen Jesu: VigChr 25 (1971) 1–16.

Cerfaux, L.: Citations scripturaires et tradition textuell dans le Livre des Actes, in: FS M. Goguel (siehe oben) 43–51.

Conzelmann, H.: Zur Lukasanalyse: ZThK 49 (1952) 16–33.

– Geschichte, Geschichtsbild und Geschichtsdarstellung bei Lukas: ThLZ 85 (1960) 241–250.

– Die Mitte der Zeit. Studien zur Theologie des Lukas, BHTh 17, Tübingen ⁵1964.

Coppens, J.: L'imposition des mains dans les Actes des Apôtres, in: Kremer: Actes 405–438.

Delling, G.: Die Jesusgeschichte in der Verkündigung nach Acta: NTS 19 (1972/73) 373–389.

Dibelius, M.: Aufsätze zur Apostelgeschichte, hg. von H. Greeven, FRLANT NF 42, Göttingen ⁴1961.

Dietrich, W.: Das Petrusbild der lukanischen Schriften, BWANT 94, Stuttgart 1972.

Dupont, J.: Les sources du Livre des Actes. État de la question, Brügge 1960.

– Études sur les Actes des Apôtres, Gesammelte Aufs., LeDiv 45, Paris 1967.

Eckert, J.: Zeichen und Wunder in der Sicht des Paulus und der Apostelgeschichte: TThZ 88 (1979) 19–33.

Elliger, W.: Paulus in Griechenland. Philippi, Thessaloniki, Athen, Korinth, SBS 92/93, Stuttgart 1978.

Eltester, W. (Hg.): Jesus in Nazareth, BZNW 40, Berlin 1972.

– Israel im lukanischen Werk und die Nazarethperikope, in: *Ders.:* Jesus in Nazareth 76–147.

Emmelius, J.-Chr.: Tendenzkritik und Formengeschichte. Der Beitrag Franz Overbecks zur Auslegung der Apostelgeschichte im 19. Jahrhundert, FKDG 27, Göttingen 1975.

Ernst, J.: Herr der Geschichte. Perspektiven der lukanischen Eschatologie, SBS 88, Stuttgart 1978.

Evans, C. F.: Speeches in Acts, in: Mélanges Bibliques en hommage au R. P. B. Rigaux, Gembloux 1970, 287–302.

Flender, H.: Heil und Geschichte in der Theologie des Lukas, München ²1968.

Foakes-Jackson, F. J./K. Lake (Edit.): The Beginnings of Christianity. Part I The Acts of the Apostles, Vol. I–V, London 1922–1939.

George, A.: Études sur l'œuvre de Luc, Paris 1978.

Gewieß, J.: Die urapostolische Heilsverkündigung nach der Apostelgeschichte, Breslau 1939.

Glöckner, R.: Die Verkündigung des Heils beim Evangelisten Lukas, WSAMA 9, Mainz o. J. (1976).

Goulder, M. D.: Type and History in Acts, London 1964.

Gräßer, E.: Das Problem der Parusieverzögerung in den synoptischen Evangelien und in der Apostelgeschichte, BZNW 22, Berlin ³1977.

– Die Apostelgeschichte in der Forschung der Gegenwart: ThR NF 26 (1960) 93–167.

– Acta-Forschung seit 1960: ThR NF 41 (1976) 141–194; 259–290; 42 (1977) 1–68.

Haenchen, E.: Das »Wir« in der Apostelgeschichte und das Itinerar, in: *Ders.:* Gott und Mensch (siehe oben) 227–264.

Hardon, J. A.: The Miracle Narratives in the Acts of the Apostles: CBQ 16 (1954) 303–318.

Harnack, A. v.: Die Apostelgeschichte. Beiträge zur Einleitung in das NT 3. Heft, Leipzig 1908.

Hengel, M.: Zwischen Jesus und Paulus. Die »Hellenisten«, die »Sieben« und Stephanus (Apg 6,1–15; 7,54–8,3): ZThK 72 (1975) 151–206.

– Zur urchristlichen Geschichtsschreibung, Stuttgart 1979.

Hockel, A.: Angelophanien und Christophanien in der Apostelgeschichte, in: Wort Gottes in der Zeit, FS K. H. Schelkle, hg. von H. Feld und J. Nolte, Düsseldorf 1973, 111–113.

Holtz, T.: Untersuchungen über die alttestamentlichen Zitate bei Lukas, TU 104, Berlin 1968.

Hull, J. H. E.: The Holy Spirit in the Acts of the Apostles, London 1967.

Jeremias, J.: Untersuchungen zum Quellenproblem der Apostelgeschichte, in: *Ders.:* Abba, Göttingen 1966, 238–255.

Jervell, J.: Luke and the people of God. A New Look at Luke-Acts, Minneapolis, Minnesota 1972.

Keck, L. E./J. L. Martyn (Hg.): Studies in Luke-Acts, FS P. Schubert, Nashville N. Y. 1966.

Kliesch, K.: Das heilsgeschichtliche Credo in den Reden der Apostelgeschichte, BBB 44, Köln 1975.

Kränkl, E.: Jesus der Knecht Gottes, BU 8, Regensburg 1972.

Kremer, J.: Pfingstbericht und Pfingstgeschehen. Eine exegetische Untersuchung zu Apg 2,1–13, SBS 63/64, Stuttgart 1973.

Kremer, J. (Hg.): Les Actes des Apôtres. Traditions, rédaction, théologie, Biblioth. Ephem. Theolog. Lovaniens. 48, Gembloux und Leuven 1979.

Lampe, G. W. H.: The Holy Spirit in the Writings of St. Luke, in: Studies in the Gospels. Essays in Memory of R. H. Lightfoot, ed. by D. E. Nineham, Oxford 1957, 159–200.

– Miracles in the Acts of the Apostles, in: Moule: Miracles (siehe oben) 165–178.

Löning, K.: Lukas-Theologe der von Gott geführten Heilsgeschichte, in: Gestalt und Anspruch des Neuen Testaments, hg. von J. Schreiner/G. Dautzenberg, Würzburg 1969, 200–228.

– Die Saulustradition in der Apostelgeschichte, NTA NF 9, Münster 1973.

Lohfink, G.: Paulus vor Damaskus, SBS 4, Stuttgart 1966.
- Die Himmelfahrt Jesu. Untersuchungen zu den Himmelfahrts- und Erhöhungstexten bei Lukas, StANT 26, München 1971.
- Die Sammlung Israels. Eine Untersuchung zur lukanischen Ekklesiologie, StANT 39, München 1975.
Mattill, A. J. und M. B.: A Classified Bibliography of Literature on the Acts of the Apostles, NTTS 7, Leiden 1966.
- The Jesus-Paul parallels and the purpose of Luke-Acts: H. H. Evans reconsidered: NT 17 (1975) 15–46.
Menoud, Ph. H.: Le plan des Actes des Apôtres: NTS 1 (1954) 44–51.
Michel, H.-J.: Die Abschiedsrede des Paulus an die Kirche Apg 20,17–38. Motivgeschichte und theologische Bedeutung, StANT 35, München 1973.
Morgenthaler, R.: Die lukanische Geschichtsschreibung als Zeugnis. Gestalt und Gehalt der Kunst des Lukas, AThANT 14, Zürich 1949.
Neirynck, F.: The Miracle Stories in the Acts of the Apostles. An Introduction, in: Kremer: Actes 169–213.
Nellessen, E.: Zeugnis für Jesus und das Wort. Exegetische Untersuchungen zum lukanischen Zeugnisbegriff, BBB 43, Köln 1976.
Obermeier, K.: Die Gestalt des Paulus in der lukanischen Verkündigung. Das Paulusbild der Apostelgeschichte, Bonn 1975.
Ott, W.: Gebet und Heil. Die Bedeutung der Gebetsparänese in der lukanischen Theologie, StANT 12, München 1965.
Plümacher, E.: Lukas als hellenistischer Schriftsteller. Studien zur Apostelgeschichte, StUNT 9, Göttingen 1972.
- Apostelgeschichte, in: TRE III (1978) 483–528.
Prast, F.: Presbyter und Evangelium in nachapostolischer Zeit. Die Abschiedsrede des Paulus in Milet (Apg 20,17–38) im Rahmen der lukanischen Konzeption der Evangeliumsverkündigung, FzB 29, Stuttgart und Würzburg 1979.
Radl, W.: Paulus und Jesus im lukanischen Doppelwerk. Untersuchungen zu Parallelmotiven im Lukasevangelium und in der Apostelgeschichte, EHS. T 49, Bern und Frankfurt/M. 1975.
Rasco, E.: La teologia de Lucas. Origen, desarollo, orientaciones, Analecta Gregoriana 201, Roma 1976.
Reicke, Bo: Die Verfassung der Urgemeinde im Lichte jüdischer Dokumente: ThZ 10 (1954) 95–112.
- Glaube und Leben der Urgemeinde. Bemerkung zu Apg 1–7, AThANT 32, Zürich 1957.
Rese, M.: Alttestamentliche Motive in der Christologie des Lukas, Gütersloh 1969.
Ridderbos, H. N.: The Speeches of Peter in the Acts of the Apostles, London 1962.
Roberts, J. H.: Ekklesia in Acts – Linguistic and Theology: A Venture in Methodology, in: Neotestamentica 7 (1973) 73–93.
Roloff, J.: Apostolat – Verkündigung – Kirche. Ursprung, Inhalt und Funk-

tion des kirchlichen Apostelamtes nach Paulus, Lukas und den Pastoral-
briefen, Gütersloh 1965.

Schneider, G.: Gott und Christus als *kyrios* nach der Apostelgeschichte, in:
Zmijewski: Begegnung (siehe oben) 161–174.

Schütz, F.: Der leidende Christus. Die angefochtene Gemeinde und das
Christuskerygma der lukanischen Schriften, BWANT 89, Stuttgart
1969.

Schulz, S.: Gottes Vorsehung bei Lukas: ZNW 54 (1963) 104–116.

Schweizer, E.: Zu den Reden der Apostelgeschichte, in: *Ders.:* Neotestamentica, Zürich und Stuttgart 1963, 418–428.

Steichele, H.: Vergleich der Apostelgeschichte mit der antiken Geschichtsschreibung. Eine Studie zur Erzählkunst in der Apostelgeschichte, Theol.
Dissertation, Univ. München 1971.

Stolle, V.: Der Zeuge als Angeklagter. Untersuchungen zum Paulusbild des
Lukas, BWANT 102, Stuttgart, Berlin, Köln und Mainz 1973.

Talbert, C. H.: Luke and the Gnostics. An Examination of the Lucan Purpose, New York 1966.

– Literary Patterns, Theological Themes and the Genre of Luke-Acts, So-
ciety of Biblical Literature, Monograph Series Vol. 20, Missoula (Montana) 1974.

Trocmé, E.: Le »Livre des Actes« et l'histoire, Paris 1957.

Vielhauer, Ph.: Zum »Paulinismus« der Apostelgeschichte, in: *Ders.:* Aufsätze zum Neuen Testament, München 1965, 9–27.

Voss, G.: Die Christologie der lukanischen Schriften in Grundzügen, Stud.
Neotest. 2, Paris und Brügge 1965.

Wagner, G.: An Exegetical Bibliography on the Acts of the Apostles, Biblio-
graphical Aids 7, Rüschlikon/Zürich 1975.

Wiater, W.: Komposition als Mittel der Interpretation im lukanischen Doppelwerk, Diss. in Rotaprint-Druck, Bonn 1972.

Wikenhauser, A.: Die Apostelgeschichte und ihr Geschichtswert, NTA 8/3–
5, MÜNSTER 1921.

Wilckens, U.: Die Missionsreden der Apostelgeschichte. Form- und traditionsgeschichtliche Untersuchungen, WMANT 5, Neukirchen-Vluyn
³1974.

Wilcox, M.: The Semitisms of Acts, Oxford 1965.

Zingg, P.: Das Wachsen der Kirche. Beiträge zur Frage der Lukanischen Redaktion und Theologie, Orbis Bibl. et Orient. 3, Göttingen und Freiburg
1974.

5. Abkürzungen

a) Biblische Bücher
AT: Gen Ex Lev Num Dt Jos Ri Rut 1/2Sam 1/2Kön 1/2Chr Esr Neh Tob
Jdt Est 1/2Mkk Ijob Ps Spr Koh Hld Weish Sir Jes Jer Klgl Bar Ez Dan
Hos Joel Am Obd Jon Mich Nah Hab Zeph Hagg Sach Mal

NT: Mt Mk Lk Joh Apg Röm 1/2Kor Gal Eph Phil Kol 1/2Thess 1/2Tim Tit Phm Hebr Jak 1/2Petr 1/2/3Joh Jud Apk

b) Zeitschriften, Reihen, Lexika, Quellenwerke

AnBib	Analecta Biblica
ARW	Archiv für Religionswissenschaft
AThANT	Abhandlungen zur Theologie des Alten und Neuen Testaments
AThR	Anglican theological Review
BBB	Bonner biblische Beiträge
BEvTh	Beiträge zur Evangelischen Theologie
BGBE	Beiträge zur Geschichte der biblischen Exegese
Bib	Biblica
BiLe	Bibel und Leben
Bill.	Billerbeck, P./H. L. Strack: Kommentar zum Neuen Testament aus Talmud und Midrasch, 4 Bde., München ⁴1965
BJRL	Bulletin of the John Rylands library
BK	Biblischer Kommentar
BVC	Bible et vie chretiénne
BWANT	Beiträge zur Wissenschaft vom Alten und Neuen Testament
BZ	Biblische Zeitschrift
BZNW	Beihefte zur Zeitschrift für die neutestamentliche Wissenschaft
CBQ	Catholic biblical quarterly
CIL	Corpus inscriptionum Latinarum
CNT	Coniectanea neotestamentica
EKK	Evangelisch-Katholischer Kommentar
ET	Expository times
EtB	Études bibliques
EThSt	Erfurter theologische Studien
EvTh	Evangelische Theologie
EWNT	Exegetisches Wörterbuch zum Neuen Testament
FzB	Forschung zur Bibel
FRLANT	Forschungen zur Religion und Literatur des Alten und Neuen Testaments
GuL	Geist und Leben
HThK	Herders theologischer Kommentar
HThR	Harvard theological review
JAC	Jahrbuch für Antike und Christentum
JBL	Journal of biblical literature
JPTh	Jahrbücher für protestantische Theologie
JThS	Journal of theological studies
MThSt	Münchener theologische Studien
MH	Museum Helveticum

NGWG	Nachrichten der Gesellschaft der Wissenschaften in Göttingen
NTA	Neutestamentliche Abhandlungen
NTS	New testament studies
PL	Patrologiae cursus completus (Migne). Series Latina
RAC	Reallexikon für Antike und Christentum
RB	Revue biblique
RMP	Rheinisches Museum für Philologie
RHPhR	Revue d'histoire et de philosophie religieuses
RHS	Revue d'histoire des sciences et de leurs applications
RQ	Römische Quartalschrift für christliche Altertumskunde
RSR	Recherches de science religieuse
RThPh	Revue de théologie et de philosophie
RVV	Religionsgeschichtliche Versuche und Vorarbeiten
SBS	Stuttgarter Bibelstudien
SEÅ	Svensk exegetisk arsbok
StANT	Studien zum Alten und Neuen Testament
StNTU	Studien zum Neuen Testament und seiner Umwelt
StTh	Studia theologica
SWJT	Southwestern journal of theology
TB	Theologische Bücherei
ThGl	Theologie und Glaube
ThHK	Theologischer Handkommentar zum Neuen Testament
ThLZ	Theologische Literaturzeitung
ThRv	Theologische Revue
ThQ	Theologische Quartalschrift
ThWNT	Theologisches Wörterbuch zum Neuen Testament
ThZ	Theologische Zeitschrift
TRE	Theologische Realenzyklopädie
TThZ	Trierer theologische Zeitschrift
TU	Texte und Untersuchungen
VD	Verbum domini
VigChr	Vigiliae Christianae
WThJ	Westminster theological journal
WUNT	Wissenschaftliche Untersuchungen zum Neuen Testament
WZ	Wissenschaftliche Zeitschrift
ZKG	Zeitschrift für Kirchengeschichte
ZKTh	Zeitschrift für katholische Theologie
ZLThK	Zeitschrift für die lutherische Theologie und Kirche
ZNW	Zeitschrift für die neutestamentliche Wissenschaft

| ZRGG | Zeitschrift für Religions- und Geistesgeschichte |
| ZThK | Zeitschrift für Theologie und Kirche |

c) Sonstiges

atl., ntl.	alt-, neutestamentlich
Ders., Dies.	Derselbe, Dieselbe
diff	im Unterschied zu
f.	und folgende(r) Seite, (Vers)
ff.	und folgende zwei Seiten, Verse
FS	Festschrift
Hg., hg.	Herausgeber, herausgegeben
luk	lukanisch
LXX	Septuaginta
NF	Neue Folge
par, parr	parallel zu einem, bzw. mehreren Texten
Q	Spruchquelle
red, Red	redaktionell, Redaktion
V, VV	Vers, Verse
vorluk	vorlukanisch

Zu den Abkürzungen der außerkanonischen Schriften, Rabbinica und Qumran-Texte sowie weiterer verwendeter Kürzel vgl. Schwertner, S.: Abkürzungsverzeichnis, TRE, Berlin 1976.

Einführung

1. Titel, Inhalt und Aufbau

Literatur: Allenbach, J./A. Benoit u. a. (Hg. u. Bearb.): Biblia Patristica. Index des citations et allusions bibliques dans la littérature patristique, Paris 1975. – *Dupont, J.:* La question du plan des Actes des Apôtres à la lumière d'un texte de Lucien de Samosate: NT 21 (1979) 220–231. – Enchiridion biblicum, Roma ⁴1961. – *Hengel:* Jesus 154. – *Kümmel:* Einleitung 122–124. – *Marxsen:* Einleitung 147. – *Menoud:* plan 44–51. – *Plümacher:* TRE 484–486. – *Regul, J.:* Die antimarcionitischen Evangelienprologe, Freiburg 1969. – *Schmid/Wikenhauser:* Einleitung 347–352. – *Strobel, A.:* Lukas der Antiochener: ZNW 49 (1958) 131–134. – *Talbert:* Patterns 23–26. – *Vielhauer:* Geschichte 380f. – *Vögtle, A.:* Das Neue Testament und die neuere katholische Exegese I, Freiburg, Basel und Wien ³1966, 97–103. – *Wikenhauser:* Geschichtswert 51–55; 102–107. – Einleitungsteile zu den Kommentaren.

Der deutsche Titel »Apostelgeschichte« ist die freie Wiedergabe der griechischen Überschrift *praxeis apostolōn* (= Taten der Apostel). Da Lukas das Wort *praxeis* in der Apg nur noch 19,18 verwendet, dort aber in einem anderen Sinn, und da bis ins dritte Jahrhundert hinein das Werk mit unterschiedlichen Titeln bezeichnet wurde, ist anzunehmen, daß der Titel nicht von Lukas selbst stammt. In lateinischer Sprache ist er erstmals um 200 im Kanon Muratori als »acta omnium apostolorum« bezeugt. *Clemens von Alexandrien* († 215) spricht von den »actus apostolorum« (Adumbr. ad 1Petr 5,13). Der griechische Titel ist um 300 bei *Eusebius* HistEccl III 4,6 und im antimarcionitischen Lukas-Prolog belegt. Die Abfassung dieses Prologes möchte zwar *Strobel*: Lukas 132 bereits um 160–180 ansetzen, sie wird aber überzeugender von *Regul*: Evangelienprologe 202 erst um 300 datiert.

Sowohl die griechische Überschrift als auch der deutsche Titel sind mißverständlich. Sie lassen den Leser erwarten, daß die »Geschichte« bzw. die »Taten« der »Apostel« dargeboten würden. Das ist aber nicht der Fall. Der einzige Apostel, von dem verhältnismäßig viel erzählt wird, ist Petrus. Aber selbst von ihm wird keine auch nur einigermaßen abgeschlossene Geschichte seines Lebens oder seiner

Wirksamkeit geboten. Nicht einmal sein Märtyrertod wird erwähnt. Ab Kap. 16 wird von Petrus gar nichts mehr berichtet. Von den übrigen Aposteln werden im gesamten Werk nur Johannes, Jakobus, Judas ganz kurz, und von allen Elf nur einmal die Namen genannt (1,13). Dagegen wird von Kap. 9 an Paulus in die Darstellung einbezogen, und er tritt von Kap. 13 an als die menschliche Hauptperson ganz in den Vordergrund. Aber gerade ihn bezeichnet Lukas – außer 14,4.14 – nicht als Apostel! Um die *Apostel* geht es also dem Verfasser nicht in erster Linie. Es geht ihm aber auch nicht um *Geschichte* etwa des Urchristentums im Sinne neuzeitlicher Geschichtsdarstellung. Dafür sind die Ereignisse viel zu lückenhaft dargestellt, die Zeitangaben zu ungenau, die menschlichen Träger des urchristlichen Geschichtsverlaufs zu sporadisch genannt, und im Unterschied dazu das Wirken Gottes, des Auferstandenen und des Heiligen Geistes als der eigentlichen Handlungsträger zu stark in den Mittelpunkt gerückt.

Lukas beginnt die Apg mit einer *Einleitung* 1,1–26. Durch ein literarisches Vorwort knüpft er an sein erstes Werk, das Lukasevangelium, an. Er berichtet sodann in einer Rückblende von Erscheinungen des Auferstandenen sowie von seiner Himmelfahrt. Er schafft durch die Verheißungen über die Herabkunft des Heiligen Geistes und durch den Bericht von der Vervollständigung des Apostelkollegiums die Voraussetzung für alles Folgende, nämlich für die Darstellung des Christuszeugnisses in der Welt.

Der *erste Hauptteil* 2,1–8,3 berichtet vom *Christuszeugnis in Jerusalem*. In den Kap. 2–5 gelten die Apostel, unter ihnen besonders Petrus, als die Hauptträger des Zeugnisses. Von Kap. 6 an treten die »Hellenisten«, unter ihnen besonders Stephanus, als weitere Trägergruppe des Christuszeugnisses hervor. Adressaten des Zeugnisses sind ausschließlich die Juden. Beide Abschnitte schließen mit Konflikten, die sich steigern: die Apostel werden gegeißelt (5,40), Stephanus wird gesteinigt und ein Teil der Gemeinde verfolgt (7,57–8,3).

Der *zweite Hauptteil* 8,4–15,35 hat eine Überleitungsfunktion. Er handelt vom *Christuszeugnis in Samaria und Judäa, in Antiochia und Kleinasien*. Hauptträger des Zeugnisses sind die aus Jerusalem geflohenen »Hellenisten«, unter ihnen Philippus, und außerdem Petrus. Ausführlich wird die Bekehrung des Christenverfolgers Paulus berichtet und der Anfang seiner missionarischen Tätigkeit, verbunden mit Verfolgungen, die er nun selbst erleidet. Adressaten des Zeugnisses sind Juden und Heiden, wobei im Verlauf der dargestellten Geschehnisse die Richtung der Evangeliumsverkündigung von den Juden zu den Heiden immer deutlicher wird. Konsequent bilden den Schluß dieses Übergangsteiles die Anerkennung der gesetzesfreien Heidenmission und die Klärung der damit verbundenen Lebensfragen auf dem Apostelkonzil.

Der *dritte Hauptteil* 15,36–28,31 ist dem *Christuszeugnis bis an die Grenzen der Erde*, nämlich der Reichsmetropole Rom gewidmet. Hauptträger des Zeugnisses ist Paulus. Die Adressaten seines Zeugnisses sind zwar immer wieder Juden und Heiden; aber die Juden lehnen zum größten Teil die Botschaft ab, so daß zunehmend heidenchristliche Gemeinden entstehen und so das Evangelium den Weg von den Juden zu den Heiden, von Jerusalem über Griechenland nach Rom nimmt. Die Gestalt des Paulus selbst erscheint im ersten Abschnitt (bis 19,20) als die des großen Missionars in den römischen Provinzen Makedonien, Achaia und Asia. Im zweiten Abschnitt (ab 19,21) steht sein Gleichgestaltetwerden auf dem Weg der Leidensnachfolge mit Christus im Vordergrund.

Lukas selbst gibt keine klare Gliederung seines Werkes. Der hier dargebotene *dreiteilige Aufriß* ist aus der gliederungsähnlichen Angabe 1,8 sowie aus der Zuordnung des Stoffes zu bestimmten geographischen Gebieten, zu Trägern und Adressaten des Zeugnisses und zu entsprechenden Themen- und Problemfeldern gewonnen. Dreiteilige Gliederungsversuche herrschen in der gegenwärtigen Forschung vor. Dabei werden die Zäsuren verschieden gesetzt, z. B. zwischen 5/6 (*Bauernfeind; Hengel; Schneider*), zwischen 9,31/32 (*Wikenhauser; Schmid*), zwischen 12/13 (*Jacquier; Bauernfeind*). Zweiteilige Gliederungen mit einer Zäsur zwischen 12/13 werden vertreten von *Vielhauer, Marxsen, Talbert*; mit einer Zäsur zwischen 15,35/36 von *Menoud, Conzelmann, Vögtle, Plümacher*. Außerdem gibt es vier- (*Dupont*) und fünfteilige (*Kümmel*) Gliederungsversuche. Verständliche Anhaltspunkte für Zäsuren liegen beim Wechsel von Personen, Gebieten oder Themen vor, so z. B. zwischen 5/6; 8,3/4; 9,31/32; 11,18/19; 12/13; 15,35/36; 19,20/21. Manche dieser Stellen sind durch das Textsignal eines Summariums als Abschluß- oder Anfangsstück gekennzeichnet. Wegen der Schwierigkeit, das Werk sachgemäß in größere Sinnabschnitte aufzuteilen, verzichten manche Kommentatoren überhaupt auf eine Gliederung und führen nur die Einzelabschnitte auf, so z. B. *Haenchen*: Apg 9f., der 68 Einheiten zählt.

2. Literarische Gattung und theologische Zielsetzung

Literatur: Außer der zu 1 genannten und den Kommentaren zu Lk und Apg: *Cadbury/Foakes-Jackson/Lake:* Beginnings II, 7–29. – *Crehan, J. H.:* The Purpose of Luke in Acts: Studia Evangelica II, Berlin 1964, 354–368. – *Dibelius:* Aufsätze 108–119; 163–180. – *Dupont, J.:* La conclusion des Actes et son rapport à l'ensemble de l'ouvrage de Luc, in: *Kremer:* Actes 359–404. – *Ehrhardt, A.:* The Construction and Purpose of the Acts of the Apostles: StTh 12 (1958) 45–79. – *Glöckner:* Verkündigung 3–67. – *Gräßer:* Acta-Forschung (1976) 269–290; (1977) 51–66. – *Hengel:* Geschichtsschreibung 11–61. – *Hiers, R. H.:* The Problem of Delay of the Parousia in Luke-Acts: NTS 20 (1974) 145–155. – *Löning:* Lukas. – *Lohse, E.:* Lukas als Theologe der Heilsgeschichte: EvTh 14 (1954) 256–275. – *Luck, U.:* Kerygma, Tradition und Geschichte Jesu bei Lukas: ZThK 57 (1960) 51–66. – *Mattill:* Jesus-Paul parallels. – *Ders.:* The Purpose of Acts: Schneckenburger Reconsidered, in: *Gasque/Martyn:* History 108–122. – *Morgenthaler:* Geschichtsschreibung. – *Müller, P. G.:* Die jüdische Entscheidung gegen Jesus nach der Apostelgeschichte, in: *Kremer:* Actes 523–531. – *O'Neill, J. C.:* The Theology of Acts in its Historical Setting, London ²1970. – *Plümacher:* Lukas. – *Ders.:* Lukas als griechischer Historiker, in: RECA (Pauly/Wissowa) Suppl. XIV, München 1974, 235–264. – *Ders.:* Die Apostelgeschichte als historische Monographie, in: *Kremer:* Actes 457–466. – *Radl:* Paulus. – *Schille, G.:* Die Leistung des Lukas in der Apostelgeschichte, in: Theol. Versuche VII, Berlin 1976, 91–106. – *Schneemelcher, W./K. Schäferdiek:* Apostelgeschichten des 2. und 3. Jahrhunderts, in: *Hennecke/Schneemelcher:* Apokryphen II, 110–372. – *Schneider, G.:* Der Zweck des lukanischen Doppelwerkes: BZ NF 21 (1977) 45–66. – *Ders.:* Apostelgeschichte und Kirchengeschichte: »Communio« Internat. Kathol. Zeitschr. 8 (1979) 481–487. – *Schulz:* Stunde 235–296. – *Söder:* Apostelgeschichten. – *Steichele:* Vergleich. – *Talbert:* Patterns 125–143. – *Tolbert, M.:* Die Hauptinteressen des Evangelisten Lukas, in: Das Lukas-Evangelium, WdF 280, hg. von *G. Braumann,* Darmstadt 1974, 337–353. – *Trocmé:* Livres 38–121. – *Unnik, W. C. van:* Remarks on the Purpose of Luke's Historical Writing, in: *Ders.:* Sparsa Collecta I, Leiden 1973, 6–15. – *Ders.:* The »Book of Acts« – Confirmation of the Gospel, ebd. 340–373. – *Ders.:* Luke's Second Book and the Rules of Hellenistic Historiography, in: *Kremer:* Actes 37–60. – *Vielhauer:* »Paulinismus«. – *Wendland, P.:* Die urchristlichen Literaturformen, HNT 1/3, Tübingen 1912.

Um zu erkennen, welcher literarischen Gattung die Apg am ehesten zuzurechnen ist, empfiehlt es sich, zunächst ihre *charakteristischen Formelemente* zu registrieren und zu sehen, in welchen antiken Literaturgattungen gleiche oder ähnliche Formen begegnen (vgl. *Kümmel:* Einleitung 127–141; *Plümacher:* TRE 501–515). Sodann ist zu fragen, ob sich für das Gesamtwerk Analogien angeben lassen. Lukas beginnt die Apg ähnlich wie sein Evangelium mit einem *Vorwort.* Er kennzeichnet in ihm die Apg als zweiten Teil seines Dop-

pelwerkes. Es ist der einzige Fall innerhalb des Urchristentums, daß
ein Evangelist über seine Jesusdarstellung hinaus noch einen Bericht
über das Christuszeugnis gibt. Sowohl diese Besonderheit als auch
die Form der Verbindung beider Teile des Doppelwerkes miteinander wollen bei der Gattungs- und Zweckbestimmung beachtet sein.
Ähnliche Formen wie Apg 1,1 f. zur Verbindung mehrteiliger Werke
begegnen in der antiken Literatur oft, besonders in Geschichtswerken (→ Belege bei 1,1 f.).

Ein weiteres bemerkenswertes Formelement sind die *Reden*, die
das ganze Buch durchziehen (→ Exkurs 3). Ihr Inhalt besteht teils
in der Christusverkündigung, teils im Aufweis, daß die Verkündiger zuverlässige Zeugen des Christusereignisses sind, teils in der
Angabe des Richtungssinnes der Geschehnisse, besonders an markanten Wendepunkten, teils im Aufruf zur Umkehr oder in Ermahnung zur Wachsamkeit, teils in der Verteidigung vor jüdischen
oder römischen Behörden. Manche der Reden lassen sich charakterisieren als Missionsreden vor Juden (2–5; 13) oder Heiden (14;
17), andere als Verteidigungsreden (22–26) und eine als Abschiedsrede (20). Die Gestaltung eines Werkes mit Hilfe von Redekompo-
sitionen spielt besonders in der biblisch-frühjüdischen und hellenistisch-römischen Geschichtsschreibung eine große Rolle, z. B. im
deuteronomistischen und chronistischen Geschichtswerk, in
1–3Makk, bei *Flavius Josephus* und den Historikern *Thukydides,
Xenophon, Dionys von Halikarnass, Livius* und *Tacitus*.

Die Geschehnisse werden nicht in einer gleichmäßigen, kontinu-
ierlichen Entwicklung dargeboten, und die Aussageabsicht wird
nicht in abstrakten Sätzen formuliert, sondern Lukas hat »aus Ge-
schichten Geschichte« gemacht (*Dibelius:* Aufsätze 113). Kennzeichnend dafür ist der *dramatische* Episodenstil (*Plümacher:* Lukas 80–136). Lukas gestaltet sehr lebendige, mit Spannung gelade-
ne, anschauliche Einzelszenen. Sie prägen sich dem Leser ein und
wirken auch auf die Kräfte des Gemütes. Diese Weise der Darstellung entspricht einer bestimmten Richtung der antiken Historiographie, nämlich der tragisch-pathetischen Geschichtsschreibung.
Ihr Bemühen ist es, den Leser selbst die berichteten Geschehnisse
sehen zu lassen. Meister dieser Darstellungskunst sind *Kleitarch,
Duris von Samos, Curtius Rufus, Livius,* der Verfasser des 2Makk
und z. T. auch *Tacitus* und *Flavius Josephus.* Andere Historiker
wie z. B. *Polybios,* kritisieren diese Art der Geschichtsschreibung.

Zu den Formelementen der Apg gehört die *Nachahmung* des
Sprachstils der Septuaginta. Abgesehen von der theologischen Be-

deutung der Aufnahme biblischer Ausdrucksweise, entspricht dieses Vorgehen der bewußt gepflegten Methode griechisch-römischer Historiker. *Dionys von Halikarnass* verwendet sie, *Sallust* ahmt den *Thukydides* nach und *Tacitus* den *Sallust*.

Ein weiteres Gestaltungsmittel sind die *Summarien* (→ zu 2,42–47) und kurze, die Situation oder Entwicklung kennzeichnende *Zwischenbemerkungen* wie z. B. 6,7; 9,31; 12,24; 19,20. Auch diese Weise der Komposition entspricht ganz der der antiken Historiker.

Eingeschobene *Briefe* (15; 23), *Gebete* (1; 4), und *Wir-Berichte* (16; 20 f.; 27 f.) sind ebenfalls Gestaltungsmittel, die teils in den biblisch-frühjüdischen, teils in den hellenistisch-römischen Geschichtswerken Parallelen haben.

Die Summe der einzelnen Gestaltungselemente läßt erkennen, daß die Apg unter formalem Gesichtspunkt zur Literaturgattung der biblisch-frühjüdischen, hellenistisch-römischen *Geschichtsschreibung* gehört. Da sie aber nicht eine umfassende Geschichtsdarstellung, sondern nur einen Ausschnitt und eine bewußt getroffene Auswahl aus der Geschichte des Christuszeugnisses bietet, wird man sie ihrer Form nach am ehesten als *historische Monographie* kennzeichnen dürfen (so auch *Conzelmann:* Apg 6; *Plümacher:* TRE 515; mit Einschränkungen auch *Schneider:* Apg, Einleitung § 5,1). Beispiele dieser Gattung sind etwa *Sallusts* Verschwörung des Catilina und Der Jugurthinische Krieg.

Bei der Zuordnung der Apg zur Literaturgattung der antiken Historiographie müssen freilich die *Unterschiede* beachtet werden, die sich aus dem religiösen Inhalt und aus der theologischen Zielsetzung ergeben. Zwar wäre es verfehlt, anzunehmen, die großen Profanhistoriker der Antike hätten ihre Werke nur als möglichst neutrale Darstellungen der Vergangenheit verfaßt und nicht auch aus der Absicht, ideelle Werte zu vermitteln und zu rechtem Verhalten anzuleiten. *Polybios* versteht z. B. die Geschichte als »Lehrmeisterin, wie man selbst die Wechselfälle des Glücks mit Würde tragen könne« (I,1) und möchte aus der Kenntnis der Vergangenheit den rechten Weg für die Gegenwart und Zukunft weisen. Aber selbst im Vergleich zu derartig ideell hochwertigen Absichten steht in der Apg die *religiöse* Geschichtsbetrachtung und die aus ihr sich ergebende Orientierung zu rechtem Verhalten ungleich stärker im Vordergrund. Näherhin ergibt sich diese Sichtweise für den Verfasser aus der atl. Gottesoffenbarung und dem Christusereignis. Deshalb ist es berechtigt, von einem *eigenen luk Geschichtsbild* zu sprechen. Es zeigt sich in seinem heilsgeschichtlichen Aufriß, der zwei Perioden umfaßt: die Zeit der atl. Verheißung und die Zeit der Erfüllung. Zur letzteren gehört die Zeit Jesu und der Kirche als eschatologisch qualifizierte Heilszeit (Lk 16,16; Apg 2,17; _Conzelmanns_ Drei-Perioden-Schema bedarf dieser Modifizierung). In Jesu Person, Botschaft und Wirksamkeit ist das von Gott geschenkte Heil erkennbar, und es beginnt sich zu verwirklichen. Im Christuszeugnis der Kirche breitet es sich unaufhaltsam aus. Die Vollendung indes wird erst bei der Parusie Christi geschehen. Lukas hat mit dieser Sichtweise die zeitliche Naherwartung zu einer Stetserwartung korrigiert, aber die Eschatologie nicht preisgegeben. Zudem muß außer der historisierenden Sicht und Darstellungsweise des Lukas auch der _Verkündigungscharakter_ der Apg berücksichtigt werden. Er drückt sich z. B. in den Reden aus. Die Alternative _Geschichtswerk oder Verkündigungsschrift_ ist nicht sachgemäß, denn Lukas bedient sich der Darstellungsmittel der antiken _Historiographie_, um eine _theologische_ Aufgabe zu lösen (vgl. _Haenchen:_ Apg 109; _Schneider:_ Apg, Einleitung § 5,1). Deshalb ist auch das Urteil von _F. Overbeck_ unhaltbar, der in der Fortsetzung des Evangeliums durch eine Apostelgeschichte »eine Taktlosigkeit von welthistorischen Dimensionen« sah (Christentum und Kultur, Basel 1919, 78. – Negative Einschätzung auch bei _Vielhauer:_ Geschichte 404; _Käsemann, E._: Der Ruf der Freiheit, Tübingen [4]1968, 165–168).

Eine gewisse Formbestimmung wurde wohl bereits durch die altkirchliche Bezeichnung _praxeis apostolōn_ (s. o.1) vorgenommen. Man stellte gewisse Ähnlichkeiten des Werkes mit der Praxeis-Literatur fest: den Darstellungen der Taten bedeutender Persönlichkeiten. Berühmt waren z. B. des _Kallithenes_ »Taten Alexanders«. Aber die Zuordnung der Apg zu dieser Gattung scheitert daran, daß die Apg nicht in erster Linie an der Geschichte der menschlichen Handlungsträger interessiert ist, sondern an einem umfassenderen Sachthema. Der gleiche Einwand gilt auch im Blick auf den Versuch von _Talbert:_ Patterns 125–136, die literarische Gattung des luk Doppelwerkes durch einen Vergleich mit dem zehnbändigen Werk des _Diogenes Laertius_ (3. Jh. n. Chr.): »Leben und Meinungen der großen Philosophen« zu erfassen. Auch die Gattung der _Aretalogie_, einer rühmenden Darstellung des Wirkens einer Gottheit durch einen menschlichen Helden, wie sie z. B. in _Philostratos'_ »Leben des Apollonius« vorliegt, wird ebensowenig wie die Gattung des _Reiseberichtes_ oder der phantasievoll ausgestalteten _apokryphen Apostelgeschichten_ dem Ganzen der Apg als Analogie gerecht.

Worin bestehen nun der Abfassungszweck und die Zielsetzung der Apg? Bei der Klärung dieser Fragen muß beachtet werden, daß die

Apg der zweite Teil eines umfassenderen Gesamtwerkes ist und daß
Lukas in ihm manche Themen auffallend stark in den Vordergrund
stellt, andere dagegen übergeht oder nur streift. Wir erfahren z. B.
nur sehr wenig über Einzelheiten des Gemeindelebens in Jerusalem
und Antiochia, über die Feier der Gottesdienste, über Gruppierun-
gen und wirkliche Konflikte, über das Zusammenleben von Juden-
und Heidenchristen, über die Wirksamkeit des Zwölferkreises und
das Lebensende der einzelnen Apostel. Breiten Raum nehmen dagegen ein die Berichte über die Missionsverkündigung vor Juden in
Jerusalem und die zunehmende Befehdung der Apostel durch die
Führenden (2–5), über die von Gott gewirkte Hinwendung zu den
Heiden (10f.; 15), über die Berufung des Paulus (9; 22; 26), über sein
Missionswerk (13–19), seinen Leidensweg (20–28), seine Verhöre
(23–26) und seine Fahrt nach Rom (27f.).
Am wenigsten überzeugt die Auffassung, die Apg sei als *Verteidi-
gungsschrift* für den Prozeß des Paulus geschrieben worden. Dieser
Annahme widersprechen die Abfassungszeit (siehe unten), die Verbindung mit dem Lk-Evangelium und der Inhalt der Kap. 1–12. –
Auch daß die Apg verfaßt worden sei, um *römische Behörden* davon
zu überzeugen, daß das *Christentum nicht staatsgefährlich* und wie
das Judentum als »*erlaubte Religion*« zu betrachten sei, trifft nicht
zu; denn die Christen werden ja z. T. den Juden *gegenübergestellt*,
und weder die ausführliche positive Entfaltung des Christuskeryg-
mas in den Reden, noch die Zusammengehörigkeit mit dem Lk-
Evangelium hätten diesem Zweck dienen können. Freilich zeigen
die Unschuldserklärungen der römischen Behörden gegenüber Jesus (Lk 23,4.14.23) und Paulus (Apg 23,29; 25,25) sowie die Feststellung der Unzuständigkeit römischer Gerichte für die erhobenen
Anklagen (18,15), daß Lukas den Vorwurf der Staatsgefährlichkeit
des Christentums entkräften will. Aber Lukas richtet sich wohl
nicht an die Behörden, sondern möchte die öffentliche Meinung be-
einflussen, um so eine sachgerechtere Einschätzung und damit bessere Bedingungen für die Mission im Römischen Reich zu erwirken.
Vielleicht sollen dadurch auch die Christen der luk Gemeinden in
der Hoffnung bestärkt werden, daß sie von seiten des Römischen
Staates in Zukunft keine unrechten Übergriffe zu befürchten brauchen, was andererseits für sie zugleich eine Ermutigung zu missio-
narischem Einsatz bedeuten könnte. Zur Vermutung, daß derartige *Nebenabsichten* bei der Abfassung eine Rolle gespielt haben,
gibt der Text mehr Anhaltspunkte, als zu der Hypothese, Lukas
habe mit der Apg innerkirchliche Fehleinschätzungen über Paulus
korrigieren (*Trocmé:* Livre 52–59; *Klein:* Apostel 213f.) und/oder

Stellung gegen die Gnosis beziehen wollen (*Talbert:* Luke and the
Gnostics). Eine speziell antignostische Stoßrichtung wird nirgendwo direkt sichtbar, auch nicht in Kap. 20.

Das Hauptthema der Apg ist das *Christuszeugnis* und die aus ihm
sich bildende *Kirche.* An diesem Hauptthema ist für Lukas eine Viel-
falt von Gesichtspunkten wichtig: Er betont die *Verwurzelung des
Zeugnisinhalts* in der atl. Verheißung und in der Geschichte Jesu
(z. B. Lk 24,27; Apg 3,24; 8,35; 10,43; 13,27.47. – Lk 24,47f.; Apg
1,1f., 8,21f.). Er stellt die von Gott gewirkte *räumliche Ausbreitung*
des Christuszeugnisses von Jerusalem bis nach Rom dar (1,8; 19, 21;
28) und öffnet den Blick für noch weitere Ausbreitung (28,28–31).
Er schildert die Christusverkündigung in ihrer *zeitlichen* Erstrek-
kung von der apostolischen in die nachapostolische Zeit (vgl. 1–15
mit 16–28). Er berichtet den *Übergang des Christuszeugnisses* von
den Juden zu den Heiden und bringt die doppelte Motivation zur
Sprache: den universalen Heilswillen Gottes (10f.; 15,7f.) und die
Verstockung Israels (7f.; 13,46; 28). Er drückt manche der damit
verbundenen Probleme aus: das Problem der *Zurückweisung des
Christuszeugnisses durch den Großteil der Juden,* die Frage nach der
Lebensweise der Heidenchristen (15), die Frage nach dem *Verhältnis
des Heidenchristentums zu seinem israelitischen Erbe.* Andere Probleme wie z. B. das Zusammenleben von Juden- und Heidenchristen in einer Gemeinde behandelt Lukas nicht. Das läßt Rückschlüsse über die Zusammensetzung der Gemeinden zu, in denen Lukas
selbst lebt und schreibt. – Er betont die *Zuverlässigkeit des Christuszeugnisses* und sieht sie verbürgt in räumlicher, zeitlicher, personeller *Kontinuität,* inhaltlicher *Identität* und dies beides gewirkt von
Gottes Geist. Die räumliche Kontinuität stellt Lukas durch das geographische Ausbreitungsschema dar: von Jerusalem über Judäa, Samaria, die Küstenebene, Antiochia, Asia, Achaia bis Rom. Die zeitliche Kontinuität ergibt sich aus der Abfolge: Zeit Jesu, Zeit der
Apostel, Zeit des Paulus, Zeit der nachpaulinischen Kirche und aus
dem von Lukas eigens hervorgehobenen Ineinandergreifen der jeweils aufeinanderfolgenden Zeitabschnitte. Die personelle Kontinuität macht er deutlich durch die Träger des Zeugnisses und durch
die enge Beziehung, die zwischen den aufeinanderfolgenden Personen besteht: das Zeugnis geht aus von Jesus, dann folgen die Apostel, die von ihm berufen wurden (Lk 6,13; Apg 1,2), Umgang mit
ihm hatten (Apg 1,21f.) und von Jesus unterwiesen wurden (1,2);
danach folgt Paulus, der nun seinerseits engsten Kontakt mit den
Aposteln hatte (9,28); und schließlich folgen »Gemeindeleiter«, die
durch persönlichen Umgang mit Paulus und unterwiesen durch ihn

die Kontinuität fortsetzen (14,23; 20,17–37), wobei Lukas wohl die Fortsetzung bis in seine Zeit und in seine Gemeinden im Blick hat. Das Kontinuitätsproblem stellt sich für Lukas und seine Gemeinden noch in einer umfassenderen Frage: Wie verhält es sich mit der Kontinuität des Heils, wenn doch die einst an Israel ergangenen Verheißungen sich nun in der vor allem aus Heiden bestehenden Kirche erfüllen? Einen Teil dieses Problems arbeitet Lukas auf, indem er Paulus sowohl als mustergültigen Israeliten wie auch als hervorragenden Christen schildert und so deutlich macht, daß man nur durch die Annahme des Christusglaubens wahrer Israelit und damit Anwärter der atl. Verheißungen bleibt. Die inhaltliche Identität des Christuszeugnisses hebt Lukas dadurch hervor, daß er ausdrücklich die verschiedenen Zeugnisträger zu verschiedenen Zeiten im wesentlichen den gleichen Inhalt verkündigen läßt: das Reich Gottes (z. B. 1,3; 8,12; 19,8; 20, 25; 28,23.31) und das Christuskerygma (z. B. 2,22–24; 8,12; 9,20–22; 10,37–42; 13,26–37; 17,31; 28,31). Daß es der Heilige Geist ist, der letztlich die Kontinuität und Identität verbürgt und zugleich die Dynamik bewirkt, so daß das Christuszeugnis sich ausbreitet, macht Lukas durch das ganze Werk hin deutlich. – Ein weiterer Gesichtspunkt scheint Lukas wichtig gewesen zu sein: durch seine Darstellung der bisher eingetretenen Teilverwirklichungen der atl. und jesuanischen Verheißungen möchte er die Christen seiner Zeit in der *Hoffnung bestärken*, daß auch die *volle Erfüllung* noch eintreten wird. – Und schließlich: die Besinnung auf das *mustergültige Verhalten* der Christen in der Anfangszeit (z. B. 1,12–14; 2,42–47; 4,32–35; 9,36; 11,29 f.; 20,35) soll zur *Orientierung in der Gegenwart* dienen, und die in der Vergangenheit ertragenen Schwierigkeiten und Verfolgungen (z. B. 4; 5; 7 f.; 9,23.29; 12; 13 f.; 16; 20,23) sollen zum *Durchhalten ermutigen*. Versucht man, die Teilaspekte der luk Darstellung möglichst auf eine Formel zu bringen, so kann man vielleicht sagen: Lukas stellt die Geschichte des Christuszeugnisses von Jerusalem bis nach Rom, von den Juden zu den Heiden, von Jesus bis zu Paulus dar, um die Zuverlässigkeit und Unverfälschtheit dieses Zeugnisses zu erweisen und bei den Lesern die Gewißheit zu schaffen, daß Gott alle seine Verheißungen erfüllen wird, da ja – wie Lukas zeigt – bereits eine Teilverwirklichung des universalen Heils geschehen ist (*Schneider:* Apg, Einleitung § 6,2 hebt zu Recht das Thema der »Verheißungstreue« hervor). Damit versucht Lukas, christlichen Lesern seiner Zeit sowohl eine Teilantwort auf die Frage nach dem Verhältnis der Kirche zum Erbe Israels zu geben, als auch Orientierungen zu christlicher Lebensführung und Ermutigung zum Durchstehen alltäglicher wie außergewöhnlicher Belastungen. Daß über den christlichen Leserkreis hinaus die Schrift für das Christentum werben sollte, wird man vermuten dürfen.

3. Quellen

Literatur: Bultmann: Quellen 412–423. – *Dupont:* sources. – *Gräßer:* Acta-Forschung (1976) 186–194. – *Haenchen, E.:* Tradition und Komposition in der Apostelgeschichte, in: *Ders.:* Gott 206–226. – *Harnack:* Apostelgeschichte 131–198. – *Jeremias:* Quellenproblem. – *Kümmel:* Einleitung: 141–153. – *Martin, R. A.:* Syntactical Evidence of Aramaic Sources in Acts I–XV: NTS 11 (1964/65) 38–59. – *Payne, D. F.:* Semitisms in the Book of Acts, in: *Gasque:* History 134–150. – *Plümacher:* TRE 491–501. – *Schille, G.:* Die Fragwürdigkeit eines Itinerars der Paulusreisen: ThLZ 84 (1959) 165–174. – *Schmid/Wikenhauser:* Einleitung 354–361. – *Sparks, H. F. D.:* The Semitisms of the Acts: JThS NS 1 (1950) 16–28. – *Trocmé:* Livre 122–214. – *Vielhauer:* Geschichte 385–393. – *Wikenhauser:* Geschichtswert 56–87. – *Wilcox:* Semitisms.

Als Lukas sein Evangelium schrieb, benützte er die Evangelienschrift des Markus und eine Sammlung von Redestoffen als Quellenschriften. Ihre Verwendung läßt sich durch Vergleich mit den Parallelreferenten erweisen. Viel schwieriger ist es, zu klären, aus welchen Quellen Lukas bei der Abfassung der Apg schöpfte. Man muß ein umfangreiches Netz von Kriterien anwenden, um überhaupt nur annähernd zu einem Ergebnis zu gelangen: Untersuchungen über Vokabular und Stil, über Spannungen, Nahtstellen und Doppelungen, über Aufbau und Form jedes Einzeltextes sowie größerer Zusammenhänge, über spezifisch lukanische oder unlukanische Aussagen, Vorstellungen und Inhalte.

In der früheren Forschung, bis etwa zu Beginn dieses Jahrhunderts, bestand eine große Zuversicht, zusammenhängende Quellenstränge, ja sogar eine ganze Grundschrift rekonstruieren zu können. Bis heute findet noch der Versuch *Harnacks* Beachtung, in den ersten 15 Kapiteln im wesentlichen drei Quellen verarbeitet zu sehen: eine historisch zuverlässige jerusalemisch-cäsareensische Quelle A (3,1–5,16; 8,5–40; 9,31–11,18; 12,1–33), eine dazu z. T. parallel verlaufende legendarische Quelle B (2; 5,17–42) und eine antiochenische Quelle C (6,1–8,4; 11,19–30; 12,25–15,35). Was die antiochenische Quelle betrifft, so fand diese Hypothese in modifizierter Form Zustimmung von *Jeremias:* Quellenproblem; *Bultmann:* Quellen; *Dupont:* sources 61–70; *Benoit:* Bib 40 (1959) 778–792; *Hengel:* Jesus 156; Geschichtsschreibung 59 f.

Die traditions- und redaktionsgeschichtlichen Untersuchungen der einzelnen Textabschnitte führen zu der Einsicht, daß Lukas an vielen Stellen schriftliche Überlieferungen verarbeitet hat. Dazu gehören z. B. Namenslisten (1,13; 6,5; 13,1–3), Wundererzählungen über Petrus und Paulus (z. B. 3,1–10; 5,1–11; 9,32–43; 12; 13,4–12; 14,8–12), einzelne Nachrichten aus dem Gemeindeleben Jerusalems und Antiochias (z. B. 4,36f.; 6,1–6; 11,26; 13,1–3) und Überlieferungen z. B. über die Wahl des Mattias und den Tod des Judas (1,15–26), über Verfolgungen der Apostel und des Stephanus (4f.; 6f.; 12), über die Bekehrung des Paulus (9; 22; 26) sowie über sein Missionswerk, über die Taufe des Äthiopiers (8,26–40) und des Kornelius (10f.). Lukas hat aus Einzelüberlieferungen ein Gesamtwerk geschaffen. Daß er aber in den ersten 15 Kapiteln eine längere, zusammenhängende Quellenschrift benutzt hätte, wird nicht hinreichend deutlich. Freilich ist anzunehmen, daß mehrere Nachrichten oder Erzählungen etwa über die Gemeinde in Jerusalem, in Antiochia, oder über Petrus und Paulus schon vorluk miteinander verbunden waren; aber diesen Befund wird man noch nicht als Benutzung einer durchgehenden Quelle bezeichnen.

Auch die Versuche, die ersten Kapitel der Apg direkt auf die Übersetzung einer aramäischen Quelle zurückzuführen, überzeugen nicht. Die angeblichen »Aramaismen« erklären sich fast ausschließlich durch Sprachstil der Septuaginta. Ihr hat Lukas ja auch seine Zitate entnommen.

Für die Kap. 13–21 wird von vielen Forschern angenommen, Lukas habe eine Art Reisetagebuch, Stationenverzeichnis oder »Itinerar« benutzt. Außer *Norden:* Theos 313–327 hat vor allem *Dibelius* diese Hypothese begründet. Er erschloß sie aus den stereotyp wiederkehrenden »Nachrichten über die Reisestationen, Gastfreunde, Predigttätigkeit und Predigterfolg, Gemeindegründung, Konflikte und freiwillige oder erzwungene Abreise … Diese Nachrichten sind, mit ihrer Kürze und ihrer neutralen Haltung, über den Verdacht erhaben, erbauliche oder unterhaltende Dichtung zu sein. Andererseits sind sie nicht farbig genug, als daß sie etwa für lokale Traditionen einzelner Gemeinden angesehen werden könnten.« (Aufsätze 64). *Dibelius* meinte, ein solches Stationenverzeichnis sei »aus praktischen Gründen [angelegt worden], um bei einer Wiederholung der Reise die Wege und die alten Gastfreunde wiederzufinden« (ebd. 110). Zu diesen Begründungen kommt noch hinzu, daß redaktionelle Bemerkungen (z. B. 14,22f.; 19,20) und einzelne Erzählungen (z. B. 14,8–18) wie Einschübe in einen vorgegebenen Rahmen wirken und z. T. auch Doppelungen verursacht haben (vgl. 14,6f. mit

14,20: doppelt erwähnter Weg nach Derbe; *Dibelius:* 13). Gegen
die Hypothese ist u. a. ins Feld geführt worden, daß sich für das
postulierte Itinerar weder ein »Sitz im Leben« noch eine Gattung
ausfindig machen lassen (*Schille:* Fragwürdigkeit 174; *Haenchen:*
Apg 96–99; *Conzelmann:* Apg 5; *Plümacher:* TRE 495). Da die
Einwände auf Voraussetzungen beruhen, die nur teilweise zutreffen, ist es verständlich, daß die Itinerar-Hypothese immer wieder
neue Befürworter findet. Zu ihnen gehören u. a. *Trocmé:* Livre
128–149, *Kümmel:* Einleitung 144–152 und *Vielhauer:* Geschichte
389f. Trotz der z. T. berechtigten Gegengründe wird man mit
Gräßer sagen dürfen, »daß sich die *Textphänomene* einheitlicher
und plausibler *mit* der Itinerarhypothese erklären lassen« (Acta-
Forschung [1976] 190).
Es muß aber beachtet werden, daß mit dem Urteil über das Itinerar nicht schon von vornherein eine Entscheidung über das Woher
der sogenannten Wir-Stücke (16,10–17; 20,5–15; 21, 1–8; 27,1–
28) gefällt wird. Sie können schon zum Itinerar gehört haben oder der
Form nach erst von Lukas selbst stammen. Nur: wer sich für die
Itinerar-Hypothese entscheidet, verzichtet auf die Annahme, Lukas
sei Begleiter des Paulus während der Seereisen gewesen; denn falls die
Wir-Stücke bereits zum Itinerar gehörten, ist Lukas selbst im Wir
nicht mitgemeint; falls sie aber der Form nach erst von ihm herrühren,
ist aus dem Wir ohnehin kein historischer Rückschluß möglich. Zu
den Wir-Stücken vgl. den Exkurs in Bd. 2.

4. Verfasser, Ort und Zeit der Abfassung

Literatur: Brox,N.: Lukas als Verfasser der Pastoralbriefe?: JAC 13 (1970) 62–
77. – *Burchard:* Zeuge 155–158. – *Cadbury/Emmet/Windisch:* The Identity of
the Editor of Luke and Acts, in: Beginnings II 209–348. – *Conzelmann, H.:*
Der geschichtliche Ort der lukanischen Schriften im Urchristentum, in: G.
Braumann (Hg.): Das Lukas-Evangelium, WdF 280, Darmstadt 1974, 236–
260. – *Eltester, W.:* Lukas und Paulus, in: Eranion, FS H. Hommel, hg. von J.
Kroymann u. E. Zinn, Tübingen 1961, 1–17. – *Glover, R.:* »Luke the Antio-
chene« and Acts: NTS 11 (1964/65) 97–106. – *Harnack, A.:* Lukas der Arzt,
Leipzig 1906. – *Klein, H.:* Zur Frage nach dem Abfassungsort der Lukas-
schriften: EvTh 32 (1972) 467–477. – *Knox, J.:* Acts and the Pauline Letter
Corpus, in: *Keck/Martyn:* Studies 279–287. – *Kümmel:* Einleitung 116–19;
146–154. – *Marxsen:* Einleitung 142 f. ; 151. – *Obermeier:* Paulus 91–96; 263 f.
– *Pesch, R.:* Die Zuschreibung der Evangelien an apostolische Verfasser:
ZThK 97 (1975) 56–71. – *Plümacher:* TRE 520f. – *Schmid/Wikenhauser:*
Einleitung 376–379. – *Schulz:* Stunde 235–238. – *Siotis, M. A.:* Luke the

Evangelis as St. Paul's Collaborator, in: Neues Testament und Geschichte, FS O. Cullmann, hg. von *H. Baltensweiler* u. *Bo Reicke*, Zürich und Tübingen 1972, 105–111. – *Strobel, A.:* Lukas der Antiochener: ZNW 49 (1958) 131–134. – *Vielhauer:* Geschichte 406 f. – *Wikenhauser, A.:* Die altkirchliche Überlieferung über die Abfassungszeit der Apostelgeschichte: BZ 23 (1935/36) 365–371.

Weder der Verfasser des dritten Evangeliums noch der der Apg nennt seinen Namen. Aus Apg 1,1 geht aber eindeutig hervor, daß beide Schriften von ein und demselben Verfasser stammen. Dies wird auch durch die Einheitlichkeit der Sprache, Theologie und Geschichtsauffassung beider Werke und durch die ältesten kirchlichen Zeugnisse, z. B. den Kanon Muratori, bestätigt.

Wer aber war der Verfasser? Nach *Irenäus* († 202) AdvHaer III, 1; III,14; *Clemens von Alexandrien* († 215) Adumbr. ad 1Petr; *Tertullian* († 220) AdvMarc IV,2; *Eusebius* († 339) HistEccl III,4; dem antimarcionitischen Lukasprolog und anderen altkirchlichen Äußerungen war es der *Paulusbegleiter Lukas*, der auch Phm 24; Kol 4,14; 2Tim 4,11 als Begleiter des Paulus genannt ist und Kol 4,14 als *Arzt* bezeichnet wird. Das luk Doppelwerk selbst bietet aber für die Annahme, der Verfasser sei ein Begleiter des Paulus gewesen, lediglich in den Wir-Stücken (Apg 16; 20 f.; 27) einen Anhaltspunkt. Von ihnen her und in leicht herstellbarer Verbindung mit den genannten Stellen der Briefe sind die altkirchlichen Angaben vermutlich erschlossen worden. Sie stammen ja aus einer Zeit, in der bereits das Interesse an der »Apostolizität« der Schriften sehr lebendig war (vgl. *Pesch*). Da die Wir-Stücke wegen ihres literarischen Charakters nicht ohne weiteres eine Identifizierung des Apg-Verfassers mit einem Paulusbegleiter zulassen, und da zu viele schwerwiegende Unterschiede zwischen den Aussagen der Apg und denen der paulinischen Selbstzeugnisse bestehen, empfiehlt es sich nicht, den Verfasser des Doppelwerkes als Paulusbegleiter anzusehen. Abgesehen von beträchtlichen inhaltlich-theologischen Differenzen besteht vor allem zwischen den folgenden Aussagen eine unüberbrückbare Kluft: 1. Paulus selbst legt größten Wert darauf, als Apostel zu gelten (Gal 1 f.); Lukas dagegen enthält ihm den Aposteltitel vor und beschränkt ihn nur auf die Zwölf (außer 14,4.14).

2. Paulus selbst betont, er sei zwischen seiner Berufung und dem Apostelkonzil nur ein einziges Mal in Jerusalem gewesen (Gal 2); Lukas dagegen läßt ihn in diesem Zeitraum zweimal nach Jerusalem reisen (9,26–30; 11,30).

3. Paulus selbst teilt mit, daß ihm auf dem Apostelkonzil keine Auf-

lagen gemacht wurden (Gal 2,6); Lukas dagegen berichtet von Min-
destforderungen an die Heidenchristen (15,20.29).
4. Paulus selbst spricht sich gegen die Beschneidung aus (Gal 2,3;
5,2 f.); nach Apg 16,3 dagegen ließ er Timotheus beschneiden.
Aus diesen Gründen ist anzunehmen, daß der Verfasser der Apg
kein Begleiter des Paulus war. Im wesentlichen urteilen auch *Haenchen:* Apg 124; *Kümmel:* Einleitung 150; *Plümacher:* TRE 521;
Schmid/Wikenhauser: Einleitung 379; *Schneider:* Lk I 33; *Ders.:*
Apg, Einleitung § 4,3; *Vielhauer:* Geschichte 391 so. Trotz der genannten Schwierigkeiten halten dagegen u. a. *Eltester:* Lukas 7–9;
Siotis: Luke; Stählin: Apg 2 f. die Abfassung der Apg durch den Paulusbegleiter Lukas für möglich.
Aus dem Werk selbst läßt sich erschließen, daß der Verfasser ein
hellenistisch gebildeter Christ der nachapostolischen Zeit, etwa der
dritten Generation war (Lk 1,1–4; Apg 1,1 f.). Er lebte wohl in einer
Stadt. Darauf weist hin die luk Hervorhebung der Stadtmission
durch Jesus und seine Boten. Die Benutzung der Septuaginta macht
deutlich, daß der Verfasser selbst wie auch wohl die meisten seiner
Mitchristen aus den Kreisen des Heidentums kamen, die dem Judentum nahestanden (vgl. die Charakterisierung des Kornelius Apg
10 f.). Die große Bedeutung, die Paulus in der Apg hat, läßt vermuten, daß die Gemeinden, in denen Lukas lebte und schrieb, Gemeinden des paulinischen Missionsgebietes waren. In ihnen scheinen
aber Personaltraditionen über Paulus stärker lebendig gewesen zu
sein als die Theologie seiner Briefe. Der Verfasser der Apg wird keinen Paulus-Brief inhaltlich gekannt haben, da er keinen benutzt. Ob
er über die Existenz von Briefen des Paulus allgemein etwas wußte,
ist ungewiß (*Burchard:* Zeuge 157 rechnet damit). Lukas kann der
Verfasser durchaus geheißen haben, denn der Name war verbreitet.
Als Ort der Abfassung innerhalb des paulinischen Missionsgebietes
sind in der altkirchlichen Überlieferung vor allem Achaia (Evangelienprologe; mittelbar auch *Hieronymus*) und Rom (*Eusebius*), in
neuerer Zeit auch Mazedonien oder Kleinasien (*Trocmé*), Antiochia
(*Glover*) und Cäsarea (*Klein*) vermutet worden. Zu einer eindeuti-
gen Ortsbestimmung reichen die Indizien aber nicht aus.
Die Abfassungszeit dürfte ungefähr zwischen 80–90 n. Chr. anzu-
setzen sein. Diese Datierung wird heute von den meisten Forschern
vertreten. Sie ergibt sich daraus, daß 1. die Abfassung der Apg das
Lk-Evangelium voraussetzt, das nach 70 n. Chr. geschrieben wurde; 2. daß ein gewisser zeitlicher Abstand zwischen der Abfassung
beider Teile des Doppelwerkes wahrscheinlich ist, und 3. daß Lukas

die um 100 n. Chr. vorliegende Sammlung der Paulus-Briefe nicht
kannte. Völlig ausgeschlossen erscheint es indes auch nicht, daß Lukas bereits bei der Gestaltung mancher Texte seines Evangeliums
einzelne Textgestaltungen für die Apg bedacht und vorbereitet hat
(vgl. z. B. Mk 14,55–60 mit Lk 22,66 f. und Apg 6,13 f.).

5. Textüberlieferung

Literatur: Gräßer: Acta-Forschung (1976) 163–186. – *Haenchen, E.:* Schrift-
zitate und Textüberlieferung in der Apostelgeschichte: ZThK 51 (1954) 153–
167. – *Ders.:* Zum Text der Apostelgeschichte: ZThK 54 (1957) 22–55. –
Ders.: Apg 63–73. – *Klijn, A. F. J.:* A Survey of the Researches into the
Western Text of the Gospels and Acts, Utrecht 1949, fortgesetzt: NT 3
(1959) 1–27; 161–174. – *Ders.:* In Search of the Original Text of Acts, in:
Keck/Martyn: Studies 103–110. – *Martini, C. M.:* La tradition textuelle des
Actes des Apôtres et les tendances de l'Eglise ancienne, in: *Kremer:* Actes 21–
35. – *Metzger, B. M.:* Der Text des Neuen Testaments, Stuttgart 1966. –
Schneider: Apg, Einleitung § 7. – *Schmid/Wikenhauser:* Einleitung 374–
376.

Die Textüberlieferung der Apg, d. h. die Weitergabe nach dem End-
punkt produktiver Textgestaltung durch die folgenden Jahrhunder-
te, nimmt innerhalb der gesamten ntl. Textüberlieferung eine Sonderstellung ein. Es bestehen zwischen den beiden wichtigsten Gruppen von Textzeugen große Unterschiede. Die beiden wichtigsten
Gruppen von Textzeugen für die Apg sind die ägyptische und die
westliche Textform.
Die ägyptische Textform wird vor allem vertreten durch die Papyri
P^{45} (3. Jh.) und P^{74} (7. Jh.), durch die Codices Sinaiticus (4. Jh.),
Vaticanus (4. Jh.), Alexandrinus (5. Jh.), Ephraemi rescriptus (5.
Jh.), durch die Minuskelhandschrift 81 (11. Jh.), durch koptische
Übersetzungen (seit dem 3. Jh.) und durch die Kirchenschriftsteller
Clemens von Alexandrien († 212) und *Origenes* († 253).
Die westliche Textform ist vor allem belegt durch die Papyri P^{38} (um
300) und P^{48} (3. Jh.), durch den Codex D (= Codex Bezae, 5. oder 6.
Jh.), durch die altlateinischen Übersetzungen (für Apg seit dem 3.
Jh.), durch die Sonderlesarten der im Jahre 616 von Thomas von
Charkel herausgegebenen syrischen Übersetzung, durch die lateini-
schen Kirchenschriftsteller vor 400, z. B. *Irenäus von Lyon* (†
202).
Worin bestehen die Unterschiede zwischen beiden Textformen?
1. *Stilistische Verdeutlichungen.* Die westlichen Lesarten nennen

ausdrücklich das Subjekt oder Objekt, wo es im ägyptischen Text oft
fehlt. Z. B. heißt es im ägyptischen Text 12,3: »Als er aber sah, daß
es den Juden gefiel, befahl er …« Im westlichen Text dagegen heißt
es: »Als er aber sah, daß sein Vorgehen gegen die Gläubigen den
Juden gefiel, befahl er …«

2. *Erbaulich-frommer Sprachgebrauch.* In 1,21 bietet der ägyptische
Text: »… der Herr Jesus«. Der westliche Text formuliert: »… der
Herr Jesus Christus«. – 6,8 heißt es in der ägyptischen Textform:
»Stephanus … wirkte … große Zeichen unter dem Volk.« Im westli-
chen Text ist hinzugefügt: »durch den Namen des Herrn Jesus Chri-
stus.«

Derartige Abweichungen des westlichen vom ägyptischen Text begegnen auch in den Evangelien und in den Paulusbriefen. Die folgenden Unterschiede aber sind dem westlichen Text der Apg
eigen.

3. *Risse und Nahtstellen* werden geglättet. Beispiel: Nach 3,8 geht
der Geheilte mit Petrus und Johannes in den Tempel, wandelt umher, springt und lobt Gott. Nach 3,11 hielt er sich dicht an Petrus
und Johannes, und das ganze Volk lief erstaunt bei ihnen zusammen
in der sogenannten Halle Salomos. Die Halle Salomos liegt zwar
innerhalb des Tempelbereichs, aber außerhalb des eigentlichen Tempels. Lukas macht keinen Unterschied. Der westliche Text aber wird
den Ortsverhältnissen gerecht und fügt glättend ein: »Als aber Petrus und Johannes hinausgingen, ging er mit ihnen hinaus, indem er
sich dicht an sie hielt; die Volksmenge aber war erstaunt.« Der Verfasser von D verfügt über bessere Ortskenntnis, versteht aber die luk
Vorstellung vom Tempelbereich nicht.

4. *Verdeutlichende Ergänzungen.* Zu ihnen gehören z. B. die be-
rühmten »sieben Stufen«: Bei der wunderbaren Befreiung aus dem
Kerker traten nach dem ägyptischen Text Petrus und der Engel
durch das Tor »hinaus und gingen eine Gasse weit ..« (12,10). Im
Codex D und einigen altlateinischen Übersetzungen heißt es: »Sie
traten hinaus, schritten die sieben Stufen hinab und gingen eine Gasse weit …« – Die ägyptische Textform berichtet 14,6f.: Als Paulus
und Barnabas in Ikonium merkten, daß man sie mißhandeln und
steinigen wolle, »flohen sie in die Städte von Lykaonien: Lystra und
Derbe und in deren Umgebung. Und dort predigten sie das Evangelium.« Der Codex D und andere westliche Lesarten ergänzen: »Und
das ganze Volk wurde von der Lehre bewegt. Paulus und Barnabas
aber blieben in Lystra.« Dadurch wird die folgende Szene vorbereitet. – 16,30 wird berichtet, wie Paulus und Silas durch ein Wunder aus dem Gefängnis befreit und vom verängstigten Gefängnis-

wärter hinausgeführt werden. Der Codex D und eine der syrischen Übersetzungen ergänzen: »... nachdem er die übrigen in sichere Verwahrung gebracht hatte.«

5. *«Korrektur« vermeintlicher Falschangaben.* Ein Beispiel dafür ist 20,4, wo nach der ägyptischen Lesart ein »Gaius aus Derbe« erwähnt wird. Kurz vorher, 19,29, ist ebenfalls von einem Gaius die Rede, aber einem Mazodonier. Die Schreiber von D und einer altlateinischen Übersetzung haben die Namensbezeichnung auf ein und dieselbe Person bezogen und dementsprechend 20,4 »Derbe« in »Duberos«, dem Namen einer kleinen Stadt in Mazedonien, geändert.

6. *An manchen Stellen wird eine Aussage durch einen Zusatz verstärkt*: 5,15 ist von der Heilwirkung die Rede, die von Petrus ausging. Der Codex D ergänzt: »denn er befreite von jeder Krankheit, die nur irgend jemand von ihnen hatte.« – Nach 5,39 erklärt innerhalb des Hohen Rates Gamaliel: Wenn das, wofür sich die Apostel einsetzen, von Gott stamme, »so könnt ihr sie nicht vernichten ...« Der Codex D und andere westliche Textzeugen erweitern die Aussage: »... so könnt ihr sie nicht vernichten, weder ihr, noch Könige, noch Herrscher. Laßt also von diesen Menschen ab!«

7. *Auch inhaltliche Änderungen finden sich.* Nach der ägyptischen Textform gibt das Aposteldekret 15,20.29 die Anweisung, sich von Befleckung durch Götzen, Unzucht, Ersticktem und Blut zu enthalten. Statt dieser vorwiegend kultisch ausgerichteten Anordnung fordert der Codex D und andere westliche Lesarten stärker moralisch ausgerichtete Verhaltensweisen, nämlich sich zu enthalten von »Befleckung durch Götzen, von Unzucht und von Blut und anderen nicht das anzutun, wovon man nicht will, daß es einem selbst geschehe.«

Wie erklären sich diese starken Unterschiede?

Die Forscher *F. Blass* (1894) und *T. Zahn* (1916) hatten gemeint, beide Versionen stammen vom Verfasser der Apg selbst und die eine Fassung stelle nur die Überarbeitung der anderen durch ein und denselben Schriftsteller dar. Die Unhaltbarkeit dieser Auffassung wurde schon durch *B. Weiß* (1897) erwiesen. Sie ergibt sich vor allem aus sachlichen Widersprüchen, wie sie etwa Apg 15,20.29 vorliegen und in obigem Beispiel erkennbar sind. – *A. C. Clark* vertrat 1933 die These, die westliche Textform sei die ursprüngliche und die ägyptische sei deren Kürzung. Dem widerspricht, daß sich sonst liturgische Formeln und erzählerische Einzelangaben, wie der westliche Text sie bietet, eher als späterer Zuwachs erweisen. – *M. Black* hat seit 1946 immer wieder auf die Aramaismen des westlichen Textes aufmerksam gemacht und aus diesem Befund den Schluß gezogen, der westliche Text stehe dem Original näher als die ägyptische Textform. Die Untersuchungen von *E. Haenchen* haben indes gezeigt, daß sich viele vermeintliche Aramaismen als Schreibfehler eines späteren Abschreibers erweisen. – Heute nehmen die meisten Textkritiker an, die ägyptische Textform stehe dem ursprünglichen Text am nächsten, und die westliche Textform sei deren Überarbeitung. Sie ist in der Weise, wie sie im Codex D vorliegt, das Ergebnis eines Bearbeiters, der in sprachlich-grammatikalischer Hinsicht sehr oberflächlich, unter inhaltlich-sachlichem Gesichtspunkt aber sehr sorgfältig und bewußt vorgegangen ist und die genannten Änderungen geschaffen hat.

Kommentar

Einleitung 1,1–1,26

1. Vorwort. – Erscheinungen des Auferstandenen und Himmelfahrt 1,1–14

1 Das erste Buch habe ich verfaßt, Theophilus, über alles, was Jesus von Anfang an getan und gelehrt hat, 2 bis zu dem Tag, an dem er hinaufgenommen wurde. Bis zu diesem Tag hat er den Aposteln, die er durch den Heiligen Geist erwählt hatte, Aufträge erteilt. 3 Ihnen stellte er sich nach seinem Leiden in vielen Erweisen als lebend vor. Während vierzig Tagen erschien er ihnen und sprach über das Reich Gottes. 4 Und beim gemeinsamen Mahl gebot er ihnen, von Jerusalem nicht wegzugehen, sondern die Verheißung des Vaters zu erwarten, die ihr von mir gehört habt. 5 Denn Johannes hat mit Wasser getauft, ihr aber werdet schon in wenigen Tagen mit Heiligem Geist getauft werden. 6 Als sie nun versammelt waren, fragten sie ihn: Herr, stellst du jetzt in dieser Zeit das Reich für Israel wieder her? 7 Er sprach zu ihnen: Es steht euch nicht zu, Zeiträume und Zeitpunkte zu erfahren, die der Vater in seiner Macht festgesetzt hat. 8 Aber ihr werdet die Kraft des Heiligen Geistes empfangen, die auf euch herabkommen wird, und ihr werdet meine Zeugen sein in Jerusalem und in ganz Judäa und Samaria und bis an die Grenzen der Erde.
9 Und als er dies gesagt hatte, wurde er vor ihren Augen emporgehoben, und eine Wolke nahm ihn auf und entzog ihn ihren Blicken. 10 Und während sie schauten, wie er zum Himmel dahinging, siehe, da standen zwei Männer bei ihnen in weißen Gewändern. 11 Sie sprachen: Ihr Galiläer, was steht ihr da und schaut zum Himmel? Dieser Jesus, der von euch weg in den Himmel aufgenommen wurde, wird auf dieselbe Weise wiederkommen, wie ihr ihn habt zum Himmel auffahren sehen.
12 Da kehrten sie nach Jerusalem zurück von dem Berg, der Ölberg heißt und nahe bei Jerusalem liegt, nur einen Sabbatweg entfernt. 13 Und als sie hineinkamen, stiegen sie hin-

auf in das Obergemach. Dort hielten sie sich auf: Petrus und
Johannes, und Jakobus und Andreas, Philippus und Tomas,
Bartolomäus und Mattäus, Jakobus, der Sohn des Alfäus und
Simon, der Zelot und Judas, der Sohn des Jakobus. 14 Sie
alle verharrten einmütig im Gebet mit den Frauen und Maria,
der Mutter Jesu, und mit seinen Brüdern.

Literatur: Ernst: Lk 47–54. – *Gräßer, E.:* Die Parusieerwartung in der Apostelgeschichte, in: *Kremer:* Actes 99–127. – *Hahn, F.:* Die Himmelfahrt Jesu.
Ein Gespräch mit Gerhard Lohfink: Bib 55 (1974) 418–426. – *Lohfink:* Himmelfahrt. – *Menoud, Ph. H.:* »Pendant quarante jours« (Actes 1,3), in: Neotestamentica et Patristica, FS O. Cullmann, NT. S VI, Leiden 1962, 148–156.
– *Nibley, H.:* Evangelium quadraginta dierum: VigChr 20 (1966) 1–24. –
Pesch, R.: Der Anfang der Apostelgeschichte: Apg 1,1–11. Kommentarstu-
die EKK-Vorarbeiten 3, Zürich, Köln und Neukirchen 1971, 7–35. – *Plümacher:* Lukas 9. – *Schille, G.:* Die Himmelfahrt: ZNW 57 (1966) 183–199. –
Schlier, H.: Jesu Himmelfahrt nach den Lukanischen Schriften, in: *Ders.:*
Besinnung auf das Neue Testament. Exegetische Aufsätze und Vorträge II,
Freiburg, Basel und Wien 1964, 227–241. – *Schneider:* Lk I 37–41. – *Schürmann:* Lk I, 1–17. – *Talbert, C. H.:* Luke and the Gnostics. An Examination
of the Lucan Purpose, New York 1966. – *Vögtle, A.:* Was hatte die Widmung
des lukanischen Doppelwerkes an Theophilos zu bedeuten?, in: *Ders.:* Das
Evangelium und die Evangelien. Beiträge zur Evangelienforschung, Düsseldorf 1971, 31–42.

Form und Aufbau

Lukas beginnt die Apg mit einer *Widmung* und einem *Rückblick* auf
den Inhalt seines ersten Buches (Verse 1–2). Unmittelbar anschließend blendet er hinter das Ende seines ersten Werkes zurück und
bietet einen *Sammelbericht* der Ostererscheinungen (Vers 3). Aus
diesem Summarium läßt er sodann eine einzelne *Mahlszene mit Ab-
schiedsreden* hervortreten: Der Auferstandene verheißt in zum Teil
direkter Rede den Heiligen Geist (Verse 4–5); in *Frage und Antwort*
werden die Themen Reich Gottes, Kommen des Geistes und Zeugenschaft zur Sprache gebracht (Verse 6–8). Sofort darauf und ohne
Angabe eines Szenenwechsels läßt Lukas die Darstellung der *Himmelfahrt* Jesu im Formschema einer Entrückung folgen (Verse
9–11). Die den Himmelfahrtsbericht abschließende Szene (Verse 12–
14) enthält eine *Notiz über die Rückkehr* der Jünger, eine Liste der
Apostelnamen und ein Summarium über ihr Verhalten. Erst in dieser
Schlußszene Vers 12 erfährt der Leser, daß zwischen Vers 8 und 9 ein
Ortswechsel stattgefunden hat. Obwohl der ganze Abschnitt ver-

schiedene Gedanken zur Sprache bringt, und aus verschiedenen, klar abgrenzbaren Formelementen aufgebaut ist, sind doch die Teile miteinander in einer eigengearteten Weise eng verbunden. Der Abschnitt stellt ein kunstvolles, vielfältig verflochtenes Sprachgewebe dar. Er schildert die *Ausgangssituation* für alle im folgenden dargestellten Ereignisse und Entwicklungen. Der erste wirklich markante Einschnitt liegt erst hinter Vers 14. Der Theologe und Schriftsteller Lukas hat an der konkreten Gestalt des ganzen Abschnittes großen Anteil.

Tradition und Redaktion

1–3 Kann man schon ganz allgemein vermuten, daß gerade der Anfang eines Buches besonders deutlich vom Gestaltungswillen des Verfassers geprägt ist, so läßt sich dies für den Anfang der Apg außerdem durch *formale, inhaltliche* und *stilistische* Kriterien erweisen. Lukas hat sich bei der Formung der Anfangsverse an ein *Formschema* angelehnt, das hellenistische Schriftsteller benutzten, um innerhalb mehrbändiger Werke ein neues Buch einzuleiten. Das Schema besteht aus drei Elementen: 1. namentliche Widmung, 2. kurze Inhaltsangabe des vorausgehenden Buches, 3. kurze Inhaltsangabe des nun beginnenden Bandes. Das beständigste dieser drei Elemente ist das zweite, der Rückblick auf das vorausgehende Buch, während die Widmung oft und die Inhaltsangabe des beginnenden Buches manchmal fehlen.

Beispiele:
Polybios (um 200–120 v. Chr.) beginnt den 2. Band seiner »Weltgeschichte«: »Im vorausgehenden Buch habe ich berichtet, wie ..., nun aber will ich versuchen, das darauf Folgende darzustellen.« (II, 1,1 f.).
Diodoros (1 Jh. v. Chr.) leitet den 2. Band seiner »Weltgeschichte« ähnlich ein: »Das vorausgehende Buch enthält die in Ägypten geschehenen Ereignisse, in diesem Buch nun will ich das in Asien Geschehene aufschreiben.« (II,1).
Flavius Josephus (37–um 95 n. Chr.) eröffnet einzelne Bücher seiner »Jüdischen Altertümer« ebenso mit Rückblick und Ausblick: »Nachdem ich im vorausgehenden Buch von der Königin Alexandra und ihrem Tod berichtet habe, will ich nun die darauf folgenden Begebenheiten erzählen.« (XIV,1,1). Oder: »Wie Sosius und Herodes Jerusalem im Sturm einnahmen und den Antigonos gefangennahmen, hat uns das vorausgehende Buch berichtet. Nun aber will ich das darauf Folgende mitteilen« (XV,1,1).
Im gleichen Werk leitet *Flavius Josephus* aber auch neue Bücher in der Weise

ein, daß er nach dem Rückblick auf das vorausgehende Buch ohne Inhaltsangabe des beginnenden die Berichterstattung fortsetzt: »Im vorausgehenden Buch habe ich von David berichtet. Sein Sohn Salomon ... war noch jung, als er zur Regierung kam ...« (VIII,1,1). Oder: »Im vorausgehenden Buch habe ich berichtet, wie das Volk der Juden die Freiheit ... erlangte. Nach Judas' Ende faßten nun die Frevler ... wieder Mut und ...« (XIII, 1,1). Eine Widmung, die sich auf das vorliegende wie auf das vorausgegangene Buch bezieht, bietet *Flavius Josephus* am Schluß seiner Schrift »Gegen Apion«: »Für dich aber, Epaphroditos, der du über alles die Wahrheit liebst und um deinetwillen für die, welche in gleicher Weise wünschen, Wissen um unser Volk zu besitzen, sei dieses wie das vorausgegangene Buch geschrieben.« (II, 41). Widmung, Rück- und Ausblick finden sich in prägnanter Form zu Beginn des 2. Buches in *Artemidoros'* »Traumdeutung« (2. Jh. n. Chr.): »Im vorausgehenden Buch, Kassius Maximus, habe ich berichtet ..., in diesem Buch nun will ich die notwendige Erklärung geben.«

An derartige schriftstellerische Gepflogenheiten hat sich auch Lukas angeschlossen. Die Widmung an Theophilus und der Rückblick auf das Lukasevangelium entsprechen ihnen. Lukas hat aber das Eröffnungsschema nicht ganz übernommen. Formell fehlt am Anfang der Apg das dritte Element: der gewöhnlich mit »nun aber« eingeleitete Vorausblick auf den Inhalt des beginnenden Buches. Statt dessen blendet Lukas hinter das Ende seines Evangeliums zurück. Entspricht zwar in diesem Punkt sein Vorgehen *formell* nicht der antiken literarischen Gepflogenheit, so darf man nicht übersehen, daß er ihr *inhaltlich* doch gerecht wird: Seine Rückblende enthält Aussagen Jesu, die sich auf künftige Geschehnisse beziehen, und zwar auf solche, die in der Apg dargestellt werden: Geistsendung, Zeugenschaft, Ausbreitung des Evangeliums bis an die Grenzen der Erde. Ebendies ist der Inhalt des nun beginnenden Buches, der Apg.
Auf die *stilistischen* Eigentümlichkeiten der Verse 1–3, an denen sich der luk Anteil ihrer Gestaltung erweisen läßt, kann hier nicht eingegangen werden, da sie an Hand des griechischen Textes erläutert werden müßten. Deutlich aber sind die *inhaltlichen* Indizien, die das spezielle Interesse und Gedankengut des Lukas und somit seine Handschrift erkennen lassen:
Es ist eine luk Eigentümlichkeit, bei Kurzzusammenfassungen des *Wirkens Jesu* ausdrücklich seinen *Anfang* (1,22; 10,37) und sein *Ende* (Lk 9,51; Apg 1,22) zu betonen. Dabei fällt besonders auf, daß Lukas im Unterschied zu allen anderen ntl. Schriftstellern die Zeit des irdischen Jesus nicht etwa mit seinem Tod oder seiner Auferstehung, sondern erst durch die *Himmelfahrt* begrenzt sein läßt. Auch

die Doppelcharakteristik des Wirkens Jesu als *Tat und Wort* betont
Lukas und arbeitet sie an manchen Stellen stärker heraus als die anderen Evangelisten (Lk 6,18; 9,11; 24,19; – Lk 5,15 im Unterschied
zu Mk 1,45). Zu den Vorzugsworten und theologisch besonders ak-
zentuierten Begriffen gehört bei Lukas »*Apostel*«. Während das
Wort bei Mt, Mk und Joh nur je 1 mal vorkommt, verwendet es
Lukas in seinem Evangelium 6 mal und in Apg 28 mal. Daß er die
Erwählung der Apostel am Anfang der Apg eigens hervorhebt, ent-
spricht ganz seinem redaktionellen Vorgehen auch an anderen Stellen. Lk 6,13 ergänzt er z. B. den Markusbericht von der Wahl der
Zwölf durch den ausdrücklichen Hinweis: »... die er (Jesus) Apostel
nannte.« – Ebenfalls dem spezifischen Interesse des Lukas, dem
»Theologen des Heiligen Geistes«, entspricht es, die Erwählung der
Apostel als »*vom Heiligen Geist*« gewirkt anzusehen. Als lukanisch
erweist sich diese Sicht durch den Zusammenhang mit Lk 6,13, wo
Lukas vor der Wahl der Zwölf in Abänderung der Markusvorlage
das Gebet Jesu erwähnt. Außerdem verrät die Wortstellung im griechischen Text luk Stil, wodurch auch deutlich wird, daß der Satzteil
»durch heiligen Geist« mit der Erwählung der Zwölf und nicht mit
der Erteilung der Aufträge zu verbinden ist (vgl. eine ähnliche Wortstellung im Vers 10). – Die *Beauftragung* der Apostel durch den
Auferstandenen entspricht der Darstellung des Lukas am Ende seines Evangeliums. Auf sie hat er zurückgegriffen. – Die Auffassung,
daß der Auferstandene *mehrmals erschienen* ist, teilt Lukas mit anderen ntl. Schriftstellern (z. B. 1Kor 15,5–8). Er hat sie aus der
Überlieferung aufgenommen. Umstritten ist aber die Frage, woher
die *Zeitangabe der 40 Tage* stamme. *Conzelmann:* Apg 21 sagt: wir
wissen es nicht. *Haenchen:* Apg 147 und *Pesch:* Anfang 10; 14 nehmen eine vorluk Überlieferung an. *Lohfink:* Himmelfahrt 176–186
rechnet – gestützt auf *Ph. H. Menoud* – mit luk Gestaltung. Die
letztgenannte Position erscheint am überzeugendsten. Für sie sprechen folgende Gründe:
1. Außer Apg 1 ist der 40-Tage-Zeitraum nirgendwo in der neutestamentlichen Überlieferung mit den Ostererscheinungen oder der Erhöhung Christi verbunden.
2. Eine derartige Verbindung fehlt auch im Christentum des 2.
Jahrhunderts, selbst bei Justin und Irenäus, obwohl diese beiden
Schriftsteller die luk Himmelfahrtsauffassung übernehmen. Erst
Tertullian (um 150–230) bezeugt – in Abhängigkeit von Lukas –
die 40 Tage.
3. Lukas gibt auch sonst gern Zahlen an und verfolgt damit theologische Absichten. So stellt er z. B. Apg 1,15; 2,41; 4,4; 21,20 mit Hilfe

von Zahlenangaben das von Gott gewirkte Wachstum der Kirche
dar.

4. Die Septuaginta, aus der Lukas oft seine Gestaltungsmittel bezieht, bietet die Zahl 40 als runde Angabe eines *langen* Zeitraumes
und als *heilige* Zahl. Sie ist verbunden mit der Sintflut, dem Wüsten-
zug, dem Aufenthalt des Mose auf dem Berg, der Reise der Kund-
schafter, dem Weg des Elija zum Gottesberg. Als heilige Zahl wird
sie im NT bereits durch Markus auf den Wüstenaufenthalt Jesu angewandt (Mk 1,13). Die Apokalyptik überliefert, daß sich Esra 40
Tage zurückzieht, um das Gesetz niederzuschreiben, daß Baruch 40
Tage lang Ermahnungen erteilt und daß beide danach entrückt werden (4Esr 14; syrBar 76).

5. Die Zahlenangabe paßt in Zuordnung zum Termin der Geistsendung ganz in das luk Zeitschema: »in wenigen Tagen« (1,5).

6. Die 40 Tage werden von Lukas selbst in bezug auf die Erscheinungen als lange Zeit verstanden, wie aus 13,31 hervorgeht: »er erschien
viele Tage hindurch«. Sie entsprechen gerade so seiner besonderen
Absicht: die Kontinuität zwischen der Verkündigung des irdischen
Jesus und der Verkündigung der Kirche zu erweisen. Dazu paßt
auch genau die luk Angabe dessen, worüber in dieser Zeit der Auferstandene zu den Aposteln spricht: »über das Reich Gottes« (1,3),
das heißt: über das Gleiche, das bereits den Hauptinhalt der Predigt
des irdischen Jesus bildete (vgl. Apg 20,25 mit Lk 8,1).

7. Schließlich spricht für luk Gestaltung der Zeitangabe noch die
Funktion, die sie im literarisch-theologischen Gesamtaufbau des
Doppelwerkes hat: Sie trennt die Zeit Jesu von der nächsten Epoche,
der Zeit der Kirche. In dieser Wartezeit »ruht die Bewegung; die
Jünger müssen in Jerusalem bleiben und im Glauben auf den Beginn
der zweiten Phase harren« (*Löning:* Lukas 212).

4–5 Diese Überleitung in Form einer Mahlszene mit Anweisungen
Jesu in direkter Rede ist ganz von Lukas selbst unter Rückgriff auf
Stoffe und Formulierungen seines Evangeliums geschaffen worden.
Folgende Beobachtungen lassen dies erkennen:

1. Die beiden Hauptmotive – das Motiv des Bleibens und Wartens
und das Motiv der Geistverheißung – begegnen bereits Lk 24,49.

2. Die Formulierung »die Verheißung des Vaters« stimmt wörtlich
mit Lk 24,49 überein.

3. Der Übergang von Erzählung in direkte Rede ist ein im klassischen Griechisch bekanntes und von Lukas mehrfach benutztes Stilmittel (Lk 5,14 im Unterschied zu Mk 1,44; Apg 14,22; 17,3; 23,22;
25,5). Es dient Lukas dazu, Worte aus der Vergangenheit Gegenwart

werden zu lassen und durch sie die Leser direkt anzusprechen und einzubeziehen (vgl. *Wiater:* Komposition 248). Auch Lk 24,49 steht die Verheißung bereits in direkter Rede.

4. Das Wort von der Wasser- und Geisttaufe begegnet als Aussage des Täufers und in etwas anderer Gestalt bereits Lk 3,16. Zu einem Jesuswort umgeformt, verwendet es Lukas fast wörtlich wie Apg 1,5 nochmals Apg 11,16. Daß Lukas selbst die Umformung vorgenommen hat, ergibt sich aus der deutlich erkennbaren Absicht, der das Wort an unserer Stelle dient: Es soll als Beleg dafür gelten, daß der irdische Jesus die bevorstehende Geistsendung angekündigt habe. Lukas drückt diese Absicht selbst deutlich aus, indem er die Aussage durch den Auferstandenen kennzeichnen läßt als Verheißung, »die ihr von mir gehört habt«. Hier meldet sich das typisch luk Interesse zu Wort, die Jesuszeit mit der Zeit der Kirche zu verbinden und die Übereinstimmung zwischen den Worten Jesu und den Ereignissen der Urkirche zu betonen.

5. Die griechische Formulierung des Zusatzes »schon in wenigen Tagen« erweist sich vom Stil her als lukanisch (vgl. Lk 15,13).

6–8 In der Frage der Jünger und in der Antwort des Auferstandenen läßt sich unter formalen wie inhaltlichen Gesichtspunkten deutlich die Gestaltung des Lukas erkennen. Zwar stammt die Antwort Vers 7 aus urchristlicher Überlieferung: Mk 13,32 »Doch jenen Tag und jene Stunde kennt niemand ... nur der Vater«, vgl. 1Thess 5,1; die Verheißung des Geistes hat Lukas schon am Schluß seines Evangeliums den Auferstandenen aussprechen lassen. Aber sowohl die Jüngerfrage Vers 6 wie auch die inhaltliche Akzentuierung von Frage und Antwort sind luk Redaktion. Das ergibt sich aus folgenden Gründen:

1. Ein von Lukas oft verwendetes Stilmittel besteht darin, einem Logion eine Frage oder einen Einwand vorauszuschicken. Im Unterschied zu Mk, Mt und Q belebt er dadurch oft Redepassagen und bereitet Aussagen vor, die ihm für den Leser besonders wichtig erscheinen. Dabei formuliert er die Fragen und Einwände aus der Antwort, die im Überlieferungsstoff vorgegeben war. Beispiele: Lk 1,34; 3,10–14; 11,45f.; 12,41; 17,5f.37; Apg 11,2–4; vgl. *Gewieß, J.:* Die Marienfrage Lk 1,34: BZ 5 (1961) 221–254; *Lohfink:* Himmelfahrt 154–157.

2. Das im Urchristentum umlaufende Jesuslogion hatte zum Inhalt, die Unbekanntheit des Parusietermins auszudrücken. Lukas aber präzisiert entsprechend seinem Verständnis der Eschatologie dieses Jesuswort und die ihm zugeordnete Frage, so daß sie nun einen *zeit-*

lichen, räumlichen und *christologischen* Aspekt erhält: Die Frage, ob *jetzt* das Reich hergestellt werde, wird mit der Ablehnung jeglicher Terminkenntnis beantwortet; die Frage, ob das Reich für *Israel* wiederhergestellt werde, erhält ihre Antwort in einem *universalen Zeugenauftrag*; und als Antwort auf die Frage, ob *Jesus* es ist, der das Reich errichtet, wird ihnen der *Heilige Geist* verheißen.

3. In dem Auftrag, das Evangelium in »Jerusalem, ganz Judäa, Samaria und bis an die Grenzen der Erde« zu bezeugen, ist wie in einer Kurzformel der Gesamtinhalt der Apg zusammengefaßt und überdies die Gliederung des ganzen Werkes vorangestellt. Auch dies erweist sich als von Lukas geformte Aussage und ersetzt das dritte Element klassischer Proömien: die Inhaltsangabe des nun beginnenden Buches.

9–11 Der Anteil des Lukas an der Gestaltung der Himmelfahrtsdarstellung ist groß. Ob es indes überhaupt erst Lukas gewesen ist, der zum ersten Mal die Erhöhung des Auferstandenen in der Form einer Entrückung (→ Exkurs 1) als sichtbare Himmelfahrt dargestellt hat, ist in der gegenwärtigen Forschung kontrovers. *Für* eine solche Annahme sprechen die Gründe:

1. Es läßt sich die Verbindung von Erhöhung und Entrückung vorluk nirgendwo mit Sicherheit nachweisen.

2. Lukas als hellenistischer Schriftsteller lebte und schrieb in einem Milieu, in dem Entrückungsvorstellungen und festgeprägte Entrückungsdarstellungen bekannt waren.

3. Lukas bezeichnet den Erhöhungsvorgang als »Hinaufnahme«, »hinaufgehen«, »dahingehen«. Es sind Ausdrücke, die in späten Schriften des Neuen Testaments, z. B. Joh, Eph, 1Tim, 1Petr, zur Bezeichnung der Erhöhung Christi verwendet werden, zunehmend den Wegcharakter des Geschehens ausdrücken, aber in diesen Schriften sehr wahrscheinlich noch nicht eine sichtbare Himmelfahrt bezeichnen. Vorbereitet durch solche Denk- und Sprechweisen, in denen sich der Erhöhungsvorgang gegenüber der Auferstehung zu verselbständigen begann, bedurfte es nur noch eines kleinen Schritts, das Erhöhungskerygma mit dem bereitliegenden Entrückungsschema zu verbinden.

4. Lukas war ein Theologe und Schriftsteller dieser Epoche und besaß die ausgeprägte Fähigkeit, mit wenigen Strichen eindrucksvolle Szenen zu gestalten. Deshalb ist es gut denkbar, daß *er* es war, der erstmals diese Verbindung hergestellt hat.

5. Die Himmelfahrtstexte Lk 24 und Apg 1 sind von einer Fülle luk Stileigentümlichkeiten durchsetzt. Vor allem aber sind die Texte aus

Elementen aufgebaut, die von Lukas auch sonst verwendet werden, aus verschiedenen Motivkomplexen stammen und sich vorluk noch nicht kombiniert finden. Es ist z. B. in Lk 24,50–53 das Erheben der Hände, der Segen Jesu, die Anbetung seitens der Jünger und der Lobpreis Gottes dem Motivkomplex des liturgischen Schlußsegens des Hohenpriesters Simeon Sir 50,20–22 entnommen (*Lohfink:* Himmelfahrt 167–169. – *Pesch:* Anfang 16). Die Engelszene Apg 1,10f. ist in Aufbau, sprachlichem Ausdruck und Einzelmotiven der luk Form der Engelszene am Grab des Auferstandenen nachgestaltet (Lk 24,4–9). Die Entrückung selbst mit ihren Einzelmotiven hat in der Entrückung des Elija 2Kön 2 und in außerbiblischen Entrückungstexten ihr Vorbild. Diese Gründe führen nach *Lohfink:* Himmelfahrt 244 zu dem Ergebnis: »Die beiden Himmelfahrtserzählungen Lk 24; Apg 1 gehen auf Lukas selbst zurück.«

Im Unterschied zu dieser Auffassung vertreten z. B. *Bauernfeind:* Apg 17; *Conzelmann:* Apg 23; *Dibelius:* Aufsätze 108f.; *Haenchen:* Apg 157; *Hahn:* Himmelfahrt; *Pesch:* Anfang 17f.; *Schille:* Himmelfahrt 184; *Schlier:* Himmelfahrt 227f. die Meinung, es habe bereits vor und neben Lukas die Überlieferung einer sichtbaren Himmelfahrt Jesu gegeben; Lukas habe diese Überlieferung aufgenommen und verarbeitet. Von den meisten Autoren wird dabei die vorluk Tradition ohne nähere Begründung einfach vermutet oder behauptet. In manchen Fällen wird der Unterschied zwischen Erhöhungskerygma und Entrückungsvorstellung nicht beachtet und so die Erhöhungsvorstellung mit »Himmelfahrt« gleichgesetzt. Weder diese Unschärfe noch die bloße Behauptung können überzeugen.
Beachtenswert sind dagegen die Gründe, die *Hahn:* Himmelfahrt zugunsten dieser Auffassung ins Feld führt:
1. Das Ostergeschehen »im Sinne einer *leiblichen* Auferweckung« (423) impliziert doch auch den Gedanken einer Auffahrt in den Himmel. Erhöhung und Himmelfahrt schließen sich also gegenseitig nicht aus. Die Vorstellung einer sichtbaren Himmelfahrt ist deshalb auch schon in dem Frühstadium möglich, in dem das Erhöhungskerygma belegt ist.
2. Es ist gar nicht so sicher, daß die nach Eph, 1Tim, 1Petr auf die Auferstehung folgende Auffahrt als unsichtbares Geschehen verstanden wurde. Man muß mit fließenden Grenzen der Vorstellungen rechnen und auch damit, daß die eine Vorstellung die andere beeinflußt haben kann.
3. Die Aussagen Mk 2,20; Apg 3,20; 1Thess 1,10 und wohl auch Offb 12,5 stehen einer Entrückungsvorstellung »zumindest sehr nahe, wenngleich diese noch nicht mit der dafür spezifischen Terminologie und Erzählweise dargestellt ist« (423). Es muß mit einer gegenüber Lukas selbständigen Tradition gerechnet werden, die sich dann auch in Joh 20,17 und Barn 15,9 niedergeschlagen haben könnte. »Lukas hätte dann gerade der Himmelfahrtstradition eine besondere Stellung und spezielle Prägung verliehen« (424).
Mit den *Möglichkeiten,* auf die *Hahn* hinweist, ist zu rechnen. So lange aber

die Tatsächlichkeit einer vor und neben Lukas bestehenden Himmelfahrtstradition nicht durch eindeutigere Belege erwiesen ist, behält die Erwägung
redaktioneller Bildung durch Lukas ihr Gewicht.

12–14 Der luk Anteil an der Gestaltung der Szene ist erkennbar 1. in
der Rückkehrnotiz. Wie Lk 24,52f., so schließt auch hier die Him-
melfahrtsgeschichte mit einer Erwähnung der Rückkehr der Jünger
nach Jerusalem und einer summarischen Angabe über ihr Verbleiben
und Verhalten. Stammen die beiden Himmelfahrtstexte von Lukas,
dann auch diese Rückkehrnotizen. Überdies erweist sich das Jerusa-
lem-Motiv als spezifisch lukanisch. Die Entfernungsangabe des Öl-
bergs, nämlich »nahe bei Jerusalem, nur einen Sabbatweg entfernt«,
entspricht ebenfalls ganz dem luk Interesse, die Erscheinungen des
Auferstandenen in und um Jerusalem lokalisiert darzustellen. In der
Angabe des Versammlungsortes könnte »eine Lokaltradition …
durchschimmern« (*Conzelmann:* Apg 23), zumal die Ortsangabe
mit dem bestimmten Artikel versehen ist und als bekannt vorausgesetzt scheint.
2. Die Apostelliste stammt zwar aus vormark Überlieferung. Die
konkrete Gestalt aber, in der Lukas sie hier bietet, schließt eng an Lk
6,14 an: Im Unterschied zu Mk und Mt erwähnt er Simon, den er als
Zeloten bezeichnet, und einen Judas, Sohn des Jakobus. Daß Lukas
im Unterschied zu Lk 6 nach Petrus gleich Johannes folgen läßt,
entspricht ganz der auch sonst bei ihm vorherrschenden Reihenfolge
(Lk 8,51; 9,28) und der Tatsache, daß für ihn Petrus und Johannes
als Paar zusammengehören (Apg 3,1–4,22; 8,14).
3. Die literarische Gattung »Summarium« als solche und seine Ab-
schluß- und Überleitungsfunktion lassen den Ursprung von Vers 14
erkennen. Zudem enthält der Vers typisch luk Ausdrücke und Motive: die Betonung der Einmütigkeit (z. B. 2,46; 4,24; 5,12; 8,6), des
Verharrens (2,42.46; 6,4), des Gebetes (→ Bd. 3,2 Exkurs 15), die
Hervorhebung der Frauen (Lk 8,2f.; 23,27) und der Mutter Jesu (Lk
1–2; 11,27).

Auslegung

1–3 Proönium und *Widmung* lassen erkennen, daß Lukas mit seinem
Werk literarischen Ansprüchen genügen möchte. In dieser Form des
Buchanfangs deutet sich bereits das an, was die Apg im ganzen zeigen will: den Weg des Evangeliums in die »große« Welt. – *Theophilos*
wird nicht nur als Symbolname »Gottlieb« zu verstehen sein, sondern – gemäß antikem Widmungsgebrauch – eine geschichtliche

Persönlichkeit bezeichnen. Von ihm dürfte sich Lukas – ebenfalls antiker Gepflogenheit entsprechend – die Verbreitung seines Buches erhofft haben. Über Theophilos selbst wissen wir nur, daß er bereits christliche Unterweisung erhalten hatte (Lk 1,4). Die Widmung an ihn und die Anrede *kratiste* (Lk 1,3; vgl. Apg 23,26; 24,3; 26,25) lassen vermuten, daß er eine hochgestellte Persönlichkeit war. – Durch den *Rückbezug* auf das Lk-Evangelium werden Lk und Apg eng miteinander verbunden. Lukas betont, daß er in seinem Evangelium *alles* berichtet hat, was Jesus *tat* und *lehrte*. Die Jesuszeit ist die unaufgebbare Grundlage der apostolischen und kirchlichen Verkündigung. Auf sie schaut Lukas vom ausgehenden apostolischen Zeitalter und seinen Verunsicherungen zurück. Dabei sind ihm Tat und Wort Jesu in gleicher Weise wichtig. – Dem Erweis des Zusammenhangs und der Kontinuität zwischen dem Verkündigungswerk Jesu und dem der Kirche dienen die von Lukas hervorgehobenen Aussagen: die *Zeit des irdischen Wirkens Jesu* dauert bis zur Himmelfahrt; der Auferstandene selbst hat den Aposteln *Aufträge* erteilt; dies geschah in *vielen* Erscheinungen durch lange Zeit; das erneute Reden über das *Reich Gottes* setzt die Apostel instand, dasselbe zu verkünden, was Jesus selbst verkündet hat, und es zeigt außerdem, daß der Auferstandene das gleiche verkündet wie der vorösterliche Jesus und nicht etwa Geheimlehren mitteilt, wie es die Gnostiker annahmen; die *Apostel* sind durch den gleichen *Heiligen Geist*, der jetzt die Kirche aufbaut und durchwaltet, erwählt worden.

4–5 Ein *Mahl* bildet den Übergang vom Summarium zur Einzelszene. Es erinnert an die Mahlszenen des irdischen (z. B. Lk 5; 7; 10; 11; 14; 19; 22) und auferstandenen (Lk 24) Jesus. Lukas hat eine Vorliebe für Mahlszenen und stellt gerade auch die Begegnungen mit dem Auferstandenen im Rahmen des Mahles dar (vgl. das Mahl mit den Emmausjüngern Lk 24,30 f.; die pointierte Aussage Apg 10,41). – Während des Mahles gibt der Auferstandene den Aposteln *Weisung* und *Verheißung*: Sie sollen von Jerusalem nicht weggehen; dort wird sich die Verheißung des Vaters erfüllen. Das Wort *epangelia* = Verheißung meint die verheißene Gabe, den Heiligen Geist. Schon Lk 24,49 wird sie ausgelegt als »Kraft aus der Höhe«. Durch den Zusatz, daß sie »schon in wenigen Tagen« gegeben werde, bereitet Lukas den Pfingstbericht vor. – Daß sich die Verheißung in *Jerusalem* erfüllen und daß dementsprechend der Apostelkreis in Jerusalem verweilen soll, ergibt sich einerseits von den prophetischen Heilserwartungen her (z. B. Joel 3,5; Jes 2,2–5) und andererseits aus dem luk Interesse an dieser Stadt. Sie ist das heilsgeschichtliche Zen-

trum, das räumliche Symbol des Zusammenhangs und der Kontinuität zwischen der Jesuszeit und der Zeit der Kirche. Nach Jerusalem ist Jesu Weg gerichtet; dort vollendet er sich im Leiden und
Sterben, in den Erscheinungen des Auferstandenen und seiner Himmelfahrt; von Jerusalem aus beginnen das Evangelium und die Kirche ihren Weg in die Welt: Jerusalem ist Ort der Herabkunft des
Geistes, Sitz der Apostel und der Urgemeinde, Ausgangspunkt der
Mission (→ Bd. 3,2, Exkurs 18; vgl. *Lohfink:* Himmelfahrt 207. –
Pesch: Anfang 24f.).

6–8 Ein Szenenwechsel läßt sich nur nachträglich von Vers 9 und
Vers 12 her vermuten. Lukas legt auf ihn keinen Wert. – Die *Frage
der Apostel* steht im Zusammenhang mit dem Schluß von Vers 5, der
Geisttaufe, die binnen kurzer Zeit erfolgen soll. Nach atl. Erwar-
tung wird durch die Geistausgießung die Endzeit eingeleitet (z. B.
Joel 3,1–5) und in ihr die Wiederherstellung Israels (z. B. Sir 48,10).
Aus diesem Vorverständnis und dieser Zusammengehörigkeit er-
wächst die Frage der Apostel. Im luk Sinn ist es die Frage, wie die
Zeitepoche beschaffen sein wird, die mit der Geistausgießung be-
ginnt. Der Ausdruck »in dieser Zeit« bezieht sich nach Lukas auf die
Zeit nach Pfingsten. Lukas teilt die atl. Auffassung, daß mit der
Geistausgießung die »Endzeit« anbricht (2,17); aber er betont, daß
mit ihr die »Wiederherstellung der Dinge« (3,21), die Parusie Christi
(1,11; 3,19) und die Vollendung des Reiches Gottes nicht schon in
Erscheinung treten. Termine dafür zu wissen, ist nicht Sache der
Menschen. Darin besteht der negative Teil der *Antwort Jesu.* Der
positive Teil charakterisiert die mit der Geistbegabung anhebende
neue Epoche. Sie wird Zeit des Zeugnisses sein, Zeit der Kirche, die
gesammelt ist aus Juden und Heiden. Dies läßt Lukas den Auferstandenen aussprechen in Anlehnung an Jes 49,6 LXX. Dort sagt
Jahwe zum Gottesknecht: »Es ist zu wenig, daß du mein Knecht
bist, nur um die Stämme Jakobs aufzurichten und die Geretteten
Israels heimzuführen. Ich mache dich auch zum Licht für die Heiden, damit du zum Heil seiest bis an die Grenzen der Erde.« Apg
13,47 wird dieser Jahwespruch wörtlich zitiert, um die christliche
Heidenmission als Auftrag des Herrn zu erweisen. Zur »Wiederherstellung« Israels gehört nach Lukas die Einbeziehung der Heidenvölker. (Vgl. *Mußner:* Apokatastasis 226f. – *Pesch:* Anfang 29. –
Lohfink: Sammlung 79). Durch den Geistempfang sollen die Apostel zu *Zeugen Christi* werden (→ Exkurs 2). Lukas markiert den
Weg ihres Zeugnisses und damit der Ausbreitung des Evangeliums
und der Kirche durch die Stationen: Jerusalem, ganz Judäa, Samaria

und bis an die Grenzen der Erde. Damit ist zugleich die *räumliche Gliederung* der Apg ausgedrückt (→ Einführung 1).

9–11 Abgesehen von den typischen Einzelmotiven antiker Entrükkungserzählungen wollen folgende Einzelheiten der luk Darstellung beachtet sein: Die *Sichtbarkeit* des Geschehens. Fünfmal wird in den drei Versen das *Sehen* betont. Diese Hervorhebung dient dazu, die Augenzeugenschaft der Apostel und ihre spätere Zeugnisfähigkeit zu sichern (vgl. 1,21 f.; 5,31 f.). Es geht dabei nicht um die Betonung der Historizität des sichtbar geschehenen Vorgangs, sondern um das Thema der Zuverlässigkeit der apostolischen Überlieferung. – Die *Wolke.* Sie ist nicht als metereologisches Phänomen zu verstehen, sondern gehört zu den Elementen einer Entrückungsszene. Näherhin muß sie an unserer Stelle im Zusammenhang mit den Wolken gesehen werden, auf denen nach Dan 7,13 und der synoptischen Tradition der Menschensohn zur Parusie kommt. Vers 11 weist ausdrücklich auf diesen Zusammenhang hin. Die Wolke hat aber auch verhüllende und Jesus in die Daseinsweise Gottes aufnehmende Funktion, denn sie ist ein Symbol für die Gegenwart und Epiphanie Gottes (Lk 9,34 f.). – Die *Deuteengel.* Auch sie gehören zum Entrückungsschema. Die Schilderung ihres Aussehens, das weiße Gewand, ist in biblischer und außerbiblischer Literatur geläufig. Die konkrete Gestaltung der Engelszene hat Lukas aber in bewußter Anlehnung an die Ostererzählung Lk 24,4–9 vorgenommen: Nur an diesen beiden Stellen begegnet bei Lukas die Zweizahl deutender Engel. Sie hat vielleicht den Sinn, entsprechend jüdischen Zeugnis- und Gesandtschaftsrechts (Dt 17,6; 19,15) die Glaubwürdigkeit zu unterstreichen. – Das *Engelwort*: Es enthält eine *korrigierende Frage* und eine *Zusage.* Wie die Frage der Engel am Grab »Was sucht ihr den Lebenden bei den Toten?« (Lk 24,5) eine Korrektur des Verhaltens beabsichtigt, so auch hier die Frage: »Was steht ihr da und schaut in den Himmel?« Sie korrigiert eine falsche Parusieerwartung: Nicht untätiges In-den-Himmel-starren, sondern Zeugnis-geben inmitten der Welt ist die Aufgabe. Die Engel brauchen es nicht ausdrücklich zu sagen; denn Jesus selbst hat ja unmittelbar vorher schon den Auftrag gegeben. Die Zusage »Dieser Jesus … wird auf dieselbe Weise wiederkommen, wir ihr ihn habt zum Himmel auffahren sehen« betont in einem Gegenbild die Gleichartigkeit von Parusie und Himmelfahrt. Die Aussage, er werde »auf dieselbe Weise« wiederkommen, meint: »so sicher, so real und so sichtbar« wie er jetzt entrückt wurde vor den Augen der Jünger (*Lohfink:* Himmelfahrt 259). Ist auch das Wann der Parusie unbekannt, ihre Tatsa-

che ist gewiß. An ihr ist nicht zu zweifeln. In den Versen 1–11 drückt
sich deutlich das Geschichtsbild des Lukas aus: Er schaut zurück auf
die Zeit des Lebens und Wirkens Jesu als »auf eine *abgeschlossene
Epoche*« der Vergangenheit, und auf die Parusie blickt er »als auf ein
fernes Datum der Zukunft voraus« (*Gräßer:* Parusieerwartung 105).
Zwischen Himmelfahrt und Parusie aber erstreckt sich die Zeit des
christlichen Zeugnisses. In ihr hat auch Lukas seinen geschichtlichen
Standort.

12–14 Auch in dieser Szene hat der »Maler« Lukas mit wenigen Strichen ein *eindrucksstarkes Bild* geschaffen. Es lebt sowohl in der
christlichen Theologie als auch in der Volksfrömmigkeit und bilden-
den Kunst weiter als das Bild vom »Coenaculum«: Die Apostel mit
Maria in betender Erwartung des Heiligen Geistes. – Lukas läßt die
Apostel innerhalb Jerusalems an einen *anderen Ort* zurückkehren
als nach dem Himmelfahrtsbericht Lk 24,53. In unserem Text wird
als Zielpunkt der Rückkehr und als Aufenthaltsort das »Obergemach« angegeben, dort aber ist es der Tempel. Man darf diesen Unterschied nicht durch Harmonisierung verwischen. Er erklärt sich
aus der verschiedenen Funktion, welche die beiden divergierenden
Ortsangaben in je ihrem Textzusammenhang haben: Am Abschluß
des Evangeliums steht der rückschauende Lobpreis im Vordergrund. Am Anfang der Apg steht die in die Zukunft gerichtete Erwartung. Ihr entspricht als Ort der Sammlung und betender Vorbereitung das »Obergemach« (vgl. Dan 6,10; Apg 20,8). Ob Lukas den
gleichen Ort wie den des Abendmahls (Lk 22,12) und der Geistsendung (Apg 2,1 f.) meint, wird aus seinen Angaben nicht deutlich. –
Die Erwähnung des *lückenhaften Apostelkreises* unmittelbar vor der
Wahl des Mattias ist sinnvoll, zumal am Anfang eines Werkes, das
einen hohen Wert auf die Verbindung der Kirche mit den Aposteln
legt. – Außer den Aposteln sind noch *Frauen*, darunter die Mutter
Jesu, und seine *Brüder* anwesend. Mit den Frauen dürfte wohl der
Kreis gemeint sein, den auch Lk 8,2 f. erwähnt: Maria Magdalene,
Johanna, die Frau des Chuza, Susanna und noch weitere, die aus
ihrem wohlhabenden Vermögen Jesus und seine Jünger unterstüt-
zen. Daß die *Mutter Jesu* eigens erwähnt wird, entspricht der Hervorhebung und Verehrung, die Lukas bereits im Kindheitsevange-
lium Maria einräumt. Daß Lukas die Brüder Jesu (s. u.) ausdrücklich zum Kern der Urgemeinde rechnet, hat seinen Grund in den
wirklich historischen Verhältnissen und ihrer Bezeugung in der Tradition (vgl. zum Herrenbruder Jakobus etwa 1Kor 15,7; Gal 1,19).
Die Erwähnung wird auch zusammenhängen mit der luk Tendenz,
das Verhältnis der Angehörigen zu Jesus im ganzen günstiger darzu-

stellen, als es in manchen anderen urchristlichen Überlieferungs-
kreisen geschah (vgl. Mk 3,20 diff Lk; Joh 7,3–10). Lukas verwendet
bei der Darstellung der Grundvollzüge urchristlichen Gemeindelebens mehrfach das Wort *verharren* (Apg 1,14; 2,42.46; 6,4). Er
drückt damit eine wichtige Grundhaltung christlichen Einzel- und
Gemeinschaftslebens aus: Ausharren in Geduld, ständige Bereitschaft zum Neubeginn, Durchhalten auch wenig enthusiastischer, ja
äußerst nüchterner und entmutigender Situationen. Jüngerschaft
und Nachfolge Jesu sind ein langer, beschwerlicher Weg. Lukas hat
dies schon in der Gestaltung des »Reiseberichts« innerhalb seines
Evangeliums (9–19) deutlich gemacht.

Wer mit den *Brüdern Jesu* gemeint ist, ist in der Forschung umstritten.
Die Frage, ob Lukas leibliche Brüder meint oder Verwandte im weiteren
Sinne, wird von den meisten evangelischen Kommentaren nicht gestellt,
weil sie aufgrund mehrfacher ntl. Bezeugung (1 Kor 9,5; Gal 1,19; Mk
3,31–35 par Mt, Lk; Mk 6,3 par Mt; Joh 7,3–10) selbstverständlich mit
der Existenz leiblicher Geschwister Jesu rechnen und diese auch Apg 1,14
erwähnt finden (*Bauernfeind; Conzelmann; Haenchen; Stählin* u. a.). Unterschiedliche Positionen zeigen sich lediglich in bezug auf die Fragen, ob
sich über Zahl und Namen dieser leiblichen Geschwister Jesu etwas ausmachen lasse.
In der katholischen Exegese herrschte bisher die Auffassung vor, es handle
sich an den erwähnten Stellen um weitere Verwandte, etwa Vettern und Ba-
sen, Jesu. Vor allem *J. Blinzler*, Die Brüder und Schwestern Jesu, SBS 21,
1967, versuchte, diese Auffassung ausführlich zu begründen. Zu seinen
Hauptargumenten gehört der Aufweis, daß das hebr. *ah*, das aram. *aha* und
die griech. Übersetzung *adelphos* = Bruder in biblischer Sprache bei abbre-
viatorischem und quasititularem Gebrauch gelegentlich zur Bezeichnung
entfernterer Verwandter verwendet worden sei (47), und daß mindestens die
Mutter des Jakobus und Joses, zweier Mk 6,3 erwähnter Herrenbrüder,
nicht mit Maria, der Mutter Jesu, identisch sei, wie Mk 15,40 zeige (82; so
auch *J. McHugh*, The Mother of Jesus in the NT, London 1975, 244 f.). Die
großen Kommentare zu Lk von *H. Schürmann* I 1969 und zu Joh von *R.
Schnackenburg* I 1965, II 1975 gehen an den entsprechenden Stellen auf die
Frage nicht ein, sondern verweisen nur auf *Blinzler. R. Pesch* widmet in seinem Mk-Kommentar I 1976, 322–324 der Frage einen eigenen Exkurs mit
dem Ergebnis, »daß Mk 6,3 die Namen von 4 leiblichen Brüdern Jesu und die
Existenz von leiblichen Schwestern historisch bezeugt sind« (324). Zurückhaltender in bezug auf Einzelheiten urteilt *L. Oberlinner*, Historische Über-
lieferung und christologische Aussage. Zur Frage der »Brüder Jesu« in der
Synopse, FzB 19, Stuttgart 1975, 355: »Die Tatsache der Existenz leiblicher
Brüder Jesu war offenbar in der urchristlichen Überlieferung fest verankert
und wurde auch ohne Bedenken tradiert ...« Er hält es aber für unmöglich,
Zahlen und altersmäßige Reihenfolge zu ermitteln und die Existenz leib-

licher Schwestern Jesu zu erweisen. Auch rechnet er mit der Möglichkeit, daß die Bezeichnung »Brüder des Herrn« für einen umfassenderen Verwandtenkreis Anwendung fand.

Auffallend ist, daß Lukas neben der Namensliste der Apostel keine Namen der Brüder Jesu nennt. Dies ist um so bemerkenswerter, als der Herrenbruder Jakobus noch 12,17; 15,13; 21,18 namentlich erwähnt wird. Jedoch ist an diesen Stellen befremdlich, daß er nie als Herrenbruder bezeichnet wird. *Pesch*, Mk I 324 vermutet: weil Lukas den Herrenbruder als bekannt voraussetzt. Das ist möglich. Es kann aber auch seinen Grund und Sinn in der luk Tendenz haben, verwandtschaftliche Beziehungen überhaupt für die Christuszugehörigkeit als nicht bedeutsam zu erachten, aber zu betonen: die entscheidende Verbindung mit Christus besteht im Glauben an ihn und im Vollzug seiner Weisungen (vgl. dazu Lk 1,45; 8,21; 11,28). Auch die Fortlassung der Brüder und Schwestern Jesu aus Mk 6,3 diff Lk 4,22 einerseits und die bedenkenlose Übernahme dieser Personengruppe Mk 3,31–35 par Lk 8,19–21 andererseits sind Indizien dafür.

Exkurs (1): Herkunft und Traditionsgeschichte der lukanischen Himmelfahrtsdarstellung.

Literatur: Bickermann, E.: Die römische Kaiserapotheose: ARW 27 (1929) 1–34. – *Bousset, W.*: Die Himmelreise der Seele: ARW 4 (1901) 136–169; 229–273. – *Brandt, W.*: Das Schicksal der Seele nach dem Tode. Nach mandäischen und parsischen Vorstellungen: JPTh 18 (1892) 405–438; 575–603 = Libelli 152, Darmstadt 1967. – *Hahn*: Hoheitstitel 126–132. – *Hauck, F./S. Schulz: poreuomai*: ThWNT VI, 566-579. – *Hönn, C.*: Studien zur Geschichte der Himmelfahrt im klassischen Altertum, Mannheim 1910. – *Holland, R.*: Zur Typik der Himmelfahrt: ARW 23 (1925) 207–220. – *Kroll, J.*: Die Himmelfahrt der Seele in der Antike, Köln 1931. – *Lohfink:* 32–79; 242–250. – *Mühl, M.*: Des Herakles Himmelfahrt: RMP 101 (1958) 106–134. – *Rohde, E.*: Psyche. Seelenkult und Unsterblichkeitsglaube der Griechen, 2 Bde., Freiburg/Br., Leipzig und Tübingen ²1898. – *Schmitt, A.*: Entrückung – Aufnahme – Himmelfahrt. Untersuchungen zu einem Vorstellungsbereich im Alten Testament, FzB 10, Stuttgart – Würzburg 1973. – *Schweizer, E.*: Erniedrigung und Erhöhung bei Jesus und seinen Nachfolgern, AThANT 28, Zürich ²1962. – *Strecker, G.*: Entrückung: RAC 5, Stuttgart 1962, 461–476. – *Strobel, A.*: Der Berg der Offenbarung (Mt 28,16; Apg 1,12), in: Verborum Veritas, FS G. Stählin, hg. von *O. Böcher* und *K. Haacker*, Wuppertal 1970, 133–146. – *Vielhauer, Ph.*: Ein Weg zur neutestamentlichen Christologie? Prüfung der Thesen Ferdinand Hahns, in: *Ders.*: Aufsätze zum Neuen Testament, TB 31, München 1965, 141–198, bes. 167–175.

Es wurde bereits ausgeführt, daß möglicherweise Lukas erstmals und als einziger ntl. Schriftsteller die Erhöhung Christi als Entrückung darstellt. Wo sind in der antiken Literatur Entrückungstexte belegt? Wie sind sie aufgebaut, und welche Motive enthalten sie? In welchem Verhältnis steht die luk

Darstellung zu ihnen und welche anderen Impulse haben auf die luk Gestaltung eingewirkt?

1. Himmelfahrten werden schon bei den Sumerern, Babyloniern, Assyrern und Ägyptern berichtet. Für unseren Zusammenhang sind von besonderer Bedeutung die Himmelfahrtstexte der hellenistisch-römischen Antike, des AT und der Literatur des Frühjudentums. Von vornherein sind dabei zwei Typen von Himmelfahrtsdarstellungen zu unterscheiden: die *»Himmelsreise«* und die *»Entrückung«*. Der Unterschied wird sofort deutlich, wenn man einen Mysterientext des *Apuleius* (2. Jh. n. Chr.) mit einem Text des *Livius* (59 v. Chr.–17 n. Chr.) vergleicht:

»Ich nahte dem Grenzbezirk des Todes, stieg über Proserpinas Schwelle und fuhr durch alle Elemente zurück; um Mitternacht sah ich die Sonne in weißem Lichte flimmern, trat zu den Totengöttern und Himmelsgöttern von Angesicht zu Angesicht und betete sie ganz aus der Nähe an.« (Metamorphosen, XI 23,7. Text und Übersetzung: *Brandt, E.:* Der goldene Esel. Metamorphosen, München ²1963, 489)

Als Romulus, »um das Heer zu mustern, auf dem Feld beim Ziegensumpf eine Volksversammlung abhielt, entstand plötzlich ein Unwetter mit furchtbarem Getöse und Donnerschlägen. Es bedeckte den König mit einer so dichten Wolke, daß es seine Gestalt den Blicken der Volksversammlung entzog. Danach war Romulus nicht mehr auf Erden ...Das römische Volk verharrte lange in traurigem Schweigen ... denn leer sah es den Thron des Königs – wenn es auch den Senatoren, die in nächster Nähe gestanden hatten, glaubte, daß Romulus durch einen Sturmwind in den Himmel entrückt worden sei. Darauf machten einige den Anfang, und schließlich huldigten alle Romulus als einem Gott, von Gott gezeugt, als König und als Vater der Stadt Rom.« (Römische Geschichte I 16; zitiert nach *Lohfink:* Himmelfahrt 35)

Bei der *»Himmelsreise«* wird die Reise der *Seele* – sei es nach dem Tod, sei es in Ekstase – geschildert; der Leib ist in das Geschehen nicht einbezogen. Dabei wird die *Reise* selbst vom *Gesichtspunkt* des Auffahrenden aus erzählt und oft ausführlich mit ihren Gefahren und einzelnen Stationen dargestellt. Anders ist es bei der »Entrückung«: Sie betrifft den *ganzen* Menschen. Bei ihr wird auch *nicht die Reise* selbst geschildert, sondern nur das *»Woher«* (Menschenwelt) und *»Wohin«* (Götterwelt) stehen im Vordergrund. Der Vorgang wird vom *Standpunkt irdischer Betrachter* aus dargestellt, weshalb meist Zeugen des Geschehens eigens genannt werden. Zum Typ der Entrückung gehören die Himmelfahrt des Herakles (Bibliothek des *Apollodor* II

7,7), Alexanders des Großen (*Pseudo-Callisth.*: Geschichte des Alexanders
des Großen 33,27), mancher römischer Kaiser, wie z. B. Augustus (*Sueton:*
Kaiserbiographien, Augustus 100,4), des Apollonius von Tyana (*Philostra-*
tos: Vita Apollonii VIII 30) und anderer. Aus dem AT und dem Frühjudentum sind hier zu nennen die Entrückung des Henoch (u. a. Gen 5,24; äthHen
70,1; slHen 67 B), des Elija (u. a. 2Kön 2; Sir 48), des Esra (4Es 14), des
Baruch (syrBar 76) und nach manchen Zeugnissen auch die Himmelfahrt des
Mose (u. a. *Jos* Ant IV 8,48).
2. Die wichtigsten Motive biblischer wie außerbiblischer Entrückungserzäh-
lungen sind: Der Vorgang wird als ein *Entschwinden* des ganzen Menschen
dargestellt. Es geschieht oft auf einem *Berg*. Das Verschwinden wird von
Zuschauern wahrgenommen. Träger der Entrückung können sein: *Sturm-*
wind, Wagen, Engel, Wolken. Die Wolke hat überdies verhüllende Funktion.
Am Schluß erfolgt eine *himmlische Bestätigung*. In außerbiblischen Texten
schließt sich oft die *kultische Verehrung* des in den Himmel Aufgenommenen
an. In manchen biblisch-jüdischen Texten steht an deren Stelle der *Lobpreis*
Gottes. Im Unterschied zu den hellenistisch-römischen Entrückungszeug-
nissen spielen in den biblischen Texten auch *Abschiedsgespräche* eine größere
Rolle, und es wird stärker zwischen Himmelfahrt und Tod unterschieden.
3. Aufbau und Motive der *luk Himmelfahrtserzählungen* entsprechen dem
Schema antiker Entrückungsdarstellungen in so hohem Maße, daß man annehmen muß, Lukas habe es für seine Christusverkündigung benutzt. Insbesondere klingen manche Formulierungen in Lk 24/Apg 1 so stark an die
Texte der Elija-Entrückung 2Kön/Sir 48 an, und es liegen in der Zusammengehörigkeit von Himmelfahrt und Geistsendung derart gleiche Motivverbin-
dungen vor, daß man sogar mit direkter literarischer Bezugnahme des Lukas
auf diese alttestamentlichen Texte rechnen muß. Die Einbeziehung des antiken Entrückungsschemas und die Bezugnahme auf alttestamentliche Entrückungstexte war dadurch vorbereitet, daß bereits vor Lukas die Auferstehung Jesu mit Hilfe atl. Schriftreflexion als Erhöhung ausgesagt wurde. Es
bahnte sich dann allmählich in der Verkündigung eine Loslösung des Erhö-
hungsvorgangs vom Auferstehungsgeschehen an. Dieser Prozeß erreicht in
der Darstellung des Lukas seine Vollendung.

2. Die Nachwahl des Mattias 1,15–26

15 Und in diesen Tagen erhob sich Petrus inmitten der Brüder
– es war eine Schar von ungefähr hundertzwanzig – und
sprach: 16 Brüder, es mußte sich das Schriftwort erfüllen, das
der Heilige Geist durch den Mund Davids vorausgesagt hat
über Judas, den Anführer derer, die Jesus gefangennahmen.
17 Denn er war uns zugezählt und hatte das Los dieses Dienstes empfangen.   18 Dieser nun erwarb sich ein Grundstück
mit dem ungerechten Lohn, stürzte vornüber, barst mit-

ten durch und alle seine Eingeweide traten heraus.   19 Und
es wurde allen Bewohnern Jerusalems bekannt, so daß jenes
Grundstück in ihrer Sprache *Hakeldamach* genannt wurde,
das heißt: Blutacker.   20 Denn es steht *im Buch der Psal-
men geschrieben: Sein Gehöft soll öde werden, und niemand
soll in ihm wohnen* (Ps 68 [69], 26) und: *Sein Amt soll ein anderer erhalten* (Ps 108 [109], 8).   21 Es muß also einer von
den Männern, die mit uns zusammen waren in der ganzen
Zeit, in der der Herr Jesus bei uns ein- und ausging,   22 angefangen von der Taufe des Johannes bis zu dem Tag, da
er von uns weg aufgenommen wurde – von diesen muß einer zusammen mit uns Zeuge seiner Auferstehung werden.   23 Und sie stellten zwei auf: Josef, genannt Barsabbas, mit dem Beinamen Justus, und Mattias.   24 Und sie beteten und sprachen: Du, Herr, kennst die Herzen aller, zeige,
welchen von diesen beiden du erwählt hast,   25 den Platz
dieses Dienstes und Apostelamtes zu erhalten, von dem Judas abgetreten ist, um an seinen Ort zu gehen.   26 Und sie
gaben Lose für sie, und es fiel das Los auf Mattias, und er
wurde den elf Aposteln zugerechnet.

Literatur: Benoit, P.: Der Tod des Judas, in: *Ders.:* Exegese und Theologie,
Düsseldorf 1965, 167–181. – *Brown, S.:* Apostasy and Perseverance in the
Theology of Luke, AnBib 36, Rom 1969. – *Dietrich:* Petrusbild 166–194.
Dupont: Études 299 f.; 309–320. – *Fuller, R. H.:* The Choice of Matthias, in:
Studia Evangelica VI = TU 112, hg. von E. A. Livingstone, Berlin 1973,
140–146. – *Gaechter, P.:* Die Wahl des Matthias (Apg 1,15–26): ZKTh 71
(1949) 318–346. – *Goldschmidt, H. L., M. Limbeck:* Heilvoller Verrat? Judas
im Neuen Testament, Stuttgart 1976. – *Gräßer: Acta-*Forschung 173 f. –
Holtz: Untersuchungen 43–48. – *Klein:* Apostel 204–209. – *Lake, K.:* The
Death of Judas, in: Beginnings V 22–30. – *Lohfink, G.:* Der Losvorgang in
Apg 1,26, BZ NF 19 (1975) 247–249. – *Masson, Ch.:* La reconstitution du
collège des Douze d'après Actes 1,15–26: RThPh ser. 3 Bd. 5 (1955) 193–201.
– *Menoud, Ph.-H.:* Les additions au groupe des douze apôtres d'après le livre
des Actes: RHPhR 37 (1957) 71–80. – *Nellessen, E.:* Tradition und Schrift in
der Perikope von der Erwählung des Matthias (Apg 1,15–26): BZ NF 19
(1975) 205–218. – *Reicke:* Verfassung. – *Ders.:* Glaube und Leben 9–26. –
Rengstorf, K. H.: Die Zuwahl des Matthias (Apg 1,15 ff.): StTh 15 (1961) 35–
67. – *Renié, J.:* L'élection de Mathias (Act. I, 15–26). Authenticité du récit:
RB 55 (1948) 43–53. – *Roloff:* Apostolat 172–178. – *Schweizer, E.:* Zu Apg
1,16–22: ThZ 14 (1958) 46. – *Wiater:* Komposition 73–90. – *Wilcox, M.:* The
Judas-Tradition in Acts I, 15–26: NTS 19 (1972/73) 438–452.

Form und Aufbau

Der Abschnitt stellt in der vorliegenden Gestalt eine geschlossene
Erzähleinheit dar. Sie behandelt ein eigenes Thema und ist durch die
Neueinsätze 1,15 und 2,1 nach vorn und hinten abgegrenzt. Der von
Lukas geschaffene Zusammenhang ist locker. Aufgebaut ist der Ab-
schnitt aus folgenden Elementen: einleitende Situationsangabe (V
15); Rede des Petrus (VV 16–22) mit dem Inhalt: Ankündigung eines
Schriftwortes über Judas (V 16), Charakterisierung des Judas als
Apostel, Hinweis auf seinen Tod, die aus seinen Todesumständen
entstandene Flurbezeichnung (VV 17–19), das angekündigte
Schriftwort (V 20) und die Folgerung aus ihm: Ergänzung des Zwölferkreises und Voraussetzungen der Kandidaten (VV 21 f.); es folgen: die Aufstellung der Kandidaten (V 23); ein Gebet der Versammelten (VV 24 f.); der Losvorgang, das Ergebnis der Wahl und die
Zurechnung des Gewählten zu den Aposteln (V 26).

Tradition und redaktionelle Komposition

1. Forschungsstand

Es gilt heute durchweg in der Forschung als anerkannt, daß Lukas
die Angaben über den Tod des Judas und die Nachricht von der
Wahl des Mattias aus der Überlieferung empfangen hat. Daß es sich
bei der Judas-Blutacker-Thematik um Überlieferungsstoff handelt,
geht vor allem aus Mt 27,3–10, dem Papiasfragment 3 (s. u.) und der
Flurnamen-Ätiologie (Mt 27,8; Apg 1,19) hervor. Daß die Mattias-
Wahl – obwohl sonst nicht bezeugt – ebenfalls aus Überlieferungsgut entstammt, ist vom Thema selbst her anzunehmen und wird gestützt durch die überlieferten jüdischen Namen der Kandidaten und
den jüdischen Wahlvorgang durch Los. Auch sprachliche Indizien
weisen auf Überlieferungsstoff hin, und die Art der Verarbeitung
durch Lukas läßt vermuten, daß es sich bereits um schriftliche (so
z. B. *Schweizer*: Zu Apg 1 S. 46. – *Wiater*: Komposition 77) Überlieferung handelte. Umstritten aber sind Anzahl, Umfang und nähere
Beschaffenheit der vorluk Traditionen sowie der Anteil der luk Redaktion und Komposition. Folgende traditionsgeschichtliche Mo-
delle werden vertreten:
a) Die Überlieferung bestand aus *einem* »einzeln überlieferte[n], gute[n] Stück« (*Beyer*: Apg 11). Die Petrusrede, die vom Ausscheiden
des Judas und der Notwendigkeit eines Ersatzes sprach, bildete
schon vorluk eine Einheit mit der Überlieferung von der Wahl des
Ersatzapostels. Diese Auffassung wird den Tatsachen nicht gerecht,

daß die Judas-Tod-Überlieferung weder bei Mt noch bei Papias eine Hinordnung auf eine Ersatzwahl aufweist und somit auf eigenen Füßen steht, weiterhin daß in der ersten Hälfte unseres Abschnitt Verse 15–19 ebenfalls nur von Judas, nicht aber von der Ersatzwahl die Rede ist, und schließlich, daß die luk Gestaltung einige deutliche Spuren hinterlassen hat.

b) Die Überlieferung bestand aus *drei* Strängen, die erst Lukas miteinander verbunden hat: aus der palästinensischen Judas-Tod-Tradition, aus einer hellenistisch-christlichen Psalmendeutung und aus der Mattias-Wahl-Tradition. So z. B. *Haenchen:* Apg 167; – *Stählin:* Apg 30. Auch diese Lösung befriedigt nicht. Die Psalmendeutung muß inhaltlich mit einem bestimmten Thema verbunden gewesen sein. Dies führt zu dem heutigen, am häufigsten vertretenen und überzeugendsten Lösungsversuch:

c) Lukas hat *zwei* Überlieferungen aufgenommen und miteinander verbunden: die Judas-Tod-Überlieferung und die Mattias-Wahl-Überlieferung. Bei der Annahme dieses Modells ist allerdings kontrovers, ob beide Psalm-Zitate Vers 20 bereits zum vorluk Bestand gehörten (so *Menoud:* addition 71–80; – *Schweizer:* Zu Apg 1; – *Nellessen:* Tradition 211; 217), ob erst Lukas beide Zitate eingefügt und mit ihrer Hilfe beide Traditionen verbunden hat (so *Wiater:* Komposition 75; ähnlich *Fuller:* Choice 141) oder ob das Zitat aus Ps 68 (69) mit der Judas-Tod-Tradition bereits vorluk verbunden war, aber erst Lukas das Zitat aus Ps 108 (109) im Blick auf die Ersatzwahl eingefügt hat (so *Holtz:* Untersuchungen 44–48). Der zuletzt genannte Lösungsversuch erscheint am überzeugendsten. Für ihn sprechen folgende Gründe:

Ps 68 (69), 26 dürfte schon vorluk mit der Judas-Tod-Tradition verbunden gewesen sein, weil Ps 68 (69) als Lied vom Leiden des unschuldigen Gottesknechtes schon früh auf das Wirken und Leiden Jesu bezogen worden ist (vgl. Mk 15,36; Joh 2,17; 15,25); weil auch bei Mt 27,9 f. ein Schriftzitat begegnet und weil auch das Papiasfragment Anklänge an Ps 68 (69) enthält. Ob das Zitat aus der Septuaginta oder aus dem hebräischen AT entnommen ist, ist ungewiß. Daß der hebräische Text zugrunde liegen *könnte,* hat *Nellessen:* Tradition 215 gegenüber *Haenchen:* Apg 126 überzeugend nachgewiesen. – Ps 108 (109),8 dürfte erst von Lukas eingefügt worden sein, denn: die Zitation entspricht – wie auch sonst bei Lukas – sehr genau der Septuaginta; das Zitat selbst hat nichts mit dem Tod des Judas zu tun, und daß es zur Mattias-Wahl-Tradition gehört hätte, ist durch nichts erwiesen; Ps 108 (109) wird im NT sonst nie zitiert (vgl. *Holtz:* Untersuchungen 46; – *Dupont:* Études 300). Ob der Psalm auf das Pa-

piasfragment eingewirkt habe und darin ein Indiz für die außer- und
vorlukanische Zitation zu sehen sei, wie *Schweizer:* Zu Apg 1 meint,
ist fraglich; denn die Topoi des Papiastextes erklären sich vollständig
ohne direkten Bezug auf Ps 108 (109), man vergleiche nur *Jos* Ant
XVII 6,5 (s. u.). Die Funktion des Zitates läßt sich am besten verstehen als kompositionelles Verbindungsglied beider Traditionen und
als Erweis für die Gottgewolltheit der Ersatzwahl. An beidem ist
gerade *Lukas* gelegen.

2. Lukanische Zusammenfügung und Bearbeitung

Im übrigen läßt sich das Verhältnis von Tradition und Redaktion
ungefähr folgendermaßen bestimmen: Erst von Lukas dürften geschaffen sein die VV 15–16a.17.19a und zum Teil b. 20a.c (als Zitat).
21–22.24 zum Teil 25; aus vorluk Tradition dürften stammen die VV
16b.18 zum Teil 19b.20b.23, zum Teil 25.26.
Das heißt: *Ein* Traditionsstück berichtete davon, daß Judas von seinem Verräterlohn ein Grundstück kaufte, auf ihm einen schrecklichen Tod starb und das Grundstück daraufhin den Namen Blutacker
erhielt. Die Aussage war mit Ps 68 (69),26 verbunden. Dieses Traditionsstück faßte Lukas in eine von ihm geschaffene Petrusrede mit
entsprechender Situationsangabe ein. – Für die luk Gestaltung des
Rahmens sprechen: 1. Die Zeitangabe »in diesen Tagen«. Sie begegnet im NT nur bei Lukas (z. B. Lk 1,39; 6,12; 23,7; 24,18; Apg 6,1),
und zwar meist in Perikopenanfängen. Sie entspricht einer ähnlichen
Wendung der Septuaginta. 2. Daß Petrus die Versammlung leitet
und das Wort ergreift, entspricht insofern luk Gestaltung, als Lukas
die in den geschichtlichen Verhältnissen wurzelnde und in vor- und
außerlukanischer Überlieferung mehrfach bezeugte Vorrangstel-
lung Petri (z. B. Mk 1,16–20; 3,16; 8,29; 9,2–8; 10,28; 14,53–65;
1Kor 15,5; Gal 1,18; 2,1–14; Joh 21,1–11) auch sonst hervorhebt
(z. B. Lk 5,1–11; 8,45.51; 9,32 f.; 12,41; 22,8.31–34; 24,34; Apg 1,13;
2,14–40; 3,1–10.11–26; 4,8–22; 5,1–11.15.29–32; 8,14–25; 9,32–43;
10,1–11,18; 12,1–18; 15,7) und die VV 23.26 im Traditionsbestand das handelnde Subjekt – ähnlich wie 6,1–7 – im Plural angeben. Außerdem sind auch die zugeordneten Ausdrücke gut luk: der
Ausdruck »er erhob sich« steht bevorzugt in Apg; der Ausdruck
»inmitten der Brüder« nimmt bewußten Bezug auf Lk 22,32 und ist
ähnlich formuliert wie Apg 17,22; 27,21. Schließlich gibt sich 3. die
Angabe über die Zahl der anwesenden Personen als luk zu erkennen:
durch Anlehnung an die Ausdrucksweise der Septuaginta, durch die
Vorliebe des Lukas für Zahlenangaben allgemein und darüber hinaus
speziell durch die aufeinander abgestimmten Zahlen 1,15; 2,41; 4,4.

In der Petrusrede erweisen sich durch Sprache und Gedankenführung als luk Bildungen: die Anrede »Brüder« (vgl. 2,29; 7,2; 13,15.26.38; 15,7.13; 22,1; 23,1; 28,17); die Betonung der Schrifterfüllung und ihr Bezug zum Heiligen Geist Vers 16a (vgl. z. B. Lk 1,1; 4,21; 18,31; 21,22; 22,37; 24,25–27.44–47; Apg 3,18; 4,25; 7,51 f.; 13,27.29; 28,25; → Bd. 3,1 Exkurs 7); die Charakterisierung des Judas als »uns zugezählt« (vgl. Lk 22,3 diff Mk) und die Bezeichnung seiner Aufgabe als »Los des Dienstes« – ein Ausdruck, der vorher in der Rede kein Bezugswort hat und aus Vers 25 entnommen ist, wobei Lukas den urchristlichen Begriff *diakonia* = Dienst (Röm 11; 2 Kor 3–6; Eph 4) zur Beschreibung des Apostolats einführt und betont (*Wilcox:* Judas-Tradition 447–452 und *Nellessen:* Tradition 212–214 rechnen den Hauptteil des Verses 17 wegen des sprachlichen Anklangs an das Targum D zu Gen 44,18 zur Tradition, Wilcox zur Judas-Tradition, Nellessen zur Mattias-Wahl-Tradition). Im Anschluß an die aus der Überlieferung stammende Erwähnung des Judas-Todes folgt der luk Zusatz Vers 19a »und es wurde allen Bewohnern Jerusalems bekannt«. Die Aussage entspricht den luk Formulierungen 2,14; 4,10; 13,38; 19,17; 28,22. Daß sodann der Ausdruck »in ihrer Sprache« Vers 19b nicht einer Rede des Petrus in Jerusalem angehört haben kann, ergibt sich von der Sache her, und daß er erst von Lukas gebildet wurde, läßt der Vergleich mit 2,6.8.11 annehmen. – Das erste so bearbeitete Traditionsstück verband Lukas noch innerhalb der Petrusrede unter Zuhilfenahme des Zitats Ps 108 (109), 8 mit einem *zweiten Traditionsstück,* nämlich dem von der Wahl des Mattias. Auch dieses hat Lukas stark bearbeitet. Struktur, Wortschatz, Stil, inhaltliche Motive und gedankliche Linienführung der Verse 21 f. weisen so stark auf luk Gestaltung hin, daß eine dahinterliegende Überlieferung in diesen Versen nicht erkennbar ist (so *Klein:* Apostel 205; *Nellessen:* Tradition 206; *Lohfink:* Himmelfahrt 223; anders *Spitta:* Apg 13; *Flender:* Heil 110). Insbesondere sind die sprachliche und inhaltliche Nähe zu 1,1 f. sowie die spezifisch luk Zusammenfassung der Wirksamkeit Jesu und der luk Apostelbegriff zu beachten (→ Bd. 3,1 Exkurs 10). – Vers 23 läßt keine Anzeichen luk Bearbeitung erkennen. Auf seine Herkunft aus vorluk Überlieferung weisen dagegen hin: der parataktische Anschluß mit »und«, die Namen und die Pluralform »sie stellten auf«. – Die Formulierung des Gebetes Vers 24 wird unter Aufnahme urchristlich-liturgischer Elemente auf Lukas zurückgehen; denn Lk 6,12 schiebt er im Unterschied zu Mk 3,13 ebenfalls vor der Apostelwahl eine Gebetsszene ein, und außerdem handelt es sich ja um die stilisierte Zusammenfassung eines Gebetes mehrerer

Personen. In das Gebet hat Lukas die aus der Überlieferung stammende Zielangabe Vers 25 aufgenommen: »den Platz dieses Dienstes … zu erhalten, von dem Judas abgetreten ist«. Sie würde sich sinngemäß bereits gut an Vers 23 anschließen. Lukas hat sie in das Gebet untergebracht, als nähere Bestimmung des Dienstes noch »Apostelamt« hinzugefügt und in Anlehnung an 1,11 kontrastierend ergänzt: »um an seinen Ort zu gehen«. – In Vers 26 wird die Zahlenangabe »elf« dem Traditionsstück angehören (anders *Wiater:* Komposition 80; 280); denn die Aussage des Traditionsstückes, daß überhaupt ein Ersatz für Judas geschaffen werden sollte und geschaffen worden ist, setzt ein Bewußtsein über eine bestimmte Zahl voraus. Existenz und Bedeutung der »Zwölf«, auf die sich die durch das Ausscheiden des Judas notwendig gewordene Ergänzung bezieht, sind vorluk mehrfach belegt (z. B. 1Kor 15,5; Mt 19,28 par Lk 22,30). »Apostel« jedoch dürfte luk Zusatz sein: im Traditionsstück kam der Apostelbegriff sonst nicht vor. Es gibt zwar in der vorluk synoptischen Überlieferung Ansätze einer Identifizierung der »Zwölf« mit den »Aposteln«; aber konsequent durchgeführt hat sie erst Lukas, und gerade den vorliegenden Abschnitt hat er u. a. dieser seiner Aussageabsicht dienstbar gemacht.

Auslegung

15–16 Lukas kennzeichnet die Ersatzwahl des Mattias als ein von Gott vor-gesehenes und gewolltes *Geschehen der Heilsgeschichte.* Darauf machen aufmerksam: die im Septuaginta-Stil gefaßte einleitende Zeitangabe »in diesen Tagen« Vers 15, der ausdrückliche Hinweis auf die Schrifterfüllung Vers 16, die Schriftzitate Vers 20, die mit »es muß also« gezogene Schlußfolgerung VV 21 f., die Anrufung Gottes im Gebet Vers 24, die als Entscheidung Gottes verstandene Wahl durch das Los VV 24.26. – Die mit 120 Personen angegebene *Zahl der Versammelten* ließ in der Forschung den Gedanken aufkommen, sie beziehe sich auf die San I 6 gegebene Vorschrift, daß zum rechtsgültigen Zustandekommen eines jüdischen Orts-Synedriums 120 Männer gehören mußten. Demnach hätte die luk Angabe den Gesichtspunkt der Rechtsgültigkeit des Wahlvorgangs im Sinn, ja sie würde möglicherweise die rechtliche Verfassung der Urkirche erkennen lassen (so *Reicke:* Verfassung 98; Glaube 23). Das ist kaum anzunehmen; denn Lukas spricht nur von »ungefähr« 120 und bezieht wohl auch die Frauen von Vers 14 mit ein (»Brüder« VV 15 f. ist entsprechend griech. Stil umfassender gemeint). Er hat lediglich den personellen Rahmen für das folgende Ereignis geschaffen, indem er die Apostelzahl verzehnfachte und so eine runde, überschaubare Zahl der Beteiligten angab.

17–20.25 Die Judas-Tod-Überlieferung ist von Lukas nicht nur aufgenommen und bearbeitet worden. Er hat sie darüber hinaus so in das Ganze der Darstellung eingefügt, daß das Judas-Geschick als Voraussetzung und Anlaß für die Ersatzwahl erkennbar wird und sogar selbst als Erfüllung göttlichen Ratschlusses gilt. Außer der luk Wiedergabe gibt es noch zwei weitere Versionen des Judas-Todes: Mt 27,3–10 und das Fragment 3 des Bischofs *Papias* von Hierapolis aus seinem Werk »Worte des Herrn«, geschrieben etwa 120–130 n. Chr. Dort heißt es:

»Als hervorragendes Beispiel von Gottlosigkeit wandelte Judas in dieser Welt, der zu einem solchen Fleischesumfang angeschwollen war, daß er nicht einmal, wo ein Wagen leicht durchfährt, hindurchgehen konnte, ja nicht einmal die Masse seines Kopfes. Denn seine Augenlider, heißt es, seien dermaßen angeschwollen gewesen, daß er überhaupt das Licht nicht sah, und seine Augen konnten auch nicht von einem Arzt mit Hilfe eines Augenspiegels erblickt werden; so tief lagen sie von der äußeren Oberfläche. Sein Schamglied erschien aber durch Mißgestaltung überaus widerlich und groß, und es gingen dadurch aus dem ganzen Körper zusammenfließend Eiterteile und Würmer zu (seinem) Schimpf ab, allein schon durch die natürlichen Bedürfnisse. Als er dann nach vielen Qualen und Strafen an privatem Orte, wie es heißt, gestorben war, sei der Ort von dem Geruch bis jetzt öde und unbewohnt gewesen; ja es könnte bis zum heutigen Tage nicht einmal einer an der Stelle vorübergehen, ohne sich die Nase mit den Händen zuzuhalten. So stark erfolgte der Ausfluß durch sein Fleisch auch auf die Erde.« (Griech. und lat. Text: *Funk, F. X.:* Patres Apostolici I, Tübingen 1901, 360–362; Übers.: *Limbeck:* Verrat 66).

Als historischer Kern aller drei Überlieferungen läßt sich ermitteln: Judas, einer der Zwölf, spielte bei der Gefangennahme und Übergabe Jesu eine besonders wichtige Rolle (so auch Mk, Joh). Ein Grundstück, das vom Verräterlohn gekauft worden war, erhielt den Namen Hakeldamach = Blutacker. Ungewiß ist, ob diese Grundstücksbezeichnung erfolgte, weil die *Hohenpriester* mit dem zurückerhaltenen Blut-Geld den Acker als Begräbnisplatz für Fremde kauften (so Mt) oder weil *Judas* ihn kaufte und auf ihm *starb* (so Apg; *Papias*) oder dort begraben worden war. Alle weiteren Angaben über die Todesart und die schrecklichen Begleitumstände entstammen volkstümlicher Ausgestaltung und der Anlehnung an atl. und sonstige antike Darstellungen des Todes von Menschen, die als gottlos und verwerflich galten. Schon in der Todesart zeigte sich

nach damaliger Vorstellung das göttliche Strafgericht. Vgl. 2Makk
9,7–12; Weish 4,19 (»kopfüber hinabstürzen«!); Sir 10,9–18; Apg
12,23. – *Jos* Ant XVII 6,5 schildert den Tod des Herodes (4 v.
Chr.):

Zu seiner schon vorhandenen Krankheit kamen hinzu »Geschwüre in den
Eingeweiden und besonders quälten ihn grausame Schmerzen in den Där-
men. Die Füße waren ebenso wie der Unterleib von einer wässerigen, durch-
scheinenden Flüssigkeit aufgetrieben, und an den Geschlechtsteilen entstand
ein fauliges Geschwür, welches Würmer erzeugte. Wenn der Kranke sich
aufrichtete, litt er an quälender Atemnot, und der Gestank des Atems machte
ihm ebenso viele Beschwerden als das angestrengte Atemholen. Endlich wü-
teten in fast allen Gliedern seines Körpers Krämpfe, die ihm eine unwider-
stehliche Kraft gaben. Die Wahrsager, welche sich auf die Deutung solcher
Heimsuchungen verlegten, waren der Meinung, Gott habe dem König für
seine Bosheit diese schwere Strafe zuerkannt.« – Am Schluß der Schilderung
der Todeskrankheit des Catullus, der 73–74 n. Chr. römischer Prokonsul
von Kyrene war, sagt *Jos* Bell VII 11,4: »Das Übel nahm immer schneller zu,
bis ihm infolge von Fäulniserscheinungen die Eingeweide aus dem Leib brachen, und so schließlich sein Tod eintrat – ein Beweis wie kaum ein anderer,
daß die Vorsehung Gottes den Übeltätern gerechte Strafe auferlegt.«

Im Verlauf des urchristlichen Überlieferungsprozesses nehmen die
Ausgestaltung der schrecklichen Todesumstände des Judas, die Distanzierung von ihm und die Artikulation der von Gott über ihn
verhängten Strafe zu: Mk sagt nur, daß Judas, einer der Zwölf, Jesus
»übergibt«; er berichtet aber nichts über den Tod. Mt und Lk distan-
zieren sich entschiedener von Judas und erzählen aus unabhängigen
Überlieferungen von seinem Ende. Lukas nennt ihn diff Mk/Mt ausdrücklich »Verräter« (z. B. Lk 6,16) und erklärt die Ursache des Ver-
rats als satanischen Einfluß (Lk 22,3). Dieser Tendenz entspricht
auch die luk Beurteilung des Judas-Schicksals Apg 1, die mit dem
Ausdruck »er ging an seinen Ort« Vers 25 das ewige Verderben
meint. In der joh Überlieferung waltet eine ähnliche Tendenz: Joh
sagt zwar nichts vom Tod, identifiziert Judas aber direkt mit dem
Teufel (Joh 6,70). Sieht man alle diese Aussagen innerhalb des Denk-
horizonts der Antike und zeitgebundener Elemente des biblischen
Weltbildes, dann wird man in ihnen den wachsenden Abscheu der
Urkirche vor der Tat des Judas erkennen. Man wird indes aus ihnen
nicht den Schluß ziehen dürfen, daß mit diesen Urteilen das ewige
Unheil des Judas besiegelt und verbindlich ausgesagt sei. Denn so
unbegreiflich seine Tat auch erscheinen mochte und so hart das urchristliche Urteil über ihn auch ausfiel, die zentrale Heilsbotschaft
von der alle Menschen umfassenden Erlösung durch Jesus Christus

und der unbegreiflichen Barmherzigkeit Gottes wurde selbst dadurch nicht beeinträchtigt. So sind auch in der lehramtlichen Verkündigung der katholischen Kirche trotz des Ernstnehmens der Möglichkeit einer ewigen Verwerfung niemals verbindliche Aussagen über die Verdammnis eines konkreten einzelnen Menschen gemacht worden.

21–22 Die Verse gelten als »Magna Charta des Zwölferapostolats« (*Klein:* Apostel 204). Sie geben programmatisch das luk Apostel-Verständnis wieder: Apostel ist, wer während der ganzen öffentlichen Wirksamkeit Jesu – nach Lukas von der Taufe bis zur Himmelfahrt! – mit ihm und den übrigen der Zwölf zusammen war und nun die Taten und Worte Jesu – besonders aber seine Auferstehung – bezeugt. Die luk Akzente dieses Apostelbegriffs liegen 1. in der Identifizierung der »Apostel« mit den »Zwölf«; 2. in der Charakterisierung des Apostolates als Dienstamt (Vers 17.25); 3. in der Angabe der Funktion: Apostel-sein heißt Zeugnis-geben; 4. in der Erwählung, Geistbegabung und Sendung (→ Exkurs 2). Lukas hat im allgemeinen dieses Verständnis konsequent durchgehalten. Es gibt aber Ausnahmen: der weiter gefaßte Apostelbegriff Apg 14,4.14 und die relativ spät erwähnte Auswahl der Zwölf Lk 6,13. Gemäß dieser Angabe waren die Zwölf nicht schon anwesend bei den vorher dargestellten Ereignissen.

23–26 Der *erste Kandidat* heißt Josef. Nach jüdischer Gepflogenheit trägt er noch Beinamen (vgl. *Bill.* II 595; 712). Barsabbas bedeutet »Sohn des Sabbas« oder vielleicht »am Sabbat geboren«. Der Name begegnet im NT nur noch Apg 15,22, und zwar als Beiname eines Judas. Justos ist die griechische Form des lat. Justus = der Gerechte, ein bei Juden (Kol 4,11) und Proselyten (Apg 18,8) häufig geführter Beiname. Außer an unserer Stelle ist über den Kandidaten sonst nichts bekannt. Die spätere christliche Legende rechnet ihn zu den 70 Jüngern, und das Papiasfragment 2 berichtet, er habe ohne Schaden tödliches Gift getrunken. (*Funk,* F. X.: Patres Apostolici I, Tübingen 1901, 356f.). – Auch der *zweite Kandidat,* Mattias (Kurzform von Mattatias), wird im NT nur hier erwähnt. Außer seiner jüdischen Herkunft ist über ihn nichts bekannt. Freilich hat auch hier die spätere Legendenbildung zu ergänzen versucht, so z. B. Das Evangelium des Mattias (3. Jh.), Die Andreas- und Mattiasakten (6. Jh.; vgl. *Hennecke* I 224–228; II 403). – Die *Gebetsanrede* »Herzenskenner« wird *Gott* meinen. Darauf weisen hin Apg 15,8; Lk 16,15; 1Thess 2,4; Röm 8,27 und das Vorkommen in der altchristlichen Literatur. Sollte *Jesus* gemeint sein, so hätte es der Verdeutlichung bedurft. – Der *Losvorgang* ist als Gottesentscheid verstanden. Das ergibt sich aus dem Gebet: »zeige, wen du erwählt hast« und aus der atl.-jüdischen Institution des Losentscheides z. B. bei der Festlegung der Reihenfolge der 24 Priesterklassen für den Tempeldienst 1 Chr 24 und bei der Auslosung der beiden Böcke am Versöhnungstag Lev 16. Nach *Jos* Bell IV 3,7 f. wird widerrechtlich sogar der Hohepriester durch das Los ermittelt: Pinehas (67 n. Chr.). In Qumran werden Aufnahme und Rangstufe der Mitglieder durch Los entschieden 1 QS 6,16–23. Wie *Lohfink:* Losvorgang 248 nachgewiesen hat, dürfte es sich Apg 1,26 um einen ähnlichen Vorgang gehandelt haben wie Lev 16: zwei Lose wurden in ein Gefäß gelegt. Auf dem einen stand »Für Josef«, auf dem anderen »Für Mattias«. Das durch Schütteln (oder Ziehen) zuerst herauskommende zeigte den Gewählten.

Es besteht kein hinreichender Grund, die Historizität der Ersatzwahl des Mattias zu bestreiten. Die Tatsache, daß zwar Judas ersetzt worden ist, aber für den später ermordeten Jakobus kein Ersatz geschaffen wurde, läßt erkennen: Im Bewußtsein der Urgemeinde hatten die Zwölf eine auf die Anfangszeit der Kirche begrenzte Funktion. Lukas knüpft an diese historische Gegebenheit an, indem er die Ergänzung des Zwölferkreises in die Phase der Grundlegung der Kirche einordnet und noch vor seiner Darstellung des Pfingstereignisses geschehen sein läßt. Er geht aber darüber hinaus durch seine betonte Identifizierung der »Zwölf« mit den »Aposteln«. Sie sind für Lukas Garanten, die durch den Dienst ihres Zeugnisses die Brücke von Jesus zur Kirche bilden (ähnlich *Haenchen:* Apg 167 f., anders *Rengstorf:* Zuwahl 39 f.) und zwar soweit, bis durch Paulus die Brücke weitergeschlagen wird zur nachapostolischen Kirche. Nach Lukas führen dementsprechend »die Apostel« in dieser Phase der Grundlegung alle Aufgaben in der Kirche aus, auch die, die später von anderen übernommen werden (vgl. *Wiater:* Komposition 250; 379 Anm. 31): Sie lehren, wirken Wunder, erfüllen die karitativen Aufgaben, vermitteln den Heiligen Geist, senden Beauftragte aus, gründen und anerkennen neue Gemeinden.

Exkurs (2): »Zeugnis« im lukanischen Doppelwerk

Literatur: Brox, N.: Zeuge und Märtyrer. Untersuchungen zur frühchristlichen Zeugnis-Terminologie, StANT 5, München 1961. – *Klein:* Apostel. – *Löning:* Saulustradition. – *Nellessen, E.:* Zeugnis für Jesus und das Wort.

Exegetische Untersuchungen zum lukanischen Zeugnisbegriff, BBB 43, Köln 1976. – *Roloff:* Apostolat. – *Schneider, G.:* Die zwölf Apostel als »Zeugen«. Wesen, Ursprung und Funktion einer lukanischen Konzeption, in: Christuszeugnis der Kirche, FS, F. Hengsbach, hg. von *P. W. Scheele u. G. Schneider.*, Essen 1970, 39–65. – *Strathmann, H.:* martys: ThWNT IV, 477–520. – *Weiser, A.:* Zeugnis und Erfahrung nach dem Neuen Testament: BiLe 15 (1974) 75–86. – *Wilckens:* Missionsreden 145–150.

Lukas arbeitet in seinem Evangelium und in der Apg einen präzisen Zeugen- und Zeugnisbegriff heraus. Er dient ihm dazu, die Kontinuität zwischen Jesus und der Kirche, zwischen der Botschaft Jesu und dem Evangelium, das Lukas selbst Jahrzehnte danach verkündet, zu erweisen. Die Zeugen sind die »Brücke«, die von der Zeit des Heilsereignisses in Jesus in diese neue Epoche hinüberleitet, in der die Gemeinde jetzt steht« (*Brox:* Zeuge 53). Das Zeugnis ist die Weise, in der Grunderfahrungen christlicher Existenz und der von Christus empfangene Auftrag überhaupt »vermittelt« werden können. Das Zeugnis-Thema erscheint konsequent bei Lukas erstmalig an der Stelle des Übergangs von der Zeit Jesu zur Zeit der Kirche, das heißt literarisch: es taucht am Schluß des Lk auf, steht am Anfang der Apg und durchzieht diese ganz.

Gegen Schluß des Evangeliums sagt der Auferstandene seinen Jüngern: »So steht es geschrieben: Der Messias wird leiden und am dritten Tag von den Toten auferstehen, und in seinem Namen wird man allen Völkern, angefangen von Jerusalem, die Bekehrung predigen, damit ihre Sünden vergeben werden. Ihr seid Zeugen dafür ... Bleibt in der Stadt, bis ihr mit der Kraft aus der Höhe ausgerüstet seid« (24,46–49). Am Anfang der Apg spricht der Auferstandene zu den Aposteln im gleichen Sinn: »Ihr werdet die Kraft des Heiligen Geistes empfangen ... und ihr werdet meine Zeugen sein in Jerusalem und in ganz Judäa und Samaria und bis an die Grenzen der Erde« (1,8). Welche Voraussetzungen gegeben sein müssen, damit jemand Zeuge im Vollsinn sein kann, läßt Lukas den Petrus anläßlich der Wahl des Mattias erklären: »Es muß also einer von den Männern, die mit uns zusammen waren in der ganzen Zeit, als der Herr Jesus bei uns ein- und ausging, angefangen von der Taufe des Johannes bis zu dem Tag, als er von uns weg aufgenommen wurde – von diesen muß einer zusammen mit uns Zeuge seiner Auferstehung werden« (1,21 f.). Damit sind die drei für das luk Zeugenverständnis grundlegenden Texte genannt. Aus ihnen geht hervor:

1. Christliches Zeugnis setzt Erfahrung voraus, das Zeugnis, das in der Anfangszeit Kirche mitbegründete, eine besonders qualifizierte Erfahrung. Lukas kennzeichnet sie als persönlichen Umgang der Zeugen mit dem geschichtlichen Jesus zunächst während der Zeit seines öffentlichen Wirkens (Apg 1,21; 10,37–39) und der Passion (Lk 22,53 meidet die Jüngerflucht!), sodann während der Zeit, da er sich ihnen als der Auferstandene erwies (Lk 24,45–48; Apg 1,3.21 f.; 13,30 f.). Diese Zeit und die damit gegebene eigengeartete Erfahrung der Zeugen läßt Lukas mit der – nur von ihm als sinnenfälligen Vorgang gestalteten – Himmelfahrt Jesu schließen (Lk

24,51 f.; Apg 1,9.22). Die Erfahrung, die zum Zeugnis führt, ist geschichtsgebunden.

2. Bei aller Geschichtsgebundenheit und bei aller Betonung sinnenhaften Wahrnehmens kommt es indes nicht auf die äußeren Fakten als solche an, sondern auf den Heilssinn, wie er durch den Auferstandenen unter Hinweis auf die Schriften (Lk 24,25–32.44–47) und durch den Heiligen Geist (Apg 2) erschlossen wird. Es geht um die Erfassung und Deutung der Geschehnisse im Glauben. Dadurch wird aus der Erfahrung des rein Faktischen die Tiefenerfahrung christlichen Glaubens, den es zu bezeugen gilt.

3. Nicht nur dazu, daß es zur Glaubenserfahrung komme, ist nach Lukas »die Kraft aus der Höhe« (Lk 24,49) nötig, sondern auch dazu, daß die Erfahrung zum Zeugnis werde. Die Zeugen können erst zum Bezeugen ihrer Erfahrung aufbrechen, nachdem ihnen der Heilige Geist geschenkt ist (Lk 24,49; Apg 1,8; 2). Das Zeugnis, das sie ablegen, ist zugleich das Zeugnis des Heiligen Geistes, so daß Lukas den Petrus sprechen läßt: »Zeugen dieser Ereignisse sind wir und der Heilige Geist« (Apg 5,32).

4. Inhalt ihres Zeugnisses ist nicht ein sächliches »Etwas«, auch nicht nur »ihre Erfahrung«. Sondern es ist Jesus von Nazaret mit allem, »was er im Judenland und in Jerusalem getan hat« (Apg 10,39; vgl. 13,31), der nach der Schrift »leiden und ... auferstehen« mußte (Lk 24,26.46), den sie erfahren haben als den, der durch »Gott von den Toten auferweckt« (Apg 1,22; 2,32; 3,15; 13,30), »zum Herrn und Messias gemacht« (Apg 2,36), »zum Richter der Lebenden und Toten« eingesetzt (Apg 10,42) wurde und in dessen Namen nun Umkehr verkündet und Sünde vergeben wird (Lk 24,48). Apg 5,31 wird Gott, der Jesus auferweckt und dem Kreis der Zeugen als lebend in Erfahrung gebracht hat, als »der Gott unserer Väter« bezeichnet. Dadurch wird über die Geschichtsgebundenheit hinaus, die dem zu bezeugenden auferweckten Jesus eignet, auch die Geschichtsbezogenheit Gottes als des in der Geschichte Handelnden und sich Offenbarenden ausgesprochen.

5. Das Zeugnisgeben soll geschehen, damit zunächst Israel (Apg 5,31), dann aber alle Menschen (Lk 24,47; Apg 1,8) zu Umkehr und Vergebung finden (Lk 24,47; Apg 2,38; 5,31), das heißt durch die Orientierung an Jesus und durch das ihnen geschenkte Heil frei werden von ihrer Gott- und Selbstentfremdung. Lukas stellt nicht nur ein Programm für die Zukunft auf, sondern er berichtet in der Apg, daß sich bereits Menschen in Jerusalem (Apg 1–7), »ganz Judäa, Galiläa und Samaria« (9,31), in Kleinasien und Griechenland (Apg 13–21) und auch in Rom (Apg 28) dem Zeugnis geöffnet haben.

6. Als Zeugen bezeichnet Lukas vor allem die Apostel. Apg 22,15; 26,16 wird allerdings auch Paulus, und 22,20 auch Stephanus »Zeuge« genannt. Alle drei Stellen gehören Reden des Paulus an. Handelt es sich dabei nur um einen unpräzisen, unbeabsichtigten Sprachgebrauch? Dies scheint in bezug auf Stephanus der Fall zu sein (vgl. *Brox:* Zeuge 67; – *Roloff:* Apostolat 202), da keines der grundlegenden Elemente, die nach Lukas den Zeugen ausmachen, für Stephanus zutreffen: Die Verkündigungstätigkeit des Stephanus beruhte weder auf einem Kontakt mit dem irdischen Jesus noch auf einer unmittelbaren Begegnung mit dem Auferstandenen.

Anders verhält es sich bei Paulus. Lukas läßt den Auferstandenen zu Paulus sagen: »... ich bin dir dazu erschienen, um dich zum ... Zeugen dessen zu erwählen, was du gesehen hast und was ich dir noch zeigen werde« (26,16), und 22,15 spricht Hananias zu Paulus: »... denn du sollst vor allen Menschen für ihn Zeuge werden dessen, was du gesehen und gehört hast.« Diese Formulierungen an markanten Punkten der Apg lassen erkennen, daß Lukas bewußt und mit Absicht Paulus als »Zeugen« bezeichnet. Trifft auch eines der grundlegenden Elemente, die Augenzeugenschaft des irdischen Wirkens Jesu, für Paulus nicht zu, so stellt Lukas doch betont das andere Element als gegeben heraus: die Begegnung mit dem Auferstandenen in der Weise unmittelbarer Erfahrung, verbunden mit »sehen« und »hören« dessen, was Paulus nun bezeugen soll. Lukas macht aber durch die Anwendung des Zeugenbegriffs auf Paulus diesen nicht etwa zum Apostel, sondern er wird dem Spezifikum des Zeugnisses der Apostel einerseits und des Paulus andererseits gerecht: außer dem Osterzeugnis bezeugen die Apostel vor dem Volk Jesu irdischen Weg (Apg 13,31), Paulus dagegen den Weg, den er selbst im Dienst des Auferstandenen (26,16: »... was ich dir noch zeigen werde«) zu allen Menschen (22,15), das heißt nach Lukas: zu den Heiden geführt wird. (So m. E. zu Recht *Löning:* Saulustradition 142 im Unterschied zu *Brox:* Zeuge 55).

I. Das Christuszeugnis in Jerusalem 2,1–8,3

3. Das Pfingstereignis 2,1–13

1 Und als sich der Tag des Pfingstfeste erfüllte, waren alle zusammen an einem Ort. 2 Und es kam plötzlich vom Himmel her ein Brausen wie wenn ein gewaltiger Sturm daherfährt und erfüllte das ganze Haus, wo sie saßen. 3 Und es erschienen ihnen Zungen wie von Feuer, die sich zerteilten, und es ließ sich auf jeden einzelnen von ihnen nieder, 4 und alle wurden vom Heiligen Geist erfüllt und begannen in anderen Sprachen zu reden wie der Geist ihnen zu sprechen eingab. 5 Es waren aber in Jerusalem wohnhaft Juden, fromme Männer aus jedem Volk unter dem Himmel. 6 Als sich nun dieses Brausen erhob, lief die Menge zusammen und war ganz erregt, denn sie hörten sie ein jeder in seiner eigenen Sprache reden. 7 Sie gerieten außer sich, staunten und sprachen: Siehe, sind nicht alle diese, die da reden, Galiläer? 8 Und wie kommt es, daß wir sie ein jeder in seiner Muttersprache hören? 9 Parther, Meder und Elamiter, Bewohner von Mesopotamien, von Judäa und Kappadozien, von Pontus und Asien, 10 Phrygien und Pamphylien, von Ägypten und dem Gebiet Libyens nach Zyrene hin, und die hier weilenden

Römer, 11 Juden und Proselyten, Kreter und Araber, wir
hören sie in unseren Sprachen die Großtaten Gottes verkünden. 12 Sie gerieten alle außer sich und waren ratlos; sie
sagten einer zum anderen: Was soll das bedeuten?
13 Andere aber sagten spottend: Sie sind voll von jungem
Wein.

Literatur: Adler, N.: Das erste christliche Pfingstfest, NTA 18,1, Münster
1938. – *Betz, O.:* Zungenreden und süßer Wein: Bibel und Qumran, FS H.
Bardtke, Berlin 1968, 20–36. – *Brinkmann, J. A.:* The Literary Background
of the »Catalogue of the Nations« (Act 2,9–11): CBQ 25 (1963) 418–427. –
Broer, I.: Der Geist und die Gemeinde. Zur Auslegung der lukanischen
Pfingstgeschichte (Apg 2,1–13): BiLe 13 (1972) 261–283. – *Brunner, P.:* Das
Pfingstereignis. Eine dogmatische Beleuchtung seiner historischen Proble-
matik: Volk Gottes, FS J. Höfer, hg. von *R. Bäumer* und *H. Dolch*, Freiburg
1967, 230–247. – *Görg, M.:* Apg 2,9–11 in außerbiblischer Sicht: Biblische
Notizen, Heft 1, Bamberg 1976, 15–18. – *Gräßer:* Acta-Forschung (1977)
9–15. – *Grundmann, W.:* Der Pfingstbericht der Apg in seinem theologischen Sinn: Stud. Evangelica II = TU 87, hg. von *F. L. Cross*, Berlin 1964,
584–594. – *Güting, E.:* Der geographische Horizont der sogenannten Völkerliste des Lukas (Acta 2,9–11): ZNW 66 (1975) 149–169. – *Haacker, K.:*
Das Pfingstwunder als exegetisches Problem: Verborum Veritas, FS G. Stäh-
lin, hg. von *O. Böcher* u. *K. Haacker*, Wuppertal 1970, 125–131. – *Hull, J. H.
E.:* The Holy Spirit in the Acts of the Apostles, London 1967. – *Kremer, J.:*
Pfingstbericht und Pfingstgeschehen. Eine exegetische Untersuchung zu
Apg 2,1–13, SBS 63/64, Stuttgart 1973. – *Kretschmar, G.:* Himmelfahrt und
Pfingsten: ZKG 66 (1954/55) 209–253. – *Lohse, E.:* Die Bedeutung des
Pfingstberichtes im Rahmen des lukanischen Geschichtswerkes: EvTh 13
(1953) 422–436. – *Ders.: pentekoste:* ThWNT VI, 44–53. – *Menoud, P. H.:*
La Pentecôte lucanienne et l'histoire: RHPhR 42 (1962) 141–147. – *Schwei-
zer, E.: pneuma*, Teil E: ThWNT VI, 394–453. – *Sleeper, C. F.:* Pentecost and
Resurrection (Act 2 et 1Cor 15,6): JBL 84 (1965) 389–399. – *Tschiedel, H. J.:*
Ein Pfingstwunder im Apollonhymnus (Hym. Hom. Ap. 156– 164 und Apg
2,1–13): ZRGG 27 (1975) 22–39. – *Weiser, A.:* Pfingsten ohne Sturm und
Feuer: Lebendiges Zeugnis 1971 Heft 2, 11–23.

Textkritik

In Vers 5 hat der Ausdruck »Juden« und in Vers 9 die Erwähnung von »Judäa« seit alter Zeit Schwierigkeiten des Verstehens bereitet und Anlaß zu
Eingriffen in den Text gegeben: »Juden« sei im Kontext überflüssig und störe
eher; »Judäa« passe weder in die Reihenfolge der aufgezählten Länder noch
zum Sprachenwunder. Für die Zugehörigkeit von »Juden« und »Judäa« zum
Urtext sprechen indes: 1. die äußere Bezeugung; 2. die der luk Aussageabsicht entsprechende Funktion; 3. die Erkenntnis, daß die Varianten »erleich-

ternde Lesarten« sind. Aus diesen Gründen wird in der folgenden Auslegung
die Zugehörigkeit beider Worte zum Urtext vorausgesetzt (so auch *Kremer:*
Pfingstbericht 127; 154; 156 im Unterschied zu *Güting:* Horizont 162–
169).

Zusammenhang, Form und Aufbau

Die Herabkunft des Heiligen Geistes und ihre Bedeutung für die
Kirche wird von Lukas in einer großangelegten Szene dargestellt. Sie
wird durch eine Zeit-, Orts- und Personenangabe *eröffnet.* Während die Zeit- und Ortsangabe einen Neuansatz des Erzählens erkennen läßt, weist die Personenangabe auf den Zusammenhang mit
dem Vorausgehenden hin. Eine ursprünglich selbständige Überlieferung ist von Lukas stark umgestaltet und in den Kontext seines
zweiten Werkes einbezogen worden, nachdem diese Einbeziehung
literarisch und theologisch bereits sorgfältig vorbereitet worden war
(Lk 24,49; Apg 1,4–8). Der jetzige *Abschluß* der Szene ist offen gestaltet: Er drängt weiter zu der eng mit unserer Szene verbundenen
Pfingstrede des Petrus (VV 14–41). – Die Szene selbst ist in zwei
Teile gegliedert: Verse 1–4 geben das *Pfingstgeschehen* wieder, Verse
5–13 die daraufhin erfolgende *Wahrnehmung* und *Reaktion* der Juden. Der *erste* dieser beiden Teile enthält eine Disposition (Vers 1),
sodann in zwei fast parallel gebauten Sätzen die Aussage über ein
akustisch und visuell wahrgenommenes, theophanieartiges Geschehen (Vers 2 f.), und schließlich als Höhepunkt die Aussage von der
Geisterfüllung aller und der dadurch ausgelösten Rede in anderen
Sprachen (Vers 4). Während alle vier Sätze mit »und« beginnen, fehlt
diese Weise des Satzanfangs und der Verknüpfung in den Versen
5–13 fast ganz. Dieser *zweite* Teil enthält eine Aussage über die
Wahrnehmung des Geschehens durch Juden aus aller Welt in Jerusalem, über ihr Zusammenströmen und ihr Erstaunen bezüglich des
Sprachenwunders (Verse 5 f.). Daran schließt sich eine Erläuterung
dieses Erstaunens an (Verse 7–11). Zwei Fragen machen auf den
Grund des Erstaunens aufmerksam: Sind nicht alle Redenden Galiläer (Vers 7)? Wie kommt es, daß sie von allen verstanden werden
(Vers 8)? In den Dienst dieser Erläuterung ist eine Aufzählung teils
politischer, teils geographischer Namen gestellt (Verse 9–11). Der
Gedanke des Erstaunens und der Ratlosigkeit aus Vers 6 wird so-
dann nochmals aufgenommen: Er gibt nun Anlaß zur Frage nach der
Bedeutung des Geschehens (Vers 12) und zu dem Mißverständnis, es
handle sich um Trunkenheit (Vers 13). Beide Aussagen dienen der
Vorbereitung der folgenden Predigt des Petrus.

Tradition und Redaktion

Lukas ist zwar der einzige ntl. Schriftsteller, der die Herabkunft des Heiligen Geistes mit sinnenhaft erfahrenen Begleiterscheinungen in einer großen Szene darstellt; aber seine Sichtweise zeigt – trotz mancher Unterschiede – doch beachtenswerte Gemeinsamkeiten mit Joh 20,19–23 und Eph 4,7 f.: hier wie dort gilt der Heilige Geist als Gabe, die 1. durch den *Erhöhten* vermittelt und 2. für die *Kirche* geschenkt ist. Da eine literarische Abhängigkeit zwischen Joh, Eph und Apg nicht vorausgesetzt werden kann, ist der Befund als ein erstes Indiz dafür anzusehen, daß Lukas bei der Gestaltung dieser Szene diese Motiv-Verbindung schon vorfand und eine bereits vorgeformte Überlieferung aufgriff. Darüber hinaus läßt sich vermuten, daß diese Tradition aus einem sehr frühen Stadium stammte. Denn: Sowohl in Apg 2 als auch Eph 4,7 f. gilt der Heilige Geist als Gabe des erhöhten Christus, und in beiden Texten liegt ein Bezug zur Sinai-Tradition vor (siehe ausführlicher unten). In Eph 4 ist das Erhöhungs- und das Sinai-Motiv mit Hilfe von Ps 68 (67) zur Sprache gebracht. Der Ps wird aber dort in der Form des Targums zitiert, wie es zusammen mit dem Sinai-Abschnitt Ex 19 am Pfingstfest des palästinensischen Judentums gelesen wurde. Eph 4 beweist einerseits, daß es »eine Tradition gab, die den Geistempfang mit dem Thema Gesetzgebung am Sinai verknüpfte« (*Kremer:* Pfingstbericht 232 im Unterschied zu *Lohse:* ThWNT VI 49) und andererseits, daß diese Tradition im palästinensischen Judenchristentum wurzelt (vgl. *Kretschmar:* Himmelfahrt 215; allerdings ist seine weitreichende These, daß spezieller Einfluß von Qumran und dem Bundeserneuerungsfest vorliege, nicht genügend begründet).
Welche Einzelmotive zur ältesten Traditionsschicht gehörten und welche Aussagen und Formulierungen die vorluk Form der Erzählung enhielt, ist schwer zu sagen, da *die vorliegende Sprachgestalt sehr stark von Lukas geprägt ist. Typisch luk Formulierungen und Gedanken* sind z. B. erkennbar in Vers 1:

»... als sich der Tag erfüllte« (Anlehnung an die Septuaginta Jer 25,12; – vgl. bes. Lk 9,51; Apg 20,16); »alle« (luk Vorzugswort); »zusammen an einem Ort« (Septuaginta-Stil; vgl. 1,15); Verse 2 f.: Vorstellungs- und Ausdrucksweise entsprechen besonders den Sinai-Theophanie-Schilderungen der Septuaginta; darüber hinaus erweisen sich als luk Vorzugsworte die griech. Ausdrücke für »plötzlich«, »Brausen«, »Sturm«, »Haus«, »es erschienen«, »wo sie saßen«, »wie«, »die sich zerteilten«, »auf einen jeden einzelnen von ihnen«; Vers 4: die Wortverbindung »erfüllen« mit »Geist«, die Bezeichnung »Heiliger Geist«, die Konstruktion des Verbums »beginnen« mit Infinitiv,

der Zusatz »fremd« (*heterais*) zu dem Wort »Sprachen« (*glōssais*); Verse 5 f.:
spezifisch luk Ausdrucksweise gibt sich zu erkennen in den Wendungen »Es
waren wohnhaft«, »fromme Männer«, »unter dem Himmel«, »als sich nun
dieses Brausen erhob«, »lief die Menge zusammen«, »ein jeder«, »in seiner
eigenen Sprache« (*dialektos*); Verse 7 f.: »außer-sich-geraten« und »staunen«
sind von Lukas bevorzugt verwendete Ausdrücke, besonders im Zusammenhang mit wunderbaren Erfahrungen der Urkirche (z. B. Apg 2,7.12; 3,12;
8,13; 9,21; 10,45; 12,16). Vers 11: Der Ausdruck »Großtaten Gottes« (*mega-
leia*) steht dem vor allem von Lukas verwendeten Verbum *megalynein* = groß
machen, preisen nahe und dürfte von ihm in Anlehnung an die Sprache der
Septuaginta, in der das Substantiv oft begegnet, gewählt sein. Verse 12 f. erweisen sich ganz als luk Bildungen. Das zeigen Sprache, Inhalt und Funktion: *diaporein* = ratlos sein begegnet im NT nur bei Lukas (Lk 9,7; Apg
2,12; 5,24; 10,17); der Ausdruck »einer zum andern« steht im NT nur hier,
hat aber Ähnlichkeit mit der Formulierung Apg 19,32; 21,34; zu »spottend«
vgl. 17,32. Fragen, die auf eine folgende Erklärung vorbereiten, sind für die
luk Darstellungsweise bezeichnend (vgl. Lk 1,66; Apg 17,20; *Gewieß, J.*:
Die Marienfrage Lk 1,34: BZ NF 5 [1961] 221–254).

Inhaltlich dürften zum vorluk Traditionsbestand die Aussagen gehört haben: (in Jerusalem) versammelte Jesusjünger empfingen unter sinnenfälligen Begleiterscheinungen, die hörbar wie Sturmesbrausen und sichtbar wie Feuerzungen waren, den Heiligen Geist.
Dieser Geistempfang äußerte sich in eigengeartetem Sprechen.
Ob zur vorluk Tradition, ja möglicherweise zum historischen Kern
des Ereignisses gehörte, daß es am jüdischen *Pfingstfest* nach dem
Tod und der Auferstehung Jesu geschah, ist kontrovers. Folgende
Gesichtspunkte sind zu erwägen: 1. Ostern und Pfingsten sind die
einzigen Feste, die das Urchristentum aus dem Judentum übernommen hat. Das erklärt sich am besten, wenn am jüdischen Pfingstfest –
ähnlich wie an Ostern – etwas Besonderes geschehen ist (so u. a.
Brunner: Pfingstereignis 234 f. – *Kremer:* Pfingstbericht 94. – *Kretschmar:* Himmelfahrt 248. – *Menoud:* Pentecôte 144 f.). Dagegen ist
aber zu bedenken: Falls die Tradition von der Geistbegabung in einem entscheidenden Geschehen am jüdischen Pfingstfest wurzelt,
wie kommt es, daß sich davon nicht die geringste Spur in anderen
ntl. Traditionen niedergeschlagen hat, ja, daß Joh 20 (Geistbegabung am Abend des Ostertages) sogar Gegenteiliges gesagt ist? Weiterhin: es ist nicht sicher, welchen Festinhalt das christliche Pfingstfest in den frühesten Jahrhunderten und in urchristlicher Zeit hatte.
Im 4./5. Jh. wird in der palästinensischen und ostsyrischen Kirche
der 50. Tag nach Ostern als Fest der Himmelfahrt Jesu mit dem
Gedächtnis der Geistsendung gefeiert (vgl. die unterschiedliche Be-

urteilung bei *Kretschmar:* Himmelfahrt, passim und *Lohfink:* Himmelfahrt 137–144). – 2. Selbst wenn in der Terminangabe kein historisch zutreffendes Datum festgehalten sein sollte, ist doch mit vorluk Tradition zu rechnen; denn diese ist durch die Sinai-Tradition geprägt, und diese wiederum ist mit dem jüdischen Pfingstfest verbunden (so *Kretschmar:* Himmelfahrt 244); außerdem zeigt Lukas selbst sonst kein besonderes Interesse an diesem Termin (so *Broer:* Geist 278), so daß mit redaktioneller Setzung kaum zu rechnen ist. Dagegen haben *Haenchen:* Apg 176 und *Gräßer:* Acta-Forschung (1977) 10 Anm. 1 darauf aufmerksam gemacht, daß die verhältnismäßig späte Datierung – 50 Tage nach Ostern – gerade der luk Konzeption entspreche: der Pfingsttermin ist den 40 Tagen der Himmelfahrt Jesu zugeordnet, und niemand als Lukas hätte in der Urchristenheit eine derartige Spätdatierung der Geistsendung gewagt. Aufgrund gegenwärtig vorhandener Kriterien scheint mir die Festlegung auf eine der genannten Positionen nicht möglich. Es kann sein, Lukas hat einen vorgegebenen Termin – sei er historisch oder bereits Deutung – aufgenommen. Es ist aber auch nicht ausgeschlossen, daß er ihn erst selbst gesetzt hat. Daß die Terminangabe erst von einem nachlukanischen Bearbeiter stamme, wie *Bauernfeind:* Apg 37 f. vermutet, ist angesichts der textkritisch einwandfreien Bezeugung nicht anzunehmen.

Kontrovers ist auch die Frage, ob die *Sprachengabe* und das *Fremdsprachenwunder* (Verse 5–13) als Wirkung des Geistempfangs (Vers 4) zum vorluk Überlieferungsgut gehören. Hier ist eine Entscheidung eher möglich. Die Verse 5–13, in deren Mittelpunkt das Fremdsprachenwunder steht, dürften in Weiterführung der in den VV 1–4 aufgenommenen Tradition ganz von Lukas selbst gestaltet sein, wobei er in den VV 9–11 eine aus ganz anderem Zusammenhang stammende »Völkerliste« verwertet und bearbeitet hat. Für die Annahme, daß die »Völkerliste« aus vorgeformtem Material aufgenommen sei, sprechen 1. die Tatsache, daß es derartige Listen in den Werken der Geographen und Astrologen damaliger Zeit gibt mit z. T. gleichen Namen und in z. T. gleicher Reihenfolge, wie Lukas sie bietet (vgl. *Görg:* Apg 2); 2. die aufgeführten Namen entsprechen nicht den urchristlichen Missionsgebieten, an denen Lukas sonst Interesse hat (es fehlen z. B. Syrien, Zypern, Galatien, Mazedonien, Achaia); 3. die Ausdrücke »Judäa« (Vers 9) sowie »Juden und Proselyten« (Vers 11) stehen in Spannung zum Kontext, passen aber zur luk Aussageabsicht und erweisen sich als luk Einschübe in eine Vorlage.

Da die Völkerliste eng mit dem Fremdsprachenwunder verbunden

ist, fällt von ihrer redaktionsgeschichtlichen Beurteilung zugleich
Licht auf dieses: beide Motive verdanken wohl ihr Vorhandensein in
der Pfingsterzählung erst Lukas (so auch *Broer:* Geist 275; im Unterschied zu *Kremer:* Pfingstbericht 236 Anm. 102). Der sprachliche
Befund bestätigt dies. Anknüpfen konnte Lukas an die in Vers 4 aus
der Tradition vorgegebene Aussage, daß die Erfahrung des Geistempfangs sich in einem eigengearteten Sprechen äußerte (*lalein glōssais*). In der Vorlage des Lukas hatte dieser Ausdruck wahrscheinlich
noch nicht die Bedeutung eines Fremdsprachenwunders, sondern
geistbegabten Zungenredens, der »Glossolalie«, wie sie 1 Kor 12–14
und Apg 10,46; 19,6 bezeugt ist. Erst Lukas dürfte in Vers 4 durch
Hinzufügen des Wortes *heterais* (»in anderen«, »fremden«) das glos-
solalische Reden in ein Fremdsprachenwunder entsprechend seinen
Aussageabsichten uminterpretiert haben.

Auslegung

Vers 1 Der Rahmen: Lukas setzt voraus, daß es bereits ein Pfingstfest gab, bevor sich die im folgenden berichteten Geschehnisse zu-
trugen. Er meint das jüdische Fest der Frühjahrsernte, an dem die
Erstlingsgaben des Getreides Gott dargebracht wurden. Im AT wird
es als »Wochenfest« bezeichnet, weil man es 7 Wochen nach dem
Erntebeginn feierte (Ex 23,16; 34,22; Lev 23,15–21; Dt 16,9). Im
hellenistischen Judentum bezeichnete man es oft als »Pentekoste«
(= 50. Tag). Im Frühjudentum wurde der Termin relativ einheitlich
festgelegt, und zwar auf den 50. Tag nach dem Paschafest. Als dessen
festlicher Abschluß galt es nun. Als im Jahre 70 der Tempel zerstört
wurde und die Erntegaben nicht mehr in ihm dargebracht werden
konnten, begann man, es als Fest der Gesetzgebung am Sinai zu
feiern. Dieser neue Festinhalt legte sich u. a. aus der Erinnerung nahe, daß etwa 50 Tage nach dem Aufbruch aus Ägypten (Ex 19,1),
also nach der Paschanacht, Moses das Gesetz von Gott am Sinai
empfangen hatte.
Beachtenswert ist aber auch der Gedanke des *Erfülltseins*. An einer
entscheidenden Stelle des Lukasevangeliums begegnet derselbe Gedanke in einer ganz ähnlichen Formulierung: »Als sich die Tage seiner Hinaufnahme erfüllten …« (9,51). Gemeint ist dort die entscheidende Wende im Leben des irdischen Jesus, da er sich von Galiläa nach Jerusalem wendet; dort erwarten ihn Erniedrigung und Erhöhung. Die Wahl des Ausdrucks am Anfang des Pfingstberichtes
läßt bereits vermuten, daß Lukas auch hier ein wichtiges heilsgeschichtliches Ereignis mitteilen will. Dem entspricht auch ganz, daß

Lukas mehrere ausdrückliche Ankündigungen dem Geschehen vor-
ausgeschickt hat:

Jesu letztes Wort vor seiner Himmelfahrt heißt nach Lk 24,49: »Siehe, ich
sende die Verheißung meines Vaters auf euch herab. Bleibt in der Stadt, bis
ihr ausgerüstet werdet mit der Kraft von oben.« Auch am Anfang der Apg
befiehlt Jesus vor seiner Himmelfahrt den Jüngern ausdrücklich, nicht von
Jerusalem fortzugehen, bevor sie die Geisttaufe empfangen haben. Dann erst
sollen sie seine Zeugen sein »in Jerusalem und in ganz Judäa und Samaria und
bis an die Grenzen der Erde« (1,4–8). Die Betonung Jerusalems als Ort des
Geistempfangs hängt für Lukas mit einem Grundgedanken seiner Theologie
zusammen: dem Gedanken der Kontinuität der Heilsgeschichte. Er drückt
sich im luk Doppelwerk u. a. darin aus, daß der Schauplatz, wo die Jesuszeit
endet, zugleich der Ort sein muß, an dem die Kirchengeschichte, die Zeit der
Kirche beginnt. Zu ihr aber gehört grundlegend die Sendung des Heiligen
Geistes.

Die umständliche Zeitangabe »als sich der Pfingsttag erfüllte« deutet
an, daß es im folgenden um die Erfüllung der von Jesus angesprochenen Verheißung geht. Es leitet also den Verfasser nicht so sehr ein
historisches als vielmehr ein heilsgeschichtliches Interesse. Zugleich
zeigt sich aber in der engen Zusammengehörigkeit zwischen Lk und
Apg, zwischen der Jesuszeit und der Zeit der Kirche, welche Bedeutung dem Heiligen Geist zukommt: Er ist für Lukas der Garant der
Kontinuität (*Wilckens:* Missionsreden 94). Deshalb endet das Lukasevangelium und beginnt die Apg mit der Geistverheißung, deshalb sind Himmelfahrt und Pfingsten nach Lukas eng miteinander
verbunden.
Auch die weiteren Rahmennotizen, die den *Personenkreis* und den
Ort betreffen, sind keine historisch befriedigenden Angaben. Lukas
sagt einfach, daß »alle an einem Ort versammelt waren«. Wer ist
damit gemeint?
Sind es die 120 Personen, die Apg 1,15 zur Wahl des Mattias versammelt waren? Dafür spräche, daß dies die letzte unserem Bericht vorausgehende Personenangabe ist. Es fragt sich aber, ob der Aufenthalt einer so großen Zahl in einem Jerusalemer Privathaus (Vers 2:
oikos) denkbar ist. Vor allem aber fällt auf, daß im folgenden die mit
dem Heiligen Geist Begabten vom Volk sofort als Galiläer erkannt
werden (Vers 7), wodurch sich nahelegt, daß es sich um eine überschaubare Zahl von Jesus-Jüngern gehandelt habe; weiterhin: daß
Petrus nur mit den Elfen auftritt, um als ihr Sprecher zum Volk
zu reden (Vers 14); schließlich, daß es in der anschließenden Petrusrede heißt: »Wir alle sind Zeugen (der Auferstehung Christi)«,

eine Aussage, die sich nach luk Verständnis nur auf die Zwölf bezieht.

Der Annahme, es handle sich nur um die Zwölf Apostel, stehen aber auch Bedenken entgegen: Nach Apg 1,14 sind diesem engsten Kreis immerhin auch Maria, einige Frauen und die sog. Brüder Jesu bereits unmittelbar angeschlossen. Außerdem würde die Zwölfzahl der Apostel nicht einmal dazu ausreichen, daß die im folgenden genannten Fremdsprachengruppen auch nur durch je einen einzigen Sprecher vertreten gewesen wären. Lukas scheint keinen Wert darauf zu legen, uns genaue Kenntnis im Sinne eines historischen Referats vermitteln zu wollen. Es genügt ihm, durch die *Zeitangabe* auf das bevorstehende Ereignis als einem *Heilsereignis* aufmerksam zu machen und es durch eine sehr allgemein gehaltene und im Grunde alles in der Schwebe lassende *Personen-* und *Ortsangabe* einzuleiten.

2–4 Das Geschehen: Das zentrale Ereignis besteht darin, daß alle mit dem Heiligen Geist erfüllt werden (Vers 4). Aber Lukas beläßt es nicht bei der blassen Aussage. Er schildert sinnenhaft erfahrene Begleiterscheinungen dieses der Sinnenerfahrung entzogenen Geschehens: Ein Tosen (*ēchos*) vom Himmel her wie ein gewaltiger Sturm (*pnoe*); sich zerteilende Zungen (*glossai*) wie von Feuer (*pyr*). Wenn man beachtet, welche Bedeutung diese hör- und sehbaren Phänomene bereits im *AT* haben, wird man nicht mehr die früher viel verhandelte Frage stellen, ob die Jünger diese Begleiterscheinungen nach Art einer inneren oder äußeren Wahrnehmung erlebten. Feuer, Schall – mitunter auch Sturm – sind geläufige Ausdrucksmittel zur Bezeichnung der Gegenwart Gottes oder seines Herannahens. Man denke nur an die Gottesoffenbarung im brennenden Dornbusch (Ex 3,2), an die Feuersäule, die vor dem Volk durch die Wüste einherzog (Ex 14,20.24), an die Gottesbegegnung des Elija auf dem Berge Horeb, von der es 1Kön 19,11 f. heißt:

»Der Herr befahl dem Elija: Tritt hinaus und stelle dich auf den Berg vor den Herrn hin! Da zog der Herr vorüber: ein starker, mächtiger Sturm, der die Berge zerriß und die Felsen zerbrach, ging vor dem Herrn einher. Doch im Sturm war der Herr nicht. Nach dem Sturm kam ein Erdbeben. Doch auch hier war der Herr nicht. Nach dem Erdbeben kam ein Feuer. Auch im Feuer war der Herr nicht. Nach dem Feuer kam ein leises, zartes Säuseln. In ihm war der Herr.«

Schall, Stimme, Feuer als Begleiterscheinungen, die die Gegenwart Gottes ankündigen, treten besonders deutlich im Bericht von der Gesetzgebung am Sinai hervor:

»Am 3. Tag, als es Morgen geworden war, brachen Donner los und Blitze
zuckten, Gewitterwolken hingen über dem Berg und schmetternder Posaunenschall war zu hören. Das ganze Volk im Lager bebte. Der Berg Sinai war
ganz mit Rauch bedeckt, weil der Herr im Feuer auf ihn herabgekommen
war. Der Rauch stieg wie der Rauch eines Schmelzofens auf. Der ganze Berg
zitterte gewaltig. Der Posaunenschall ward stärker und stärker. Mose redete
und Gott antwortete ihm unter Donnerschall.«

Die Vorstellung, daß sich Gott im Sturm und Feuer offenbart, war
auch im Frühjudentum sehr lebendig.
Philon von Alexandrien (+ 40 n. Chr.) gestaltet den Sinaibericht
u. a. so aus:

»Eine Stimme ertönte darauf mitten aus dem vom Himmel herabkommenden Feuer, alle mit ehrfurchtsvollem Schrecken erfüllend, indem die Flamme
sich zu artikulierten Lauten (*eís dialekton*) wandelte, die den Hörenden vertraut waren, wobei das Gesprochene so deutlich klang, daß man es eher zu
sehen als zu hören glaubte . . .« (Decal. 11; Ausg. Cohn IV 278 f.).

In dieser Ausgestaltung fällt besonders die betont herausgestellte
Zusammengehörigkeit von Feuer, Stimme und Sprache auf. Es sind
die Elemente, die auch im luk Pfingstbericht auftreten.
Ein im rabbinischen Schrifttum mehrfach überlieferter Text (vgl.
Adler: Pfingsten 49–54), der auf einen Ausspruch von Rabbi *Johan-
an* (+ 279 n. Chr.) zurückgeht, weiß sogar zu berichten, daß sich die
Gottesstimme am Sinai in 70 Sprachen teilte und so allen Völkern in
ihrer Sprache das Gesetz kundgetan wurde, Israel allein es aber angenommen habe. Auch diese Auslegung steht dem Sprachenwunder
des luk Pfingstberichts nahe.
Die atl. und jüdischen Texte lassen nicht darauf schließen, daß der
luk Bericht *direkt* von ihnen abhängig ist. Sie zeigen aber den Denk-
hintergrund und die Vorstellungen, die Lukas und seinen Zeitgenos-
sen vertraut waren. Sie lassen verstehen, daß sich Lukas ebenfalls
derartiger Darstellungsmittel bediente, um das sinnenhaft nicht er-
fahrbare Kommen des Heiligen Geistes anschaulich darzustellen.
Dem Bestreben nach Anschaulichkeit entstammt auch das Sich-zerteilen der Feuerzungen: Konnte Lukas mittels Sturm und Schall
zwar zeigen, daß das ganze Haus erfüllt wurde, so reichten jedoch
diese Darstellungsmittel nicht dazu aus, auch noch das Erfülltwerden
eines *jeden einzelnen* Jüngers mit dem Heiligen Geist auszudrücken. Daran war aber Lukas offenbar gelegen, wie Vers 3b erkennen läßt. Die Anschaulichkeit erreichte er aber überzeugend
durch das Sich-teilen der Feuerzungen: zeigte er also mit dem Sturm

und dem Feuer das Woher des Geistes, nämlich von Gott, vom Himmel, so wies er mit dem Sich-zerteilen des Feuers das Wohin des Geistes auf, nämlich die Jünger (vgl. *Haenchen:* Apg 177).

Die unmittelbare Wirkung des Geistempfangs wird als »Reden in anderen Sprachen« (*heterais glōssais*) bezeichnet. Was Lukas damit gemeint hat, ist umstritten. Über eines allerdings ist man sich in der gegenwärtigen Forschung einig: daß Lukas an ein Sprach- und nicht an ein Hörwunder gedacht hat; denn das eigenartige Phänomen geht ja von seiten der Redenden (Vers 4) aus und ist vom Geist in ihnen bewirkt; die Hörer empfangen ja zudem den Geist erst später, bei der Taufe. Aber es bleibt die Frage: hat Lukas *geistbegabte Zungenrede* (Glossolalie) oder ein Reden in *Fremdsprachen* gemeint? Für die Annahme einer Glossolalie sprechen folgende Gründe: 1. Das Vorkommen dieses Phänomens ist in der Urkirche mehrfach bezeugt. Die klassische Belegstelle ist 1 Kor 12–14. Paulus nennt dort als charakteristische Merkmale der Glossolalie: a) Sie ist vom Geist bewirkt; b) sie ist unverständlich und bedarf ihrerseits geisterfüllter Auslegung; c) sie richtet sich deshalb auch nicht an Menschen, sondern an Gott, etwa in ekstatischem Lobpreis; d) sie erweckt für Außenstehende und Ungläubige den Eindruck der Geistesgestörtheit.

Von diesen Merkmalen treffen einige auf den Pfingstbericht zu: a) in ihm heißt es ausdrücklich, daß der Geist das Reden bewirkt (Vers 4), und daß einige die Redenden verspotteten, da sie den Eindruck Betrunkener erweckten (Vers 13); b) Lukas bezeugt in der Apg mehrfach das Phänomen geistgewirkter Glossolalie, und zwar in dem von Paulus beschriebenen Sinn (10,45 f.; 19,6). c) Der Inhalt dessen, was in der ekstatischen Rede gesagt wird, bleibt auffallend allgemein: In V 11 heißt es nur, die Menge habe die Großtaten Gottes verkünden gehört. Sobald aber Genaueres und Verständlicheres zur Sprache kommen soll, muß Petrus allein das Wort ergreifen, im Unterschied zur vorherigen Rede aller.

Es stehen aber der Annahme, daß es sich beim Sprachenwunder im Sinne des Lukas um Glossolalie handle, entscheidende Gründe entgegen:

1. Die Sprachengabe wird als Reden »in anderen Sprachen« (Vers 4) bezeichnet. Für Glossolalie wird sonst im NT und auch bei Lukas der Fachausdruck »in Sprachen« oder »in Zungen« ohne den Zusatz »in anderen« verwandt.

2. In den VV 6.11 ist ausdrücklich auf das Reden in verschiedenen Landessprachen (*dialektos*) hingewiesen.

3. Die Völkerliste wäre vollkommen überflüssig, wenn es Lukas auf Glossolalie und nicht auf Fremdsprachen angekommen wäre.

Die eigenartige Mischung von Elementen, die einerseits auf ekstatisches Reden, andererseits auf Fremdsprachen hinweisen, hat früher viele Exegeten veranlaßt anzunehmen, Lukas habe hier zwei Quellen verarbeitet. Man wird aber dieser Annahme nicht zustimmen, wenn man das Verhältnis von Tradition und luk Redaktion in diesem Text beachtet: Lukas hat einen Bericht, der als Wirkung des Geistempfangs die Glossolalie nannte, so umgearbeitet, daß nun als Wirkung des Geistempfangs das Fremdsprachenwunder gilt: »... ein Gotteslob in den Sprachen der Völker ..., das den prophetischen, inspirierten Lobliedern ähnelt« (so *Kremer:* Pfingstbericht 122, trotz anderer traditionsgeschichtlicher Beurteilung). Die Tatsache, daß die unmittelbare Wirkung des Heiligen Geistes als ein Reden in Zungen bezeichnet wird, dürfte tatsächlich von der urchristlichen Erfahrung der Glossolalie ausgehen. In diesem urchristlichen Phänomen wird man den geschichtlichen Kern des »Pfingstereignisses« zu sehen haben. Das hinderte aber Lukas keineswegs, einen Bericht zu gestalten, der nicht mehr auf die Grenzen Rücksicht nimmt, die eigentlich dem historischen Phänomen der Glossolalie anhafteten; sondern er stellte die Erfahrung dieses Phänomens der Urkirche in den Dienst seiner Darstellung und ihrer Aussageabsicht.

5–13 Reaktion der Juden und Fremdsprachenwunder: Es ist die Auffassung verbreitet, Lukas habe durch die Aufzählung der Vertretergruppen aus den einzelnen Völkern, die Zeugen des Sprachwunders werden, den Gedanken der beginnenden Weltmission ausdrükken wollen. Gegen diese Auffassung ist aber zu bedenken: Lukas vermeidet in den ersten zehn Kapiteln der Apg konsequent den Aufbruch zur Heidenmission. Er hat mit dem wohlbedachten Aufbau der Apg der Tatsache Rechnung getragen, daß sich in der Urkirche erst allmählich der Auftrag zur Heidenmission durchsetzte.
Diesem luk Missionsverständnis entspricht das Verheißungswort, das Lukas den Auferstandenen sprechen läßt: »Ihr werdet die Kraft des Heiligen Geistes empfangen ...und sollt dann meine Zeugen sein in Jerusalem, in ganz Judäa und Samaria, ja bis an die Grenzen der Erde« (Apg 1,8). In diesem Wort ist das Gliederungsschema der ganzen Apg enthalten. Für das Verständnis des Pfingstberichtes aber ergibt sich daraus, daß zwar der Heilige Geist als Grundprinzip der Kirche und ihrer weltweiten Mission gilt, aber die Weltmission selbst sich am Pfingsttag noch nicht zu verwirklichen beginnt.
Die Richtigkeit dieser Sicht wird durch die Völkerliste in den Versen 9–11 bestätigt. Lukas führt zwar Gruppen »aus jedem Volk unter dem Himmel« auf; aber er sagt in aller Deutlichkeit, daß es sich nur

um *Juden* handle. Auch hier zeigt sich, daß es ihm nicht auf ein historisches Referat ankam: Haben andere Bewohner Jerusalems den Schall nicht gehört? Warum sind nicht auch sie verwundert herbeigekommen? Daß es nur Juden sind, ergibt sich nicht vom Geschehensablauf her, sondern von der Aussageabsicht des Lukas: Indem er einen größeren Hörerkreis einbezog, gewann er den *schriftstellerischen* Vorteil, daß durch die Zeugenschaft der Menge die Tatsache des Geistempfangs und seiner Wirkungen gesichert wurde und daß durch die Vertreter aus aller Welt das Ereignis weltweite Anerkennung erhielt. Indem er sie als *Juden* kennzeichnet, vermeidet er den verfrühten Gedanken an die Heidenmission, und indem er sie als *Diasporajuden* charakterisiert, die in Jerusalem festen *Wohnsitz* genommen haben, entgeht er der Schwierigkeit, daß sie als Getaufte in ihre Länder zurückkehren und dort – wiederum zu früh – das Evangelium verkünden könnten.

Zusammenfassung

Fragt man, welches Geschehen dem Pfingstbericht zugrunde liegt und was Lukas mit dem Bericht aussagen will, dann wird man antworten dürfen: Der Verfasser will nicht historische Einzelheiten mitteilen, die an einem bestimmten Tag unter der Augenzeugenschaft Tausender in Jerusalem geschehen sind. Der Text ist vielmehr als gezielte theologische Aussage verfaßt.
Ausgangspunkt des Berichtes ist die gläubige Überzeugung der Urchristenheit, daß ihr vom auferstandenen und erhöhten Herrn die Gabe des Heiligen Geistes zuteil geworden ist. Auf ihn führte man Leben, Leitung und Wachstum der Kirche zurück. Das Zustandekommen dieser Überzeugung setzt Geschehnisse voraus, in denen den Urchristen die Gegenwart des Heiligen Geistes bewußt wurde. Zu diesen Erfahrungen gehörten ekstatische Erlebnisse, wie beispielsweise geistbegabtes Zungenreden. Ob darüber hinaus die von Lukas verarbeitete Tradition in einem Einzelgeschehen wurzelt, das am jüdischen Pfingstfest in Jerusalem stattfand und die Apostel betraf (so *Kremer:* Pfingstbericht 261; anders dagegen mit guten Gründen *Zehnle:* Pentecost Discourse 111–123), ist nicht mehr mit Sicherheit zu erkennen, aber aufgrund der Quellenlage eher unwahrscheinlich.
Da es Lukas auf die Bedeutung des Geistes für die Kirche ankam, mußte er bei seiner Darstellung die Grenzen sprengen, die dem Phänomen ekstatischer Zungenrede anhafteten; denn sie war ja immer nur für einen Kreis Eingeweihter bedeutsam.

Indem Lukas einen größeren Hörerkreis einbezog, gewann er den
schriftstellerischen Vorteil, daß er nicht in einem berichtenden Referat die Wirklichkeit und Wirksamkeit des Pfingstgeistes schildern
mußte, sondern in der viel lebendigeren Darstellung die Hörer selbst
durch ihr Verhalten, ihr erstauntes Fragen und ihre Selbstcharakteri-
stik zu Wort kommen lassen konnte. Und er gewann den theologischen Vorteil, daß durch die Zeugenschaft der Menge die Objektivi-
tät des geschehenen Geistempfangs und seiner Wirkungen überzeugend gesichert wurde; weiterhin, daß durch die Vertreter aus allen
Ländern das Ereignis weltweite Anerkennung erhielt. Freilich mußte er durch die Verbindung, die er zwischen Glossolalie und Volksmenge schuf, in Kauf nehmen, daß das in ekstatischer Zungenrede
Gesprochene keinen eigentlichen Verkündigungsinhalt haben konnte. Lukas trug diesem Umstand dadurch Rechnung, daß er diesen
Verkündigungsinhalt der Petrusrede vorbehielt.
Wollte Lukas dem wirklichen Gang der frühchristlichen Geschichte nicht Gewalt antun und nicht eine Epoche überspringen,
dann durfte trotz der Zeugenschaft aus allen Völkern nicht schon
am Pfingstfest die Heidenbekehrung geschehen. Lukas legt sich
deshalb in seinem Bericht eine doppelte Beschränkung auf: er läßt
die Zeugen zwar aus allen Völkern stammen, betont aber dennoch, daß sie alle Juden sind; er charakterisiert diese Diasporajuden als solche, die in Jerusalem festen Wohnsitz genommen haben; nicht etwa als Festpilger, die nur zum jüdischen Pfingstfest
gekommen sind.

4. Die Pfingstpredigt 2,14–41

14 Petrus aber stand auf, zusammen mit den Elf, erhob seine
Stimme und sprach zu ihnen: Ihr Juden und Bewohner Jerusalems, dies sollt ihr wissen, hört auf meine Worte!   15 Denn
diese Männer sind nicht – wie ihr meint – betrunken; es ist ja
erst die dritte Stunde des Tages,   16 sondern dies ist das
durch den Propheten Joel Gesagte:

17 In den letzten Tagen *wird es geschehen spricht Gott:*
ausgießen werde ich von meinem Geist über alles Fleisch,
und prophezeien werden euere Söhne und Töchter,
und euere jungen Männer werden Gesichte schauen,
und euere Alten werden Träume haben.
18 Und über meine Knechte und Mägde werde ich in jenen
Tagen

von meinem Geist ausgießen, und sie werden prophezeien.

19 Und ich werde Wunder bewirken am Himmel oben
und Zeichen *auf der Erde* unten:
Blut und Feuer und Rauchqualm.
20 Die Sonne wird sich verwandeln in Finsternis
und der Mond in Blut
bevor der große und herrliche Tag des Herrn kommt.
21 *Und es wird geschehen: Jeder, der den Namen des Herrn*
anruft, wird gerettet werden (Joel 3,1–5).

22 Israeliten, hört diese Worte: Jesus den Nazoräer, einen Mann, den Gott vor euch beglaubigt hat durch Machttaten, Wunder und Zeichen, die Gott durch ihn in euerer Mitte gewirkt hat, wie ihr selbst wißt, 23 diesen, der nach Gottes festgesetztem Willen und Ratschluß ausgeliefert wurde, habt ihr durch die Hand von Gesetzlosen ans Kreuz geheftet und getötet. 24 Ihn hat Gott auferweckt und von den Wehen des Todes befreit; es war ja unmöglich, daß er von ihm festgehalten wurde. 25 David sagt nämlich von ihm:
Ich sehe den Herrn vor mir allezeit,
er ist mir zur Rechten, damit ich nicht wanke.
26 *Deshalb freut sich mein Herz und jubelt meine Zunge,*
und auch mein Fleisch wird in der Hoffnung ruhen;
27 *denn du überläßt mich nicht der Totenwelt*
und wirst deinen Heiligen nicht schauen lassen die Verwesung.
28 *Du tust mir kund Wege des Lebens*
und wirst mich erfüllen mit Freude
vor deinem Angesicht (Ps 15 [16],8–11).

29 Brüder, ich darf mit Freimut zu euch über den Patriarchen David sprechen: Er starb, wurde begraben, und sein Grabmal ist in unserer Mitte bis auf den heutigen Tag. 30 Da er ein Prophet war und wußte, daß *ihm* Gott durch einen Eid geschworen hatte, jemand *aus der Frucht seiner Lende werde auf seinem Thron sitzen* (2Sam 7,12f.), 31 sagte er vorausschauend über die Auferstehung des Christus:
er werde nicht der Totenwelt überlassen,
und sein Fleisch werde nicht die Verwesung
schauen (Ps 15 [16],10).

32 Diesen Jesus hat Gott auferweckt, dessen sind wir alle Zeugen. 33 Zur Rechten Gottes nun erhöht, empfing er die

Verheißung des Heiligen Geistes vom Vater und goß ihn aus,
das, was ihr seht und hört.   34 Denn nicht David ist in den
Himmel aufgestiegen; er sagt vielmehr selbst:
Es sprach der Herr zu meinem Herrn:
Setze dich zu meiner Rechten,
35 bis ich dir deine Feinde als Schemel
unter deine Füße lege (Ps 109 [110],1).
36 Mit Gewißheit erkenne also das ganze Haus Israel: Gott hat
ihn zum Herrn und Messias gemacht, diesen Jesus, den ihr
gekreuzigt habt.
37 Als sie das hörten, traf es sie ins Herz. Sie sagten zu Petrus
und den übrigen Aposteln: Was sollen wir tun, Brüder?
38 Petrus sprach zu ihnen: Kehrt um, und ein jeder von euch
lasse sich taufen auf den Namen Jesu Christi zur Vergebung
euerer Sünden, und ihr werdet die Gabe des Heiligen Geistes
empfangen.   39 Denn euch und eueren Kindern gilt die Verheißung und allen in der Ferne, die der Herr unser Gott herbei-
rufen wird.   40 Mit noch vielen anderen Worten beschwor
und ermahnte er sie. Er sagte: Laßt euch retten von diesem
verkehrten Geschlecht.   41 Jene nun, die sein Wort annahmen, ließen sich taufen, und es wurden an diesem Tag ungefähr dreitausend hinzugefügt.

Literatur: Bowker, J. W.: Speeches in Acts. A Study in Proem and Yelammedenu Form: NTS 14 (1967/68) 96–111. – *Buis, P.:* Le don de l'Ésprit Saint et la
prophétie de Joel: Assemblées du Seigneur 52 (1965) 16–28. – *Dibelius:* Aufsätze 120–162. – *Dietrich:* Petrusbild 195–216. – *Dupont:* Études 133–155. –
Ellis, E. E.: Midraschartige Züge in den Reden der Apostelgeschichte: ZNW
62 (1971) 94–104. – *Evans, C. F.:* Speeches in Acts: Mélanges Bibliques en
hommage au B. Rigaux, Löwen 1970, 287–302. – *Fitzmyer, J. A.:* David,
»Being Therefore a Prophet …« (Acts 2.30): CBQ 34 (1972) 332–339. –
Ghidelli, C.: Il discorso di Pietro nel giorno di Pentecoste (Atti 2,14–41): T.
Ballarini: Introduzione alla Biblia con antologia esegetica V/1 Turin 1966,
85–110. – *Glombitza, O.:* Der Schluß der Petrusrede, Acta 2,36–40. Ein
Beitrag zum Problem der Predigten in den Acta: ZNW 52 (1961) 115–18. –
Holtz: Untersuchungen 5–14; 48–53; 82f.; 145–158. – *Jacobs, T.:* De Chri-
stologie van de Redevoeringen van de Handelingen: Bijdragen 28 (1967) 177–
195. – *Mußner, F.:* »In den letzten Tagen« (Apg 2,17a): BZ NF 5 (1961) 263–
265. – *Rese:* Motive 45–66; 105–110. – *Schubert, P.:* The Final Cycle of Speeches in the Book of Acts: JBL 87 (1968) 1–16. – *Schweizer:* Reden. – *Weiser,*
A.: Die Pfingstpredigt des Lukas: BiLe 14 (1973) 1–12. – *Wilckens:* Missionsreden. – *Zehnle, R. F.:* Peters Pentecost Discourse. Tradition and Lucan
Reinterpretation in Peter's Speeches of Acts 2 and 3, Nashville/New York
1971.

Zusammenhang

Die geistbegabten Jünger haben zwar alle zur Volksmenge geredet, aber der Inhalt ihrer Rede ist doch so allgemein (Vers 11), daß die Zuhörer eine Deutung dessen, was eigentlich geschehen ist und was auch sie angeht, nicht heraushören. Durch ihre Frage, was dies alles bedeute und durch den Spott einiger, die meinen, die Redner seien betrunken (Vers 13), hat Lukas eine Situation geschaffen, die weiterdrängt und nicht unbeantwortet bleiben kann. Petrus ist der berufene Sprecher des Jüngerkreises, das Geschehene zu deuten. Die Tatsache, daß er sich der Menge gegenüber, die doch vorher in verschiedenen Sprachen angeredet wurde, nun in *einer* – sicher seiner eigenen aramäischen – Sprache verständlich machen kann, wird von Lukas nicht als störend empfunden.

Aufbau und Inhalt

Der *erste Teil* (Verse 14–21) besteht in einer Anknüpfung an die Situation und in einem Schriftzitat mit deutender und überleitender Funktion. Petrus weist den Vorwurf der Trunkenheit zurück und erklärt, daß das, was die Menge gesehen und gehört hat (vgl. Vers 33), die Erfüllung einer alten Prophetie ist.
Diese Prophetie wird wörtlich in einem langen Zitat geboten. Es stammt aus Joel (3,1–5) und kündet an, daß in der Endzeit Gott seinen Geist über alle ausgießen und ihnen die Gabe der Prophetie schenken werde.
Diesen Teil des Joelzitates bezieht Lukas im Sinne »hermeneutischer Schriftverwendung« (*Rese:* Motive 38) und midraschartiger Auslegung (vgl. *Bowker:* Speeches; *Ellis:* Midraschartige Züge) auf das vorausgegangene Geschehen und deutet es. Die Berufung auf Gottes Wort (Vers 17!) verleiht der Deutung Autorität. Die zwischen dem gegenwärtigen Ereignis und dem prophetischen Wort hergestellte Beziehung enthält aber wohl auch den Gedanken der Erfüllung, ohne daß ausdrücklich von ihr die Rede ist (anders *Rese:* Motive 38).
Dabei fällt auf, daß Lukas die Zeitangabe am Anfang des Zitates abgeändert hat. Während es bei Joel heißt: »Danach wird es geschehen« und die nähere Zeitbestimmung offenbleibt, ersetzt Lukas diese Aussage durch den Ausdruck: »In den letzten Tagen«. Die von *Haenchen:* Apg 181 vertretene Auffassung, Codex B biete in Übereinstimmung mit LXX die ursprüngliche Lesart, ist unhaltbar. Die Lesart erweist sich vielmehr als korrigierende Angleichung; so auch *Mußner:* »In den letzten Tagen« 263 f.; *Lohfink:* Himmelfahrt

261 f.; *Wilckens:* Missionsreden 33. Lukas will mit seiner Änderung des Joel-Textes aber nicht etwa sagen, daß nun das Ende eintrete; sondern für ihn ist die ganze Zeit seit Jesu Wirken bereits »Endzeit«, deren Ende aber unberechenbar bleibt.

Das Joelzitat enthält aber noch zwei weitere wichtige Gedanken: seine zweite Hälfte spricht von den Wundern, die in Zusammenhang mit der Geistausgießung geschehen und vom Heil aller, die den Namen des Herrn anrufen.

Die Erwähnung der Wunder bezieht sich nicht nur auf die vorausgegangenen Wunder des Pfingsttages, sondern auch auf die Wundertätigkeit Jesu, von der in der Petrusrede sofort anschließend die Rede sein wird (Vers 22), und auf die Wunder, welche die Apostel nach der weiteren Darstellung der Apg wirken werden (z. B. 2,43): alle diese Taten sind von Gott gewollt – weil bereits prophezeit – und vom Heiligen Geist gewirkt.

Der Gedanke der Rettung, mit dem das Joelzitat schließt, wird am Schluß der Petrusrede (Vers 39) nochmals aufgegriffen. Das Prophetenzitat ist also fest mit dem Aufbau der *ganzen* Rede, ja darüber hinaus mit der ganzen vorausgehenden Situation sehr eng verbunden. Das wird bei der Beurteilung ihrer Herkunft zu beachten sein.

Der *zweite Teil* (Verse 22–36) besteht in der Botschaft von Jesus Christus. In einem kunstvoll gebauten Satz kommen zunächst sein Erdenleben, sein Tod und seine Auferweckung zur Sprache (Verse 22–24). Der Hauptsatz heißt: »Ihr habt Jesus … getötet.« In diese Hauptaussage sind zwei weitere Aussagen eingeschoben, die beide von Gottes Handeln an Jesus sprechen: Gott hat ihn durch Wunder in eurer Mitte ausgewiesen, und: Gott hat ihn nach seinem Plan in die Hände der Gesetzlosen ausgeliefert. Es stehen sich also das Handeln Gottes an Jesus und das Handeln der Menschen an ihm in einem erschreckenden Gegensatz gegenüber, ja, letzteres wird den Hörern zu einem schweren Vorwurf gemacht. Er wird am Schluß der Rede im Zusammenhang mit dem Bußruf noch einmal von Bedeutung sein. Sofort an die Aussage von Jesu Tötung schließt sich in kerygmatischem Relativstil das Bekenntnis zu seiner Auferweckung durch Gott an. Sie wird unter dem Gedanken dargestellt, daß Gott ihm die »Wehen« des Todes löste. Der Ausdruck geht auf die LXX zurück, die fälschlicherweise 2Sam 22,6 u. ö. den hebr. Ausdruck »Stricke des Todes« mit »Schmerzen des Todes« übersetzt (vgl. *Conzelmann:* Apg 39; *Haenchen:* Apg 182). Die Auferweckung Jesu wird mit einem Zitat aus Ps 15 (16),8–11 in Verbindung mit der Natanweissagung 2Sam 7,12 f. »bewiesen«. Der Kerngedanke der Be-

weisführung ist folgender: David hatte in diesem Psalm vorherge-
sagt, daß Gott seinen Heiligen nicht der Verwesung preisgeben
wird; nun aber ist ja allen das Grab Davids bekannt, und alle wissen,
daß er verwest ist; also kann sich die Prophetie nicht auf ihn selbst
bezogen haben, sondern sie meint den, der nach der Natanweissagung aus Davids Lenden hervorgehen, die Davidsherrschaft antre-
ten und sie für immer behalten wird. David hat also die Auferstehung Jesu, des Messias, vorausgesagt. – Solche »Schriftbeweise«
sind unserem Denken freilich ungewohnt und würden uns nicht be-
friedigen; aber für die frühe Kirche war es von fundamentaler Wichtigkeit, das, was sich mit Jesus zugetragen hatte, in Einklang mit
dem AT zu bringen, da es das Glaubensbuch der Juden war. Ereignisse, von denen man den Anspruch erhob, daß sie nach dem Plane
Gottes geschehen seien, mußten sich aus dem AT ableiten lassen. Zu
beachten ist noch die Bemerkung, welche das Auferstehungskerygma abschließt (Vers 32): ». . . dessen sind wir alle Zeugen«. Der Gedanke der Zeugenschaft der Apostel ist ein typisch luk Gedanke, der
in fast allen Missionsreden der Apg wiederkehrt. Er war für Lukas
deshalb so bedeutsam, weil er ein wichtiges Glied in der Kette der
Kontinuität darstellt, die die Jesuszeit mit der Zeit der Kirche verbindet und auf die ja gerade Lukas so großes Gewicht legt. »Wo
immer . . . in den Reden die Zeugenformel auftaucht, spricht zunächst . . . nicht Petrus oder Paulus, sondern der Theologe Lukas«
(*Lohfink*: Paulus 47; → Exkurs 2).
Mit dem Bekenntnis zur Auferstehung Jesu ist aber die Botschaft
über Christus noch nicht abgeschlossen. Sie gipfelt vielmehr in der
Aussage, daß Jesus erhöht wurde und den Heiligen Geist gesandt
hat. Zwar erscheint uns aufgrund unseres Glaubensbewußtseins diese Weiterführung als selbstverständlich. Schauen wir sie uns aber
näher an, so ist sie doch sehr bemerkenswert. Sie heißt: »Zur Rechten Gottes nun erhöht, empfing er die Verheißung des Heiligen Geistes vom Vater und goß ihn aus, das, was ihr seht und hört« (Vers
33).
Mit dem Ausdruck »erhöht« denkt Lukas an die Himmelfahrt Jesu.
Er meint also damit nicht – wie sonst die anderen ntl. Schriftsteller –
das mit der Auferstehung identische Geschehen.
Die Tatsache der Erhöhung wird im anschließenden Vers – ähnlich
wie vorher die Auferstehungstatsache – durch das Zitat aus einem
Psalm gesichert: »Es sprach der Herr zu meinem Herrn: setze dich
zu meiner Rechten . . .« (Ps 109 [110],1). Lukas argumentiert in dem
gleichen Gedankengang, der vorher schon begegnete: David ist
doch nicht in den Himmel aufgestiegen; also muß sich dieses Wort

auf den Messias beziehen. Ps 110 ist der Text, der auch sonst im
Urchristentum zum Erweis der Erhöhung Jesu herangezogen wurde
(aber nicht ausschließlich).

Während also die Erhöhung Jesu mit den traditionellen Mitteln des
Urchristentums zur Sprache gebracht ist, und sich dabei das typisch
luk Verständnis nicht in der Formulierung niedergeschlagen hat, begegnet uns in der Aussage über die Geistsendung durch den Erhöhten eine im NT singuläre Vorstellung.

Mit der Vorstellung anderer ntl. Stellen hat sie zwar gemein, daß der
Geist den Gläubigen erst nach Jesu Erhöhung zuteil wird (Joh 7,39;
14,26; 15,26; 6,7; Eph 4,7–12); aber auffallend ist der angedeutete
Vorgang, daß der Erhöhte »die Verheißung des Heiligen Geistes«
vom Vater empfängt, um ihn dann auszugießen.

Die Formulierung »Verheißung des Heiligen Geistes« meint hier
nicht nur die *Verheißung* der Gabe, sondern die *Gabe selbst.* An
dem angedeuteten Vorgang ist ein Doppeltes bemerkenswert: daß
Jesus erst den Geist vom Vater *empfangen* muß, und daß er ihn nur
empfängt, um ihn *weiterzugeben.* Ist er nicht gerade nach Lukas als
der Irdische bereits ständiger Träger des Geistes: von der Geistsal-
bung am Anfang seines Lebens im Schoße Mariens an (Lk 1,35);
dann durch die »leibhaftige« Geistsendung bei der Taufe (Lk
3,21 f.); und zwar so, daß Lukas von nun an sagen konnte, Jesus sei
»voll des Heiligen Geistes« (Lk 4,1) und »der Geist des Herrn« ruhe
auf ihm und habe ihn gesalbt (Lk 4,18) und Jesus werde »in der Kraft
des Geistes« geleitet und geführt (Lk 4,14)?

Diese Aussagen widersprechen unserer Stelle nicht, wenn man wiederum die luk Denkweise beachtet, die dahintersteht: Lukas stellt
auch sonst das Verhältnis Jesu zum Vater als eine Unterordnung dar.
Das ist eine Eigenart der ältesten Christologie überhaupt, besonders
aber und konsequent durchgeführt liegt sie im luk Doppelwerk vor.
Das wird schon im unmittelbaren Textzusammenhang unserer Stelle
klar: In den VV 17 f. hieß es im Prophetenzitat, daß *Gott* seinen
Geist ausgießen werde; in V 22: daß *Gott* Jesus durch Wunder beglaubigt habe; in VV 23.32 f.: daß *Gott* ihn auferweckt und erhöht
habe, und in Vers 36 heißt es schließlich, daß *Gott* ihn zum Herrn
und Messias gemacht habe. Entsprechend dieses Verhältnisses Gottes zu Jesus ist es deshalb nicht verwunderlich, daß Jesus – auch als
Erhöhter – den Geist vom Vater empfangen muß. Mit der im NT
begegnenden Unterordnung Jesu unter Gott ist freilich nicht dasselbe gemeint wie in dem später vertretenen »Subordinatianismus«!

Daß der erhöhte Herr den Geist nur empfängt, um ihn *weiterzugeben,* erklärt sich daraus, daß Lukas in der Wirksamkeit des Geistes,

dessen Träger der irdische Jesus war, eine andere Funktion erkennt als in der Wirkweise des Pfingstgeistes: dort ist der Geist nur Jesus allein gegeben – hier dagegen wird er über die Kirche ausgegossen; dort befähigt er seinen Träger zu seiner einmaligen und unwiederholbaren messianischen Sendung – hier dagegen wird er einer Heilsgemeinde zu dauernder Befähigung, Zeugnis abzulegen, geschenkt. Es ist durch eben dieses messianische Mittlertum Jesu eine Heilsgemeinde geworden, so daß das Mittlertum dessen, der nun in ihrer Mitte als der Herr angerufen wird, auch in der Zuwendung der entscheidenden Heilsgabe, nämlich des Heiligen Geistes, sich als Herr dieser Gemeinde erweist. Weil er der Herr der Kirche ist, aber von Gott zu diesem Herrn gemacht wurde, deshalb kann Lukas sagen: der Erhöhte *empfängt* den Geist vom Vater, um ihn *auszugießen.*
Die Botschaft über Jesus Christus wird abgeschlossen mit der Zusammenfassung, daß Gott ihn zum Herrn und Messias gemacht habe (Vers 36). »Das *ganze* im voranstehenden Jesuskerygma erwähnte Geschehen steht ... im Blick und soll als ein zusammengehöriges Ganzes begriffen werden. Durch diesen Jesus ... hat Gott von Anfang an gehandelt, in seinen Wundern, ja selbst in seinem Sterben, in seiner Auferweckung und Erhöhung und schließlich auch jetzt, da diese ›Großtaten Gottes‹ ... verkündet werden ...; in diesem Handeln an und in Jesus hat Gott ihn zum Herrn und Christus gemacht.« (*Wilckens:* Missionsreden 36).
Die Zusammenfassung wird aber nicht als neutrale, objektive Aussage geboten, sondern sie reißt – ähnlich wie Vers 22 – nochmals den scharfen Gegensatz zum Verhalten der Angesprochenen Jesus gegenüber auf: es ist der, den »ihr gekreuzigt habt«.
Lukas nützt diesen Angriff des Petrus dazu aus, in einer Zwischenbemerkung die Betroffenheit der Hörer zu erwähnen und sie die Frage stellen zu lassen, was sie tun sollen. Durch sie wird der abschließende Teil der Rede vorbereitet.
Der *dritte Teil* (Verse 37–40) besteht im Ruf zur Umkehr und zur Taufe. In nochmaligem Rückgriff auf das Joelzitat mündet er in die Zusage, daß sie so alle den Heiligen Geist empfangen. Auf diese Weise sollen sie sich retten lassen. In diesem Abschluß schimmert die Situation der Kirche zur Zeit des Lukas hindurch: Der Heilige Geist wehte in ihr nicht mit Sturmesbrausen und fiel nicht in Feuer vom Himmel, ekstatische Begabung wurde seltener oder blieb ganz aus, so daß der Geistempfang der Christen mit keinen äußeren Zeichen mehr verbunden war. Wie seine Wirksamkeit erfahren wurde, zeigt vielmehr die von Lukas bewußt unmittelbar an den Pfingstbericht und die Petrusrede angeschlossene Schilderung der Christen-

gemeinde von Jerusalem, nämlich daß sie *festhielt* an der Lehre
der Apostel, an einträchtiger Gemeinschaft, an der Sorge füreinander, am gemeinsamen eucharistischen Mahl und am Gebet (Vers
42).

Die Rede des Petrus zeigt also einen sehr klaren Aufbau: Anknüpfung an die Situation – Botschaft von Jesus Christus: seinem Leben
und Sterben, seiner Auferweckung und Erhöhung und schließlich
der Sendung des Heiligen Geistes durch ihn – Ruf zu Umkehr und
Taufe und Zusage des Heiles. Inhaltlich steht in ihrem Mittelpunkt
die Botschaft von Jesus Christus. In ihr erscheint Christus dem
Heilshandeln Gottes untergeordnet. Sie ist ausgerichtet auf die
Geistsendung durch ihn. Das Christuskerygma wird aber nicht als
Zeugnis gegenüber neutralen Zuhörern geboten, sondern es hebt
den Gegensatz dessen hervor, was Gott einerseits und die Menschen
andererseits an ihm getan haben. Der so ausgesprochene Vorwurf
bereitet schon den Bußruf und als Reaktion darauf die geschilderte
Betroffenheit und Umkehr vor. Lukas zeigt in der Rede des Petrus,
daß Glauben an Christus, Umkehr und Taufe möglich werden durch
die vom Heiligen Geist gewirkte apostolische Verkündigung. Sie
zielt auf den Erweis, daß sich in den an Jesus Christus geschehenen
Heilsereignissen und in der Ausgießung des Heiligen Geistes die alttestamentlichen Prophetien und somit Gottes Plan erfüllt haben.
Der Erfolg der Predigt besteht in der Taufe von 3000 Juden. Er soll
zeigen, daß die Kirche durch den Heiligen Geist innerlich und äußerlich wächst und daß sie ihre Aufgaben kraft des in ihr waltenden
Gottesgeistes erfüllt. Daß es nur *Juden* sind, ist für die luk Ekklesiologie wichtig: Es zeigt sich in den zahlenmäßigen Wachstumsangaben, die sich jeweils nur auf *Juden* beziehen, die »personale Identität
zwischen Israel und den Christen« (*Eltester:* Israel 115). Geht die
Pfingstpredigt auf Lukas selbst zurück (→ Exkurs 3), dann ist auch
damit bereits die Frage beantwortet, wie es historisch gesehen mit
dem gewaltigen Erfolg dieser Predigt bestellt ist. Weder die große
Zahl noch ein Großteil davon wird wirklich unter den von Lukas im
Pfingstbericht geschilderten Umständen die Taufe empfangen haben; sondern er hat in dieser Aussage wohl nur das ausdrücken wollen, was er auch an anderer Stelle (z. B. 9,31) sagt: »Die Kirche . . .
festigte sich . . . und mehrte sich durch den Beistand des Heiligen
Geistes.« Wahr ist, daß die Kirche ja tatsächlich ständig wuchs (vgl.
auch 2,47) und daß die frühen Christen sich dieses Wachstum nicht
als eine von menschlicher Leistung herrührende »natürliche« Entwicklung erklärten, sondern es in legitim gläubiger Deutung auf die
Wirksamkeit des Heiligen Geistes zurückführten. Diese Überzeu-

gung drückt Lukas mit dem Darstellungsmittel der Sprunghaftigkeit und Größe des Zuwachses aus.

Der Gesamtabschnitt über die Geistsendung 2,1–41 hat die Funktion, die Kirche und alle ihre Lebensvollzüge – unter ihnen das nun ermöglichte und sofort anhebende Zeugnis – als Wirklichkeiten zu erweisen, die vom Heiligen Geist herrühren. Diese Funktion des Abschnitts entspricht so sehr der Funktion der Aussagen über die Sendung und bleibende Gegenwart des Heiliges Geistes zu Beginn der öffentlichen Wirksamkeit Jesu im Evangelium des Lukas (vgl. Lk 3,21 f.; 4,1.14.18), daß sich die Annahme nahelegt, der Verfasser habe durch die Parallelität zum Ausdruck bringen wollen: Wie das Wirken Jesu in der Kraft des Heiligen Geistes wurzelt, so auch das Leben und Wirken des fortlebenden Christus, der Kirche.

Ähnlich wie die »Antrittspredigt« Jesu in Nazaret hat aber auch der Pfingstbericht eine Krisis-Funktion. Er bedeutet innerhalb der luk Darstellung des Weges, der zur Bildung der Kirche führt, eine wichtige Stufe: Mit Pfingsten beginnt die nachösterliche Sammlung Israels um die den Auferstandenen bezeugende Jüngergemeinde (Apg 2–5). Danach, mit der Ablehnung des Stephanus, vollzieht sich eine grundlegende Wende: das Volk tritt auf die »Seite seiner ungläubigen Führer. Die Folgezeit dient vor allem der Darstellung jenes Israels, das sich der Predigt der Apostel versagt und so zum Judentum wird« (*Lohfink:* Sammlung 95).

Exkurs (3): Die Reden der Apostelgeschichte

Literatur: Außer der zu 2,14–41 genannten: *Bovon, F.:* Tradition et rédaction en Actes 10,1–11–18: ThZ 26 (1970) 22–45. – *Dupont, J.:* Paulus an die Seelsorger. Das Vermächtnis von Milet (Apg 20,18–36), Düsseldorf 1966. – *Gärtner, B.:* Paulus und Barnabas in Lystra. Zu Apg 14,8–15: SEA 27 (1962) 83–88. – *Glasson, T. F.:* The Speeches in Acts and Thucydides: ET 76 (1964/65) 165. – *Gräßer:* Acta-Forschung (1977) 35–51. – *Kliesch, K.:* Das heilsgeschichtliche Credo in den Reden der Apostelgeschichte, BBB 44, Köln-Bonn 1975. – *Kränkl, E.:* Jesus der Knecht Gottes. Die heilsgeschichtliche Stellung Jesu in den Reden der Apostelgeschichte, Regensburg 1972. – *Lebram, J. C.:* Der Aufbau der Areopagrede: ZNW 55 (1964) 221–243. – *Lerle, E.:* Die Predigt in Lystra (Acta XIV. 15–18): NTS 7 (1960/61) 46–55. – *Lövestam, E.:* Son and Saviour. A Study of Acts 13,32–37. With an Appendix »Son of God« in the Synoptic Gospels, CNT 18, Lund 1961. – *Michel, H.-J.:* Die Abschiedsrede des Paulus an die Kirche Apg 20,17–38. Motivgeschichte und theologische Bedeutung, StANT 35, München 1973. – *Radl:* Paulus. – *Plümacher:* Lukas 32–79. – *Ders.:* TRE 502–506. – *Rhode, J.:* Die redaktionsgeschichtliche Methode. Einführung und Sicherung des Forschungsstandes,

Hamburg 1966, 164–176. – *Schürmann, H.:* Das Testament des Paulus für die Kirche, Apg 20,18–35: *Ders.:* Untersuchungen 310–340. – *Stanley, D. M.:* Die Predigt der Urkirche und ihr traditionelles Schema: Concilium 2 (1966) 787–793. – *Stanton, G. N.:* Jesus of Nazareth in New Testament Preaching, Cambridge 1974. – *Stolle, V.:* Der Zeuge als Angeklagter. Untersuchungen zum Paulus-Bild des Lukas, BWANT 102, Stuttgart, Berlin, Köln und Mainz 1973. – *Storch, R.:* Die Stephanusrede Acta 7,2–53. Diss. Göttingen 1967. – *Townsend, J. T.:* The Speeches in Acts: AThR 42 (1960) 150–159. – *Wilcox:* Semitisms. – *Zingg:* Kirche 117–134.

Die Apg enthält sehr viel Redenstoff. Fast ein Viertel des Buches besteht aus Reden. Sie sind über das ganze Werk hin verteilt. 7 von ihnen hält *Petrus:* bei der Wahl des Mattias vor der Jüngergemeinde in Jesuralem (1,16–22); an Pfingsten vor den Juden aus aller Welt, dem ganzen Haus Israel (2,14–41); nach der Heilung des Gelähmten vor den Juden Jerusalems (3,11–26) und den Führern des Volkes (4,8–12), und nach weiterer Wunderwirksamkeit und Verkündigungstätigkeit der Apostel erfolgt die Rede vor dem Hohen Rat (5,29–33); sodann die Rede bei der Taufe des Kornelius (10,34–43) und beim Apostelkonzil (15,6–11; hier redet auch Jakobus 15,14–21). 8 Reden hält *Paulus:* in Antiochien vor Juden (13,16–41); in Lystra (14,14–18) und Athen (17,22–31) vor Heiden; in Milet vor den Ältesten der Christengemeinden (20,18–35); in Jerusalem nach seiner Gefangennahme vor den Juden (22,1–21) und vor dem Hohen Rat (23,1–6); in Cäsarea vor dem römischen Statthalter Felix (24,10–21) sowie vor dessen Nachfolger Festus und dem jüdischen König Agrippa (26,2–23). Eine große Rede hält *Stephanus* vor dem Hohen Rat (7,2–53).

In der Forschung der letzten Jahrzehnte hat sich immer mehr das Urteil von *M. Dibelius* durchgesetzt: »Alle Reden ... *haben Lukas zum Verfasser*« (Aufsätze 157). Diese Beurteilung ergibt sich aus folgenden Gründen:

1. Die Reden sind gleichmäßig über das ganze Buch verteilt. Teils haben sie die Funktion, durch das zur Sprache kommende Christuskerygma den Gang der heilsgeschichtlichen Entwicklung voranzutreiben, teils dienen sie der Deutung besonders markanter Ereignisse und Wendepunkte der frühesten Kirchengeschichte. Dadurch erweisen sie sich als ein durchgängiges wichtiges Gestaltungsmittel in der Hand des Schriftstellers und Theologen Lukas.

2. Lukas steht mit dieser Gestaltungsart den antiken Geschichtsschreibern nahe: sie lockern durch Reden den Erzählstoff auf, charakterisieren Personen, geben wichtige Wendepunkte an und beleuchten Ereignisse. Geschichtsschreiber des Altertums bieten in ihren Werken oft Reden, die weder wörtlich so, noch überhaupt gehalten worden sind. Dafür je ein bekanntes Schulbeispiel: *Tacitus* gibt in den Annalen (II,24) die Rede wieder, die Claudius vor dem Senat zur Verleihung des ius honorum an die Gallier gehalten hat. Sie weicht aber sehr stark von dem inschriftlich erhaltenen Text (CIL XIII 1668) der wirklichen Rede ab. Vermutlich kannte sogar *Tacitus* diesen Text. Das andere Beispiel: *Flavius Josephus* (Ant I 13,3) läßt in seiner Nacherzählung von der Opferung des Isaak, wo im ursprünglichen Text (Gen 22)

nur ein kurzer Dialog zwischen Vater und Sohn mitgeteilt wird, Abraham eine lange Rede an Isaak halten. Das ist für unser übliches Wahrheits- und Geschichtsverständnis um so befremdlicher, als *Josephus* im Vorwort (3) ausdrücklich beteuert, weder etwas wegzulassen noch etwas hinzuzufügen.

3. Es ist kaum denkbar, daß Reden etwa des Petrus oder Paulus jahrzehntelang wörtlich weitergegeben worden wären. Ihr geschlossener Aufbau und ihre abgerundete Form in der Apg lassen sie aber auch nicht etwa nur als eine kurze zusammenfassende Inhaltsangabe einer früher gehaltenen Rede erscheinen.

Beachtet man des weiteren die luk Theologie, die sich in ihnen durchgehend ausdrückt, dann verstärkt sich der Eindruck, daß man es mit Reden zu tun hat, die Lukas unter Verwendung urchristlichen Traditionsgutes geschaffen hat.

4. Für bewußte luk Komposition und Zuordnung der Reden zu ganz bestimmten und im Aufbau der Apg wichtigen Ereignissen spricht schließlich die sorgfältig getroffene Auswahl der Reden und ihr Aufbauschema: Von Paulus werden nur drei Reden aus der Zeit seiner Missionstätigkeit berichtet, obwohl er doch auch nach dem Wissen des Lukas mehr gehalten hat. Die drei geben aber einen jeweils wichtigen Predigttyp wieder: eine hielt Paulus vor Juden (Kap. 13), eine vor Heiden (Kap. 17) und eine vor Christen (Kap. 20). Auffälligerweise liegt den Missionsreden des Petrus in den Kap. 3; 4; 5; 10 das gleiche Schema zugrunde wie der Pfingstrede. Es kehrt auch in der Pauluspredigt vor den Juden (Kap. 13) wieder. Soll man daraus schließen, Petrus und Paulus haben die gleiche Disposition benutzt, was bei ihren doch sonst so tiefgreifenden Unterschieden kaum überzeugend wäre, oder ergibt sich daraus nicht vielmehr, daß die Disposition ihrer Predigten vom Verfasser der Apg stammt? Außerdem basieren die umfangreichen Schriftzitate in diesen Reden größtenteils auf der Septuaginta, der Bibel des Lukas, nicht aber der des Petrus. Die Predigten als ganze können deshalb nicht als altes palästinensisches Überlieferungsgut gelten. Bezüglich der soeben erwähnten Missionsreden (Kap. 2; 3; 4; 5; 10; 13) hatte *Dibelius* gemeint, sie gehören einer Tradition an, »die mit der antiken Geschichtsschreibung nichts zu tun hat« (Aufsätze 142). Der gemeinsame Aufriß dieser Predigten – Kerygma von Jesu Leben, Leiden, Auferstehung; Schriftbeweis; Bußmahnung – entspreche vielmehr dem Typ christlicher Predigt zur Zeit des Lukas. Der Boden dieser von Lukas benützten Tradition sei also die christliche Predigtpraxis seiner Zeit. Dieser Annahme kann man heute nicht mehr zustimmen. Denn es hat sich das von *Dibelius* postulierte Predigtschema außerhalb der Apg bisher nicht nachweisen lassen, es ist aber als luk Komposition verständlich (*Wilckens:* Missionsreden 100). Außerdem hat *Plümacher:* Lukas 32–79 überzeugend nachgewiesen, daß gerade auch die Missionsreden der Apg »von der hellenistischen Literatur beeinflußt« (ebd. 79) sind. Die Gemeinsamkeiten zeigen sich vor allem im *Zweck* des Einfügens von Reden in größere Erzählzusammenhänge, in der Technik der *Mimesis* literarischer Vorbilder (in der Apg: LXX-Mimesis) und im Stilmittel der *Archaisierung.* Die entsprechen-

den Beispiele aus der Profanliteratur finden sich vor allem bei *Dionys von Halikarnass* und *Titus Livius*.

Die neuere Forschung läßt immer deutlicher erkennen, daß die Alternativen: Tradition *oder* Redaktion, hellenistische (bzw. jüdisch-synagogale) Prägung *oder* selbständig christliche Entstehung, Geschichtsgebundenheit *oder* freie Komposition den Reden der Apg nicht gerecht wird. In ihrem *Gesamtaufbau* und ihrer *Zuordnung* zur jeweiligen Situation erweisen sie sich als Schöpfungen des Lukas. Aber er hat dabei festgeprägte *Wendungen* (z. B. »aus dem Samen Davids« Apg 13,23 vgl. Röm 1,3 u. a.), *formelhafte* Aussagen (z. B. die Auferweckungsformel »Gott hat ihn auferweckt« Apg 2,24.32; 3,15; 4,10; 5,30; 10,40; 13,30; 33.34; 17,31 vgl. Röm 4,24; 8,11; Gal 1,1 u. a.) und vielleicht sogar *anfanghafte Aufrisse* (z. B. die Verknüpfung von Tod und Auferweckung Jesu mit einer Heilszusage Röm 4,24f.; 1Thess 4,14 u. a.) urchristlicher Verkündigung aufgenommen und verarbeitet (vgl. *Kränkl:* Jesus 78–81; *Gräßer:* Acta-Forschung [1977] 50). Er hat wohl auch bei der Gestaltung der Missionsreden vor Juden (Kap. 2; 3; 4; 5) den Kontrast zwischen dem Heilshandeln Gottes und dem widersetzlichen Verhalten Israels dem deuteronomistischen Geschichtsbild entnommen, wie es ihm aus der vorluk Form der Stephanusrede Apg 7 vermittelt und aus Q (Lk 11,49–51; 13,34f.) bekannt war, und das er Lk 6,23b; 11,47f. auch red verarbeitete (vgl. *Steck:* Israel 267–269; *Wilckens*: Missionsreden 220f.).

5. Das Leben christlicher Gemeinde 2,42–47

42 Sie verharrten in der Lehre der Apostel und in der Gemeinschaft, im Brechen des Brotes und in den Gebeten. 43 Es entstand aber für jedermann Furcht: Viele Wunder und Zeichen geschahen durch die Apostel. 44 Alle aber, die gläubig geworden waren, hielten zusammen, und sie hatten alles gemeinsam. 45 Und die Grundstücke und anderen Besitz verkauften sie und verteilten sie an alle, wie jemand es nötig hatte. 46 Täglich verharrten sie einmütig im Tempel, brachen in ihren Häusern das Brot und aßen in Freude und mit lauterem Herzen. 47 Sie lobten Gott und waren beim ganzen Volk beliebt. Der Herr aber fügte täglich die zu ihrem Kreis hinzu, die gerettet wurden.

Literatur: Benoit, P.: Remarques sur les »sommaires« de Actes 2.42 à 5: Aux sources de la tradition chrétienne. Mélanges offerts à M. Goguel, Neuchatel 1950, 1–10. – *Burck, E. (Hg.):* Wege zu Livius, Darmstadt ²1977, 331–351 (Burck); 352–375 (*Walsh*). – *Cadbury, H. J.:* The Summaries in Acts: Beginnings V. 392–402. – *Cerfaux* II, 63–91; 125–156. – *Degenhardt, H. J.:* Die Liebestätigkeit in den Gemeinden der apostolischen Zeit: Volk Gottes, FS J. Höfer, hg. von *R. Bäumer* und *H. Dolch*, Freiburg 1967, 243–253. – *Dupont:*

Etudes 503–519. – *Dupont, J.:* L'union entre les premiers chrétiens dans les
Actes des Apôtres: NRTh 91 (1969) 897–915. – *Fitzmyer, J. A.:* Jewish Christianity in Acts in the Light of Qumran Scrolls: Essays on the Semitic Background of the New Testament, Missoula 1974, 271–303. – *Jeremias:* Quellenproblem 238–255, bes. 240–247. – *Lämmert, E.:* Bauformen des Erzählens,
Stuttgart ⁵1972. – *Petzke:* Apollonius 76–79. – *Reicke:* Glaube und Leben
55–84. – *Steichele:* Vergleich 63–66. – *Theißen:* Wundergeschichten 205–208.
– *Wanke, J.:* Beobachtungen zum Eucharistieverständnis des Lukas, Leipzig
1973, 11–19. – *Zimmermann, H.:* Neutestamentliche Methodenlehre, Stuttgart ⁶1978, 254–267. – *Zingg:* Kirche 19–73; 143–177.

Zusammenhang, literarische Gattung

Der Abschnitt steht im Ganzen der Apg an einem sorgfältig erwogenen Platz: unmittelbar im Anschluß an den Pfingstbericht. Die Frage auf die Pfingstpredigt des Petrus: »Was sollen wir tun?« findet in
den Worten »Umkehr«, »Taufe« und in den im Summarium geschilderten Verhaltensweisen der Getauften ihre Antwort. In dieser Zuordnung will Lukas zeigen, daß eine der wesentlichsten Wirkungen
des geschenkten Heiligen Geistes die Existenz und die Lebensvollzüge der Urgemeinde sind und darüber hinaus, daß Kirche und
christliches Gemeindeleben überhaupt nur durch den Heiligen Geist
ermöglicht werden.
Der Text gehört zur literarischen Gattung der Summarien, der
»Sammelberichte«. In ihnen werden Einzelereignisse und Zustände
verallgemeinernd geschildert, Entwicklungen und Geschehnisse
während längerer Zeiträume summarisch und typisierend dargestellt. Sie sind keineswegs etwa eine Verlegenheitsform schriftstel-
lerischer Arbeit, kein Sammelbecken belangloser Aussagen, sondern ganz im Gegenteil: ein wichtiges schriftstellerisches Gestaltungsmittel. In ihrer Funktion in bezug auf größere Zusammenhänge können sie sowohl der Trennung verschiedener geschichtlicher
Perioden als auch der historisierenden Verbindung einzelner Über-
lieferungsstücke dienen. Biblische und außerbiblische Schriftsteller
der Antike benutzten diese Gestaltungsmittel (z. B. 1 Kön 10,23–29;
Mk 1,32–34; *Livius:* Röm. Geschichte 27,2,12; 28,14,4; 31,33,8 f.;
33,6,4–9; *Philostratos:* Leben des Apollonius IV, 1.2; VI,35.43;
VIII,24). Lukas bietet in der Apg mehrere Sammelberichte: 4,32–
35; 5,12–16 schildern – wie der Text 2,42–47 – das Leben der Urgemeinde, kurze Zwischennotizen wie 6,7; 9,31 u. ä. kennzeichnen
das Wachstum der Kirche. Lukas will nicht nur genau wiedergeben,
wie die Christen in Jerusalem wirklich lebten. Die Summarien haben

auch idealisierenden Charakter: Sie stellen im Blick auf den *Urtyp* christlichen Gemeindelebens in der *Anfangszeit* der Kirche in Jerusalem die Grundelemente heraus, die *jederzeit* christliche Gemeinde ausmachen sollen.

Tradition und Redaktion

Bei einer kompositionskritischen Analyse der Summarien gilt es, besonders folgende Tatsachen und Kriterien zu beachten: 1. Die Art und Weise, in der im *Evangelienstoff* Summarien gebildet worden sind, nämlich z. T. durch *Verallgemeinerung einzelner Ereignisse* (z. B. *Mk* 1,32–34); 2. die Gestaltungsweise des *Lukas* in bezug auf die Summarien innerhalb seines *Evangeliums*, z. B. mehrfache Verwendung desselben Mk-Summariums (vgl. Mk 1,28 mit Lk 4,14.37; 7,17); 3. *Spannungen* im Textgefüge (Apg 2,43; 4,33; 5,15 passen nicht gut zum Kontext); 4. *Doppelungen* sowohl innerhalb desselben Summars (vgl. z. B. Verharren im Gebet 2,42 mit 2,46) wie auch in den Summarien untereinander (vgl. Furcht und viele Wunder 2,43 = 5,11 f.; Gütergemeinschaft und -verkauf 2,44 f. = 4,32.34 f.; Aufenthalt im Tempel 2,46 = 5,12; Ansehen beim Volk 2,47 = 4,33 = 5,13; Wachstum 2,47 = 5,14); 5. *vorgeprägte ntl. Wendungen* (z. B. 2,42 »Verharren im Gebet« = Röm 12,12; Kol 4,2; Apg 1,14; 6,14); 6. *Ausdrücke* und *Vorstellungen* aus dem *AT* (z. B. 4,32 »Herz und Seele« vgl. u. a. Dt 6,5;–4,34: »kein Bedürftiger war unter ihnen« vgl. Dt 15,4), die mit *Aussagen des hellenistischen Freundschafts- und Gemeinschaftsideals* eng verbunden worden sind (z. B. 4,32 »eine Seele«; »sie hatten alles gemeinsam« vgl. *Jamblichos*: VitPyth 167–169).

Mit Sicherheit kann man sagen: Keines der drei großen Summarien ist aus einem Guß. Sie sind gestaltet worden unter z. T. wechselseitigem Austausch einzelner Elemente, wobei die Ausdrucksweise variiert, unter Verwendung vorgeprägter Ausdrücke und z. T. bereits vorhandener Vorstellungen aus AT, Judentum und Hellenismus. – In der Forschung gehen die Meinungen über die Frage auseinander, wie groß der Anteil des Lukas an der Gestaltung der Summarien ist. *Haenchen*: Apg 196 meint, sie stammen »ganz aus der Feder des Lukas«, wobei die Summarien des Kap. 4 und 5 z. T. den Stoff für das Summarium des Kap. 2 geliefert haben. Selbst wenn man diese Hypothese *Haenchens* über die Arbeitsweise des Lukas annehmen möchte, ist doch zu fragen, ob dann nicht mindestens in Kap. 4 und 5 mehr inhaltlich vorgegebenes und sprachlich vorgeprägtes Material vorauszusetzen ist, als *Haenchen* meint.

Cerfaux: composition 74 f., *Jeremias*: Quellenproblem 240 f., *Zimmermann*: Methodenlehre 250–253, *Degenhardt*: Liebestätigkeit 245 rechnen damit – wenn auch in unterschiedlicher Einzelbeurteilung –, daß Lukas einen bereits vorgegebenen Grundbestand jeweils bearbeitet und in die vorliegende Gestalt gebracht habe. Trotz der bestehenden Probleme in der Einzelbestimmung dessen, was Traditions- und Redaktionsgut sei, scheint diese Sichtweise am ehesten dem Textbefund gerecht zu werden.

Schließlich ist noch der Versuch von *Benoit*: Remarques 7–9 zu nennen. Er erachtet aus stilistischen Gründen den Mittelteil des jeweiligen Summariums (2,43–45; 4,33; 5,12b–14) als Zutat eines nachlukanischen Redaktors. Dieser Lösungsversuch ist wenig überzeugend, da die aufgeführten stilistischen Indizien die Beweislast nicht zu tragen vermögen.

Lukas dürfte in V 42 die aus der Überlieferung aufgenommene Aussage vom Verharren im Gebet durch drei weitere Grundelemente des Gemeindelebens erweitert haben (*Zimmermann*: Methodenlehre 260), die er aus dem z. T. vorgegebenen Stoff der Verse 46 f. entnahm (Brotbrechen; Speise zu sich nehmen). Vers 43 ist von Lukas wahrscheinlich aufgrund von 5,11 gebildet worden: das Furchtmotiv gehört dort stilecht abschliessend zu der aus der Tradition stammenden Wundergeschichte (vgl. 5,5!). Lukas hat aber 5,12 das von Petrus gewirkte Einzelwunder in doppelter Hinsicht erweitert: *alle* Apostel wirken *viele* Wunder. Diese Verallgemeinerung hat Lukas zusammen mit dem Furchtmotiv 2,43 eingesetzt, um das Einzelwunder 3,1–10 (und vielleicht entfernt 5,1–11) vorzubereiten. Die VV 44 f. sind von Lukas aus Elementen von 4,32.34 f. gebildet worden. Daß dort ihr ursprünglicher Platz ist, läßt der enge Zusammenhang mit der aus der Tradition stammenden Einzelgeschichte vom Ackerverkauf des Barnabas 4,36 f. erkennen. In den Versen 46 f. sind der Partizipialstil, die luk Vorzugsworte und die inhaltlich lockere Zuordnung der Aussagen zueinander ein Hinweis auf den großen Anteil luk Gestaltung dieser Sätze (vgl. *Wanke*: Eucharistieverständnis 14 f.).

Auslegung

42.44–46 Von den Gliedern der Jerusalemer Urgemeinde werden zunächst vier Grundverhaltensweisen ausgesagt: Verharren in der Lehre der Apostel, in brüderlicher Gemeinschaft, im Brotbrechen und im Gebet. Daß mit diesen vier Elementen der Verlauf des urchristlichen Gottesdienstes wiedergegeben sei (*Jeremias*), ist nicht anzunehmen; denn die Sammelberichte zielen auf »das Ganze des christlichen Lebens« (*Haenchen*).

»Lehre der Apostel«: Die apostolische Tradition gehört zu den Fundamenten jeder Christengemeinde. Lukas selbst stellt diese unaufgebbare Überzeugung in seinem Gesamtwerk klar heraus. Der Erweis, das von ihm verkündete Evangelium gebe unverbrüchlich und zuverlässig die apostolische Verkündigung weiter, gehört überhaupt zu den Grundintentionen, die Lukas zur Abfassung seines Werkes veranlaßten (Lk 1,4; Apg 1).

»Gemeinschaft« ist hier in dem doppelten Sinne gemeint, wie er deutlicher im Sammelbericht 4,32 zur Sprache kommt: Einmütigkeit im personalen Verhältnis der einzelnen Gemeindeglieder zueinander und soziale Verwendung des Privateigentums. Weder handelt es sich dabei um einen »schrankenlosen Kommunismus« noch um eine vollkommene Gütergemeinschaft, die – wie etwa in Qumran, vgl. 1 QS 1,11 – überhaupt keinen Privatbesitz zuließ. Es geht vielmehr darum, daß jeder mit seinem Privatbesitz in hoher sozialer Verantwortung umgeht und daß die Vermögenden etwas von ihrem Grundbesitz und auch andere Güter verkaufen, um den Erlös Notleidenden zuzuwenden. An der Darstellung des Lukas sind zudem – bis in die Wortwahl hinein – hellenistische Bildungseinflüsse zu erkennen, nämlich Schilderungen der Urzeit und des idealen Staates, wie sie sich bei Pythagoras, Platon und den Neupythagoreern Philostratos und Jamblichos finden (Belege bei *Zimmermann*: Methodenlehre 266). Lukas hat diese Ideale aufgenommen, um hellenistisch gebildeten Lesern die Ursprungsverhältnisse des Christentums in einer Weise darzustellen, die ihrem Bildungsideal entsprach. Es ist nicht ausgeschlossen, daß mit dem Ausdruck »Gemeinschaft« in Vers 42 Tisch-Gemeinschaft gemeint ist, bei der die Armenversorgung vorgenommen wurde.

»Brechen des Brotes«: Im Judentum bezeichnet dieser Ausdruck nicht das gesamte Mahl, sondern nur den mahleröffnenden Ritus. An unserer Stelle Vers 42 wie auch Apg 20,7.11 verwendet Lukas diese Bezeichnung aber als terminus technicus für das Herrenmahl. Zu dieser Bedeutung dürfte der Ausdruck auf einem Weg gekommen sein, dessen Zwischenstation noch in Vers 46 erkennbar ist: »Sie brachen in ihren Häusern das Brot« ist von dem Sättigungsmahl »Sie aßen miteinander ...« abgehoben. Während beim Abendmahl Jesu zwischen der eucharistischen Brot- und Kelchhandlung das Sättigungsmahl lag, ist bei den von Lukas angedeuteten Zusammenkünften in den Häusern der Urgemeinde wie dann auch in Korinth (1 Kor 11), das »Brotbrechen« zwar noch mit dem Sättigungsmahl verbun-

den, aber doch schon – als Brot- und Kelchhandlung – an das Ende desselben gerückt. Diese eucharistisch erweiterten Mahlzeiten haben sicher nicht täglich stattgefunden, wahrscheinlich aber an den Herrentagen (Apg 20,7; vgl. zum Ganzen: *Wanke*: Eucharistieverständnis 15–17).

»*Gebet*«: Die Christen der Urgemeinde nahmen zunächst noch an den Tempelgottesdiensten teil Vers 46, und sie hielten die jüdischen Gebetszeiten ein (3,1). Darüber hinaus hatten sie ihre eigenen Gebete (Lk 1,46–53; 68–79; 2,13; 11,2–4; Apg 4,24–31) und formten sie immer mehr aus. Wie diese Texte des urchristlichen Gotteslobes zeigen, gedachte man vor allem des in Christus geschenkten und zu erwartenden Heils und der wunderbaren Führung, die die Gemeinde durch Gott erfuhr.

Die vier von Lukas angegebenen Elemente *Lehre der Apostel, Gemeinschaft, Feier der Eucharistie* und *Gebet* sind auch heute noch Grundelemente christlichen Gemeindelebens. »Lehre« meint dabei freilich nicht ein »Lehrsystem«, sondern die apostolische Verkündigung, deren Inhalt Jesus Christus selbst und die Botschaft von und über ihn ist.

In den vier Grundelementen des von Lukas geschilderten Gemeindelebens drückt sich ein großer *Beziehungsreichtum* aus: Das Leben des einzelnen Christen vollzieht sich in der Beziehung zu Gott (Gebet) und zu den Mitmenschen (Einmütigkeit, soziale Verantwortung); auch die Christengemeinde als ganze weiß sich in doppelter Beziehung: Sie lebt aus der Gemeinschaft mit dem erhöhten Herrn (Eucharistie) und übt einen guten Einfluß auf umgebende andersgläubige Menschengruppen aus. Kennzeichnend für die Christengemeinde sind Gottesdienst und Weltverantwortung (zur Bedeutung des *Verharrens* vgl. 1,14).

43.47 Die Wirkung des Gemeindelebens nach außen wird in dreifacher Weise charakterisiert: Furcht wegen der Wundertaten der Apostel, hohes Ansehen beim ganzen Volk und ständiger Zuwachs der Gemeinde.

Das Furchtmotiv ist schon in den Wundererzählungen der Evangelien ein Ausdruck für das unfaßliche, von Gott herkommende, vollmächtige Wirken Jesu (Lk 5,26 u. ä.). In gleicher Weise drückt es an unserer Stelle die ehrfürchtige Scheu aus vor dem Göttlichen, das sich im Wirken der Apostel offenbart. Daß die Apostel an Jesu Heiltätigkeit Anteil erhielten (Mk 3,14; Lk 10,9 u. ä.) und sie auch ausübten (2Kor 12,12 Apg 3,1–10), ist hinreichend und zuverlässig bezeugt. – Die Betonung, daß die Urgemeinde auf »das ganze Volk« der Juden einen großen Eindruck macht, dürfte von Lukas im Blick

auf die folgenden ungünstigen Entwicklungen vorgenommen sein:
Auf dem Hintergrund dieses hoffnungsvollen Anfangs hebt sich
dann in um so schärferem Kontrast und objektiv um so unbegründeter die Ablehnung der Christen und des Evangeliums durch die Juden ab. Sie beginnt bereits Apg 4,1 mit der Gegnerschaft der jüdischen Führer, weitet sich dann Apg 6,12 auf das Volk aus und gilt
von Apg 12,3 an für »die Juden« allgemein.
Die lukanisch-redaktionellen Wachstumsangaben haben die literarische Funktion, Einzelszenen und geschilderte Zustände dem dynamischen Gesamtverlauf der Ausbreitung des Evangeliums zuzuordnen. Theologisch haben sie den Sinn, den Segen Gottes zu bezeugen,
der auf der Gemeinde ruht und den Weg der Kirche begleitet.

6. Die Heilung des Gelähmten am Tempel 3,1–10

1 Petrus aber und Johannes gingen hinauf zum Tempel zur
Gebetszeit um die neunte Stunde. 2 Da wurde ein Mann
herbeigetragen, der von Mutterleib an lahm war. Man setzte
ihn täglich an das Tor des Tempels, das man die Schöne Pforte
nennt, um Almosen von denen, die in den Tempel gingen, zu
erbitten. 3 Als er Petrus und Johannes in den Tempel gehen
sah, erbat er ein Almosen. 4 Petrus aber schaute ihn fest an
mit Johannes und sprach: Sieh uns an! 5 Er aber blickte auf
sie in Erwartung, etwas von ihnen zu bekommen. 6 Petrus
aber sagte: Silber und Gold besitze ich nicht; aber was ich
habe, gebe ich dir. Im Namen Jesu Christi des Nazoräers geh
umher! 7 Und er faßte ihn an der rechten Hand und richtete
ihn auf. Sofort festigten sich seine Füße und Knöchel. 8 Und
er sprang auf, stand und ging umher. Und er ging mit ihnen in
den Tempel hinein, ging und sprang umher und lobte
Gott. 9 Und alles Volk sah ihn umhergehen und Gott
loben. 10 Sie erkannten ihn aber als den, der gewöhnlich
zum Almosenempfang am Schönen Tor des Tempels saß. Und
sie waren voller Staunen und außer sich über das, was mit ihm
geschehen war.

Literatur: Achtemeier: Lucan Perspective. – *Bietenhard, H.*: onoma:
ThWNT V 242–283. – *Busse*: Wunder 14. – *Crafter, T. W.*: The Healing
Miracles in the Book of Acts, London 1939. – *Gräßer*: Acta-Forschung
(1977) 15f. – *Hamm, M. D.*: The Sign of Healing, Acts 3,1–10. A Study in
Lucan Theology. Diss. St. Louis Univ. Missouri 1975. – *Hamblin, R. L.*:

Miracles in the Book of Acts: SWJT 17 (1973) 19–34. – *Hardon*: Miracle Narratives. – *Lake, K.*: The Beautiful Gate: Beginnings V 479–486. – *Lampe*: Miracles. – *Neirynck*: Miracle Stories. – *Parrot*: Tempel 70–74. – *Petzke*: Apollonius 180; 213. – *Sabourin*: Miracles 139–149. – *Schrenk, G.*: to hieron: ThWNT III 230–247. – *Theißen*: Wundergeschichten 57–84. – *Stauffer, E.*: Das Tor des Nikanor: ZNW 44 (1952/53) 44–63.

Kontext, Form, Tradition und Redaktion

Die Heilwundererzählung setzt ohne Anschluß nach *vorn* unvermittelt ein. Sie steht aber im Zusammenhang mit den 2,19 im Joelzitat erwähnten *Zeichen* und den im Summarium 2,43 redaktionell hervorgehobenen *Wundertaten der Apostel*. Das im folgenden berichtete Wunder will von Lukas somit als ein durch die Geistbegabung gewirktes Geschehen verstanden werden. Die Erzählung findet zwar in V 10 ihren stilgemäßen *Abschluß*, ist aber im jetzigen Kontext eng verbunden mit allem Folgenden bis zum Ende des Kap. 5; denn das in ihr berichtete Wunder veranlaßt die Rede des Petrus vor dem Volk (3,11–26) und vor dem Hohen Rat (4,1–22), sowie das Gebet der Gemeinde (4,23–31); es wirkt ein auf das Summarium 5,12–16; die Tatsache, daß der Name Jesu Christi bei der Heilung die zentrale Rolle spielte, bestimmt das Thema aller folgenden Auseinandersetzungen zwischen den Aposteln und ihren Gegnern (3,16; 4,7.10.12.17.18; 5,28.40.41) und ist prägend für das Glaubensbewußtsein der Gemeinde (4,30).

Die Grundgestalt des Textes stammt aus der Überlieferung und entspricht nach Form und Topik einer stilgemäßen Heilwundererzählung mit novellistischen Erweiterungen. Zu ihnen gehört etwa die ausführliche Schilderung des Bettelns am »Schönen Tor« des Tempels (3,2b). Sie wird aber schon zum vorluk Textbestand gehört haben und läßt vermuten, daß er in Jerusalem geformt worden ist. Form und Topik der stilgemäßen Heilwundererzählung lassen sich an folgenden Strukturelementen erkennen, die hier zur Verdeutlichung im Vergleich zu ähnlich gebauten Erzählungen der Evangelien, der Apg und der Inschriften von *Epidauros* aufgeführt seien: VV 1–5 bilden die *Einleitung* und *Exposition*. Sie berichten das *Auftreten* des *Wundertäters* und des *Hilfsbedürftigen* (Verse 1 f.; ähnlich bei der Heilung des Gelähmten Lk 5,17 f.; Joh 5,2 f. 5 f.; Apg 9,32 f.; 14,8), die *Art* und *Dauer* der *Krankheit* (Vers 2; ähnlich Lk 5,18; Joh 5,5; Apg 9,33; 14,8; Epidauros 12: »Euhipos trug eine Lanzenspitze sechs Jahre im Kiefer«), ein aufkommendes *Mißverständnis* (Verse 3.5; ähnlich Joh 5,7), die nähere *Vorbereitung* (Vers

4; vgl. Lk 5,19; Joh 5,6f.; Apg 14,9; *Epidauros* 12: »als er im Heilraum schlief«). VV 6–8 stellen den *Hauptteil* dar: die *Wunderhandlung* und das *Eintreten der Heilung.* Dieser Teil enthält folgende stilgemäße Elemente: *Heilungswort* (Vers 6b; ähnlich Lk 5,23f.; Apg 9,34; 10,10), *Heilungsgeste* (Vers 7; Epidauros 12: »der Gott nahm ihm die Lanzenspitze heraus«), sofortiges *Eintreten der Heilung* (Vers 7; ähnlich Lk 5,25; Joh 5,9; Apg 9,34). VV 9f. bilden den *Schlußteil.* Er enthält die *Demonstration* (Vers 8a; ähnlich Lk 5,25; Joh 5,9; Apg 9,34; 14,10; Epidauros 12: »Als es Tag geworden, ging er gesund heraus mit der Lanzenspitze in den Händen«) und die Schilderung der *Wirkung* auf die anwesende *Volksmenge* (Verse 9f.; ähnlich Lk 5,26; Joh 5,10f.; Apg 9.35; 14,11).
Einige Aussagen des Textes passen nicht zum Stil derartiger Heilwundererzählungen. Aus diesem Grund und aufgrund weiter Indizien sind sie als luk Zusätze zum Überlieferungsbestand anzusehen. Derartige Zusätze sind: 1. Die Zufügung des Apostels Johannes. Der Grundbestand berichtete wohl nur ein Wunder des *Petrus* (so die meisten; anders *Dietrich*: Petrusbild 219). Daß es sich um eine erst spätere, und zwar von Lukas vorgenommene Zufügung handelt, ergibt sich aus der ähnlichen Redaktion Lk 22,8 diff Mk 14,13; Apg 8,14, aus der von Lukas beabsichtigten Funktion zweier Zeugen vor dem Hohen Rat (4,13f.), aus der Statistenrolle des Johannes und aus dem Singular der Verben (3,4.7). 2. In Vers 1 die Zeitangabe »zur Gebetszeit um die neunte Stunde«. 3. Vers 6a: »Silber und Gold besitze ich nicht; aber was ich habe, gebe ich dir.« Dieser Satz verweist auf die im Summar 4,32–35 geschilderten Besitzverhältnisse. 4. Der überladene Teil V 8b: »Und er ging mit ihnen in den Tempel hinein, ging und sprang umher und lobte Gott«, denn dieser Teil bereitet den redaktionellen Vers 11 vor.

Auslegung

Hatte Lukas schon im unmittelbar vorausgehenden Summarium allgemein vom Verharren im Tempel gesprochen (2,46), so leitet er nun das konkrete Einzelgeschehen einer Heilung mit dem Gang des Petrus und Johannes zu einer bestimmten *Gebetszeit* im Tempel ein. Gemeint ist mit der neunten Stunde der letzte der drei täglich im jüdischen Tempel stattfindenden Gottesdienste, das Abendtalmid um 15 Uhr (vgl. Judith 9,1; Dan 9,21; Jos Ant XIV 4,3; *Bill.* II 696–702). – Als nähere *Ortsangabe* der Heilung ist das »Schöne Tor« genannt. In den ausführlichen antiken Beschreibungen des Tempels kommt diese Bezeichnung sonst nicht vor. Die christliche Tradition

seit dem 5. Jh. identifizierte das »Schöne Tor« mit dem an der
östlichen Außenmauer gelegenen Schuschan Tor, das zuweilen mit
dem heute noch erhaltenen Goldenen Tor gleichgesetzt wurde
(*Lake*: Beginnings V 479f.). Abgesehen von der quellenmäßig
späten Bezeugung ist es unwahrscheinlich, daß in der ursprünglichen Wundererzählung dieses Tor gemeint war; denn es war nicht
der Haupteingang und nur durch steilen Anstieg vom Kidrontal
her erreichbar, für Bettler also wenig geeignet. Vermutlich bezeichnet der volkstümliche Name »Schönes Tor« das Nikanor
Tor, das von *Jos* Ant XV 11,5–7; *Bell* V 5,2–5 als prächtiges Tor
zwischen dem Vorhof der Heiden und dem Vorhof der Frauen lokalisiert wird (so u. a. *Parrot*: Tempel 70; *Schrenk*: ThWNT III
235 f.), während die Mischna es wohl unzutreffend zwischen den
Frauen- und Männervorhof legt (Mid 1,3 f.). Lukas selbst scheint
vom inneren Tempelbezirk keine Detailkenntnis besessen und einfach an einen Zugang zum gesamten Tempelbereich (vgl. Verse
8b.11) gedacht zu haben.
Unter den stilgemäßen Elementen der Heilwundererzählung verdient in dem vorliegenden Text die Bedeutung des Namens Jesu
Christi (V 6) besondere Aufmerksamkeit; denn er tritt durch die
ganze Apg hin stark hervor und begegnet ungefähr 30 mal. In der
Antike bedeutet der Name soviel wie die bezeichnete Sache oder
Person selbst. Im biblischen wie außerbiblischen Schrifttum gilt der
göttliche Name als wirkende Macht. Name und Wirkmacht (*onoma*
und *dynamis*) sind Parallelbegriffe (vgl. Ps. 54,3; Apg 4,7; *Bietenhard*: ThWNT V 276). Daß im Namen Jesu Exorzismen geschehen,
bezeugen schon die synoptischen Evangelien (Mk 9,38 f. par Lk
9,49 f.; Lk 10,17). Heilungen und Exorzismen führt außer im vorliegenden Zusammenhang die Apg noch 4,30; 16,18 auf den Namen
Jesu zurück. Damit ist weder eine magische Wirksamkeit noch eine
Art Namenszauber gemeint. Wo diese Vorstellung eine Rolle spielt
(19,13), wird sie sofort korrigiert: die Wirkmacht wendet sich gegen
den Exorzisten selbst. Es handelt sich auch nicht um ein von den
Menschen ausgehendes Verfügen über Jesus Christus. Vielmehr
spielt immer der Kontext des Glaubens an Jesus Christus eine Rolle
(14,9). Die Namensformel drückt aus, daß Jesus Christus es ist, der
heilt. Die Reden des Petrus kommentieren die im Namen Jesu geschehene Heilung des Gelähmten eindeutig in diesem Sinn: »Durch
ihn steht dieser Mensch gesund vor euch« (4,10), und »weil er an
seinen Namen glaubte, ... hat sein Name ihn zu Kräften gebracht
...« (3,16). Die Apostel sind nicht nur die von Jesus Beauftragten,
sondern auch die von ihm Bevollmächtigten. In ihrem Wirken ist der

erhöhte Herr gegenwärtig. Der Name ist »wirksame Repräsentation Jesu« (*Conzelmann*: Apg 33).

Die *Berührung* (V 7) überträgt – wie auch sonst oft bei Heilungen – die heilenden Kräfte vom Wundertäter auf den Kranken. Apg 5,15 ist es sogar der Schatten Petri und 19,12 sind es Tücher des Paulus, die die Übertragung der Heilkraft bewirken.

Vers 8b läßt erkennen, daß Lukas – anders als im jüdischen Sprachgebrauch – mit »Tempel« den ganzen Bereich des Heiligtums meint, zu dem auch (Vers 11) die Säulenhallen der äußeren Umfassung gehören. Die überladen wirkende Demonstration der plötzlich eingetretenen Heilung ist in Anlehnung an Jes 35,6 (LXX) formuliert, wo es heißt: »Der Lahme wird springen wie ein Hirsch.« Die Bezugnahme auf diesen Jesaja-Text macht deutlich, daß Lukas die Heilung als Eintreten prophetischer Verheißungen Gottes für die Heilszeit ansieht. Auch die Schilderung der Wirkung auf das Volk (VV9f.), die als Strukturelement zum Stil der Heilwundererzählungen gehört, enthält in ihrer konkreten Formulierung Anklänge an Jes 35 (LXX). Dort ist in bezug auf die bevorstehende, durch Gottes wunderwirkendes Eingreifen heraufgeführte Heilszeit der Rückkehr aus dem Exil die Rede davon, daß *das Volk schauen* wird die Herrlichkeit des Herrn und die Größe *Gottes* (Vers 2). Lukas betont, daß – ähnlich wie beim Pfingstgeschehen – das *ganze Volk* Zeuge der Heilung ist. Es ist ein Geschehen vor dem *ganzen Volk Israel.* Dieser Gedanke wird in der Petruspredigt ausdrücklich hervorgehoben: »das ganze Volk Israel soll wissen: ... ⟨durch Jesus Christus⟩ steht dieser Mann gesund vor euch« (4,10). Die Heilung ist ein Zeichen Gottes, das der Sammlung Israels, seiner Hinwendung zum Glauben an Jesus Christus dienen soll. Was die Frage nach der Historizität des Geschehens betrifft, so gibt es keinen Grund, die Heilung eines Gelähmten durch Petrus am Tempel im Namen Jesu zu bezweifeln. Es sprechen dafür die üblichen Kriterien, die auch sonst für die Glaubhaftigkeit von Heilwundern angelegt werden (vgl. *Weiser, A.*: Was die Bibel Wunder nennt, Stuttgart [4]1980, 159f.) und das durch das Formschema noch hindurchschimmernde Lokalkolorit.

7. Die Rede des Petrus auf dem Tempelplatz 3,11–26

11 Während er Petrus und Johannes festhielt, lief das ganze Volk bei ihnen zusammen in der sogenannten Halle Salomos, außer sich vor Staunen. 12 Als Petrus das sah, sprach er

zum Volk: Israeliten, was wundert ihr euch über diesen Mann?
Was schaut ihr uns an, als ob wir durch eigene Kraft oder
Frömmigkeit bewirkt hätten, daß dieser gehen kann?
13 *Der Gott Abrahams, Isaaks und Jakobs, der Gott unserer
Väter* (Ex 3,6.15) hat seinen Knecht Jesus verherrlicht, den ihr
ausgeliefert und vor Pilatus verleugnet habt, obwohl dieser
entschieden hatte, ihn freizugeben. 14 Ihr habt den Heiligen und Gerechten verleugnet und gefordert, daß euch ein
Mörder begnadigt werde. 15 Den Anführer zum Leben habt
ihr getötet, Gott aber hat ihn von den Toten erweckt, dessen
sind wir Zeugen. 16 Und aufgrund des Glaubens an seinen
Namen hat dieser Name den, den ihr seht und kennt, zu Kräften gebracht. Und der durch den Namen geweckte Glaube hat
ihm die volle Gesundheit geschenkt vor euch allen. 17 Und
nun, Brüder, ich weiß, ihr habt aus Unwisssenheit gehandelt,
wie auch euere Führer. 18 Gott aber hat das, was er durch
den Mund aller Propheten vorherverkündet hat, nämlich das
Leiden seines Gesalbten, auf diese Weise erfüllt. 19 Kehrt
also um und wendet euch der Vergebung euerer Sünden zu,
20 damit vom Angesicht des Herrn her Zeiten des Aufatmens kommen und er den für euch vorbestimmten Gesalbten
sende, Jesus, 21 den der Himmel aufnehmen muß bis zu
den Zeiten der Wiederherstellung von allem, wovon Gott
durch den Mund seiner heiligen Propheten von Anfang an gesprochen hat. 22 Mose hat gesagt: *Einen Propheten wie
mich wird der Herr, euer Gott, aus eueren Brüdern erwecken.
Auf ihn sollt ihr hören in allem, was er zu euch spricht* (Dt
18,15). 23 *Jeder aber, der nicht auf jenen Propheten hört,
wird aus dem Volk ausgerottet werden* (Lev 23,29). 24 Und
alle Propheten von Samuel an und den folgenden, die gesprochen haben, haben diese Tage angekündigt. 25 Ihr seid die
Söhne der Propheten und des Bundes, den Gott mit eueren
Vätern geschlossen hat, indem er zu Abraham sprach: *In deinem Samen sollen alle Geschlechter der Erde gesegnet sein*
(Gen 22,18; 26,4). 26 Für euch zuerst hat Gott seinen Knecht
erweckt und ihn gesandt, daß er euch segne, wenn sich ein
jeder von eueren Bosheiten abkehrt.

Literatur: Außer der zu 2,14–41 und zu Exkurs 3 genannten: *Berger, K.*:
Zum traditionsgeschichtlichen Hintergrund christologischer Hoheitstitel:
NTS 17 (1971) 391–425. – *Borgen*: Eschatology. – *Cullmann*: Christologie
72–78; 134–137. – *Dahl, N. A.*: The Story of Abraham in Luke-Acts, in:

Keck/Martyn: Studies 139–158. – *Delling, G.*: archō: ThWNT I 476–488. –
Flender: Heil 89–98. – *Gewieß*: Heilsverkündigung 31–57; 106–115. – *Gräßer*: Parusieverzögerung 207–215. –*Hahn*: Hoheitstitel 133–225; 385–387. –
Ders.: Das Problem alter christologischer Überlieferungen in der Apostelgeschichte unter besonderer Berücksichtigung von Act 3,19–21, in: Kremer:
Actes 129–154. – *Hengel, M.*: Christologie und neutestamentliche Chronologie. Zu einer Aporie in der Geschichte des Urchristentums: Neues Testament und Geschichte, FS O. Cullmann, hg. von *H. Baltensweiler, Bo Reik-
ke*, Zürich/Tübingen 1972, 43–67. – *Holtz*: Untersuchungen 71–81. –*Jeremias, J.*: pais theou, Teil C, D: ThWNT V 676–713. – *Lohfink, G.*: Christologie und Geschichtsbild in Apg 3,19–21: BZ NF 13 (1969) 223–241. – *Ders.*:
Sammlung 60f. –*Moule, C. F. D.*: The Christology of Acts, in *Keck/Martyn*:
Studies 159–185. – *Müller, P.-G.*: Christos archegos. Der religionsgeschichtliche und theologische Hintergrund einer neutestamentlichen Christusprädikation, EHS. T 28 Bern und Frankfurt/M. 1973. – *Mußner*: Apokatastasis. –
Nellessen: Zeugnis 91–100. – *Rese*: Motive 66–77; 111–113; 121–135. – *Ridderbos*: Speeches. – *Robinson, J. A. T.*: The most primitive Christology of
all?: JTS NS 7 (1956) 177–189. – *Thüsing, W.*: Erhöhungsvorstellung und
Parusieerwartung in der ältesten nachösterlichen Christologie, SBS 42, Stuttgart o. J. (wohl 1969). – *Voss*: Christologie 28–31.

Kontext und Aufbau

In verhältnismäßig kurzem Abstand folgt die Rede auf die im Kap. 2
vorausgegangene Pfingstpredigt des Petrus. Hier wie dort läßt Lukas den Redner an ein Einzelereignis anknüpfen, ein Mißverständnis
klären, das Christuskerygma mit Bezug auf die Schrift verkünden
und zur Umkehr aufrufen. Trotz dieser Gemeinsamkeiten bestehen
aber auch erhebliche Unterschiede: In Kap. 2 sind die Schriftbeweise
sorgfältiger ausgeführt und reflektiert; in der Rede Kap. 3 sind Einzelelemente aus der urchristlichen Tradition in ursprünglicherer Gestalt erhalten als in der Pfingstpredigt (*Zehnle*: Pentecost Discourse
94; 136); das Fehlverhalten der Juden gegen Jesus wird stärker hervorgehoben. Die Unterschiede lassen sich gut von der Zuordnung
der jeweiligen Rede zum Kontext her verstehen: Die Petrusrede am
Pfingsttag hat die positive Entwicklung im Blick, die durch den Heiligen Geist veranlaßt wurde: die Taufe Tausender, die Grundlegung
und Lebensweise der Urgemeinde, das neu ergehende Heilsangebot
an ganz Israel und schließlich an die Heiden. Diese Rede hat eine
Schlüsselfunktion für die gesamte Apg. Anders die Rede im Kap. 3:
Sie leitet eine negative Entwicklung ein. Sie führt zu dem sich ver-
schärfenden Konflikt, zur Ablehnung des erneut an die Juden ge-
richteten Heilsangebotes. Deshalb läßt Lukas das Fehlverhalten der
Juden Jesus gegenüber stärker hervortreten, und deshalb begründet

er die Umkehrforderung besonders ausführlich durch Schriftbeweise.

Die Rede hat folgenden Aufbau: *Überleitung* und *Redeeinführung* (Verse 11–12a); *Anrede* (Vers 12b); *Anknüpfung* an die Situation, *Klärung* eines Mißverständnisses und *Schriftzitat* (Verse 12c–13a); christologisches *Kerygma*: Handeln der Juden an Jesus, Handeln Gottes an ihm; Zeugenschaft der Apostel (Verse 13b–15); *Rückbezug* auf die im Glauben an den Namen Jesu geschehene *Heilung* (Vers 16); erneute *Anrede* (Vers 17a); *Erklärung* des jüdischen *Fehlverhaltens* durch Unwissenheit, allgemeiner *Schriftbeweis* (Verse 17b–18); *Umkehrforderung*, verknüpft mit Aussagen über die Heilszeit und allgemeinem *Schriftbeweis* (Verse 19–21); einzelner und allgemeiner *Schriftbeweis zur Umkehrforderung* (Verse 22–26).

Tradition und redaktionelle Komposition

Der Text in seiner *Ganzheit als Rede* ist erst *von Lukas komponiert worden*. Das geht hervor aus dem redaktionell gebildeten Überleitungsvers 11, aus der Stellung und Funktion der Rede im Gesamtaufbau des ersten Teiles der Apg, aus Bezugnahmen auf das Lukasevangelium (Vers 13 vgl. Lk 23,4.14f. 20–23; Vers 21 vgl. Lk 1,70), aus inhaltlichen Akzenten, die sich auch sonst als luk erweisen: Vers 15 die Zeugenformel (→ Exkurs 2); Vers 17 das Unwissenheitsmotiv (vgl. Apg 13,27; 17,30); Verse 18.20 die Betonung der Vorherverkündigung und Vorherbestimmung (vgl. Apg 2,31; 4,28; 10, 41; 22,14; 26,16); Verse 19.26 die Umkehrforderung (vgl. 2,38; 5,31; [10,43]; 13,38–41); Vers 19 die Verknüpfung Umkehr-Nachlaß der Sünden (vgl. Lk 24,47; Apg 2,38; 5,31; 8,22; 26,18; dazu *Lohfink*: Christologie 229); Die Theozentrik der Christusaussagen besonders in bezug auf die Parusie Vers 20 (vgl. zur Theozentrik Apg 2,22–24.33f.36; 4,27f.; 5,30–32; 10,38–42; 13,23.30); Vers 21 das Bewußtsein eines langen Zeitraumes bis zur Parusie, währenddessen Christus aber bereits in den Himmel aufgenommen ist, sowie die Erklärung dieser Wirklichkeit als dem Plan Gottes gemäß und als Erfüllung prophetischer Verheißung.

Lukas hat bei der Komposition der Rede aber auch *Einzelelemente aus der Überlieferung* aufgenommen und verarbeitet. Zu ihnen gehören die *Christus-Titel* »Knecht« (Verse 13.26), »der Heilige und Gerechte« (Vers 14) und »Anführer zum Leben« (Vers 15). Der Titel Knecht hat seine überlieferungsgeschichtlichen Voraussetzungen zunächst in der atl. und frühjüdischen Bezeichnung hervorragender Gestalten der Heilsgeschichte, besonders des Mose und David, als

Knechte Gottes (z. B. Num 12,7f.; 2Sam 3,18; Josua 3,8; *Jos* Ant V
1,13), aber auch in den Gottesknechtsliedern des Deuterojesaja (bes
Jes 52,13 LXX), sodann in frühchristlichen Gebeten, in denen Jesus
Knecht Gottes genannt wird (Did 9,2f.; 10,2f.; 1Clem 59,2–4;
MartPol 14,1; 20,2; Barn 6,1; 9,2). Die Titular »der Heilige und
Gerechte« ist als festgeprägter Doppelausdruck zwar als Bezeichnung Jesu sonst nicht belegt (Mk 6,20 auf den Täufer bezogen; *Diog*
9,2 stehen die Ausdrücke getrennt), aber als Bezeichnungen des
Messias kommen beide Ausdrücke auch sonst vor; der Heilige: Mk
1,24 par Lk 4,34; Joh 6,69; der Gerechte: Weish 2,18; PsSal 17,35;
äthHen 38,2; 53,6; Apg 7,52.
Für die Klärung der religions- und traditionsgeschichtlichen Herkunft des Titels »Anführer des Lebens« (*archegos*) sind in der Forschung schon große Anstrengungen unternommen worden: *W.
Bousset* und *E. Lohmeyer* versuchten, ihn vom hellenistischen Herr-
scherkult, *G. Delling* von der griechischen Heroenverehrung her zu
verstehen. *F. Pfister* und *W. Grundmann* meinten, eine besondere
Nähe zum Herakles-Mythos feststellen zu können. *H. Windisch, E.
Käsemann u. a.* plädierten für eine Herkunft aus der Gnosis. *J. Weiß,
A. E. J. Rawlinson, A. Descamps* und *R. F. Zehnle* deuten den Titel
im Rahmen der Mosetypologie. *A. G. Galitis* leitet ihn von judaisti-
schen Deutungen des Ps 110 her. *P.-G. Müller* kommt in seiner Monographie *Christos archegos* zu dem Ergebnis, daß der Titel aus der
»atl.-frühjüdische⟨n⟩ Heilsführererwartung« (277; vgl. 255) stamme und sodann im Judenchristentum verwendet worden sei (312).
Die Versuche, den Titel aus atl.-jüdischen Traditionen herzuleiten,
erscheinen am überzeugendsten. Sie basieren auf der breiten Tradi-
tionsgrundlage des atl. Führungsmotivs, das seine personale Kon-
kretion in der Zukunftserwartung eines messianischen Anführers
zum Heil findet. Es kann sich dabei handeln um die Erwartung »eines königlichen Messias in der davidischen Thronfolge, eines pro-
phetenähnlichen Gottesknechtes, des endzeitlichen »Menschensohnes« und eines »Propheten wie Mose« (*Müller*: Christos 145f.).
Freilich darf man auch die Unsicherheitsfaktoren dieser Herleitung
nicht übersehen. Sie bestehen 1. in dem Befund, daß der *Titel* selbst
im NT nur Apg 3,15; 5,31; Hebr. 2,10; 12,2 vorkommt und 2. in der
Tatsache, daß der *Titel archegos* (= Anführer) in den genannten atl.
Überlieferungszusammenhängen nicht vorkommt und wo er sonst
verwendet ist (in LXX 39 mal), ein breites Spektrum von Bedeutun-
gen hat (vgl. zu den Problemen auch die Rezension von *H. Franke-
mölle*: ThRv 71 [1975] 1–12). Aber diese gleichen Schwierigkeiten
bestehen ja auch hinsichtlich der Ableitungsversuche des Titels aus

der Gnosis, und außerdem kommt hinzu, daß der Kontext von Apg
3,15 keinerlei gnostisierende Tendenzen aufweist, wohl aber eindeutig atl. jüdische Heilshoffnungen (3,20f.) und Heilsführer-Er-
wartungen (3,22).
Zu den aus der Überlieferung aufgenommenen Elementen gehören
sodann Vers 15 die Auferweckungsformel und vor allem die Aussage
in Vers 20 »damit vom Angesicht des Herrn her Zeiten des Aufatmens kommen«. Der Stil ist unlukanisch. Terminologie und Inhalt
stammen aus der jüdischen Apokalyptik. Belege: In der Adlervision
4Esr 11,46 heißt es von der Endzeit: »damit die ganze Welt erleichtert aufatme«. SyrBar 73,1–74,1 schildert diese Zeit als Zeit der
Wonne, der Ruhe, der Gesundheit, der Freude, ohne Sorge, Mühe,
Schmerz u. ä. (Vgl. *Lohfink*: Christologie 230–233). – In Vers 21
stimmt die Aussage »Gott hat durch den Mund seiner heiligen Propheten von Anfang an gesprochen« fast wörtlich überein mit Lk
1,70. Hat Lukas die Wendung von dort übernommen? Oder liegt an
beiden Stellen die Aufnahme einer (vielleicht liturgisch) geprägten
Formel vor? *M. Wilcox*: The Semitisms of Acts, Oxford 1965,76
rechnet mit dieser Möglichkeit. – Lukas hat sprachliche und inhaltliche Elemente aus dem AT (LXX), aus der jüdischen Apokalyptik,
aus der urchristlichen Gebets- und Verkündigungssprache aufgenommen, mit seinen Aussageabsichten verbunden und zu einem
kunstvoll gestalteten Ganzen einer Petrusrede vor jüdischen Zuhörern als Repräsentanten des gesamten Volkes Israel gefügt.

Auslegung

Mit dem in Vers 11 geschilderten Festgehaltenwerden der Apostel
durch den Geheilten und den dadurch veranlaßten Zusammenlauf
der Menge schuf Lukas die Zuhörerschaft für die Rede. Lukas stellt
sich den Ort, die Halle Salomos, innerhalb des Tempelbereichs vor,
den man durch die Schöne Pforte betrat. Sie lag aber außerhalb dieses Bereichs. – Daß Juden angesichts der Wunderheilung die Meinung hegen konnten, Menschen hätten die Heilung eigenmächtig
vollbracht (Vers 12), ist unwahrscheinlich. Lukas hat dieses Mißverständnis erwähnt um des sofort folgenden Verkündigungsinhaltes
willen. Der von Lukas beabsichtigte Kontrast besteht aber nicht in
der Alternative: hat Gott oder haben Menschen den Gelähmten geheilt?, sondern: hat Gott ihn durch Vermittlung Jesu oder der Apostel gesund gemacht (Vers 8f. gibt der Geheilte – trotz der Heilung
durch Jesus! – *Gott* die Ehre; vgl. *Gewieß*: Heilsverkündigung 48)?

Im feierlichen Sprachklang von Ex 3,6.15 (LXX) läßt Lukas nun den
Petrus verkünden, daß die Heilung durch den Gott Israels geschehen ist. Sie geht also das Volk Israel an. Die Heilstat Gottes wird in
V 13 ausgedrückt als Verherrlichung Jesu, seines Knechtes.
Wahrscheinlich ist die Formulierung in Anlehnung an Jes 53,13
(LXX) vorgenommen worden (so *Haenchen*: Apg 204; dagegen *Gewieß*: Heilsverkündigung 49 Anm. 134). Die meisten Exegeten nehmen an, daß sich die Verherrlichung Jesu durch Gott an unserer
Stelle lediglich auf das vorausgegangene Wunder beziehe (ähnlich
wie Joh 11,4 auf das nachfolgende), weil von Jesu Auferweckung
erst Vers 15 die Rede ist. Es ist aber zu erwägen, ob nicht doch der
Gedanke an Jesu Erhöhung bereits hier mitenthalten ist; denn immerhin ist ja im gleichen Vers 13 Jesu Passion deutlich ausgesprochen, und außerdem ist doch wohl auch für Lukas Jesu Verherrlichung durch Gott in der Weise wunderhafter Heilung nur zu verstehen als ein Geschehen, das die Erhöhung Jesu zur Voraussetzung
hat.
Die Passion Jesu (Verse 13b–15a) kommt in einer drastisch formulierten Aussagenkette zur Sprache, die in direkter Anrede an die Hörer ihr Fehlverhalten bewußt machen will: »ihr habt ihn ausgeliefert
und verleugnet .. verleugnet … getötet«. Zur steigernden Verdeutlichung des Fehlverhaltens gegen Jesus sind in diese Aussagenkette
noch eingebaut die Jesus-Titel »Heiliger und Gerechter«, »Anführer zum Leben«, das kontrastierende Verhalten des Pilatus, der ausdrücklich entschied, Jesus freizulassen, und die im Gegensatz dazu
von den Juden betriebene Freilassung eines Mörders. Lukas hat in
diesem Redeteil sowohl älteste Ausdrücke der urchristlichen Passionsverkündigung aufgenommen und in direkte Anrede umgeformt (ihr habt ihn »ausgeliefert«: vgl. 1Kor 11,23), als auch die
Akzente gesetzt, die schon im Passionsbericht seines Evangeliums
eine Rolle spielen: Betonung einerseits der Unschuldserklärung
durch Pilatus und seines Bemühens, Jesus freizulassen, und andererseits des Betreibens der jüdischen Führer, Jesus zu töten. Hier
kommt ein Interesse des Lukas zum Ausdruck, das das gesamte
Doppelwerk durchzieht: Jesus, seine Botschaft und sein Verhalten
sowie die in ihm wurzelnde Kirche als vor dem römischen Staat unschuldig und für ihn als ungefährlich zu erklären, zugleich aber das
Fehlverhalten der Juden zu betonen, um so die Umkehrforderung
vorzubereiten. – Das Auferweckungskerygma (Vers 15b) ist in der
für Lukas typischen Weise eines Relativsatzes formuliert und durch
die Zeugenformel begründet. Ein Schriftbeweis fehlt.
Der luk Sinn des Titels »Anführer zum Leben« erschließt sich von

der Auferweckung her: Jesus hat sich nach seinem Tod als lebend erwiesen (1,3), er ist der »Erste aus der Auferstehung von den Toten« (26,23) und der zur Rechten Gottes Erhöhte (5,31). Er ist »Anführer«, weil an ihm zum ersten Mal verwirklicht und verdeutlicht worden ist das ewige Leben, zu dem Gott Juden und Heiden (13,46.48) berufen hat, und weil durch ihn erstmals der Zugang zu diesem Leben ermöglicht wurde.

Im Anschluß an das Jesuskerygma folgt ein Rückbezug auf die Heilung (Vers 16). Er betont, daß die Heilung durch den Namen Jesu geschehen ist aufgrund des Glaubens, den der Gelähmte ihm entgegenbrachte, eines Glaubens, den Jesus geweckt hat. Das Namensmotiv und die Formulierung, daß der Name den Kranken »zu Kräften gebracht« habe, stammen aus der Heilwundererzählung. Möglicherweise gehörte auch das Glaubensmotiv bereits zu ihr (vgl. Lk 7,9; 8,48; 17,19; 18,42; Apg 14,9), dann hätte Lukas es bei der Formung der Redekomposition von dort hierher gesetzt, um mit Hilfe der Motive Namen Jesu, Heilung, Glaube den Redeinhalt über die Anknüpfung Vers 12 hinaus mit der Situation zu verbinden. Zugleich kommt durch diese Stellung des Satzes zum Ausdruck, daß es Jesus, der Auferstandene und Erhöhte, der Anführer zum Leben ist, der gegenwärtig Heil schafft. Die schwerfällige Formulierung läßt auf z. T. vorgeformtes Material schließen, wenn auch die direkte Beziehung der Aussagen auf die Hörer der Predigt hin erst von Lukas stammen kann. Seiner Aussageabsicht entspricht auch inhaltlich die Hervorhebung des Glaubens, wodurch Lukas ein falsches Wunderverständnis abwehrt (vgl. 8,4–25).

Mit der Anrede »Brüder« (V 17) setzt ein neuer Teil der Rede ein. Er hat vorwiegend Aufforderungscharakter, indem er die an Jesus schuldig Gewordenen zur Umkehr (Verse 19.26) und zum Hören auf Gottes Wort, wie es durch den Propheten Jesus an sie ergangen ist (Vers 22), aufruft. Vorbereitet ist die Umkehrforderung durch die Erklärung, daß das Fehlverhalten gegen Jesus aus Unwissenheit erwuchs (Vers 17), daß das Leiden des Messias von allen Propheten vorherverkündet war und somit Gottes Willen entsprach, der sich darin erfüllte (Vers 18). Das Fehlverhalten (Verse 13–15) der Juden aus Unwissenheit (Vers 17) einerseits, und das Handeln Gottes an Jesus durch die prophetische Vorherverkündigung des Leidens (Vers 18) und durch die Auferweckung (Vers 15) andererseits stehen in einem engen Begründungszusammenhang zur Umkehrforderung: Jetzt, nach Ostern, kann durch die geschehene Auferweckung Jesu Gottes Wille, der schon in der prophetischen Verkündigung enthalten war, deutlicher erkannt werden. Das Zeugnis der apostolischen

Verkündigung ermöglicht nun die Überwindung der Unkenntnis
und schafft somit die Voraussetzung zur Abkehr von der Fehlein-
schätzung und Fehlhaltung gegen Jesus und Hinwendung zum
Empfang der Sündenvergebung (Vers 19). Das Unwissenheitsmotiv
ist die luk Konsequenz aus dem theologischen Bemühen, die Ablehnung Jesu durch die jüdischen Führer und die in der Auferweckung
geschehene Legitimation Jesu durch Gott zu vereinbaren. Zur
Überbrückung dieser Kluft dient der Rekurs auf die Heilige Schrift:
In der prophetischen Verkündigung zeigt sich Gottes Wille; die Tatsache, daß die Führenden Jesus nicht als Messias anerkannten, Gott
ihn aber in der Auferweckung als Messias erwies, macht nach Lukas
deutlich, daß sie aus mangelnder Einsicht handelten; aber selbst darin kam Gottes Heilsplan schriftgemäß zum Zug.
Die VV 20 f. geben an, was durch die Umkehr von Gott her bewirkt
werden soll: Zeiten des Aufatmens, womit in der Sprache der Apokalyptik das endgültig vollendete Heil gemeint ist, die Parusie Jesu,
des gerade für die Juden erwählten Messias, Zeiten der Wiederherstellung all dessen, was Gott von Anfang an durch die Propheten
verheißen hat.
Inhalt und Gedankenbewegung wirken zunächst im Verhältnis zu
sonstigen ntl. Aussagen befremdlich, geben aber im Kontext der luk
Redekomposition einen guten Sinn, so daß man die Verse nicht als
Fremdkörper und Einschub aus einer jüdischen Elija-Tradition (so
Bauernfeind: Apg 66–69; *Wilckens*: Missionsreden 153–155; dagegen *Haenchen*: Apg 209 f.; *Lohfink*: Christologie 239) betrachten
muß. Besonders will beachtet sein, daß der Text *nicht* den Gedanken
ausdrückt, die Umkehr *beschleunige* die Vollendung des Heils; sondern er schärft den Hörern ein: Kehrt um, damit die Heilszeit für
euch *überhaupt* noch kommt (vgl. *Lohfink*: Christologie 233). Israels Heil steht jetzt, angesichts der apostolischen Verkündigung dessen, was Gott durch Jesus gewirkt hat und zur Vollendung bringen
wird, auf dem Spiel. Freilich weiß Lukas bereits, daß Israel sich diesem Heilsangebot nicht geöffnet hat. Der weitere Verlauf der Darstellung in der Apg zeigt das. Bezüglich der Christologie der Verse
20 f. vertritt u. a. *Hahn*: Hoheitstitel 180; 192 die Auffassung, es
handle sich um ein sehr altes Messiasverständnis. In der Aussage
»Gott wird den für euch vorherbestimmten Messias senden, Jesus,
den der Himmel aufnehmen muß bis zu den Zeiten der Wiederherstellung von allem« komme zur Sprache, daß Jesus als Messias im
Wartezustand gelte, als Messias, der noch nicht erhöht und in seine
Herrschaft eingesetzt sei; dies stehe vielmehr noch aus für das Ende
der Zeit und werde erst bei der Parusie geschehen. Gegen dieses

Verständnis spricht, 1. daß eine derartige Messiasvorstellung im Urchristentum sonst nicht belegt ist, 2. daß das Wort »vorherbestimmt« sich nicht auf das Ende der Zeit, sondern auf Israel bezieht,
3. daß die Aussagen genau der *luk* Christologie entsprechen, wonach Jesus als Erhöhter herrscht, aber bis zu seiner Parusie ein langer, von Gott geplanter Zeitraum liegt.
Vorbereitet durch die allgemein gehaltene Erwähnung der Propheten folgt im Vers 22 ein Zitat aus Dt 18,15f. (LXX), das z. T. auch
Apg 7,37 verarbeitet ist. Es spricht im jetzigen Kontext von der Erweckung des endzeitlichen Propheten nach der Art des Mose, womit Jesus gemeint ist. Auf ihn gilt es zu hören. Wer diesen Gehorsam
verweigert, wird – gemäß Lev 23,29 (LXX) vgl. Dt 18,19 – aus dem
Volk ausgerottet (Vers 23). Der Glaubensgehorsam gegen Jesus entscheidet darüber, wer wirklich zu Israel gehört; er begründet das
neue Gottesvolk. Der allgemeine Schriftbeweis, daß alle Propheten
von Samuel an »diese Tage« verkündet haben (Vers 24), bezieht sich
nicht etwa auf die Endzeit (Verse 20f.), sondern auf die Gegenwart,
in der die Angesprochenen ihre letzte Entscheidung treffen und um-
kehren sollen, zumal sie »Söhne der Propheten« und des Abraham-
bundes sind (Vers 25). Sie werden die Segnungen dessen empfangen
(Zitat aus Gen 22,18; 26,4 LXX), den Gott als seinen Knecht (Vers
26) und als Nachkomme Abrahams (Vers 25) zunächst für sie erstehen ließ. Aber auch dies hat zur Voraussetzung die Abkehr vom
Bösen, d. h. im Zusammenhang: den Glaubensgehorsam gegen Jesus, wie er durch die apostolische Verkündigung gefordert und ermöglicht wird.

8. Petrus und Johannes vor dem Hohenrat 4,1–22

1 Während sie zum Volk redeten, traten die Priester, der Tempelhauptmann und die Sadduzäer zu ihnen.   2 Sie waren
aufgebracht, weil sie das Volk lehrten und in Jesus die Auferstehung von den Toten verkündeten.   3 Und sie legten Hand
an sie und setzten sie in Haft bis zum nächsten Tag. Es war
nämlich schon Abend.   4 Viele aber von denen, die das Wort
gehört hatten, wurden gläubig, und es wuchs die Zahl der
Männer auf ungefähr fünftausend.
5 Es geschah aber am nächsten Tag, daß sich ihre Führer, die
Ältesten und die Schriftgelehrten in Jerusalem versammelten,
6 dazu Hannas, der Hohepriester, Kajafas, Johannes und
Alexander und alle, die aus dem Geschlecht der Hohenprie-

ster stammten. 7 Und sie stellten sie in die Mitte und verhörten sie: In welcher Kraft oder in welchem Namen habt ihr das getan? 8 Da sprach Petrus zu ihnen voll des Heiligen Geistes: Ihr Führer des Volkes und ihr Ältesten! 9 Wenn wir heute wegen einer guten Tat an einem kranken Menschen darüber vernommen werden, wodurch er geheilt worden ist, 10 so sei euch allen und dem ganzen Volk Israel kund: Im Namen Jesu Christi des Nazoräers, den ihr gekreuzigt habt, den Gott von den Toten auferweckt hat, durch diesen steht dieser Mann gesund vor euch. 11 Dieser ist *der Stein, der von euch Bauleuten verworfen wurde, der aber zum Eckstein geworden ist* (Ps 118,22). 12 Und in keinem anderen ist Heil; denn es ist kein anderer Name unter dem Himmel den Menschen gegeben, durch den wir gerettet werden sollen.

13 Als sie den Freimut des Petrus und Johannes sahen und merkten, daß sie ungebildete und einfache Leute waren, wunderten sie sich und sie erkannten sie als Begleiter Jesu. 14 Sie sahen auch den Geheilten bei ihnen stehen und konnten nichts erwidern. 15 Sie befahlen ihnen aber, den Hohenrat zu verlassen und berieten miteinander. 16 Sie sprachen: Was sollen wir mit diesen Menschen tun? Denn daß offenbar ein Wunder durch sie geschehen ist, ist allen Einwohnern Jerusalems bekannt, und wir können es nicht leugnen. 17 Aber damit es sich nicht noch mehr unter dem Volk verbreite, wollen wir ihnen drohen, je wieder zu einem Menschen über diesen Namen zu sprechen.

18 Und sie riefen sie herein und verboten ihnen, jemals zu predigen oder zu lehren über den Namen Jesu. 19 Aber Petrus und Johannes antworteten und sprachen zu ihnen: Ob es recht ist vor Gott, mehr auf euch zu hören als auf Gott, das entscheidet selbst. 20 Denn wir können unmöglich schweigen über das, was wir gesehen und gehört haben. 21 Jene aber drohten ihnen noch mehr und entließen sie, da sie keine Möglichkeit fanden, sie zu bestrafen mit Rücksicht auf das Volk, da alle Gott wegen des Geschehens priesen. 22 Denn über vierzig Jahre alt war der Mensch, an dem das Zeichen der Heilung geschehen war.

Literatur: *Bill.* II 568–571; 628–633. – *Dupont*: sources 33–50. – *Gaechter, P.*: Der Haß des Hauses Annas: *Ders.*: Petrus und seine Zeit, Innsbruck, Wien und München 1958, 67–104. – *Harnack*: Apostelgeschichte 141–148. – *Holtz*: Untersuchungen 160–163. – *Jeremias*: Jerusalem 167–278. – *Ders.*:

Quellenproblem 241–247. – *Reicke*: Glaube 55–84. – *Schrenk, G.*: hieros
u. a.: ThWNT III 221–284. – *Schubert, K.*: Die jüdischen Religionsparteien
in neutestamentlicher Zeit, SBS 43, Stuttgart 1970. – *Schürer*: Geschichte II
237–336. – *Smallwood, E. M.*: High Priests and Politics in Roman Palestine:
JThS 13 (1962) 14–34. – *Wiater*: Komposition 105–118. – *Wilckens*: Missionsreden 44f.; 61f.

Gliederung

Der Text berichtet die *Gefangennahme* des Petrus und Johannes wegen der Auferstehungsverkündigung (Verse 1–3), das *Wachstum* der Gemeinde (Vers 4), das *Verhör* der Apostel vor dem Hohenrat (Verse 5–21) und erwähnt abschließend das *Alter* des Geheilten (Vers 22). Die Verhörszene selbst ist in folgende Teile gegliedert: *Versammlung* des Hohenrates in Jerusalem (Verse 5f.); *Frage* des Hohenrates, in wessen Vollmacht die Heilung geschah (Vers 7); *Rede des Petrus* (Verse 8–12) mit Redeeinführung (Vers 8a), Anrede (Vers 8b), Beantwortung der Frage (Verse 9–10a): die Heilung geschah im Namen Jesu, dies sei dem ganzen Volk Israel kund, christologischem Kerygma (Vers 10b–11): Kreuzigung durch die Angeredeten, Auferweckung durch Gott, Heilung durch Jesus, Schriftbezug, Proklamation der universalen Heilsbedeutung Jesu (Vers 12); sodann folgt die Schilderung der *Reaktion des Hohenrates* (Verse 13–18): Erstaunen über den Freimut und die Ungebildetheit der Apostel (Vers 13a); Erkenntnis, daß sie Jesusjünger sind (Vers 13b); Unfähigkeit zur Erwiderung wegen der Anwesenheit des Geheilten (Vers 14); Entfernen der Apostel aus dem Raum des Verhörs (Vers 15a); geheime Beratung (Verse 15b–17): Was soll mit ihnen geschehen?, das Problem: die stadtbekannte Heilung kann nicht bestritten werden (Vers 16), der Lösungsversuch: Redeverbot für die Apostel, um weitere Verbreitung zu verhindern (Vers 17); Mitteilung des Beschlusses an die Apostel (Vers 18); auf diese Reaktion folgt die *Gegenreaktion der Apostel* (Verse 19f.): Frage, ob dem Hohenrat mehr zu gehorchen sei als Gott (Vers 19), Erklärung, verkünden zu müssen (Vers 20); die *Schlußreaktion des Hohenrates* besteht in einer nochmaligen Drohung und in der Entlassung der Apostel mit Rücksicht auf das Volk, das Gott wegen der geschehenen Heilung preist (Vers 21).

Der Text als lukanische Komposition

Der Abschnitt zeigt eine Reihe von Auffälligkeiten und Spannungen. Es fällt auf: die Festnahme erfolgt nicht sofort im Anschluß an

die Heilung und den Zusammenlauf der Menge (3,10f.), sondern
erst nach der Rede des Petrus; die Zwischenbemerkung Vers 4 unterbricht die Schilderung des Geschehensablaufs und nennt zudem eine
unverhältnismäßig hohe Zahl für die Größe der urchristlichen Gemeinde (1/5–1/6 der gesamten Einwohnerschaft Jerusalems); die Verhaftung geschieht wegen der Auferstehungsverkündigung der Apostel (Vers 2), aber sie wird im Verhör nicht als Anklagepunkt vorge-
bracht (Vers 7); es ist auch schwer vorstellbar, daß wegen der Verkündigung des Auferstehungsglaubens jemandem der Prozeß gemacht wurde, denn dann hätte es auch der gerichtlichen Verurteilung der Pharisäer durch die Sadduzäer bedurft (vgl. 23,7f.); es trifft
historisch zu, daß die Sadduzäer zwar die führenden Ämter im Synedrium innehatten, aber die wirklich bestimmende Macht waren die
Pharisäer, und gerade sie spielen in unserer Szene als Gegner der
Christen keine Rolle (5,34 ist sogar der einzige, der zugunsten der
Christen Partei ergreift, als Pharisäer gekennzeichnet); unvermittelt
wird gesagt, daß auch der Geheilte im Verhandlungsraum gegenwärtig ist (Verse 10.14), obwohl doch schon die Heilung einen Tag zu-
rückliegt und die Apostel inzwischen in Haft waren; das Synedrium
bemerkt erst nach der Antwort des Petrus, daß es sich um Jesusjünger handelt – befremdlich, wenn man bedenkt: die Heilung geschah
ausdrücklich im Namen Jesu (3,6), Petrus hatte dies in seiner Predigt
noch hervorgehoben (3,16), und er wurde wegen der Verkündigung
der Auferstehung »in Jesus« (4,2) festgenommen; das Redeverbot
erscheint unangemessen angesichts der Tatsache, daß die Geschehnisse schon stadtbekannt sind (Vers 16); auf die ausdrückliche Weigerung der Apostel, das Redeverbot einzuhalten, folgen erstaunli-
cherweise nur Drohung und dann die Freilassung (Vers 21); die Freilassung ist eigenartig motiviert: einerseits geschieht sie wegen der
Unschuld der Apostel, andererseits wegen der Furcht vor dem Volk;
schließlich fällt noch auf, daß die stilgemäß zur Wundererzählung
gehörende Altersangabe des Geheilten erst hier (Vers 22) nachgetragen wird.

Der Text läßt sich angesichts dieser Schwierigkeiten nicht einfach als
Bericht verstehen, der das historisch belegbare Einzelgeschehen von
Gefangennahme, Verhör und Freilassung des Petrus und Johannes
durch das Synedrium schildert. Die historische Grundlage der Szene
wird die allgemeinere Tatsache sein, daß in urchristlicher Zeit und
bereits innerhalb der Urgemeinden die Ablehnung der Christen
durch die offiziell führenden Kreise der Juden (sadduzäischer Prie-
ster- und Laienadel) und durch die Pharisäer wuchs (vgl. die Pole-
mik aus Q Mt 23 par Lk 11, wobei Lukas ausdrücklich Vers 40

»Apostel«, die getötet werden, hinzufügt) und zu direkten Verfolgungen führte: Paulus als Pharisäer verfolgt die Kirche (1 Kor 15,9; Gal 1,13 f.; Phil 3,5 f.; Apg 9,1), Stephanus (Apg 7) und Jakobus (Apg 12) werden hingerichtet. Aus diesen historisch zutreffenden Grundkenntnissen dürfte Lukas die Szene gestaltet haben. Was Lukas damit beabsichtigte, läßt sich gerade unter Berücksichtigung der genannten Auffälligkeiten erfassen. Unter historischem Gesichtspunkt sind sie unvereinbar, als luk Akzente, die seine Aussageabsicht signalisieren, gut verstehbar (siehe dazu unten die Auslegung).

Aus diesem Grunde empfiehlt sich auch nicht die von *Harnack*: Apostelgeschichte 142–146 vertretene Annahme, Lukas habe zwei parallellaufende Quellen verarbeitet, die die gleichen Ereignisse berichteten; die eine dieser Quellenschriften sei historisch wertvoll gewesen und in Apg 3,1–5,16 enthalten, die andere sei historisch wertlos und in Apg 2; 5,17–42 verarbeitet. *Jeremias*: Quellenproblem 238–247 hat zu Recht die Dublettenhypothese *Harnacks* abgelehnt. Er hat aber darüber hinaus den ebenfalls nicht überzeugenden Versuch gemacht, die beiden Verhörszenen Apg 4 und 5 in ihrem Grundbestand als historisch glaubwürdig zu erweisen: auf Grund des jüdischen Strafrechts bedurfte es zuvor einer *Verwarnung* – sie wird Apg 4 dargestellt –, dann erst konnte eine Bestrafung erfolgen – sie geschieht Apg 5. Abgesehen davon, daß dadurch die textimmanenten Spannungen nicht behoben werden, sprechen gegen diesen Lösungsversuch: 1. Es ist sehr fraglich, ob das von *Jeremias* vorausgesetzte Strafrecht der Mischna (bes. Sanhedrin) zur Zeit Jesu und der Apostel überhaupt Geltung hatte (vgl. *Blinzler, J.*: Der Prozeß Jesu, Regensburg ⁴1969, 216–229); 2. Der Text der Apg nimmt keinen Bezug auf die jüdische Prozeßordnung: die von *Jeremias* als termini technici angesehenen Ausdrücke *apeilein/apeilē* = drohen/ Drohung (Verse 17.21) begegnen sonst im NT nicht im juridischen Sinn (Apg 4,29; 9,1; Eph 6,9; 1 Petr 2,23); die Betonung der Ungebildetheit der Apostel Vers 13 ergibt sich aus dem von Lukas beabsichtigten Kontrast und nicht aus der jüdischen Vorschrift, nur Gesetzesunkundige zu verwarnen; es geht Apg 4 f. nicht um *Verwarnung* und *Bestrafung*, sondern um *Verhaftung* und *Verhör*; 3. es ist durchaus nicht sicher, ob der Apg 4; 5 genannte Anklagepunkt überhaupt unter die von *Jeremias* herangezogenen Verwarnungs- und Bestrafungsvorschriften fiel (*Conzelmann*: Apg 41; *Haenchen*: Apg 249; *Reicke*: Glaube 108–110 verneinen dies). Da der rechtsgeschichtliche Lösungsversuch von *J. Jeremias* nicht überzeugte, ist es verständlich, daß die früher durchgeführte Quellenscheidung weiter

betrieben und modifiziert wurde: *Beyer*: Apg 28 f. sieht in 2,42–4,31 und 4,32–5,42 zwei Parallelberichte, die Lukas aufgenommen und hintereinander angeordnet hat, ebenso *Reicke*: Glaube 56–114. *Bauernfeind*: Apg 73 rechnet damit, daß der vorluk Bericht »von einer Sistierung der Apostel durch die Tempelpolizei vor versammelter Menge im Tempelbezirk und von einer kurzen Untersuchung und Bedrohung dort« wegen des Verdachts der Entweihung des Heiligtums durch Zauberpraktiken (74) sprach und daß erst Lukas die Szene zu einer Synedrialverhandlung umgestaltet habe. Der Text bietet für diese Annahme keinen Anhaltspunkt. Immerhin gesteht auch *Bauernfeind* zu, daß der Text nur unter der Voraussetzung »tieferen lukanischen Eingriffs« (73) zu verstehen sei. *Wiater*: Komposition 105–118 vertritt folgende Quellenhypothese:
»Löst man aus Apg 4,1–22; 5,17–42 die Verse heraus, die auf luk Redaktion zurückgehen, so erhält man als vorgegebene Tradition Abschnitte, die von einem Zusammenstoß zwischen den Aposteln und der jüdischen Obrigkeit berichten. In ihrer Anordnung ergeben sie keinen Sinn. Fügt man aber die Teile beider Perikopen zusammen, dann ergeben sie eine einzige Szene, die von der Verhaftung der Apostel, ihrer Befreiung aus dem Gefängnis durch den Engel des Herrn, der Verhandlung vor dem Hohen Rat und ihrer Freilassung erzählt.« (109)
Richtig daran ist sicher die Beobachtung, daß nach Herauslösen der luk redaktionellen Teile kein Erzählganzes mehr bleibt. Aber anstatt für die Rekonstruktion einer vorluk Quelle die Zuflucht in sehr komplizierter Weise in Kap. 5 zu suchen, sollte man m. E. den Hinweis *Haenchens* beherzigen: »auf diesem Wege (d. h. der Quellenscheidung) kommt man nicht weiter« (Apg 220). Man wird in unserer Szene und ebenso 5,17–42 ohne eine *durchgehende* Quelle, freilich nicht ohne einzelne Elemente aus der Tradition (vgl. *Dupont*: sources 46 Anm. 2), auskommen und den Text auf das Konto luk Gestaltung und Komposition setzen müssen.

Auslegung

1–4 Die Exposition nennt und charakterisiert die drei Personengruppen, die in der gesamten Szene eine Rolle spielen: die *Apostel* Petrus und Johannes als Verkünder der Jesusbotschaft, die *Führer* Israels als ihre Gegner und das *Volk*, das der Predigt der Apostel zuhört (Verse 1.2.4.) und von dem ein Großteil »dem Wort« glaubt (Vers 4). Diese Charakterisierung ist für die luk Darstellung in der Apg typisch. Bemerkenswert an ihr ist die Betonung des Unter-

schieds, wie sich einerseits die Führenden und andererseits das Volk
gegenüber der Jesusbotschaft verhalten. Dabei fällt überdies auf,
daß bei den Gegnern die Pharisäer nicht genannt sind. Dies entspricht der Tendenz der gesamten Apg: an keiner Stelle treten sie als
Gegner der Christen auf, wohl aber 5,34; 23,9 als ihre Befürworter
und 15,5; 26,5 als Gläubig-Gewordene. Das ist um so bemerkenswerter, als Lukas in den Kap. 3–6 sonst die verschiedensten Gruppen nennt, die gegen die Christen agieren: die Führer (3,17; 4,5.8),
die Hohenpriester (4,6.23; 5,17.21.24.27; 7,1), die Ältesten
(4,5.8.23; 6,12), die Sadduzäer (4,1; 5,17), die Schriftgelehrten (4,5;
6,12), das Synedrium (4,15; 5,21.27.34.41; 6,12.15), den Tempelhauptmann 4,1; 5,24.26) und die Amtsdiener (5,22.26). Die Gegnerschaft der Führenden, zumal des sadduzäischen Priester- und
Laienadels, einerseits und das Fehlen der an die Auferstehung glaubenden und mit dem Volk verbundenen Pharisäer andererseits hängt
mit dem luk Konzept der Sammlung Israels zusammen: Das Volk
(*laos* 22mal in Apg 2–6) repräsentiert (mit Einschluß der Pharisäer)
das gesamte Gottesvolk Israel angesichts der apostolischen Predigt,
steht ihr aufnahmebereit gegenüber und öffnet sich im Glauben an
das Wort (vgl. *Lohfink*: Sammlung 47–55). – Daß Lukas ausdrücklich die Auferstehungsverkündigung und nicht die geschehene Heilung als Anlaß für den Zugriff der Gegner nennt, ist verständlich,
denn 1. ist das Auferstehungskerygma das Zentrum der vorausgegangenen Petruspredigt, 2. ist es nach Apg überhaupt der Mittelpunkt des apostolischen Zeugnisses, 3. läßt seine Nennung sofort
den Konflikt gerade mit den Sadduzäern verstehen, und 4. stellt die
folgende kleine Petrusrede (Verse 8–12) eine sehr enge Verbindung
her zwischen der geschehenen Heilung im Namen Jesu, seiner Auferweckung und dem Heil für alle Menschen.
Ebenso wie die Verse 1–3 erweist sich nach Form, Stil und Inhalt die
Zwischenbemerkung über den Erfolg der vorausgegangenen Petruspredigt und über das Wachstum der Gemeinde Vers 4 als luk Bildung
(*Zingg* 164 f.). Sie unterbricht zwar die Schilderung, konnte aber
von Lukas nicht eher untergebracht werden. Der sprunghafte Zuwachs auf eine Zahl von 5000 Männern ist ähnlich zu beurteilen wie
die große Zahl der Getauften im Anschluß an die Pfingstpredigt 2,41
(siehe dort). Daß mehr als ein Fünftel der Einwohnerschaft Jerusalems Christen waren, ist unwahrscheinlich. Die Angabe ist neben
1,15 und 2,41 die letzte, die eine *konkrete Zahl* der Gemeindegröße
nennt. Aber über die ganze Apg hin bis zur Gefangennahme des
Paulus (danach nur 28,24) finden sich immer wieder *allgemein* gehaltene Angaben über das ständige Wachsen »des Wortes« und der

Gemeinden: 2,47; 5,14; 6,1.7; 8,6.12; 9,31.35.42; 11,21.24; 12,24;
13,48.49; 14,1.21; 16,5. (14f.); 17,4. 11f.34; 18,8.10; 19,10.20;
21,20. Alle diese Angaben sind ein wichtiges Kompositionsmittel
des Lukas. Wie ein roter Faden zieht sich der Gedanke durch das
ganze Werk und hält die vielen Einzelheiten zusammen: das Evangelium breitet sich aus, es nimmt unaufhaltsam seinen Weg, weil Gottes Kraft hinter ihm steht. Im Zusammenhang mit 4,4 ist besonders
die letztgenannte Stelle 21,20 bemerkenswert: Bis zur Rückkehr des
Paulus von seiner dritten Missionsreise sind »Zehntausende unter
den Juden« Jerusalems (bei einer Einwohnerzahl von 25000–
30000!) gläubig geworden, und zwar gelten sie weiterhin als »Eiferer
für das Gesetz«, d. h. sie stehen den Pharisäern nahe.

5–6 Es werden die drei Gruppen genannt, aus denen sich das Synedrium mit seinen 71 Mitgliedern zusammensetzte. Mit den »Führern« ist das Kollegium der Oberpriester gemeint (*Schrenk* 270f.),
bestehend aus dem amtierenden Hohenpriester, der den Vorsitz
führte, dem Tempelhauptmann, den Häuptern der im Tempel
diensttuenden Wochen- und Tagesabteilungen, den Tempelaufse-
hern und -schatzmeistern und wahrscheinlich den früheren Hohenpriestern. Die »Ältesten« sind die »Häupter der einflußreichsten
Laiengeschlechter« (*Jeremias*: Jerusalem 253), der Laienadel. Die
»Schriftgelehrten« setzten sich aus verschiedensten Berufen und ver-
schiedenster Herkunft aus dem Volk zusammen; gemeinsam war ihnen, daß sie durch Studium und abschließende Ordination als Ken-
ner der Heiligen Schrift galten. Unter ihnen befanden sich im Synedrium die Pharisäer. – Von den durch Lukas namentlich Genannten
war Hannas amtierender Hoherpriester von 6–15 n. Chr. (*Jos* Ant
XVIII–XX; Bell II; IV; V). Nach seiner Absetzung durch die Römer
behielt er aber weiterhin den Titel und seinen großen Einfluß, so daß
die Bezeichnung des Lukas verständlich ist. Zu der von Lukas vorausgesetzten Zeit des Verhörs war Hannas' Schwiegersohn Kajafas
amtierender Hoherpriester (18–36 n. Chr.). Das ganze Haus des
Hannas stand wegen Geschäftemacherei, Unterdrückung und Intri-
gen beim Volk in keinem guten Ansehen. TosMen 13,21: Die Han-
nasleute »sind Hohepriester und ihre Söhne Schatzmeister und ihre
Schwiegersöhne Tempelherren, und ihre Knechte kommen und
schlagen auf uns mit Stöcken ein«. Die von Lukas genannten Johannes und Alexander sind sonst nicht bekannt.

7–12 Die Frage des Synedriums zur Eröffnung des Verhörs ist so
gestellt, daß Petrus darauf die christliche Antwort geben und das

Jesuskerygma einbringen kann. Diese Frage-Antwort-Struktur ist typisch luk (siehe zu 1,6–8), ebenso wie die Betonung, daß Petrus »erfüllt vom Heiligen Geist« spricht (vgl. bes. Lk 1,41.67; Apg 2,4f.; 13,9). Lukas sieht in dem Verhör das erfüllt, wovon Jesus bereits gesprochen hat: »… der Heilige Geist wird euch in dieser Stunde lehren, was ihr sagen sollt« (Lk 12,12). Die Antwort des Petrus hat die Form einer kleinen Missionspredigt. Schon ihr Anfang macht den Kontrast deutlich: *gute Tat* der *Apostel* an einem Kranken – *Gericht* über sie durch die *Führenden* (ähnlich in bezug auf Jesus 10,38–40). Der Kontrastgedanke durchzieht auch das Jesuskerygma und den Schrifthinweis: *ihr* habt Jesus *gekreuzigt* – *Gott* aber hat ihn *auferweckt* und durch Jesus ist der Kranke *geheilt*; *ihr* habt den Stein verworfen – *er* aber ist zum Eckstein geworden. Die ausdrückliche Bezeichnung der Hinrichtung Jesu als *Kreuzigung* stimmt wörtlich mit 2,36 überein. Sie begegnet aber in den Reden der Apg nur an diesen beiden Stellen. Die Doppelaussage von Tod und Auferweckung Jesu stammt aus ältester Überlieferung. Lukas hat sie in der Formulierung variiert und an der vorliegenden Stelle mit dem Kontext, nämlich der Heilung des Gelähmten, verbunden (Vers 10), dessen Anwesenheit er wegen des kerygmatischen Zusammenhangs unvermittelt in den Text einführt. Die Anwendung von Ps 118,22 für die Verwerfung und Auferweckung Jesu ist schon in den synoptischen Evangelien (Mk 12,10 parr Mt 21,42; Lk 20,17 LXX) und dann 1Petr 2,7 bezeugt. Lukas bietet sie hier in Apg in einer Form, die von der LXX abweicht. Dies erklärt sich entweder dadurch, daß die hier dargebotene Form auf eine neben der LXX bestehende Übersetzung von Ps 118 zurückgeht (*Lake-Cadbury*: Beginnings IV 43. – *Holtz* 162. – *Wilckens* 142. – *Rese* 114) oder – was unwahrscheinlicher ist – daß sie durch Einbeziehen weiterer Schriftstellen, etwa Jes 53,3 (*Dupont*: Etudes 261; 301) zustande gekommen ist. – Mit großem schriftstellerischen Geschick und präziser theologischer Zielstellung hat Lukas den Doppelsinn der Ausdrücke »heilen« und »Heil« steigernd ausgewertet: während er das Synedrium Vers 7 die geschehene Heilung nur mit dem neutralen oder gar abwertenden Ausdruck »ihr habt *das* getan« formulieren läßt, legt er dem Petrus zur Kennzeichnung des gleichen Geschehens die Worte in den Mund: »gute Tat«, »geheilt« im Namen Jesu (Verse 9f.), und läßt sodann Petrus den Heilsbegriff ausweiten bis zur universalen, eschatologischen Heilsbedeutung, die allein Jesus Christus zukommt (Vers 12). Dieser kerygmatische Höhepunkt ist im Zusammenhang mit dem auch sonst bei Lukas bezeugten heilsgeschichtlichen Verständnis von Jesus, dem Retter (*sōtēr*), und des

durch ihn geschenkten Heiles (*sōteria*) zu sehen (vgl. Lk 1,69.71.77;
2,11; 19,9; Apg 5,31; 13,23.26.47; 16,17).

13–18 Als Reaktion des Synedriums auf die Petrusrede wird zunächst das Erstaunen geschildert. Der Freimut und die Sicherheit
der apostolischen Verkündigung rühren nicht vom Bildungsstand
der Redenden her, denn sie gelten vor dem Tribunal als einfache
Leute aus dem Volk, die nicht studiert haben. Lukas weist damit
nochmals indirekt darauf hin, daß die Kraft der apostolischen Predigt vom Geist Gottes kommt (Vers 8). Historisch ist es unerklärlich, daß die Apostel erst jetzt als Jesusjünger erkannt werden. Aber
der luk Sinn ist verständlich: so, wie es Apg 1,21 f. heißt, daß einer
von den damals »Dabeigewesenen« Zeuge der Auferstehung werden
soll, scheint für Lukas auch umgekehrt zu gelten: wer so wie Petrus
4,8–12 die Auferstehung und das Heil in Jesus verkündet, erweist
sich als jemand, der damals »dabei« war. Lukas setzt voraus, daß das
Synedrium dies erkennt; aber es erkennt nicht die gegenwärtige
Wirksamkeit des Erhöhten im Wirken seiner Jünger. – Die Anwesenheit des Geheilten (V 14) ist ein Indiz für die Richtigkeit der von
Petrus verkündeten Botschaft. Das Synedrium kann dagegen nichts
einwenden. Nach Lukas erfüllt sich hier Jesu Vorhersage: in der Ver-
folgung werden beim Verhör der Jünger Jesu die Gegner nicht in der
Lage sein, ihnen »zu widerstehen oder zu antworten« (Lk 21,15 diff
Mk,Mt; vgl. Apg 6,10). – Die in der geheimen Beratung erwogenen
Gedanken des Synedriums kennzeichnen seine Grundhaltung und
Gesinnung: man würde die Tatsache des Wunders leugnen, wäre es
nicht stadtbekannt; aber durch das Geschehen die eigene Auffassung
in Frage stellen zu lassen, kommt nicht im mindesten in Betracht
(Vers 16). Der Beschluß lautet, den Aposteln jegliche Rede über Jesus zu verbieten. Er entspricht weniger dem beabsichtigten Zweck,
nämlich die weitere Verbreitung einzudämmen. Sie hängt ja schon
nicht mehr allein von den Aposteln ab, sondern das Geschehen ist
doch bereits in aller Munde. Der von Lukas mitgeteilte Beschluß ist
vielmehr auf den Aussagegipfel des ganzen Textes hin formuliert,
nämlich auf die Aussagen der Apostel:

19–20 Die Erwiderung, ob es vor Gott recht sei, dem Synedrium
mehr zu gehorchen als Gott, macht mit der folgenden Begründung,
daß die Apostel unmöglich über das schweigen können, was sie gesehen und gehört haben, das Unrecht des Synedriums offenbar und
erweist, daß die apostolische Verkündigung gottgewollt ist. Lukanisch ist in dieser Antwort die Anlehnung an griechisches Gedan-

kengut und die Betonung der Augen- und Ohrenzeugenschaft der
Apostel (vgl. zu 1,1–3.21 f.). Nach *Platon*, Apologie 29 D hat Sokra-
tes in ähnlicher Situation seinen Richtern gesagt: »Gehorchen werde
ich dem Gotte mehr als euch.« Da Lukas auch sonst, z. B. bei der
Areopag-Szene Apg 17, an die Sokrates-Überlieferung anknüpft, ist
es möglich, daß er auch in der vorliegenden Szene seinen griechischen Lesern die Haltung der Apostel analog dem Sokrates-Verhal-
ten bewußt machen wollte (vgl. *Plümacher*: Lukas 18 f.).

21–22 Zwei luk Akzente beschließen die Szene: die Betonung, daß es
unmöglich ist, die Apostel zu bestrafen, d. h. zugleich: ihre Verkündigung ist legitim, und die Betonung, daß das Volk auf seiten der
Apostel steht und Gott preist. Begründet wird dieses Gotteslob
durch die Größe des Wunders, die sich aus der langen Krankheit des
Geheilten ergibt. Damit setzt Lukas nochmals eine Klammer, die die
Tempelplatz- und die Synedriums-Szene mit der Wundererzählung
verbindet. Er hat dabei (Vers 22) ein Erzählelement verwendet, das
formgeschichtlich zur Heilwundererzählung gehörte.
Lukas hat die Darstellung der ersten Auseinandersetzung zwischen
den Aposteln und der jüdischen Obrigkeit in manchen Punkten der
Passionserzählung seines Evangeliums angeglichen (*Wiater*: Komposition 112 f.): hier wie dort versammeln sich am Morgen die Führenden, die Ältesten und die Schriftgelehrten zum Verhör (Apg 4,6;
Lk 22,66); hier wie dort spielt auch Petrus eine besondere Rolle: hier
als Jesusjünger, der wegen seines Christusbekenntnisses als einer
»mit Jesus« erkannt wird (Apg 4,13), dort als einer, der leugnet,
»mit Jesus gewesen« zu sein (Lk 22,56); hier wie dort wird die
Schuldlosigkeit erklärt (Apg 4,21; Lk 23,4.14 f.22); hier wie dort ist
die jüdische Obrigkeit der eigentliche Gegner, die aber noch keine
Verurteilung wagt aus Rücksicht auf das Volk (Apg 4,21; Lk 19,47).
Das, was Lukas beim Prozeß des Paulus noch klarer zeigen wird,
deutet er auch hier schon in bezug auf die Apostel an: »Der Jünger
steht nicht über dem Meister. Selbst wenn er alles gelernt hat, wird er
sein wie sein Meister« (Lk 6,40).

9. Das Gebet der Gemeinde 4,23–31

23 Nach ihrer Freilassung kamen sie zu den Ihrigen und erzählten, was die Hohenpriester und Ältesten zu ihnen gesagt
hatten. 24 Als sie das hörten, erhoben sie einmütig ihre
Stimme zu Gott und sprachen: Herr, *du hast den Himmel, die*

Erde und das Meer erschaffen und alles, was darin ist (Ps 146
⟨145⟩,6);   25 du hast durch den Mund unseres Vaters David, deines Knechtes, durch Heiligen Geist gesagt:
  Warum toben die Heiden,
  warum sinnen die Völker Nichtiges?
  26 Die Könige der Erde treten auf
  und die Herrscher haben sich verbündet
  gegen den Herrn und seinen Gesalbten (Ps 2,1 f.).
27 Denn wahrhaftig, *verbündet* haben sich in dieser Stadt gegen deinen heiligen Knecht Jesus, den du gesalbt hast, Herodes und Pontius Pilatus mit den Heiden und den Stämmen
Israels,   28 um auszuführen, was deine Hand und dein Wille
vorherbestimmt hatten, daß es geschehe.   29 Und nun, Herr,
sieh ihre Drohungen an und gib deinen Knechten, daß sie mit
allem Freimut dein Wort verkünden,   30 indem du deine
Hand ausstreckst, damit Heilung, Zeichen und Wunder geschehen durch den Namen deines heiligen Knechtes Jesus.
31 Und als sie gebetet hatten, erbebte der Ort, an dem sie versammelt waren, und alle wurden mit dem Heiligen Geist erfüllt, und sie verkündeten das Wort Gottes mit Freimut.

Literatur: *Dibelius, M.*: Herodes und Pilatus, in: *Ders.*: Botschaft und Geschichte. Ges. Aufsätze I, hg. von *G. Bornkamm*, Tübingen 1953, 278–292.
– *Dodd, C. H.*: According to the Scriptures, London ³1953, 104–110. – *Dupont*: Études 265; 521 f. – *von der Goltz, E.*: Das Gebet in der ältesten Chri-
stenheit, Leipzig 1901. – *Hamman, A.*: La nouvelle Pentecôte (Actes 4,24–
30): BVC 14 (1956) 82–90. – *Holtz*: Untersuchungen 53–56. – *Kremer, J.*:
Pfingstbericht und Pfingstgeschehen, SBS 63/64, Stuttgart 1973, 201–204. –
Ménard, J. E.: Pais Theou as Messianic Title in the Book of Acts: CBQ 19
(1957) 83–92. – *Moule, C. F. D.*: The Christology of Acts, in *Keck/Martyn*:
Studies 159–185. – *Nielen, J. M.*: Gebet und Gottesdienst im Neuen Testament, Freiburg/Br. 1937, 149 f.; 155; 191; 330. – *Reicke*: Glaube 80–84. – *Rese*: Motive 94–97; 119 f. – *Rimaud, R.*: La première prière liturgique dans le
Livre des Actes (Actes 4,23–31): MD 51 (1957) 99–115. – *Schille, G.*: Das
Leiden des Herrn. Die evangelische Passionstradition und ihr »Sitz im Leben«: ZThK 52 (1955) 161–205.

Gliederung

Der Abschnitt erwähnt zunächst *Rückkehr* und *Bericht* der Freigelassenen (Vers 23), sodann teilt er als Reaktion darauf das *Gebet* der
Gemeinde mit (Verse 24–30) und nennt schließlich Zeichen der *Gebetserhörung*: Erdbeben, Geistempfang, freimütige Verkündigung

(Vers 31). Das *Gemeindegebet* selbst ist gegliedert in Gebetseinführung, Gottesanrede und -prädikation (Vers 24), Zitationseinführung (Vers 25a), Zitat (Verse 25b.26), Auslegung des Zitats auf die Passion Jesu hin (Verse 27 f.), Bitte um freimütige Verkündigung (Vers 29), begleitet durch Wunderzeichen (Vers 30).

Die luk Komposition

Der Abschnitt trägt so eindeutig luk Gepräge, daß man ihn weder im ganzen noch in den Versen 24–28 auf ein Traditionsstück zurückführen kann. *Dibelius*: Herodes 289 f. hatte gemeint, die Anwendung von Ps 2,1 f. auf das Leiden Jesu gehöre dem kultischen Bereich des vorluk Urchristentums an, sei in Apg 4,27 noch in alter Form erhalten und habe dann auch die Herodesszene Lk 23,6–12 entstehen lassen. Diese bis heute oft vertretene Auffassung läßt sich nicht hinreichend begründen, denn es gibt im NT und bei den Apostolischen Vätern außer Apg 4 keinen einzigen Beleg für die Anwendung von Ps 2,1 f. auf das Leiden Jesu, und die Entstehung der Herodesszene Lk 23 läßt sich am besten auf Grund einer historischen Reminiszens und als luk Komposition erklären (*Ernst*: Lk 624; *Schneider*: Lk 474). Daß Apg 4,24–28 aus der Tradition, VV 29 f. aber von Lukas stammen, ergibt sich für *Dibelius* auch daraus, daß weder die Anrufung des Schöpfers (V 24) noch die Erwähnung des Herodes und Pilatus (V 27) zur Situation passen, dagegen VV 29 f. situationsgerecht seien. Die Gründe überzeugen nicht; denn es ist dabei nicht berücksichtigt, 1. daß sich die Gottesprädikation – wie der Grundzug des Gebetes überhaupt – aus Jes 37,16–20 herleitet (*Haenchen*: Apg 223; *Conzelmann*: Apg 37), 2. daß die Erwähnung der Passion Jesu und des Herodes und Pilatus zwar nicht unmittelbar zur Situation der verfolgten Apostel, wohl aber zum luk Konzept passen, insofern Lukas ihre Leiden in Analogie zum Leiden Jesu sieht und bereits die vorausgegangene Szene angeglichen hat an die Passion Jesu, 3. daß zwar grammatikalisch zwischen Vers 28 und Vers 29 eine Spannung besteht, die aber als sprachliche Verkürzung zu verstehen ist und in sachlicher Hinsicht sofort erkennen läßt, was gemeint ist.
Für die *luk Gestaltung* der Szene wie auch des Gebetes sprechen das Vokabular, der Stil, der Inhalt und der literarische Bezug zum Gebet des Hiskija Jes 37,16–20 LXX = 2 Kön 19,14–19. *Einzelne Indizien* sind: Vers 23 muß wegen der Verknüpfung mit der von Lukas gestalteten vorausgehenden Einheit als redaktionell gelten. In Vers 24 erweisen sich das Wort »einmütig« (im NT außer Röm 15,6 nur in Apg

10 mal) und der Ausdruck »die Stimme erheben« (im NT nur Lk und
Apg) als typisch lukanisch; Gottesanrede und -prädikation gehören
atl.-jüdisch-hellenistischer Gebetssprache an (Jes 37,16; Ps 146
⟨145⟩, 6 LXX). In Vers 25 entspricht die Kombination von Weissa-
gung, David, Mund, Geist (siehe zu 1,16) und die präzise Zitatanga-
be (*Holtz*: Untersuchungen 53 f.) ganz luk Ausdrucksweise. Da in
VV 25b.26 das Zitat wörtlich der LXX entspricht und sonst im NT
nicht vorkommt, ist Zitation durch Lukas anzunehmen. In Vers 27
stammt »verbündet« aus dem LXX-Zitat; »wahrhaftig« ist gut luk
und steht außerdem auch Jes 37,18 LXX; »heiliger Knecht« gehört
judenchristlicher Gebetssprache an, ist aber 3,13 f.26 schon von Lukas verwendet worden; »den du gesalbt hast« ist Lk 4,18 redaktionell im Anschluß an Jes 61,1 von Lukas gesetzt und wird Apg 10,38
wie auch Apg 4,27 redaktionell sein (*Rese*: Motive 120); die Erwähnung des Herodes und Pilatus entspricht der Passionsgeschichte des
Lukas, denn nur Lk 23,6–12 ist im NT die Herodesszene überliefert;
die Reihenfolge an unserer Stelle ergibt sich aus dem Zitat: »Könige«
– »Herrscher«; eine gewisse Spannung zu den Unschuldserklärungen des Pilatus (Lk 23,4.14 f.22) und Herodes (Lk 23,15) ist vorhanden, aber erträglich, wenn man beachtet, daß Lukas trotz der günsti-
gen Darstellung des Pilatus doch auch dessen Versagen betont (Lk
23,23–25 diff Mk). In Vers 28 ist der Septuaginta-Ausdruck »deine
Hand« gut luk (Lk und Apg 6 mal, sonst im NT selten); »dein Wille«
wird unter den Evangelisten nur von Lukas verwendet (Lk 7,30;
Apg 2,23; 13,36; 20,27) und entspricht zusammen mit dem Gedanken der Vorherbestimmung und den dazugehörenden Worten der
für Lukas charakteristischen Auffassung einer »jenseitig geplanten,
planmäßig verlaufenden Vorsehungsgeschichte« (*Schulz*: Stunde
278). In Vers 29 sind für die Ausdrucksweise des Lukas kennzeichnend: »Und nun« (vgl. auch 2 Kön 19,19 ähnlich Jes 37,20), »Herr«
(2 Kön 19,19 = Jes 37,20 LXX), »sieh ... an!« (Jes 37,17), »dein
Wort verkünden«; die Ausdrücke »mit Freimut« und »Drohungen«
(vgl. Jes. 37,17 die Schmähungen Sanheribs) stammen aus der vorausgehenden Verhörszene. In Vers 30 sind Indizien der luk Gestaltung: die präpositionale Infinitivkonstruktion am Anfang; die in der
deuteronomistischen Tradition wurzelnde, auf die Exoduswunder
bezogene, in der LXX oft vorkommende Wendung »Zeichen und
Wunder« (9 mal in Apg; sonst im NT selten); das mit dieser Wendung in der Exodustradition oft verbundene Motiv der »Hand«
Gottes (z. B. Dt 26,8), sowie die auf das Wunder am Gelähmten
bezogene Hinzufügung des Wortes »Heilung« (4,22) und der Wendung »durch den Namen deines heiligen Knechtes Jesus«

(3,6.16; 4,7.10; – 3,13.14.26; 4,27). Vers 31 gibt nicht – wie *Harnack*: Apostelgeschichte 146 meinte – das »wirkliche, geschichtliche Pfingsten« wieder, sondern ist eine von Lukas unter Verwendung antiker Darstellungsmittel gebildete Aussage über die Gebetserhörung. In der LXX drückt das Wort »beben« oft die Erschütterung angesichts der Theophanie, des Nahens, der Offenbarung und des Gerichts Gottes aus; aber speziell als Ausdruck der Gebetserhörung verwendet es Lukas noch Apg 16,26; die nächsten antiken Parallelen sind wohl Joh 12,28; *Ovid*, Metamorph XV 669–672; Vergil, Aeneis III 88–91; die Aussage »und alle wurden mit dem Heiligen Geist erfüllt« stimmt fast wörtlich mit Apg 2,4 überein; und »sie verkündeten das Wort Gottes mit Freimut« entspricht 4,29; Lukas verwendet derartige Wiederholungen als Stilmittel (Beispiele bei *Haenchen*: Apg 91; *Morgenthaler*: Geschichtsschreibung 48–60).

Auslegung

Lukas kennzeichnet die Personengruppe, zu der Petrus und Johannes zurückkehren, nicht genau (vgl. 2,1), denkt aber sicher an eine überschaubare, in einem Privathaus versammelte (Vers 31) Gruppe, wohl ähnlich wie 12,12. Es ist bemerkenswert, daß die Versammelten, sobald sie von den Bedrohungen gehört haben, beten. Lukas, der »Theologe des Gebetes«, kennzeichnet damit über den konkreten Anlaß hinaus die christliche Grundhaltung, die es auch und gerade in bedrohlichen und belastenden Situationen einzunehmen gilt (vgl. 12,12; 16,25). Das Gebet selbst ist gestaltet in Anlehnung an das Gebet des Königs Hiskija von Juda (728–699), das er angesichts der Herausforderung und Bedrohung durch den assyrischen König Sanherib (705–681) im Tempel zu Jerusalem sprach (Jes 37 = 2Kön 19). Beide Gebete haben einen gemeinsamen Anlaß: die Bedrohung durch Gegner; aber bemerkenswert ist der Unterschied der Bitte: Hiskija bittet um Errettung vor dem Feind, die Urgemeinde verzichtet auf die Errettungsbitte und erfleht, daß das Evangelium mit Freimut verkündet werde. Damit ist das Gebet der gesamten Zielrichtung der Apg zugeordnet (vgl. 28,31). – Das Zitat aus Ps 2,1 f. wird in direkter Übertragung auf die Personen und Personengruppen der Passion Jesu angewandt: den »Heiden« entsprechen die römischen Soldaten, den »Völkern« die Stämme Israels, den »Königen« entspricht als Repräsentant der Tetrach Herodes Antipas (4 v. Chr.–ungefähr 39 n. Chr.) und den »Herrschern« Pontius Pilatus (26–36 röm. Statthalter von Judäa). Jesus selbst wird als der »heilige Knecht« Gottes mit dem Gesalbten, von dem im Zitat die Rede ist,

d. h. mit dem Messias identifiziert, und es wird die Salbung sodann
noch eigens erwähnt. Während 3,13 die Bezeichnung Jesu als
Knecht Gottes im Zusammenhang mit Jes 52,13 steht, ist sie 4,27 an
der messianischen Salbung und Geistbegabung von Jes 61,1 orientiert, wie Lk 4,18 und Apg 10,38 deutlich zeigen. Gedacht ist bei der
Salbung Jesu an seine Taufe (vgl. Lk 3,22; 4,1.14.18; Apg 10,38).
Herkunft und Sinngehalt der Gottesknecht-Bezeichnung Jesu sind
trotz jahrzehntelanger Forschungsbemühungen noch nicht genügend geklärt (*Rese*: Motive 129). – Zusammen mit der Bitte um freimütige Verkündigung werden Zeichen und Wunder erbeten. Wie
nach der deuteronomistischen Tradition Jahwe die Befreiung seines
Volkes durch Zeichen und Wunder begleitete und sich darin das Befreiungsgeschehen als Tat Gottes erwies, so soll nun durch Zeichen
und Wunder erwiesen werden, daß die apostolische Verkündigung
von Gott gewollt, begleitet und letztlich sein Werk ist. – Das Erdbeben am Schluß der Szene ist nicht als kosmische Begleiterscheinung
der Geistbegabung anzusehen, sondern als antikes Darstellungsmittel der Gebetserhörung (*Haenchen* 225; *Kremer*: Pfingstbericht
202). Es unterscheidet sich also vom Pfingstgeschehen Apg 2, obwohl Lukas durch sprachliche Anklänge sicher einen Bezug herstellen wollte. Das luk Verständnis des Heiligen Geistes als immer wieder neu geschenkte Gabe, zumal für die Verkündigung (z. B. 1,8; 2;
4,8) und speziell in Verfolgung (z. B. Lk 12,12; Apg 7,55) läßt gut
verstehen, warum abschließend vom Erfülltwerden durch den Heiligen Geist die Rede ist, obwohl dies vorher nicht ausdrücklich erbeten wurde.

10. Die Liebestätigkeit christlicher Gemeinde 4,32–37

32 Die Menge der Gläubigen war ein Herz und eine Seele, und
auch nicht einer nannte etwas von seinem Besitz sein eigen,
sondern sie hatten alles gemeinsam. 33 Und mit großer
Kraft legten die Apostel das Zeugnis von der Auferstehung des
Herrn Jesus ab, und sie alle standen in großer Gunst, 34 denn
es war kein Bedürftiger unter ihnen; denn die Besitzer von
Grundstücken oder Häusern verkauften sie, brachten den Ertrag des Verkauften   35 und legten ihn den Aposteln zu Füßen. Es wurde einem jeden zugeteilt, wie er es nötig hatte. 36 Josef aber, der von den Aposteln Barnabas genannt
wurde – das heißt übersetzt: Sohn des Trostes –, ein Levit,
gebürtig von Zypern, 37 verkaufte einen Acker, den er

besaß, brachte das Geld und legte es den Aposteln zu
Füßen.

Literatur: Siehe zu 2,42–47. Außerdem *Bruns, H.*: Barnabas. Ein Jünger
Jesu, Berlin 1937. – *Burger, J. D.*: L'énigme de Barnabas: MH3 (1946) 180–
193. – *Cadbury, H. J.*: Some Semitic Names in Luke-Acts, in: Amicitiae
Corolla, FS *J. R. Harris*: London 1933, 45–56. – *Cerfaux, L.*: Saint Barnabé,
apôtre des Gentils: Coll. doec. Torn. 23 (1927–1928) 209–217. – *Ders.*: Le
»supernomen« dans le Livre des Actes, in: Cerfaux II 175–182. – *Kappeler,
A.*: S. Barnabas in vita S. Pauli: VD 22 (1942) 129–135. – *Nellessen*: Zeugnis
81–85. – *Noorda, S. J.*: Scene and Summary. A Proposal for Reading Acts
4,32–5,16, in: *Kremer*: Actes 475–483. – *Pölzl, F. X.*: Mitarbeiter des Welt-
apostels Paulus, Regensburg 1911. – *Taylor, R. O. P.*: What was Barnabas?:
Church Quarterly Review 136 (1943) 59–79.

Zur *literarischen Gattung* der *Summarien*, ihrer *Bedeutung* in der
Apg und zur *Literarkritik* vgl. zu 2,42–47.

Aufbau

Vers 32 des Summariums schildert den *Zustand* der *Gemeinde* und
charakterisiert ihn unter dem Gesichtspunkt der Einmütigkeit und
Besitzgemeinschaft. Vers 33a schildert die *Tätigkeit* der *Apostel* und
charakterisiert sie als Bezeugung der Auferstehung Christi. Die VV
33b–35 gehen wieder auf die *Zustandsschilderung* der *Gemeinde* ein.
Sie schildern die *Beliebtheit aller* (Vers 33b), geben den Grund dafür
an: Hilfe gegenüber Bedürftigen (Vers 34a) und erklären, *wie* diese
Hilfe geleistet wird, nämlich durch Verkauf von Besitz (Vers 35a)
und *Verteilung* unter die Bedürftigen (Vers 35b). Die Verse 36 f. erzählen als *Einzelbeispiel*, wie Josef-Barnabas Land verkauft und den
Ertrag den Aposteln übergibt.

Tradition und Redaktion

Ebenso wie im Summarium Kap. 2 ist auch hier eine *genaue* Trennung zwischen Vorgegebenem und luk Bearbeitung unmöglich. So,
wie Lukas in diesem Text »das aus der LXX empfangene atl. Erbe
mit dem griechischen Gut völlig verschmolzen« hat (*Haenchen*:
Apg 227), hat er auch die auf ihn gekommenen Nachrichten ganz in
seinem Stil mit seinem Vokabular und entsprechend seinen Absichten zur Sprache gebracht. Das zeigt sich schon im Vers 32: eine aus
der Überlieferung als Einleitungsgedanke aufgenommene Notiz
über den Gemeinschaftssinn der Urgemeinde hat Lukas in Vers 32a

mit *seinen* Formulierungen (nicht genügend beachtet von *Jeremias*
240; *Degenhardt* 248; vgl. Apg 2,44) zur Sprache gebracht, in Vers
32b unter dem Gesichtspunkt Besitzgemeinschaft interpretiert – das
Vokabular ist ganz luk: *hyparchonta* = Besitz ist luk Vorzugswort
und oft redaktionell gesetzt, *idia* = Eigentum hat Lukas Lk 18,28
diff Mk redaktionell verwendet (nicht genügend berücksichtigt von
Zimmermann 252) – und in Vers 32c im Blick auf das hellenistische
Ideal der Freundschaft für seine griechischen Leser verdeutlicht. –
Vers 33 ist ganz von Lukas gebildet. Das ergibt sich für Vers 33a aus
der Sonderstellung im Kontext und aus dem spezifisch luk Inhalt
(vgl. 1,22; 3,15; 4,2; *Nellessen*: Zeugnis 82 f.), für Vers 33b aus den
Parallelen 2,47; 5,13. – Vers 34a ist in Abhängigkeit von Dt 15,4
LXX formuliert und stammt deshalb wohl ebenfalls von Lukas (anders *Zimmermann* 263). – Die VV 34b.35b werden zum vorluk
Überlieferungsbestand gehört haben. Das legt die sprachlich und
inhaltlich enge Verbindung mit dem sicher aus der Tradition stammenden Einzelbericht vom Ackerverkauf des Josef-Barnabas (VV
36 f.) nahe. – Die Wendung »... und legten ... den Aposteln zu Füßen« (VV 35a.37b) kommt wörtlich im folgenden Wunderbericht
vor (5,2). Sie wird dort ihren ursprünglichen Platz haben. Weil der
Wunderbericht erst von Lukas in den vorliegenden Zusammenhang
eingebracht worden ist, dürfte auch die Wendung in den Versen
35a.37b erst von Lukas herrühren.

Auslegung

32–35 Das Leben der Gemeinde ist in diesem Summarium vor allem
unter dem Gesichtspunkt tätiger Nächstenliebe dargestellt. Die *Einmütigkeit* der Gläubigen ist mit atl.-hellenistischen Ausdrücken formuliert: Herz und Seele gelten im AT als das »Personenzentrum des
Menschen, das seine Lebensführung bestimmt« (*Haenchen*: Apg
227); von der *einen* Seele ist aber auch in hellenistischen Texten die
Rede, die das Ideal der Freundschaft und Gemeinschaft umschrei-
ben. In ihnen spielt auch die *»Besitzgemeinschaft«* eine große Rolle:
Innerhalb der Familien- und Sippengemeinschaft und unter Freunden war »die gegenseitige Hilfe sowohl im vorderorientalischen wie
im hellenistisch-römischen Bereich eine Selbstverständlichkeit. Dabei wurden die rechtlichen Besitzverhältnisse nicht geändert.« (*Degenhardt*: Liebestätigkeit 247). Vers 32c gibt fast wörtlich das griechische Sprichwort wieder: »Freunden ist alles gemeinsam«, das sich
schon bei *Aristoteles*: NikEth IX 8, 1168b findet und von *Jamblichos*: Vit Pyth 169 der Schule des Platon und Pythagoras zugeschrie-

ben wird. Lukas sieht in dieser Charakterisierung der Urgemeinde
die philosophischen Ideale verwirklicht und spricht damit seine heidenchristlichen Leser an. Er sieht aber auch die Verheißung von
Dt 15,4 erfüllt: »es wird in dir keinen Bedürftigen geben, denn
der Herr, dein Gott, wird dich segnen ...« Lukas nimmt darauf in
den VV 33b.34a Bezug. Das dabei von ihm verwendete Wort
»Gunst«, »Güte« (=*charis*) meint hier weder nur »menschliche Güte« (*Degenhardt*: Liebestätigkeit 248 Anm. 18), noch bloße »Gunst«
bei den Menschen (*Conzelmann*: Apg 38. – *Ders.*: ThWNT IX 382),
auch nicht nur die »Gnade Gottes« (*Haenchen*: Apg 226 f.; 229),
sondern Lukas hat alle drei Aspekte im Sinn und läßt deshalb wohl
auch den Ausdruck unbestimmt: Die Christen der Urgemeinde stehen beim Volk in gutem Ansehen (vgl. 2,47; 5,13), aber sie stehen
auch in Gunst vor Gott; denn in ihrer Fürsorge füreinander zeigt
sich das gnadenhafte Wirken des Heiligen Geistes (vgl. Kap. 2; 4,31)
und der Segen Gottes als Grund und Folge solchen Verhaltens (Dt
15,4.10). VV 34b. 35 sprechen davon, daß gelegentlich (vgl. die Im-
perfektformen im griechischen Text), etwa wenn es nötig war (Vers
35b), jedoch nicht verpflichtend für alle (vgl. 5,4; 12,12) vom weiter-
bestehenden Privateigentum etwas verkauft und der Erlös den
Aposteln zur Verfügung gestellt wurde für die Verteilung an die Armen. Zur Kennzeichnung dieser Verhältnisse eignen sich nicht die
Ausdrücke »Kommunismus« und »Gütergemeinschaft« (im strengen Sinn); denn es handelt sich weder um eine zentrale Kollektivver-
waltung von Produktivgütern noch um eine rechtliche Veränderung
der Besitzverhältnisse (*Degenhardt*: Liebestätigkeit 247). – Eingefügt in diese relativ einheitliche Thematik ist in Vers 33a die Notiz,
daß die Apostel mit großer Kraft das Zeugnis von der Auferstehung
Jesu ablegten. »Das Zeugnis« meint hier vor allem die Wortverkündigung. Der bestimmte Artikel verweist auf einen bestimmten Zeug-
nisinhalt, nämlich auf das Auferstehungszeugnis, wie es den Lesern
schon aus 1,22; 2,24.32; 3,11.15 bekannt ist. Aus diesem Grund und
außerdem wegen des engen Zusammenhangs mit 4,31 ist anzunehmen, daß der Zusatz »mit großer Kraft« nicht in erster Linie Wundertätigkeit (*Haenchen*: Apg 227), sondern vor allem die Geistbegabung zur Wortverkündigung meint (*Nellessen*: Zeugnis 83). Die VV
36 f. setzen das Thema der Liebestätigkeit der Verse 32.34 f. fort.
Das knapp erzählte Einzelbeispiel vom Ackerverkauf des Josef-Barnabas scheint die traditionsgeschichtliche Keimzelle der vorausgegangenen Aussagen über die Besitzgemeinschaft zu sein. Durch den
Zusammenhang mit dem sich anschließenden Normenwunder (5,1–
11) wird deutlich, daß auch die Erzählung vom Ackerverkauf zu-

gunsten Bedürftiger nicht nur Geschehenes mitteilen, sondern darüber hinaus als *Muster*beispiel des Verhaltens verstanden sein will. Die Tatsache, daß das wohltätige Verhalten des Barnabas in Erinnerung blieb, läßt einen Sonderfall und nicht einfach das übliche Verhalten aller erkennen, ganz abgesehen davon, daß es nicht viele wohlhabende Christen in der Urgemeinde gegeben haben wird. Barnabas ist einer der führenden Männer der urchristlichen Missionsgeschichte. Seine Bedeutung lag außer in Jerusalem (4,36; 9,27; 11,22; 15,1–36) vor allem in Antiochien (11,22–26; 12,25; 13,1f.) und in der Missionsarbeit mit Paulus (13f.). Der Beiname Barnabas wird in V 36 von Lukas als »Sohn des Trostes« übersetzt. Diese Übersetzung ist mit Schwierigkeiten verbunden, erklärt sich aber am besten, wenn man den Namen als »Sohn der Prophetie« (*bar-nebuah*) = Prophet versteht und bedenkt, daß Zuspruch und Tröstung wichtige Elemente prophetischer Rede sind (2 Chr 15,8; 1 Kor 14,3. – So auch *Delitzsch, F.*: ZLThK 1877, S. 4, zit. bei *Bill.* II 634; *Cerfaux*: »Supernomen« 177; *Jacquier*: Actes 149; *Wendt*: Apg 119). Diese Deutung paßt außerdem gut zu 13,1f., wo Barnabas ausdrücklich als Prophet bezeichnet wird (vgl. 11,23). Sie verdient den Vorzug gegenüber zwei anderen Ableitungsversuchen: Barnabas bedeute »Sohn« des heidnischen Gottes »Nebo« (*Cadbury*: Names 47f.; *Conzelmann*: Apg 39; von *Haenchen*: Apg 228 erwogen) oder sei eine Verwechselung mit Manaen 13,1 (= Menachem = Tröster; so *Schwartz*: NGWG 1907, 282). Der auf Zypern geborene, dem Stamm Levi angehörende (Vers 36) hellenistische Judenchrist Josef wird nach Lukas *von den Aposteln* Barnabas genannt, und *ihnen* legt er den Verkaufsertrag zu Füßen (37). Vermutlich macht sich bereits hier, beim ersten Auftreten des Barnabas eine luk Tendenz bemerkbar, die noch öfter und deutlicher zutage treten wird: der bedeutende, relativ selbständige und dem Kreis der »Hellenisten« (6,1) angehörende Mann wird möglichst eng den Aposteln zu- und untergeordnet. Das entspricht dem luk Apostel- und Kirchenverständnis.

11. Das Gottesurteil über Hananias und Saphira 5,1–11

1 Ein Mann aber namens Hananias verkaufte mit seiner Frau Saphira ein Grundstück   2 und schaffte etwas vom Erlös mit dem Einverständnis seiner Frau auf die Seite, brachte einen Teil und legte ihn den Aposteln zu Füßen.   3 Da sagte Petrus: Hananias, warum hat der Satan dein Herz erfüllt, daß du den

Heiligen Geist belügst und vom Erlös des Grundstücks etwas
auf die Seite schaffst? 4 Wäre es nicht – unverkauft – dein
Eigentum geblieben, und konntest du nicht, nachdem es verkauft war, frei über den Erlös verfügen? Warum hast du in deinem Herzen diese Tat beschlossen? Du hast nicht Menschen
belogen, sondern Gott. 5 Als Hananias diese Worte hörte,
stürzte er nieder und starb. Und es kam große Furcht über alle,
die es hörten. 6 Die Jüngeren aber standen auf, hüllten ihn
ein, trugen ihn hinaus und begruben ihn.
7 Es geschah aber nach ungefähr drei Stunden, da kam seine
Frau herein, ohne zu wissen, was geschehen war. 8 Petrus
sprach zu ihr: Sage mir, habt ihr das Grundstück für soviel
verkauft? Sie antwortete: Ja, für soviel. 9 Da sagte Petrus zu
ihr: Warum seid ihr übereingekommen, den Geist des Herrn zu
versuchen? Siehe, die Füße derer, die deinen Mann begraben
haben, stehen vor der Tür; sie werden auch dich hinaustra-
gen. 10 Sofort stürzte sie zu seinen Füßen nieder und starb.
Die Jüngeren kamen herein, fanden sie tot, trugen sie hinaus
und begruben sie bei ihrem Mann. 11 Und es kam große
Furcht über die ganze Kirche und über alle, die es hörten.

Literatur: *Becker, E.*: Ananias und Sapphira: RQ 23 (1909) 183–194. –
Brown, S.: Apostasy and Perseverance in the Theology of Luke, AnBibl 36,
Rom 1969, 98–109. – *Cadbury, H. J.*: Four Features of Lucan Style, in *Keck/
Martyn*: Studies 87–102. – *Dietrich*: Petrusbild 232–237. – *Hamblin, R. L.*:
Miracles in the Book of Acts: SWJT 17 (1973) 19–34. – *Hardon*: Miracle
Narratives. – *Herzog, R.*: Die Wunderheilungen von Epidauros, Leipzig
1931. – *Lampe*: Miracles. – *Menoud, Ph.-H.*: La mort d'Ananias et de Saphi-
ra (Actes 5,1–11): Aux sources de la tradition chrétienne, FS M. Goguel,
Neuchâtel und Paris 1950, 146–153. – *Reicke*: Glaube 87–89. – *Scheidweiler,
F.*: Zu Act 5,4, in: ZNW 49 (1958) 136–137. – *Schmitt, J.*: Les manuscrits de
la Mer Morte, Paris 1957, 93–109. – *Schumacher, R.*: Ananias und Sapphira:
ThGl 5 (1913) 824–830. – *Schweizer, E.*: *pneuma*: ThWNT VI 406. – *Theißen*: Wundergeschichten 117–120. – *Trocmé*: Livre 196–200.

Struktur und literarische Gattung

Es handelt sich um zwei Strafwundererzählungen, von denen die
zweite (Verse 7–11) in enger Anlehnung an die erste (Verse 1–6) erzählt ist. Nach vorn und hinten abgeschlossen, stellen sie im jetzigen
Kontext eine in sich stehende Erzähleinheit dar. Verse 1 f.: *Einleitung*: Vorstellung der Personen und ihrer strafwürdigen Tat; – Verse
3 f.: *Beurteilung* von seiten des Petrus, bestehend aus Vers 3a: *Fest-*

stellung, daß Satan im Spiel ist, Vers 3b: daß die vorliegende Sünde in einer Lüge gegen den Heiligen Geist und in einer Unterschlagung besteht, Vers 4a: der *Erklärung*, daß sowohl der Verkauf wie die Verfügung über den Ertrag im freien Ermessen stand, Vers 4b: der fragenden *Anklage*, warum dennoch die Tat begangen wurde, Vers 4c: dem *theologischen Urteil*, daß nicht Menschen belogen wurden, sondern Gott; – Vers 5: *Schilderung* des sich *vollziehenden Gottesgerichts*: plötzlicher Tod, und der Reaktion Außenstehender darauf: Furcht; Vers 6: *Demonstration*: Begräbnis.

Vers 7: anknüpfende *Einleitung* zur zweiten Erzählung mit Zeit-, Orts- und Personenangabe; – Vers 8a: *Frage* des Petrus, ob beim Verkauf ein bestimmter Ertrag erzielt wurde; Vers 8b: bejahende *Antwort* der Befragten; – Vers 9a: fragende *Anklage*, warum die Übereinkunft getroffen wurde, den Geist des Herrn zu versuchen; – Vers 9b: *prophetische Ankündigung* der Strafe; – Vers 10a: sofortiges *Eintreten* des angekündigten Todes; – Vers 10b: *Feststellung* der eingetretenen Strafe und *Demonstration*: Begräbnis; – Vers 11: *Reaktion* der Gemeinde und weiterer Kreise: Furcht.

Der Text gehört der Gattung der *Normenwunder-Erzählungen* an. »Normenwunder wollen heilige Forderungen durchsetzen« (*Theißen* 114). Da die Durchsetzung der Norm im vorliegenden Fall durch wirksame Strafe geschieht, handelt es sich um ein *bestrafendes Normenwunder*, und der Text hat einen pragmatisch-lehrhaften Zweck. Derartige Strafwundererzählungen begegnen mehrfach im AT sowie häufig im Judentum und Hellenismus; im NT dagegen sind sie sehr selten (nur Mk 11; Apg 8,18–24; 13,8–12). – *Beispiele aus dem AT*: Lev 10,1–5: Die Aaron-Söhne Nadab und Abihu bringen unerlaubt ein Rauchopfer dar. Zur Strafe verzehrt sie das Feuer. Sie werden außerhalb des Lagers begraben. – Jos 7: Achan entwendet bei der Einnahme Jerichos Banngut, das Gott gehört. Josua ermittelt den Schuldigen durch das Los; dieser bekennt die Schuld und wird gesteinigt. – 1 Kön 14: Die Frau des Königs Jerobeam geht verkleidet nach Schilo zum Propheten Ahija, um Auskunft über ihren kranken Sohn zu erhalten. Ahija durchschaut sie, verkündet ihr den Untergang des Hauses wegen der Vergehen des Königs und den Tod ihres Sohnes. Bei ihrer Heimkehr findet sie ihr Kind tot. *Beispiele aus dem Judentum*: Rabbi Gamaliel deutet es als göttliches Strafgericht, als das Schiff mit dem gebannten Rabbi Elieser in lebensgefährliche Seenot gerät (BM59b). – Ein Schüler Eliesers, der in Gegenwart seines Lehrers eine Lehrentscheidung fällt, was sich nicht gehört, stirbt überraschend (Er63a). – Die Rabbinen erörtern, welche Untat zugrunde liegt, daß dem Rabbi Huna 400 Faß Wein sauer wurden (Ber5b). – Ein Richter, der gegen das Prozeßrecht verstößt, stirbt überraschend (Mech, Mischp 20); desgleichen ein Rabbi, der einem älteren Rabbi widerspricht (Sifre Num 28,26), oder der die Regelungen für das Sabbatjahr zu sehr erleichtert (j Schab 38d). Der Sohn Rabbi Jose's wird mit sofortigem Tod als göttlichem Strafgericht bedroht, weil er durch ein Wunder den Arbeitern Früchte vom Feigenbaum verschafft hatte, denn es war noch nicht die Zeit der Reife (b Taan 24a).

Beispiele aus der griechisch-hellenistischen Umwelt: Die Inschriften am Asklepiosheiligtum von Epidauros enthalten mehrere Berichte von Strafwundern: Ein Mann erhält für seinen Unglauben den Namen »*Apistos*«, wird aber dennoch geheilt (W 3, Zählung nach *R. Herzog*, Die Wunderheilungen von Epidauros, Leipzig 1931). – Aischines schaut unerlaubterweise in den Heilraum; zur Strafe fällt er und verletzt sich die Augen; er wird aber geheilt (W 11). – Hermon, der von Blindheit geheilt wird, aber seinen Heildank nicht abstattet, fällt erneut in Blindheit, wird aber wieder geheilt, weil er bereut (W 22). – Kephisias bezichtigt den Asklepios des Betruges; zur Strafe wird er vom Pferd geschlagen, so daß sein Fuß verkrüppelt; er findet aber Heilung, nachdem er um Vergebung gebeten hat (W 36). – Amphimnestos, der versprochen hatte, dem Asklepios Fische zu stiften, dies aber nicht tat, wird von Fischen angefallen und erst wieder befreit, da er erneut die Erfüllung des Versprechens erklärt (W 47). – Ein von Blindheit Geheilter erfüllt seine Dankversprechen nicht; er wird wieder blind und erst nach Reue erneut geheilt (W 55). – Im Vergleich zu den atl. und jüdischen Strafwundern fällt vor allem auf: dort geht es um Strafe, die nicht rückgängig gemacht wird und zudem meist um die härteste Strafe, nämlich den Tod; hier dagegen sind es durchweg geringfügigere, meist dem Vergehen entsprechende Strafen, die außerdem wieder aufgehoben werden, sobald der Betroffene um Vergebung bittet. Nur in *einem* Text der Epidauros-Inschriften ist dies nicht der Fall, und da dieser Text einen literarischen Wachstumsprozeß erkennen läßt – ähnlich wie Apg 5,1–11 – sei er wörtlich wiedergegeben:

Pandaros von Thessalien mit einem Mal auf der Stirn. Dieser sah beim Heilschlaf ein Gesicht: es träumte ihm, der Gott verbinde ihm mit einer Binde das Mal und befehle ihm, wenn er aus dem Heilraum komme, die Binde abzunehmen und in den Tempel zu weihen. Als es Tag wurde, stand er auf und nahm die Binde ab, und fand sein Gesicht frei von dem Mal, die Binde aber weihte er in den Tempel, sie trug die Buchstaben von der Stirn (W 6).

Echedoros bekam Pandaros' Mal zu dem, das er hatte. Dieser hatte von Pandaros Geld bekommen, um dem Gott nach Epidauros eine Stiftung für ihn zu machen, wollte es aber nicht abliefern. Im Heilschlaf sah er ein Gesicht: es träumte ihm, der Gott trete vor ihn und frage ihn, ob er etwa Geld von Pandaros habe für eine Athena als Weihgeschenk in das Heiligtum; er habe gesagt, er habe nichts Derartiges von ihm bekommen; aber wenn er ihn gesund machen würde, so werde er ein Bild malen lassen und ihm weihen; hierauf habe ihm der Gott die Binde des Pandaros um sein Mal gebunden und ihm befohlen, wenn er aus dem Heilraum herauskomme, die Binde abzunehmen, sein Gesicht am Brunnen zu waschen und sich im Wasser zu spiegeln. Als es Tag geworden, ging er aus dem Heilraum heraus und nahm die Binde ab, die die Buchstaben nicht (mehr) hatte; als er aber in das Wasser schaute, sah er, daß sein Gesicht zu seinem eigenen Mal noch die Buchstaben des Pandaros bekommen hatte (W 7).

Im zweiten Text handelt es sich um nicht mehr rückgängig gemachte Bestrafung durch die Gottheit. Es ist deutlich zu erkennen, daß der Text in direkter literarischer Abhängigkeit und Weiterführung der vorausgehenden Heilwundererzählung aus erzieherischen Absichten gestaltet ist: er will die Besucher des Heiligtums davor warnen, gottgeweihte Stiftungen etwa nicht darzubringen oder positiv: sie auffordern, ihren Heildank abzustatten. – Es ließen sich noch viele Beispiele nennen aus der antiken Literatur (etwa *Lukian*: Philops. 19 f.; *Aelian*: De nat. anim. XI 17), aus den Apokryphen, aus den Lebensbeschreibungen der Heiligen und aus den Büchern, die an christlichen Wallfahrtsorten geführt werden. Die angeführten Beispiele genügen jedoch, um eine ungefähre Vorstellung darüber zu gewinnen, aus welchem geistigen Milieu, mit welchen Mitteln der Darstellung und mit welcher Zielrichtung und Aussageabsicht derartige Texte, zu denen auch Apg 5 gehört, geschaffen worden sind.

Tradition und Redaktion

Der Text ist durchaus nicht einheitlich in seinem Aufbau (gegen *Bauernfeind*: Apg 84). Es bestehen folgende literarische Schwierigkeiten und Spannungen: 1. In den VV 2 f. wird bereits das *Zurückbehalten* eines Teiles des Verkaufsertrages als ein Unrecht bewertet und nicht erst – wie in VV 3 f. – die Lüge. Vers 4 räumt aber ausdrücklich das Recht der *freien* Verfügung ein, sowohl was den Verkauf als auch, was dessen Ertrag betrifft. Diese in der Forschung kaum beachtete Spannung *innerhalb* der Erzählung ist viel größer, als der von den Kommentatoren immer wieder hervorgehobene Wider-

spruch zwischen Vers 4 und den verallgemeinernden Aussagen
2,44f.; 4,32.34f.; denn letzterer mindert sich, wenn man den luk
Aussagesinn der Summarien berücksichtigt. 2. Der stilgemäße Abschluß Vers 5b sprengt in seiner vorliegenden Form räumlich und
zeitlich *den* Rahmen der Szenerie, in den Vers 6 wieder zurückführt.
3. Die Schilderung VV 7–11, die ganz von VV 1–6 abhängig ist und
sowohl wörtliche als auch variierende Parallelen enthält, weist Züge
auf, die innerhalb der *geschilderten* Situation nur schwer vorstellbar
sind: Es befremdet, daß zwar schon die Umgebung vom Straftod des
Hananias mit Schrecken gehört hat (Vers 5), nur seine Frau davon
noch nichts weiß (Vers 7); daß sie – nach Stunden (Vers 7) und nachdem ihr Mann bereits bestattet ist – hereinkommt und die Situation
so vorfindet, als ob inzwischen nichts geschehen wäre; daß Petrus
auf einen bestimmten Verkaufspreis des Grundstücks hinweist (Vers
8), der in der ersten Texthälfte keinen Bezugspunkt hat, denn nach
der *jetzigen* Form der Erzählung hat Petrus weder den Hananias
danach gefragt, noch ihm von sich aus eine Differenz zwischen Ertrag und Abgabe genannt. Fällt schon in der ersten Texthälfte auf,
daß das Eintreten des Todes, das sofortige Auftreten der jungen
Männer und die Bestattung recht unrealistisch und wie ein mecha-
nisch ablaufender Vorgang geschildert ist (Verse 5f.), so verstärkt
sich dieser Eindruck stereotyper, schematischer Darstellung noch
mehr im zweiten Teil des Textes (Vers 10).
Eine Lösung der genannten Spannungen und eine Erklärung der
Auffälligkeiten ergibt sich, wenn man annimmt, der vorliegende
Text sei aus einer Grundgestalt erwachsen, die etwa folgende Form
hatte:

1 Ein Mann namens Hananias verkaufte mit seiner Frau Saphira
ein Grundstück, 2b brachte einen Teil des Ertrages und legte ihn
den Aposteln zu Füßen. 8 Da sprach Petrus: Sage mir, habt ihr das
Grundstück für soviel verkauft? Er antwortete: Ja, für soviel. 3a
Da sagte Petrus: Hananias, warum hat Satan dein Herz erfüllt,
daß du lügst? 4a Wäre (das Grundstück) – unverkauft – nicht dein
Eigentum geblieben, und konntest du nicht, nachdem es verkauft
war, frei über den Erlös verfügen? 5a Als Hananias diese Worte
hörte, stürzte er nieder und starb. 6 Die Jüngeren aber standen
auf, hüllten ihn ein, trugen ihn hinaus und begruben ihn. 5b Und
alle, die davon hörten, fürchteten sich.

In dem versuchsweise so rekonstruierten Grundtext wäre der Ak-
kerverkauf nur der Anlaß und das nur teilweise Abgeben des Erlöses

lediglich die Voraussetzung des folgenden Geschehens. Die Schuld
läge nicht im Zurückbehalten, sondern in der Unaufrichtigkeit, in
der Lüge. Daß sie aufgrund der Besitz- und Verkaufsverhältnisse in
keiner Weise nötig war, besagt Vers 4a. Die Motivation des geschilderten Fehlverhaltens dürfte deshalb im Sinne der Erzählung im
Mehr-gelten-wollen vor den Aposteln und der Gemeinde liegen.
Die Erzählung wollte wohl demnach belehren und ermahnen, daß
ein derartig gemeinschaftszerstörender Geltungsdrang und die zu
seiner Durchsetzung angewandten unlauteren Mittel der Lüge und
Unaufrichtigkeit von Gott geahndet werden und zum Tode führen.
Der Text wird aus judenchristlichem Milieu stammen. Dafür sprechen die jüdischen Namen (Hanania = »Gott ist gnädig«; Saphira =
»die Schöne«), die in den atl. und jüdischen Normwundererzählun-
gen oft begegnende harte Bestrafung durch den Tod und das atl.-
jüdische Sprachkolorit (z. B. »zu Füßen legen«, »Satan«, »das Herz
erfüllen«). Der Text wird seinen »Sitz im Leben« in einer palästinen-
sisch-judenchristlichen Gemeinde (möglicherweise Jerusalem) gehabt haben und er dürfte wohl als Lehrerzählung für die moralisch-
paränetische Unterweisung gebildet und herangezogen worden
sein. *Schmitt*: Manuscrits 101–104 und *Trocmé*: Livre 198 f. nehmen
darüber hinaus an, daß in der Urgemeinde qumranähnliche Verhältnisse bestanden und das Ehepaar danach strebte, in den Kreis der
»Vollkommenen« aufgenommen zu werden (1 QS VI 24 f.; VIII 20).
Aber nach dem Zeugnis der Apg lassen sich derartige Verhältnisse
für die Jerusalemer Christengemeinde nicht nachweisen (vgl. *Haenchen*: Apg 236 f.).
Wie erklären sich nun die Erweiterungen des Grundtextes? Eine erste Erweiterung trat im hellenistischen Urchristentum ein, als man
den Text aufgrund der Motive *Zurückbehalten eines Teiles, Ahn-
dung und Überführung durch Gott, Todesstrafe* in einen Zusammenhang mit der Bestrafung Achans brachte, der nach Jos 7 gottge-
weihtes Banngut entwendete. Daß bewußt eine Beziehung zum
LXX-Text Jos 7 hergestellt wurde, ergibt sich aus der wörtlichen
Übereinstimmung des in der Bibel sehr seltenen Ausdrucks *enosphi-
sato* (= er entwendete). Das griechische Wort begegnet im NT nur
noch Tit 2,10, wo es ebenfalls die Bedeutung »unterschlagen« hat. In
der außerbiblischen Literatur kommt das Wort öfter vor und bezeichnet dort ein geheimes Entwenden eines Teiles einer größeren
Summe, die meist einer Gemeinschaft gehört (*Lake-Cadbury*: Beginnings IV 50). Mit dieser Erweiterung trat eine Akzentverschie-
bung ein: die Schuld bestand nun nicht mehr in der Lüge, sondern
zudem im *unerlaubten Zurückbehalten* (Vers 3b). Die Erweiterung

hatte außerdem zur Folge, daß weitere Ergänzungen entstanden:
Weil die Abgabe nur eines Teiles nun als Unrecht galt, legte es sich
nahe, zu erwähnen, daß auch die Frau um den Betrug wußte und
einverstanden war (Vers 2). Dadurch wurde auch ihre Bestrafung
notwendig (Vers 9). Das führt zur Ergänzung des ganzen zweiten
Teiles (Verse 7–11), der in Analogie zum ersten Teil geformt wurde.
Die sekundäre, steigernde Parallelgestaltung läßt sich auch daran erkennen, daß der zweite Teil im Unterschied zum ersten ausdrücklich
ein Drohwort des Petrus enthält (vgl. VV 4 f. mit VV 9 f.), wenn
auch die Steigerung nicht darin besteht, daß Petrus Saphira tötet (gegen *Haenchen*: Apg 235). – Ob das theologische Urteil Vers 4c zum
Grundbestand der Erzählung gehörte, oder ebenfalls unter Einfluß
von Jos 7 zustande kam, ist nicht eindeutig zu entscheiden. Für die
erstere Möglichkeit spricht die Beschränkung auf »Lüge«; für die
letztere die Aussage Jos 7,1, wo das Entwendete als Gott gehöriges
Gut bezeichnet wird, wodurch das begangene Unrecht von vornherein in Beziehung zu Gott gesehen wird. – Falls Vers 6 als stilge-
mäßes Element »*Demonstration*« zur ursprünglichen Erzählung gehörte (*Haenchen*: Apg 237 verneint dies), würde er besser seinen
Platz vor dem stilgemäßen *Abschluß*element, nämlich der Schilderung der *Reaktion* Außenstehender haben. Die jetzt vorliegende
Anordnung könnte sich aus zwei Gründen ergeben haben: das
Furchtmotiv Vers 5b sollte enger an das Hauptgeschehen angeschlossen werden, nämlich an den Straftod; durch Vorrücken verlor
das Furchtmotiv etwas von seinem *Abschluß*charakter; das war
wichtig, sobald die Erzählung eine Fortsetzung in den Versen 7–11
erhielt (zum Verrücken eines Motivs vgl. 4,22).
Es ist nicht deutlich zu erkennen, ob die bisher genannten Änderungen bereits vor Lukas oder erst durch ihn vorgenommen worden
sind. Einige Züge der Erzählung lassen aber eindeutiger ihre Herkunft erkennen, und zwar die luk Redaktionsarbeit: Vers 3b die
Deutung, daß es sich um eine Lüge gegen den *Heiligen Geist* handle;
der Zusatz erweist sich als luk, weil Lukas überhaupt dem Heiligen
Geist besondere Aufmerksamkeit schenkt, speziell seine Wirksamkeit in den Aposteln und seine Gegenwart in der Gemeinde betont
und weil Lukas auch in der verwandten Erzählung 13,9 das Erfüllt-
sein des Paulus durch den Heiligen Geist redaktionell hinzugefügt
hat. Vers 4b dürfte von Lukas stammen, weil der LXX-Ausdruck
»im Herzen beschliessen« (z. B. Hagg 2,18; Dan 1,8 [Theodotion])
von Lukas auch 19,21 und das Wort *pragma* (= Tat, Geschehnis)
Lk 1,1 redaktionell verwendet worden ist. Das aus der Überlieferung stammende Motiv des Sich-fürchtens (VV 5b.11) ist in der

vorliegenden Gestalt von Lukas formuliert; denn er ersetzt den ver-
balen Ausdruck »sich fürchten« des Mk oft durch den substantivi-
schen »Furcht« (z. B. Lk 4,36 diff Mk 1,27; 5,26 diff Mk 2,12; 8,37
diff Mk 5,15), und er formuliert Lk 1,12.65; 4,36; 5,9.26; 7,16; 8,37;
Apg 19,27 ganz ähnlich wie an unserer Stelle. In Vers 11 läßt der hier
erstmals in der Apg vorkommende, im Blick auf 8,1; 9,31 aber sicher
mit Bedacht gewählte Ausdruck ekklesia (hier: die Einzelgemeinde
zu Jerusalem) die Hand des Lukas erkennen.

Auslegung

Wie zu *Beginn der Jesuszeit* der *Teufel* als Gegenspieler auftritt (Lk
4,1–13), um das messianische Heilswirken des vom *Heiligen Geist*
erfüllten (Lk 4,1) Jesus zu vereiteln, so tritt auch am *Anfang der Zeit
der Kirche* (Vers 11!) *Satan* auf den Plan, um sie, die ebenfalls aus der
Kraft des Geistes lebt (Apg 2), von innen her zu Fall zu bringen. Von
innen her, d. h. nach Lukas: durch Glieder der Kirche (Verse 1.11;
vgl. 20,30), die in ihrem Herzen Satan Raum geben (Verse 3 f.) und
so den Geist Gottes versuchen (Vers 9; vgl. Lk 4,2), ähnlich wie
schon in der Jesuszeit Judas, einer aus dem Kreis der Zwölf, es zuließ, daß »Satan in ihn fuhr« (Lk 22,3). Aus diesen Zusammenhängen läßt sich erkennen, weshalb Lukas betont, daß die von Satan
ausgehende Versuchung gegen den *Heiligen Geist* gerichtet ist (Verse
3.9), weshalb hier erstmals in der Apg der Ausdruck *Kirche* vorkommt (Vers 11) und weshalb auf die *Eigenverantwortlichkeit* des
Hananias und der Saphira (Verse 3 f.9) so großer Wert gelegt wird.
Lukas macht deutlich: Nicht nur der einzelne, sondern die vom Heiligen Geist durchwaltete *Kirche* ist schon gleich am Anfang vom Gegenspieler Gottes bedroht; aber es ist die *verantwortungsvolle* Aufgabe eines *jeden* Christen, ihm keinen Raum zu geben. Lukas wendet die aus der Überlieferung aufgenommene Lehrerzählung auf einen Lebensbereich der Christen an, der ihm auch sonst viel bedeutet: Selbstlosigkeit und soziale Gesinnung im Umgang mit materiellen Gütern (vgl. Lk 12; 16). Er verknüpft deshalb die Erzählung eng
mit dem Thema Besitzgemeinschaft. Dadurch, daß die soziale Kom-
ponente im Umgang mit den materiellen Gütern so hoch einge-
schätzt wird, gewinnt auch die Lauterkeit der Gesinnung besondere
Bedeutung. Die Sünde des Hananias und der Saphira besteht deshalb
nach Lukas im selbstsüchtigen Umgang mit materiellem Gut.
Selbstsüchtig meint dabei: *unsozial* im Gebrauch, *unlauter* in der
Absicht. Lukas betont, daß die Selbstlosigkeit nicht etwa im Einhal-
ten einer *Verpflichtung* besteht, alles Eigentum für andere wegzuge-

ben (Vers 4), sondern im *freien*, aber *sozial* verantworteten Gebrauch der Güter und in der *Bescheidenheit*, vor anderen nicht hö-
her angesehen werden zu wollen, als es der Wirklichkeit, d. h. auch:
dem eigenen Verhalten, gemäß ist. Es genügt demnach nicht, den
Sinn der luk Lehrerzählung darin zu sehen, »dem Leser das strafen-
de Wirken des Geistes gegenüber allem unheiligen Wesen zu zeigen,
das sich in die Gemeinde eindrängen will« (*Wikenhauser*: Apg 70)
oder daß eine Illustration der Strafe gegeben würde, wie sie Apg 3,23
andeutet (so *Schmitt* 102; vgl. dagegen *Brown*: Apostasy 105). Daß
Lukas einen bewußten Zusammenhang mit dem Wort von der Un-
vergebbarkeit der Blasphemie gegen den Heiligen Geist Lk 12,10
hätte herstellen wollen (so *Brown*: Apostasy 107f.), ist ebenfalls
nicht anzunehmen; denn dort ist nichts vom Tod, hier nichts von
Blasphemie gesagt, die sich überdies nach Apg 13,45; 18,6; 26,11 auf
die Verweigerung des Christusbekenntnisses bezieht. Die eintretende Strafe ist nicht als psychisch eintretende Schockwirkung, als Sterben vor Schande und Scham (*Reicke*: Glaube 88f.) zu verstehen,
sondern im Sinne der Erzähler als Gottesurteil. Nur dieses Verständnis entspricht dem Strafcharakter von Normwundererzählun-
gen, der Plötzlichkeit des Todes (Verse 5.10) und dem Furchtmotiv
(Verse 5.11).
Läßt sich der älteste Erzählbestand, der vom Straftod des Hananias
sprach, auf ein geschichtliches Einzelereignis zurückführen? *Conzelmann*: Apg 39 verneint es. *Dibelius*: Aufsätze 21 spricht von einer
Legende. *Haenchen*: Apg 236f. äußert sich nicht deutlich und erwägt nur, warum »die jerusalemische Tradition keine solche Geschichte überliefert haben« soll, die voraussetzt, »daß ein geisterfüllter Christ einen Sünder durchschauen kann (vgl. 1Kor 14,24f.) und
daß ein so überführter Betrüger unter der Enthüllung seiner Schuld
einfach zusammenbricht.« *Reicke*: Glaube 88f. hält es »psycholo-
gisch ... für nicht unwahrscheinlich, daß Ananias und Saphira tatsächlich wegen der strengen Rede und des *Anathemas* des Petrus
gestorben sind«. Die theologischen Bedenken, die gegen die Historizität sprechen, hat *Wendt*: Apg 121 klar formuliert: Es ist schwer
vorstellbar, daß die erste Sünde in der Gemeinde abschreckender
bestraft wurde als die folgenden; daß sie mit sofortigem Tod bestraft
wurde, ohne Möglichkeit zur Umkehr und ohne daß sich vielleicht
die Betroffenen der Größe ihrer Schuld überhaupt bewußt waren;
daß Petrus nicht die Forderungen Jesu Mt 18,15–17; Lk 17,3f. beachtete (und man könnte hinzufügen: Jesu Verhalten gegen Judas).
Wendt hat daraus den Schluß gezogen, daß »die einfache Geschicht-
lichkeit zu beanstanden« sei, wenn sich auch nichts Genaueres über

die Entstehung der Überlieferung sagen, sondern sich nur vermuten
läßt, »daß die Urgemeinde in dem plötzlichen Tode der beiden Ge-
meindemitglieder ein wunderbares göttliches Strafgericht über das
Unrecht sah, das sie durch ihre Täuschung der Gemeinde begangen
hatten.« Ähnlich urteilt *Holtzmann*: Apg 342. *Menoud*: mort 147f.
teilt die genannten Bedenken, macht überdies darauf aufmerksam,
daß es im ganzen NT keinen vergleichbaren Fall so harter und sofor-
tiger Bestrafung gibt und baut den ätiologischen Erklärungsversuch
weiter aus: Hananias und Saphira waren die ersten Toten der Urgemeinde. Ihr Tod galt angesichts des Glaubens an die todesüberwin-
dende Macht Christi und der Gegenwart seines Geistes als aufsehe-
nerregendes, schockierendes Geschehen, das nach einer Erklärung
rief. Man gab sie in Form der vorliegenden Erzählung (149f.). Der
Tod war also nicht die Straffolge der Sünde, sondern die Sünde galt
als Erklärung für den erfolgten Tod. Es ist nicht unmöglich, daß die
Erzählung auf diese Weise zustande kam; aber die von *Menoud* ge-
machten Voraussetzungen bleiben hypothetisch, und *Haenchen*:
Apg 235 gab zu bedenken, daß zu der Zeit, in der man nach *Menoud*
die Entstehung der Legende ansetzen müßte, der Schock über
christliche Todesfälle – wenn es ihn je gab – längst überwunden
war.
Man wird annehmen dürfen, daß der Erzählung ein durch besondere
Umstände gezeichnetes Sterben des Hananias, eines Gliedes der Urgemeinde, (und seiner Frau?) zugrunde lag. Welcher Art die näheren
Umstände waren, läßt sich nicht mehr erkennen. Diese zurückhaltende Beurteilung ergibt sich aus den literarisch-inhaltlichen Spannungen im Text, aus den theologischen Bedenken, aus dem Sonder-
charakter des Stückes innerhalb des NT, aus der Zugehörigkeit zu
der außerhalb des NT in der Antike weit verbreiteten Gattung der
Strafwundererzählungen, bei denen entweder der historische Kern,
etwa ein Unglücksfall, als strafendes Eingreifen der Gottheit für
menschliches Fehlverhalten gedeutet oder eine Erzählung zu nor-
mierend-lehrhaftem Zweck frei gebildet wurde.

12. Gottes Wirksamkeit in der Gemeinde durch die Wunder-
taten der Apostel 5,12–16

12 Durch die Hände der Apostel aber geschahen viele Zeichen und Wunder im Volk. Und sie waren alle einmütig in der
Halle Salomos.   13 Von den übrigen wagte niemand, sich ihnen anzuschließen, aber das Volk pries sie.   14 Immer mehr

wurden im Glauben durch den Herrn hinzugefügt, eine Menge
Männer und Frauen, 15 so daß man sogar die Kranken auf
die Straße hinaustrug und sie auf Betten und Bahren legte,
damit wenigstens der Schatten des vorbeikommenden Petrus
auf einen von ihnen falle. 16 Es kam aber auch die Menge
von den Städten rings um Jerusalem. Sie brachten Kranke
und von unreinen Geistern Geplagte. Und alle wurden
geheilt.

Literatur: Siehe zu 2,42–47; 4,32–35. Außerdem *Bieder, W.*: Der Petrus-
schatten, Apg 5,15, in: ThZ 16 (1960) 407–409.

Zur *literarischen Gattung* der *Summarien* und ihrer *Bedeutung* in
der Apg vgl. zu 2,42–47.

Tradition und Redaktion

Lukas führt die bereits Vers 11 begonnene Ausweitung verallgemeinernd weiter in Vers 12a. Daß diese Verallgemeinerung Lukas selbst
vorgenommen hat, ist wegen des sprachlichen und inhaltlichen Be-
zugs zu 4,30 (vgl. 19,11) anzunehmen. *Zimmermann*: Methodenlehre 263 f. sieht Vers 12a wegen der Weiterführung in Vers 15 als
Traditionsgut an. Das ist aber nicht zwingend. Lukas kann den sicher aus der Tradition empfangenen Inhalt von Vers 15 durchaus
selbst mit »so daß« = *hōste*, bezogen besonders, aber nicht nur auf
5,12 (vgl. 19,11) angeschlossen haben. Vers 12b dürfte ebenfalls luk
Bildung sein: der Versteil variiert den aus 2,46 (u. ö.) stammenden
Gedanken der Einmütigkeit und läßt die Zusammenkunft der Gläubigen statt im Tempel nun in der bereits 3,11 genannten Halle Salomos geschehen. Die VV 12b–14 werden in der Forschung mit Recht
allgemein als luk redaktionell angesehen, nur *Benoit*: Remarques
7–9 möchte sie einem nachluk Redaktor zuschreiben. Gründe für
die Annahme luk Redaktion sind vor allem: die Übereinstimmung
mit spezifisch luk Ausdrücken und Inhalten, wie sie teilweise auch
(aber nicht nur!) in den anderen Summarien vorkommen, z. B. »einmütig« 5,12b; 1,14. 2,46; vgl. 4,32; Ansehen beim Volk 5,13 vgl.
2,47; 4,33; die Worte »Menge« 5,14; 4,32, »Gläubige« 5,14; 2,44;
4,32; »hinzufügen« 5,14; 2,41.47 und ihre inhaltliche Verbindung
sowie die eigene Erwähnung der »Frauen« 5,14 vgl. u. a. Lk 8,2;
23,55; Apg 1,14. Noch eindeutiger zeigt sich Vers 16 als luk Bildung, und zwar als Verallgemeinerung des seinem Inhalt nach aus
der Tradition stammenden Verses 15. Dem Vokabular gehören Vor-

zugsworte des Lukas an, die an vielen Einzelstellen des luk Doppelwerkes nachweislich redaktionell gesetzt sind (z. B. »zusammen-
kommen« = *synerchesthai*, »die Menge«, »die Stadt«). Die Erwähnung, daß die Leute aus den umliegenden »Städten« zusammenströmen, entspricht ganz dem soziokulturellen Milieu, aus dem heraus
und in dem *Lukas* das Wirken Jesu, der Apostel und Missionare als
Stadt-Mission sieht (vgl. z. B. 8,6f.; *Busse*: Wunder 91; 462). Der
Schluß des Verses stimmt fast wörtlich mit dem redaktionell gebildeten Heilungs-Summarium Lk 6,18b überein.

Auslegung

Vom Einzelwunder des Petrus VV 1–11 ausgehend, weitet Lukas
durch typisierende Komposition in sachlicher, personeller und
räumlicher Hinsicht die Szenerie derart, daß der christliche Hei-
lungs- und Missionserfolg als Anlaß für den folgenden Zugriff der
sadduzäischen Gegner (VV 17–42) verständlich wird. Das Summarium hat eine wichtige vorbereitende Überleitungsfunktion. Die
sachliche Ausweitung besteht darin, daß nun »viele« Zeichen und
Wunder geschehen (Vers 12a), »alle« Kranken, die gebracht werden,
Heilung finden (Vers 16), »noch mehr«, ja »eine Menge« Neubekehrter hinzukommt (Vers 14). In bezug auf die handelnden *Personen* und Personengruppen geht die Bewegung von Petrus (Verse
1–11.15) über »die Apostel« (Vers 12a), »alle« Christen (Vers 12b),
das nichtchristliche, jüdische Volk (nicht die Führer!) in Jerusalem
(Vers 13) bis hin zur Bevölkerung in der Umgebung (Vers 16). Damit
kommt auch schon die *räumliche* Ausweitung in den Blick: Sie erstreckt sich vom Aufenthaltsort der Christen, einer Säulenhalle, die
sich Lukas und seine Leser wohl wie eine Lehr- und Wandelhalle
griechischer Philosophen dachte (Vers 12b; vgl. *Haenchen*: Apg
240), über »die Straßen« der Stadt (Vers 15) bis hin zu den Städten in
der Umgebung Jerusalems (Vers 16). Wenn es in V 13 heißt, daß die
Nichtchristen es nicht wagten, sich den Christen beizugesellen, so
ist damit eine räumliche Distanz (vgl. 8,29) gemeint, nämlich die
ehrfurchtsvolle Scheu, nicht als Unbefugte an den Zusammenkünften der Christen teilzunehmen. Daß es nicht um ein *feindseliges*
Fernbleiben geht und nicht um die Unüberwindlichkeit, sich *innerlich als Neubekehrte* anzuschließen, darauf macht Lukas ausdrücklich aufmerksam: Vers 13b spricht von der überaus positiven Einstellung, Vers 14 vom Zustrom Neubekehrter. Das durch die Wunder der Apostel (Vers 12a) sowie durch die Einmütigkeit (Vers 12b)
und das Ansehen der Christen (Vers 13b) geweckte Vertrauen führt

dazu, daß man sogar vom Schatten des vorbeigehenden Petrus Heilung für Kranke erhofft (Vers 15). Wie V 16 und 19,12 zeigen, war Lukas vom eingetretenen Heilerfolg überzeugt. Daß es sich im luk Verständnis dabei nicht einfach um ein magisches Geschehen handelt, läßt sich aus folgenden Beobachtungen erkennen: 1. In der Erzählung von der blutfüßigen Frau, die durch Berührung des Gewandes Jesu – also einem ähnlich »magischen« Geschehen wie Apg 5 – geheilt wird, hebt Lukas durch eine kleine Änderung am Markus-Text hervor, daß sie *mit Jesus selbst in personalen Kontakt* gekommen ist (Lk 8,45 diff Mk 5,30) und Lukas betont ihren *Glauben*. 2. Die Formulierung in Vers 15 »damit wenigstens ...« (im Griech.: das im NT seltene *kan*; vgl. Mk 5,28; 6,56) drückt ein *Minimum* an Kontaktnahme aus, bei der es eigentlich *nicht bleiben sollte*. 3. Die unmittelbare Verbindung von Vers 15 mit der Aussage über die *Glaubenden und den Herrn* Vers 14 zeigt, daß Lukas auch die Heilungen durch den Schatten des Petrus und die im Vers 16 erwähnten Heilungen Kranker und Besessener im Zusammenhang mit dem *Glauben* und als Auswirkung der heilschaffenden Macht des *Herrn* sieht. Außerdem drückt sich in dem von Lukas verwendeten Verbum »überschatten« (*episkiazein* Lk 1,35; 9,34) der Gedanke an das Wirksamwerden der leben- und heilschaffenden *Gegenwart Gottes* aus.

13. Verhaftung und Lebensbedrohung der Apostel 5,17–42

17 Es erhob sich aber der Hohepriester und sein ganzer Anhang, nämlich die Partei der Sadduzäer. Voll Eifersucht 18 legten sie Hand an die Apostel und warfen sie ins öffentliche Gefängnis. 19 Doch ein Engel des Herrn öffnete nachts die Gefängnistore, führte sie hinaus und sprach: 20 Geht, tretet im Tempel auf und redet zum Volk alle Worte dieses Lebens! 21 Als sie das hörten, gingen sie gegen Morgen in den Tempel und lehrten.

Als sich der Hohepriester und sein Anhang einfanden, riefen sie den Hohenrat und die ganze Ältestenschaft der Söhne Israels zusammen und schickten zum Gefängnis, um sie vorführen zu lassen. 22 Als aber die Diener hinkamen, fanden sie sie nicht im Gefängnis. Sie kehrten zurück und meldeten: 23 Wir fanden das Gefängnis sorgfältig verschlossen und die Wachen an den Toren stehen. Als wir aber öffneten, fanden wir drinnen niemand. 24 Auf diese Worte hin waren der

Tempelhauptmann und die Hohenpriester ratlos, was nun werden solle. 25 Da kam jemand und meldete ihnen: Siehe, die Männer, die ihr ins Gefängnis geworfen habt, stehen im Tempel und lehren das Volk. 26 Da ging der Tempelhauptmann mit den Dienern und holte sie, allerdings nicht mit Gewalt, denn sie fürchteten sich vor dem Volk, gesteinigt zu werden.

27 Man führte sie also herbei und stellte sie vor den Hohenrat. Und es verhörte sie der Hohepriester: 28 Wir haben euch streng befohlen, nicht unter Nennung dieses Namens zu lehren, doch siehe, ihr habt Jerusalem mit euerer Lehre erfüllt und ihr wollt das Blut dieses Menschen über uns bringen. 29 Da antworteten Petrus und die Apostel: Man muß Gott mehr gehorchen als den Menschen. 30 Der Gott unserer Väter hat Jesus auferweckt, den ihr umgebracht habt, indem ihr ihn ans Holz hängtet. 31 Diesen hat Gott als Führer und Retter zu seiner Rechten erhöht, um Israel Umkehr und Vergebung der Sünden zu schenken. 32 Und wir sind Zeugen dieser Ereignisse und der Heilige Geist, den Gott denen gegeben hat, die ihm gehorchen.

33 Als sie das hörten, gerieten sie in Zorn und wollten sie töten. 34 Da erhob sich im Hohenrat ein Pharisäer namens Gamaliel, ein beim ganzen Volk angesehener Gesetzeslehrer und ließ die Männer für kurze Zeit hinausführen. 35 Dann sprach er zu ihnen (dem Hohenrat): Israeliten, überlegt euch gut, was ihr mit diesen Männern tun wollt. 36 Denn vor einiger Zeit erhob sich Theudas und behauptete, etwas Besonderes zu sein. Ihm schloß sich eine Zahl von etwa vierhundert Männern an. Er wurde getötet und alle, die ihm folgten, wurden zerstreut und vernichtet. 37 Nach ihm, in den Tagen der Steuereintragung, erhob sich Judas, der Galiläer, und brachte eine Schar durch seine Führung zum Abfall. Auch er kam um, und alle, die ihm folgten, wurden zerstreut. 38 Und nun rate ich euch: Laßt ab von diesen Männern und gebt sie frei; denn wenn dieses Vorhaben oder Werk von Menschen stammt, wird es zugrunde gehen; 39 stammt es aber von Gott, dann werdet ihr sie nicht vernichten können und ihr würdet als Kämpfer gegen Gott dastehen. Man hörte auf ihn, 40 rief die Apostel herein, ließ sie geißeln, befahl ihnen, nicht unter Nennung des Namens Jesu zu reden und ließ sie frei. 41 Sie gingen nun vom Angesicht des Hohenrates weg und freuten sich, daß sie gewürdigt worden waren, für den Namen Schmach zu erlei-

den. 42 Sie ließen nicht ab, jeden Tag im Tempel und zu
Hause zu lehren und die Heilsbotschaft vom Messias Jesus zu
verkünden.

Literatur: Zu den *Reden allg.* vgl. die Literatur zu Apg 2,14–41 und zur
Komposition vgl. die Literatur zu 4,1–22. – *Baumbach, G.*: Zeloten und Sikarier: ThLZ 90 (1965) 727–740. – *Ders.*: Die Zeloten – ihre geschichtliche und
religionspolitische Bedeutung BiLi 41 (1968) 2–25. – *Ders.*: Der sadduzäi-
sche Konservativismus, in: Literatur und Religion des Frühjudentums, hg.
von *J. Maier* und *J. Schreiner*, Würzburg und Gütersloh 1973, 201–213. –
Ders.: Die antirömischen Aufstandsgruppen: ebd. 273–283. – *Black, M.*: Ju-
das of Galilee and Josephus's ›Fourth Philosophie‹, in: Josephus-Studien, FS
O. Michel, hg. von *O. Betz, K. Haacker, M. Hengel*, Göttingen 1974, 45–54.
Blinzler: Prozeß 126–128; 229–244; 432–439. – *Campeau, L.*: Theudas le
faux prophète et Judas le Galiléen: Sciences ecclésiastiques 5 (1953) 235–245.
– *Dietrich*: Petrusbild 237–245. – *Gourgues, M.*: »Exalté à la droite de Dieu«
(Actes 2,33; 5,31): Science et Esprit 27 (1975) 303–327. – *Hengel, M.*: Die
Zeloten, Leiden und Köln ²1976, 81 f. – *Ders.*: Zeloten und Sikarier, in FS O.
Michel (siehe in dieser Anm. bei Black) 175–196. – *Hockel*: Angelophanien
111–113. – *Kliesch*: Credo 142 f.; 153–155. – *Lohfink, G.*: Gibt es noch Taten
Gottes?: Orientierung 42 (1978) 124–126. – *Meyer, F. E.*: Einige Bemerkun-
gen zur Bedeutung des Terminus ›Synhedrion‹ in den Schriften des Neuen
Testaments: NTS 14 (1967/68) 545–551. – *Müller, P. G.: Christos archegos.*
Der religionsgeschichtliche und theologische Hintergrund einer neutestamentlichen Christusprädikation, EHS. T 28, Bern und Frankfurt/M. 1973,
271–278. – *Nauck, W.*: Freude im Leiden: ZNW 46 (1955) 68–80. – *Nellessen*: Zeugnis 85–89. – *Reicke*: Glaube 85–114. –*Reitzenstein*: Wundererzählungen 120–122. – *Theißen*: Wundergeschichten 107–111. – *Trites, A. A.*: The
Importance of Legal Scenes and Language in the Book of Acts: NT 16 (1974)
278–284. – *Vögeli, A.*: Lukas und Euripides: ThZ 9 (1953) 415–438. *Weinreich*: Türöffnung. – *Wiater*: Komposition 105–118; 181–195. – *Wilckens*:
Missionsreden 45; 62 u. ö. – *Wilcox, M.*: »Upon the Tree« – Deut 21,22–23 in
the New Testament: JBL 96 (1977) 85–99. – *Winter, P.*: Miszellen zur Apostelgeschichte: EvTh 17 (1957) 398–406 (zu 5,36).

Aufbau

VV 17 f. bilden die *Exposition.* Der Hohepriester und die Sadduzäer
lassen aus Eifersucht die Apostel einkerkern. – VV 19–21a schildern
ein *Befreiungswunder:* Ein Engel öffnet die Türen, führt die Apostel
hinaus und trägt ihnen auf, im Tempel vor dem Volk zu predigen. –
VV 21b–26 dienen der *szenischen Verknüpfung:* Als das Tribunal
bereits versammelt ist und man die Gefangenen vorführen will,
findet man die Zellen leer. Während der noch herrschenden Ratlosigkeit meldet jemand: die Gefangenen predigen im Tempel.

Nun werden sie vor das Synedrium gebracht. – Verse 27–40 schil-
dern die *Gerichtsverhandlung: Anklage* des Hohenpriesters: trotz
Verbot haben die Apostel gelehrt und sie bedrohen die jüdischen
Führer mit dem Tod (Verse 27f.); *Antwort* Petri und der Apostel:
Feststellung, man müsse Gott mehr gehorchen als den Menschen;
Verkündigung des Jesuskerygmas mit Vergebungsangebot an Israel
(Verse 29–32); Reaktion des Hohenrates: Zorn, Todesbeschluß
(Vers 33); *Intervention* des Pharisäers Gamaliel: in geheimer Bera-
tung empfiehlt er größte Vorsicht, verweist auf zwei Umsturzbewe-
gungen, die aus menschlichem Bemühen entstanden, aber eben des-
halb wieder zerfielen, und rät, nichts gegen die Apostel zu unterneh-
men; denn am Bestand oder Untergang werde sich erweisen, ob
Gott dahinterstehe; wäre dies der Fall, so bedeute das Vorgehen gegen die Apostel zugleich Kampf gegen Gott (Verse 34–39a); *Zustimmung* zu Gamaliels Rat (Vers 39b); *Geißelung* der Apostel, erneutes
Verbot ihrer Verkündigung und *Entlassung* (Vers 40). – Vers 41
schildert die *Reaktion der Apostel*: Freude darüber, des Leidens um
Jesu willen gewürdigt worden zu sein. – Vers 42 ist ein kurzes *Summarium*: Es spricht von der weiteren beständigen Lehrverkündi-
gung der Apostel.

Der Text als luk Komposition

Der Gesamttext ist keine in sich stehende Erzähleinheit. An mehreren Stellen läßt er seine Abhängigkeit vom Vorausgehenden erkennen: Die Eifersucht, die Vers 17 als Grund für den Zugriff der Gegner genannt ist, hat ihren Anlaß im missionarischen Erfolg der Apostel (5,12–16). Die Kennzeichnung des *Verkündigungsinhalts* der
apostolischen Predigt als »Worte dieses Lebens« (Vers 20), »lehren
in diesem Namen« (Vers 28) oder »euere Lehre« (Vers 28) weisen
über den Rahmen des vorliegenden Textstückes hinaus und beziehen
sich auf die Predigtinhalte, die Lukas schon 3,16; 4,2.10–12.18.33
genannt hat.
Die *Ähnlichkeit* des Stückes mit der Verhörszene 4,1–22 rührt nicht
– wie dort schon gezeigt wurde – von der Verarbeitung zweier Überlieferungen über dasselbe Ereignis her (so z. B. *Harnack*: Apostelgeschichte 142–146. – *Reicke*: Glaube 56–114), nicht von der Auftei-
lung *eines* vorgegebenen Berichtes in zwei Szenen durch Lukas (so
Wiater: Komposition 105–118) und auch nicht von der geschichts-
getreuen Wiedergabe zweier Verhörszenen, wobei die erste der Verwarnung, die zweite der Verurteilung diente (so *Jeremias*: Quellenproblem 238–247), sondern von der gestaltenden Hand des Lukas.

Neben der Ähnlichkeit beider Szenen wollen nämlich auch die Elemente der *Steigerung* beachtet sein. Solche steigernde Elemente im Verhältnis zur ersten Szene sind:

1. die noch deutlichere Betonung, daß die eigentlichen Gegner des Evangeliums die Hohenpriester und Sadduzäer sind (Verse 17.21.27f.33), während das Volk (Verse 20.25) und die Volkspartei der Pharisäer, repräsentiert durch den gesetzestreuen Gamaliel (Vers 34), dem Evangelium gegenüber offen sind (Verse 20.25), für die Freiheit seiner Verkündiger eintreten (Verse 34–39), ja sogar so sehr, daß deren Gegner fürchten müssen, vom Volk gesteinigt zu werden (Vers 26).

2. die Gottgewolltheit der Verkündigung des Evangeliums wird steigernd dargestellt dadurch, daß ein Engel die gefangenen Verkündiger befreit und ihnen ausdrücklich die Verkündigung aufträgt (Verse 19f.); dadurch, daß Petrus noch freimütiger und bestimmter erklärt, man müsse Gott mehr gehorchen als den Menschen (vgl. 4,19 mit 5,29) und schließlich dadurch, daß ein Jude, ein gesetzestreuer Pharisäer, sogar mit der Möglichkeit rechnet, hinter dem apostolischen Zeugnis stehe letztlich Gott (Verse 38f.; vgl. 23,9).

3. Eine Steigerung ist in der Art und Weise zu erkennen, in der das Verhalten und Urteil der Gegner geschildert wird: fragt in der ersten Szene der Hohepriester lediglich danach, wodurch der Gelähmte geheilt worden sei (4,7), so wirft er den Aposteln in der zweiten Szene die Übertretung des Predigtverbotes vor und darüber hinaus die Absicht, das Blut Jesu über sie zu bringen (5,28); reagiert das Synedrium auf die von Petrus vorgetragene Christusverkündigung im ersten Fall mit Staunen und Ratlosigkeit (4,13.16), so im zweiten Fall mit Zornesausbruch und Todesbeschluß (5,33), dessen Ausführung erst Gamaliel aufhält; wird nach dem ersten Verhör den Aposteln lediglich verboten zu predigen (4,18), so erhalten sie nach dem zweiten Verhör – trotz des angenommenen Rates Gamaliels (5,39) – eine Geißelstrafe (5,40).

4. Es zeigt sich schließlich ein steigerndes Element darin, daß im Konflikt mit der Obrigkeit in Kap. 4 nur von Petrus und Johannes die Rede ist, in Kap. 5 aber »die Apostel« (Verse 18.29.40) insgesamt gefangengenommen, verhört und gegeißelt werden.

Die Verhörszenen in Kap. 4 und 5 sind also nicht einfach Doppelungen oder ein verlegenes Auf-der-Stelle-treten. Lukas gelingt es vielmehr, deutlich zu machen: Das Evangelium erweist seine göttliche Kraft. Seine Verkündigung geht weiter, aber auch der damit gegebene Konflikt. Er spitzt sich immer mehr zu, allerdings noch nicht bis zur wirklichen Tötung – denn Lukas weiß: als erster Märtyrer starb

Stephanus, und nicht ein Apostel –; aber die unmittelbare Vorstufe
dazu ist in Kap. 5 erreicht. Zu ihr führt einerseits die zunehmende
Gegnerschaft der führenden Juden und andererseits die gottgewoll-
te, von den Aposteln unentwegt vorgetragene Christuspredigt. Sie
wird auch durch Todesdrohung nicht zum Schweigen gebracht; im
Gegenteil: die Drohung bewirkt freudige Bereitschaft zum Leiden
um Jesu willen (Vers 41).

Mittelbar wird die Annahme luk Komposition noch dadurch verstärkt, daß die Szene in der vorliegenden Gestalt nicht gut historischen Verhältnissen oder dem Konzept einer vorluk Quelle, wohl
aber den *luk* Aussageabsichten entspricht. Das *Befreiungswunder*
VV 19 f. hat seinen ursprünglichen Platz nicht in der vorliegenden
Szene, denn es wird im Verhör mit keinem Wort erwähnt. Es gehört
ursprünglich wohl der Petrus-Tradition an (12,6–17; Ausführliche-
res dort) und ist in erzählerisch variierender Weise und im vorliegenden Fall nur skizzenhaft von Lukas auf die Apostel (5,19 f.) und
dann auf Paulus (16,25–34) übertragen worden. Lukas macht dadurch deutlich, daß trotz menschlicher Widerstände Gott dem
Evangelium die Türen öffnet und die Wege bahnt. Lukas stellt dies
dar, indem er das Befreiungswunder an den Hauptträgern der Evangeliumsverkündigung geschehen läßt: an den Aposteln, an Petrus
und Paulus. – Daß das »*Synedrium*« und die »*Ältestenschaft*« unterschieden werden (Vers 21), ist lukanische – vielleicht von römisch-
griechischen Verhältnissen gewonnene – Vorstellung, entspricht
aber nicht den jüdischen Einrichtungen (vgl. Ex 12,21). Mit der
Wiedergabe eines wirklichen Geschehensablaufes unvereinbar ist
die Darstellung Vers 25, daß der Hoherat ganz zufällig von irgend
jemand davon erfährt: die von ihm festgenommenen und zum Verhör erwarteten, aber verschwundenen Apostel predigen im Tempel.
– Schwer vorstellbar ist, daß die *Volksgunst* gegenüber den Aposteln
so groß war, daß die bewaffneten jüdischen Obrigkeiten, wie etwa
der Tempelhauptmann mit seinen Polizisten (Vers 26), in Gefahr kamen, vom Volk gesteinigt zu werden. Die Erzählung entspricht aber
ganz dem luk Interesse, die positive Einstellung des Volkes gegenüber dem Evangelium und die gegnerische Haltung der Führenden
zu betonen. – Daß auf die Worte des Petrus hin das Synedrium in
leidenschaftlicher Wut die Apostel gleich töten will (Vers 33), paßt
ebenfalls besser zur luk Vorstellung vom Synedrium (vgl. 7,54–60;
23,10) als der historischen Wirklichkeit.

In den VV 34–36 wird das *Eintreten des Pharisäers Gamaliel* zugunsten der Christen mitgeteilt. Historisch zutreffend ist, daß etwa 25–
50 n. Chr. Gamaliel I., Nachkomme Hillels, als einer der angese-

hensten jüdischen Schriftgelehrten wirkte. Er erhielt als erster den Ehrennamen »Rabban« und wurde zur Unterscheidung von seinem Enkel Gamaliel II. »der Alte« genannt. Seine überlieferte Lehre und Lebensweise lassen vermuten, daß er Pharisäer war (*Bill.* II 636–639). Ob der Einsatz eines Pharisäers zugunsten der Christen, wie Lukas ihn schildert, als historisch möglich erachtet werden kann, ist nicht sicher zu beurteilen. Das Vorgehen des Pharisäers Saulus gegen die Christen spricht dagegen. Mit Sicherheit kann man aber sagen, daß *Lukas* ein Interesse daran hatte, den angesehensten pharisäischen Gesetzeslehrer seiner Zeit ein klug abwägendes Wort zugunsten der Christen sagen zu lassen, zumal Lukas die Pharisäer als Vertreter des Auferstehungsglaubens zeichnet (23,6–10), wodurch sie den Christen nahestehen. Weiterhin kann mit Sicherheit festgestellt werden, daß die in der Gamalielrede zur Argumentation herangezogenen Aussagen über Theudas und Judas Galiläus nur zu einem Teil historisch zutreffend sind (siehe dazu die Auslegung).

Befremdlich ist unter historischem Gesichtspunkt noch das *Verhalten des Synedriums* am Schluß der Szene. Trotz der Zustimmung zum Rat Gamaliels (Vers 39) werden die Apostel doch der schweren Strafe der *Geißelung* ausgeliefert (Vers 40). Die gesetzlich geregelte Geißelung der 39 Schläge konnte immerhin tödlich ausfallen (*Schneider*, C.: ThWNT IV 522). Aber auch dieser Erzählzug wird von der Stellung der Szene im Gesamtaufriß und von der *luk* Apostel-, Jünger- und Leidensauffassung her verständlich. Wenn schon nach Lukas für alle Christen gilt, daß sie »durch viele Drangsale in das Reich Gottes eingehen« (Apg 14,22) und daß »der Jünger nicht größer ist als sein Meister« (Lk 6,40), dann ist es begreiflich, daß Lukas dies gerade in der Szene ausdrücken wollte, in der der Apostelkreis in seiner Gesamtheit zum letztenmal dem Leser vor Augen tritt (vgl. *Bauernfeind*: Apg 90). Durch die Erwähnung der Geißelung hat Lukas die Vor-Bildlichkeit im Leiden in das Bild der Apostel gezeichnet. Sie wird nicht aus der von Lukas vorausgesetzten Szene stammen, sondern hat wohl ihren historischen Grund in der Kenntnis des Lukas etwa über die Martyrien des Stephanus und Jakobus, über die Verfolgungsleiden des Paulus und über die Leiden ungenannter Christen. Was an ihnen geschehen war, sah Lukas vorbildlich bereits im Apostelkreis.

Daß die *Gesamtszene* erst durch Lukas ihre Gestalt erhalten hat, geht auch aus der Wortwahl und dem Stil hervor. Auf sie kann hier nur in einigen Punkten hingewiesen werden.

Die Exposition (VV 17f.) ist in sprachlicher Anlehnung an 4,1–3 formuliert; die LXX-Wendung »voll Eifersucht« begegnet wörtlich und ebenfalls red 13,45.

Die *Wundererzählung* stellt im Vers 19 die sprachliche Kurzfassung des 12,6–17 Berichteten dar; der Befehl zum Auftreten und Lehren im Tempel (V 20) sowie dessen Ausführung (V 21a) weisen luk Stil und luk Vorzugsworte auf, z. B.: »auftreten«, um zu reden; »alle Worte dieses Lebens«.

In der *szenischen Verknüpfung* (VV 21b–26) geben sich als luk zu erkennen z. B. der Ausdruck »als sich einfand« (Verse 17.22.25; *paraginesthai* ist luk Vorzugswort), die Personenangabe »der Hohepriester und sein Anhang« (Vers 21 vgl. Vers 17), »die ganze Ältestenschaft« (Vers 21; nur hier im NT), »Söhne Israels« (Vers 21), »sie meldeten« (Verse 22.25), »die Wachen an den Toren« (Vers 23; aus 16,6), »der Tempelhauptmann und die Hohenpriester« (Vers 23), »sie waren ratlos« (*diaporein* im NT nur: Lk 9,7 red; Apg 2,12; 5,24; 10,17), die indirekte Frage »was nun werden solle« (Vers 24), »sie stehen im Tempel und lehren das Volk« (Vers 26; vgl. 4,3.20f.).

Die *Einführung des Verhörs* und die Anklage des Hohenpriesters (VV 27f. zeigen luk Prägung: »herbeiführen« ist luk Vorzugswort; »stellte sie vor den Hohenrat« entspricht 4,7; »befehlen« (*parangelein*) gebraucht Lukas relativ oft, und das hier außerdem verwendete Subst. steht nur noch Apg 16,28 im NT; »Name« und »erfüllen« sind Vorzugsworte der luk Schriften.

In der *Rede des Petrus* (VV 29–32) wiederholt Lukas zunächst in leichter Abwandlung und noch stärkerer Anlehung an *Platon*, Apol 29 das Sokrates-Wort aus 4,19. In den Versen 30f. handelt es sich zum Großteil »um Glaubensformeln. Diese sind jedoch nicht unmittelbar der Tradition entnommen, sondern durch den »Filter« der lukanischen Bearbeitung gegangen« (*Nellessen*: Zeugnis 87; Belege ebd. und bei *Wiater*: Komposition 181–195). Lukanische Red sind z. B. der Zusatz »der (Gott) unserer Väter« zur *Auferweckungsformel* Vers 30a (vgl. Röm 10,9), der Ausdruck »umbringen« (*diacheirizesthai* im NT nur noch Apg 26,21) und die Einbeziehung von Dt 21,22 in die Sterbeformel Vers 30b, die Titel »Führer und Retter« in der *Erhöhungsformel* Vers 31a (vgl. 2,33; 3,15) sowie die Formulierung der *Umkehr-* und *Vergebungsaussage* Vers 31, wobei »schenken« (*didonai*) eine einmalige Parallele in 11,18 hat. Vers 32 erweist sich durch seinen deutlichen Bezug zu Vers 29 (»gehorchen«) und durch die Zeugnis-Terminologie (→ Exkurs 2) als luk Bildung. – In Vers 33 ist u. a. der Ausdruck »sie gerieten in Zorn« (*dieprionto*; im NT nur noch Apg 7,54) Indiz für luk Red.

Im *Gamaliel-Teil* (VV 34–39) verweisen u. a. die *Charakterisierung*
»Gesetzeslehrer« (nur noch Apg 5,17; 1Tim 1,7) und »angesehen
beim ganzen Volk« Vers 34 sowie die *Aufforderung*, hinauszugehen
(vgl. 4,15) auf die Schreibweise des Lukas, und in der *Rede* selbst:
die Anrede und die indirekte Frage Vers 35; die Wendung »er behauptete, etwas Besonderes zu sein« (vgl. 8,9); »in den Tagen der
Steuereintragung« Vers 37 (nur noch Lk 2,1); »und alle, die ihm
folgten« Vers 37 steht vorher schon in Vers 36; »und nun« Vers 38
(nur noch in Apg 4,29; 17,30; 20,32; 27,22); der im NT nur hier
verwendete Ausdruck *theomachos* = »Kämpfer gegen Gott« (vgl.
Vögeli 429–432) sowie »man hörte auf ihn« (*peithein* = »hören auf«
ist luk Vorzugswort) Vers 39.
In den *Abschlußversen* ist Vers 40 sprachlich an 5,28 und 4,18 angelehnt; »vom Angesicht des Hohenrates« Vers 41 ist ein biblisch-feier-
erlicher Ausdruck aus der LXX; »gewürdigt werden« (*kataxiesthai*)
Vers 41 wird von den Evangelisten nur noch red Lk 20,35 gebraucht;
leiden »für den Namen« Vers 41 begegnet noch 9,16; 15,26; 21,13;
»jeden Tag im Tempel und zu Hause« Vers 42 ist fast wörtlich wie
2,46 formuliert; »die Heilsbotschaft verkünden« (*euangelizesthai*)
Vers 42 ist Vorzugsausdruck der luk Schriften.

Auslegung

17–26 Der *Hohepriester* und die *Sadduzäer* lassen die Apostel festnehmen. Es sind dieselben Gegner gemeint wie in Kap 4. Als amtierender Hoherpriester ist auch hier Kajafas (18–36 n. Chr.; vgl. zu
4,5f.) vorausgesetzt. Daß es sich 4,1 und 5,17 nur um ein beratendes
Gremium handle im Unterschied zum Hohenrat 5,21.27, wie *Meyer*: Bemerkungen 547f. annimmt, ist nicht überzeugend. Die syn-
opt. Terminologie und die luk Akzentuierung sprechen dagegen.
Als Motiv des Vorgehens wird die *Eifersucht* genannt. Sie bezieht
sich auf die VV 12–16 geschilderten Erfolg der Apostel. An der Erzählweise des *Befreiungswunders* ist außer seiner äußersten Knap-
pheit bemerkenswert, daß die Öffnung der Türen und die Heraus-
führung (Vers 19) als Geschehnisse verstanden werden, die von den
Wachen unbemerkt blieben und keinerlei äußere Veränderungen
hinterließen; denn weder informieren die Wachen den Hohenrat,
noch finden seine Diener etwas befremdlich außer dem Fehlen der
Gefangenen (Vers 23). Daß dementsprechend vom Erzähler »irgend
jemand« (26) eingeführt werden mußte, der die Mitteilung machte,
war unerläßlich, damit die Handlung überhaupt weitergehen
konnte.

27–32 Als Vorsitzender des Hohenrates eröffnet der Hohepriester das *Verhör*. Auf das Befreiungswunder geht er mit keinem Wort ein. Er erhebt einen doppelten *Vorwurf*: 1. Die Apostel haben »in diesem Namen« in ganz Jerusalem *gepredigt*, obwohl es streng verboten worden war (4,17f.). Der Hohepriester vermeidet dabei, den Namen »Jesus« auszusprechen. 2. Die Apostel wollen, daß der Tod Jesu *gerächt* werde. Diese Befürchtung des Hohenpriesters ist wohl aus dem von *Lukas* formulierten Passionskerygma »ihr habt (Jesus) getötet« (2,23f.; 3,15; 4,10) erschlossen; denn Racheabsichten der Apostel sind in den Apg-Reden nie erwähnt. Der Gedanke, daß *Gott* das Blut des Ermordeten über den bzw. die Mörder bringe, begegnet mehrfach im AT und ist z. B. Ri 9,24 LXX sprachlich ganz ähnlich formuliert wie Apg 5,28.
Die *Antwort* wird von »Petrus und den Aposteln« (Vers 29) gegeben. Mit dieser Kennzeichnung der *Redenden* soll sicher die geistgewirkte Einmütigkeit ihres Zeugnisses (vgl. Vers 32) betont werden, ohne daß dabei an einen Sprechchor gedacht ist, sondern an Petrus als den Wortführer der Apostel. Daß »die Apostel« eigens *neben* Petrus erwähnt werden, weist auf die Formelhaftigkeit dieses Ausdrucks im luk Sprachgebrauch hin. *Inhaltlich* besteht die kurze Petrusrede aus der *Feststellung*, Gott mehr als den Menschen gehorchen zu müssen (Vers 29b), aus dem *Jesuskerygma* (Verse 30f.) und dem *Zeugenhinweis* (Vers 32). Das aus 4,19 aufgenommene Sokrates-Wort vom Vorrang des Gehorsams gegen Gott hat nicht den Sinn einer allgemeinen Maxime. Es beantwortet den 1. Vorwurf: Durch ihre Predigt erfüllen die Apostel den Willen Gottes. Ihm müssen sie mehr gehorchen als dem Predigtverbot des Hohenrates. Wie aus der Verbindung mit dem folgenden Jesuskerygma hervorgeht, ist dabei auch nicht nur von Gott in einem allgemeinen Sinn die Rede, sondern vom »Gott unserer Väter«; d. h.: in der gehorsamen Verkündigung der Apostel setzt sich das Heilswirken des Gottes fort, der in der Geschichte Israels und im Leben und Geschick Jesu wirkte und der nun Israel Umkehr und Vergebung schenken will. Das *Jesuskerygma* selbst enthält die Verkündigung der Auferweckung, Kreuzigung und Erhöhung Jesu und bietet so die wesentlichen Inhalte, die auch sonst meist den Kern der Missionsreden der Apg bilden (vgl. 2,22–35; 3,13–15; 4,9–12; 10,38–42; 13,27–37; 17,31). Daß zuerst von der Auferweckung und dann erst von der Hinrichtung gesprochen wird, ergibt sich aus der Anknüpfung an Vers 29. Auf den Schriftbeweis scheint verzichtet zu sein, weil er in den Reden Kap. 2; 3 und im Gemeindegebet Kap. 4 schon geführt worden ist; immerhin ist aber die Sterbeformel in Anlehnung an Dt 21,22f. (wie

10,39) formuliert. Die Aussage der Erhöhung Jesu, von Lukas verstanden als sichtbare Himmelfahrt (1,9–11) und von der Auferwekkung zeitlich unterschieden (1,2f.), wird durch die Titel »Führer und Retter« sowie durch einen Finalsatz ergänzt. Beide Titel stehen in ihrer Bedeutung hier einander nahe: Jesus ist insofern »Führer«, als er der Erste ist, den Gott von den Toten erweckt hat (3,15; 26,23); der »Retter« – Titel kommt ihm im umfassenden Sinn zu, weil er über die Errettung aus irdisch-zeitlichen Nöten die Sündenvergebung (Vers 30b) und universales, eschatologisches Heil einschließt (vgl. 4,12; Phil 3,20). Damit ist auch schon der im Finalsatz ausgedrückte Inhalt im Blick: weder die Erhöhung noch die Titel werden »in sich« betrachtet, sondern sie stehen im Zusammenhang der Heilsvermittlung. Wenn sie hier auf Israel beschränkt ist, so ist dies aus dem luk Konzept heraus verständlich, wonach das Heil zuerst Israel, dann den Heiden angeboten wird (1,8; 11,18; 26,20). Vielleicht ist in diesem Angebot zugleich eine indirekte Antwort auf den 2. Vorwurf des Hohenpriesters zu sehen: Nicht Rache, sondern Vergebung durch Gott verkünden die Apostel. – Die Predigt schließt mit dem *Zeugenhinweis* Vers 32. Zeuge-sein hat hier eine doppelte Bedeutung: in bezug auf Kreuzigung, Auferweckung, Erhöhung meint es im luk Sinn die Befähigung zum Zeugnisgeben aufgrund von Augenzeugenschaft; in bezug auf Umkehr und Vergebung meint es die »Aktuierung dieser Befähigung im bezeugenden Reden« (*Nellessen*: Zeugnis 88). Auch das Nebeneinander der Apostel und des Heiligen Geistes als Zeugen rührt von der luk Sichtweise her: Die Apostel empfingen den Heiligen Geist (Kap. 2); er ist allen gegeben, »die Gott gehorchen« (Vers 32); gerade das trifft wiederum für die Apostel zu, die ja »Gott mehr gehorchen als den Menschen« (Vers 29). Damit wird zugleich die Widersetzlichkeit des Hohenrates gegen den Heiligen Geist ausgedrückt (vgl. 7,51); es liegt zudem eine Verfolgungssituation vor, für die Jesus nach Lk 12,11f. den Heiligen Geist als Beistand verheißen hat.

33–42 Wie die Schilderung der Reaktion zeigt, stellt sich Lukas das Synedrium »als eine von ihrer Leidenschaft hemmungslos fortgerissene Versammlung vor« (*Haenchen*: Apg 245; vgl. 7,54; 23,10). Die geäußerte Tötungsabsicht hätte zur legalen Ausführung der Zustimmung des römischen Statthalters bedurft (vgl. *Blinzler*: Prozeß 229–244). Daß es nicht soweit kommt, ist der Intervention Gamaliels zu verdanken. Seine Mahnung zur Vorsicht (Vers 35) und seinen Rat zur Freilassung (Vers 38) begründet er damit, daß es ja noch nicht erwiesen sei, ob es sich um Menschen- oder Gotteswerk handle;

erweise sich ersteres, so werde es zugrunde gehen, erweise sich letzteres, so ist jeder Kampf vergeblich, ja sogar Kampf gegen Gott. Die erste Möglichkeit verdeutlicht er durch zwei Beispiele: den Untergang der durch Theudas und Judas hervorgerufenen Aufstandsbewegungen (Verse 36 f.). Von *Theudas* berichtete *Jos* Ant XX 5,1, er habe sich während der Statthalterschaft des Cuspius Fadus (44–etwa 46 n. Chr.) als Prophet ausgegeben und habe eine Menge Volkes zum Jordan geführt, um ihn mit einem Machtwort zu spalten und hindurchzuziehen. Fadus habe ihn enthaupten und seine Gefolgschaft teils töten, teils in Gefangenschaft bringen lassen. Das Ereignis hat sich mindestens zehn Jahre *nach* dem von Lukas vorausgesetzten Zeitpunkt der Gamalielrede zugetragen. Daraus ergibt sich, daß Gamaliel die Rede *so* nicht gehalten haben kann. Aber es liegt noch eine zweite zeitliche Unstimmigkeit vor. Die Zeitangabe für den Aufstand *Judas' des Galiläers* stimmt zwar genau überein mit *Jos* Bell II 8,1; Ant XVIII 1,1 und 6: die Zeit der Schätzung des Quirinius 6 n. Chr.; aber die Theudas-Unruhen lagen zeitlich nicht davor, wie Lukas annimmt. Er stützte sich wohl auf Nachrichten, die eine genaue zeitliche Einordnung der Geschehnisse nicht mehr zuließen. – Trotz der Zustimmung zum Rat Gamaliels werden die Apostel vor ihrer Freilassung noch gegeißelt. Mit der Schilderung ihrer Reaktion, nämlich der Freude darüber, um Jesu willen des Leidens gewürdigt zu werden, nennt Lukas eine Grundhaltung der Apostel, die bisher noch nicht zur Sprache kam, aber der Weisung Jesu entspricht (Lk 6,22 f.). Mit dem einprägsamen Bild von den Aposteln, die sich im Leid *freuen*, *im Tempel verweilen* und *Christus verkünden*, beschließt Lukas nicht nur die Einzelszene, sondern zugleich den ersten Teil über die Darstellung der Urkirche zu Jerusalem.

14. Die Wahl und Einsetzung der Sieben 6,1–7

1 In diesen Tagen, da sich die Jünger mehrten, entstand ein Murren der Hellenisten gegen die Hebräer, weil ihre Witwen bei der täglichen Armenversorgung vernachlässigt wurden. 2 Da riefen die Zwölf die ganze Jüngergemeinde zusammen und sprachen: Es ist nicht recht, daß wir das Wort Gottes vernachlässigen und für die Mahlzeiten sorgen. 3 Brüder, sucht euch aus euerer Mitte sieben Männer aus mit gutem Ruf, erfüllt mit Geist und Weisheit. Sie werden wir für diese Aufgaben einsetzen. 4 Wir aber werden beim Gebet und dem Dienst des Wortes verbleiben. 5 Und es gefiel der Vor-

schlag der ganzen Gemeinde. Und sie wählten Stephanus, einen Mann voll Glauben und Heiligem Geist, Philippus, Pro-
chorus, Nikanor, Timon, Parmenas und Nikolaus, einen antiochenischen Proselyten. 6 Sie stellten sie vor die Apostel,
und diese legten ihnen unter Gebet die Hände auf. 7 Und
das Wort Gottes wuchs, und es mehrte sich die Zahl der Jünger in Jerusalem sehr. Auch eine große Menge der Priester
fand zum Glaubensgehorsam.

Literatur: Barnard, L. W.: St. Stephen and Early Alexandrian Christianity:
NTS 7 (1960/61) 31–45. – *Bihler, J.*: Die Stephanusgeschichte, MThS 16,
München 1963. – *Borse, U.*: Der Rahmentext im Umkreis der Stephanusgeschichte (Apg 6,1–11,26): Bile 14 (1973) 187–204. – *Cadbury, H. J.*: The
Hellenists, in: Beginnings V 59–74. – *Combrink, H. J. B.*: Structural Analysis of Acts 6:8–8:3, Stellenbosch Theological Studies Nr. 4, Stellenbosch
1979. – *Cullmann, O.*: Von Jesus zum Stephanuskreis und zum Johannes-
evangelium, in: Jesus und Paulus, FS W. G. Kümmel, hg. von *E. E. Ellis* und
E. Gräßer, Göttingen 1975, 44–56. – *Ders.*: Der johanneische Kreis Tübingen 1975, 41–60. – *Dupont*: sources 61–70. – *Ferguson, E.*: The Hellenists in
the Book of Acts: RestQ 12 (1969) 159–180. – *Foerster, W.*: Stephanus und
die Urgemeinde, in: Dienst unter dem Wort, FS H. Schreiner, hg. von *K.
Janssen*, Gütersloh 1953, 9–30. – *Geoltrain, P.*: Esséniens et Hellénistes: ThZ
15 (1959) 241–254. – *Hahn*: Mission 48–65. – *Harnack*: Apostelgeschichte
136–142; 169–173. – *Hengel, M.*: Die Ursprünge der christlichen Mission
NTS 18 (1971) 15–38. – *Ders.*: Zwischen Jesus und Paulus: ZThK 72 (1975)
151–206. – *Ders.*: Geschichtsschreibung 63–70. – *Jeremias*: Quellenproblem
247–255. – *Kasting*: Mission 99–105. – *Kodell, J.*: »The Word of God grew«.
The Ecclesial Tendency of lógos in Acts 6,7; 12,24; 19,20: Bib 55 (1974) 505–
519. – *Lienhard, J. T.*: Acts 6:1–6: A Redactional View: CBQ 37 (1975) 228–
236. – *Mann, C. S.*: »Hellenists« and »Hebrews« in Acts VI 1, in: Munck:
Acts 301–304. – *Reicke*: Glaube 115–123. – *Richard, E.*: Acts 6:1 – 8:4 The
Author's Method of Composition, Missoula Montana 1978. *Ders*: The Pole-
mical character of the Joseph Episode, in Acts 7: JBL 98 (1979) 255–267. –
Scharlemann, M. H.: Stephen: A Singular Saint, AnBib 34, Rom 1968. –
Schneider, G.: Stephanus, die Hellenisten und Samaria, in: Kremer: Actes
215–240. – *Scroggs, R.*: The Earliest Hellenistic Christianity, in: Religions in
Antiquitiy, FS E. R. Goodenough, hg. von *J. Neusner*. Leiden 1968, 176–
206. – *Seccombe, D.*: Was there organized Charity in Jerusalem before the
Christians?: JThS NS 29 (1978) 140–143. – *Simon, M.*: Stephan and the Hellenists in the Primitive Church, London 1958. – *Spiro, A.*: Stephen's Samaritan Background, in *Munck*: Acts 285–300. – *Strobel, A.*: Armenpfleger »um
des Friedens willen«. Zum Verständnis von Act 6,1–6: ZNW 63 (1972) 271–
276. – *Trocmé*: Livre 183–191. – *Zimmermann, H.*: Die Wahl der Sieben
(Apg 6.1–6). Ihre Bedeutung für die Wahrung der Einheit in der Kirche, in:

Die Kirche und ihre Ämter und Stände, FS J. Frings, hg. von *W. Corsten, A. Frotz, P. Linden*, Köln 1960, 364–378. – *Zingg*: Kirche 25–27; 171–177 u. ö.

Stellung im Kontext

Der Bericht von der Wahl und Einsetzung der »Sieben« gehört zu den Abschnitten der Apg, die *grundlegende* Bedeutung haben. Diese Charakterisierung trifft in zweifachem Sinne zu. Unter *literarischem* Gesichtspunkt: Der Text bereitet die Wirksamkeit, Verfolgung, Rede und Steinigung des Stephanus (6,8–7,60) sowie die missionarische Tätigkeit des Philippus (Kap. 8) vor. Unter *inhaltlich-theologischem* Gesichtspunkt: Es wird berichtet, daß durch die Initiative der Zwölf ein *neues Gremium* in der Gemeinde geschaffen und in sein Amt eingesetzt wird. Beide Gesichtspunkte zusammen lassen erkennen, daß unsere Perikope Ereignisse berichtet, die im Sinne des Gliederungsprinzips Apg 1,8 zu neuen Etappen der Ausbreitung des Evangeliums führen: zur Samaria-Mission durch Philippus und zur *Welt-Mission* durch Paulus, der bei der Steinigung des Stephanus erstmals die Bühne urchristlicher Geschichte betritt (8,1).
Diese vielfache Verflechtung unseres Abschnitts mit anderen Berichten der Apg bringt zugleich manche Schwierigkeit mit sich. Das *Hauptproblem* besteht darin, daß Stephanus und Philippus in den folgenden Berichten nicht als Armenpfleger – wozu sie eigens eingesetzt wurden – auftreten, sondern – wie die Apostel selbst – im Dienst der Verkündigung stehen. Zu einer einigermaßen befriedigenden Sicht wird man wohl nur gelangen, wenn man berücksichtigt, daß der Bericht sowohl aus Elementen urchristlicher Geschichte als auch aus der speziellen theologischen Darstellungsabsicht des Lukas geformt worden ist.

Form und Aufbau

Das Stück wird in V 1 *eingeleitet* durch eine verbindende Zeit- und *Situationsangabe* mit *Begründung*. – VV 2–6 schildern, *wie* die als Konflikt dargestellte Situation *verändert* wird: Einberufung einer Gemeindeversammlung durch die Zwölf (V 2a); *Rede* der Zwölf (VV 2b–4): Beurteilung der Ausgangssituation (V 2b), *Lösungsvorschlag* (VV 3f.); *Reaktion* der Gemeinde: Zustimmung (V 5a), Ausführung des Vorschlags (VV 5b–6): *Wahl* und *Einsetzung* der sieben in einer *Namensliste* genannten Männer. – V 7 *beschließt* das Stück durch ein *Wachstums-Summarium*.

Auslegung

1 schildert die *Situation* und das *Problem*, um dessen Lösung es im folgenden geht. Die *Zeitangabe* ist in bewußter Anlehnung an die LXX formuliert und so allgemein gehalten, daß sie lediglich auf die Zeit der Urgemeinde in Jerusalem verweist. Die Angabe, daß die *Zahl* der Jünger ständig zunahm, macht den folgenden Konflikt verständlicher. Die Gläubigen werden *Jünger* genannt. In dieser Bezeichnung liegt eine Übertragung und Ausweitung eines älteren Sprachgebrauchs vor. Bezeichnete er ursprünglich jene, die dem irdischen Jesus nachfolgten, so nun alle, die sich dem auferstandenen und erhöhten Herrn durch den Glauben verbunden wissen. – Zwei Gruppen der Jerusalemer Gemeinde stehen sich gegenüber: *Hellenisten* und *Hebräer*. Mit Hellenisten sind nicht etwa christlich gewordene Heiden gemeint, sondern *Judenchristen, deren Muttersprache Griechisch war* (*Hengel*: Jesus 157–168). Das geht hervor aus den griechischen Namen, der Erwähnung des Proselyten (Vers 5) und aus der Konzeption der Apostelgeschichte, derzufolge Kornelius der erste getaufte Heide ist (Kap. 10). Sie stammten aus der Diaspora, waren weltoffener als die Juden und Judenchristen Palästinas und hatten wohl auch etwas von griechischem Geist und hellenistischer Kultur in sich aufgenommen (vgl. *Zimmermann*: Wahl 371f.), was mancherlei Unterschiede zum palästinensischen Judenund Judenchristentum mit sich brachte.

Als Hebräer werden in unserem Text christlich gewordene *Juden* bezeichnet, deren Muttersprache das Aramäische war. Lukas bedient sich hier einer anderen Ausdrucksweise als Paulus (vgl. z. B. Röm 1,16).

Der *Konflikt* entzündet sich daran, daß die Witwen der »Hellenisten« bei der täglichen Versorgung Hilfsbedürftiger benachteiligt werden. Wie die Armenfürsorge im einzelnen geregelt war, sagt der Text nicht; aber daß sie ein wichtiges Element im Leben der Gemeinde darstellte, hat Lukas schon vorher ausdrücklich betont (2,45; 4,34f.). Jüdische Einrichtungen der Armenfürsorge (*Jeremias*: Jerusalem 145–148; *Strobel*: Armenpfleger 273–276) eignen sich kaum zum Vergleich, weil ihr Alter fraglich ist (*Seccombe*) und weil der eschatologische Enthusiasmus den Lebensformen der Urgemeinde ihr eigenes Gepräge gab (*Hengel*: Jesus 182).

2–4 Wer an der mangelhaften Versorgung der hellenistischen Witwen schuld war, klärt Lukas nicht. Ihm ist nur daran gelegen, *daß* und *wie* eine *Lösung* gefunden wurde. An ihr sind »*die Zwölf*« maß-

geblich beteiligt. Der Ausdruck begegnet zwar in der Apostelgeschichte nur hier, aber gerade Lukas ist es, der »die Zwölf« mit »den
Aposteln« gleichgesetzt und ihnen im Leben des irdischen Jesus (Lk
6,13), im Übergang von der Zeit Jesu zur Zeit der Kirche (Apg 1)
und in der Leitung der Urkirche (Apg 2,14; 15 u. ö.) eine hervorragende Bedeutung zugeschrieben hat. Von daher und auf dem Hintergrund des gesamten luk Amtsverständnisses erklärt sich die Initiative »der Zwölf« auch hier.
Ihren Vorschlag bringen sie in Form einer *Rede* ein. In ihr bezeichnen die Apostel als ihre eigentliche Aufgabe: »Gebet und Dienst am
Wort«. Gehört zwar für Lukas das *Gebet* selbstverständlich zu den
elementaren Lebensvollzügen der Gesamtgemeinde und jedes ihrer
Glieder (Apg 1,42), so betont er doch auch immer wieder, wie gerade die Apostel selbst Männer des Gebetes waren (z. B. Lk 24,53;
Apg 1,14). Der Ausdruck »*Dienst am Wort*« ist der Missionstermi-
nologie der Urkirche entnommen, wie der absolute Gebrauch von
»das Wort« erkennen läßt. Gemeint ist damit »die bewahrende Weitergabe der Tradition wie deren kerygmatische Entfaltung in Predigt
und Verkündigung, in Eucharistie und Gebet« (*Roloff*: Apostolat
224).
Dem Dienst am Wort steht der »*Dienst an den Tischen*« gegenüber.
Der Ausdruck bezeichnet vermutlich die gesamte Armenfürsorge
und Liebestätigkeit der Urgemeinde.
Die Apostel schlagen vor, daß für die geordnete Wahrnehmung dieses Dienstes die Gemeinde sieben Männer wähle. Die *Siebenzahl*
entspricht den sieben Mitgliedern, die den Ortsverband jüdischer
Gemeinden bildeten und die man auch als »die Sieben einer Stadt« zu
bezeichnen pflegte. Nach Apg 21,8 gilt denn auch Philippus als »einer der Sieben«.
Die Apostel empfehlen, bei der Auswahl darauf zu achten, daß es
Männer mit *gutem Ruf*, des *Geistes* und der *Weisheit* seien. Freilich
sind derartige Eigenschaften auch für die Armenfürsorge nützlich;
aber wie Vers 10 zeigt, kamen Geist und Weisheit dem Stephanus –
einem der Sieben – nicht bei der Armenfürsorge, sondern bei seiner
Wortverkündigung und den damit verbundenen Streitgesprächen
zugute. Auch für Philippus wird Apg 8 ein ähnlicher Einsatz bezeugt, und 21,8 wird er als »Evangelist« bezeichnet.

5–6 Welch gute Lösung der Vorschlag der Apostel darstellt, betont
Lukas durch die ausdrückliche Erwähnung, daß die *ganze* Gemeinde zugestimmt habe. Darauf folgen Wahl und Namensliste der Sieben. Alle Gewählten tragen griechische Namen. Stephanus und Phi-

lippus spielen in der weiteren Darstellung der Apostelgeschichte
noch eine Rolle, die anderen werden nicht mehr erwähnt.
Die bewußt herausgestellte Ordnung: Vorschlag von seiten der
Apostel, Wahl durch die Gemeinde, Einsetzung in das Amt mit Gebet und Handauflegung (vgl. 14,23) durch die Apostel, entspricht
vermutlich mehr dem Kirchenbild des Lukas als den geschichtlichen
Verhältnissen der Jerusalemer Urgemeinde. Die Handauflegung
dürfte hier den Charakter der *Ordination* haben. Dafür spricht, daß
1. Lukas die Amtsübertragung bewußt den Zwölfen vorbehält, 2.
die Szene im Sinne des Lukas grundsätzliche Bedeutung für die Aus-
gliederung kirchlicher Ämter zu haben scheint und 3. eine gewisse
Analogie zur jüdischen Ordinationspraxis (vgl. z. B. auch Num
27,15–23) vorliegt. Die Handauflegung ist ein sehr alter Gestus, der
als Zeichen der Übertragung von Besitz, Segen und Schuld, oder –
wie in unserem Falle – eines geistlichen Amtes gilt.

7 Mit einem kleinen Summarium, das in enger Verbindung zu Vers 1
steht, *schließt* der Bericht. An mehreren Stellen der Apg läßt Lukas
Berichte mit dem Hinweis enden, daß das Wort Gottes bzw. die
Gemeinde wuchs (2,41.47; 12,24; 19,20 u. ö.). Darin drückt sich
etwas von der Gesamtabsicht aus, die Lukas bei der Abfassung der
Apg leitete: zu zeigen, daß sich das Evangelium Bahn bricht. Widri-
ge Verhältnisse von außen her oder, wie im Falle des vorliegenden
Berichts, von den inneren Gemeindeverhältnissen her vermögen seine Ausbreitung nicht zu hemmen. Sie ist letztlich Gottes Werk (vgl.
5,39). Durch die auffällige sprachliche Anlehnung an Gen 47,27; Ex
1,7 und an die Gleichnissprache Jesu (Lk 8,11 diff Mk) läßt Lukas
erkennen, daß er das Wachstum als Erfüllung der Verheißung Gottes
an Abraham und als Frucht des in der Verkündigung ausgesäten
Gotteswortes verstanden wissen will (*Zingg*: Kirche 25–29; 172–
174).
Daß auch *jüdische Priester* sich der Christengemeinde anschlossen,
scheint nicht unmöglich, wenn man bedenkt, daß es sehr viele Priester gab und daß zwischen ihnen und den höheren Priesterklassen
mancherlei Spannungen bestanden. Für die Annahme, es habe sich
um Priester aus Qumran gehandelt, gibt es keine überzeugenden
Argumente.

Exkurs (4): Die »Hellenisten« – Historizität, Überlieferung und lukanische Deutung

Geschichtliche Einzelheiten der Jerusalemer Gemeindeverhältnisse lassen sich nur noch umrißhaft aus dem Text erkennen. Sicher ist aber, daß Lukas den Abschnitt nicht frei erfunden, sondern *schriftliches Überlieferungsgut* verarbeitet hat. Darauf weisen deutlich hin: die Namensliste; der realistische Blick in bezug auf Spannungen und Mängel in der Gemeinde, der nicht so gut zu dem sonst von Lukas redaktionell gezeichneten Idealbild der Armenfürsorge (2,44 f.; 4,32–34) und einmütiger Gemeinschaft (1,14; 2,42.44; 5,12) paßt; die Aufgabenzuweisung an die »Sieben«, die in Spannung zu deren später geschilderter Predigttätigkeit steht (6,10; 21,8); die unvermittelte Erwähnung der »Hellenisten« und »Hebräer« als zwei Gruppen in der Gemeinde; die durch den Text selbst nicht erklärte Tatsache, daß gerade die Witwen der *»Hellenisten«* benachteiligt wurden; die Ausdrücke »Jünger« (6,1.2; hier erstmals in Apg) und »die Zwölf« (nur hier als Bezeichnung der Apostel in Apg). Sprachlich ist der Abschnitt so stark luk geprägt, daß mit Hilfe der Stilkritik eine Trennung zwischen dem Wortlaut der Quelle und der luk Bearbeitung nicht mehr möglich ist.

Als historische Tatsachen dürften dem Text zugrunde liegen: 1. Die Existenz eines Griechisch sprechenden Gemeindeteiles innerhalb der judenchristlichen Gemeinde, dessen Mitglieder (vorwiegend) aus der jüdischen Diaspora stammten und in Jerusalem ansässig geworden waren (vgl. 2,5). 2. Dieser Gemeindeteil war von der Aramäisch sprechenden Muttergemeinde gegründet worden, bewahrte mit ihr grundsätzlich die christliche Gemeinschaft, etwa im Christusbekenntnis und der Armenfürsorge, hielt aber seine eigenen Gottesdienste in griechischer Sprache. Die Gruppe besaß ein relativ selbständiges Leitungsgremium, bestehend aus sieben Männern, dessen charismatisch-geistiges Haupt Stephanus war (6,3.5.8.10). 4. Zwischen den »Hebräern« und »Hellenisten« gab es über den sprachlichen Unterschied hinaus wahrscheinlich noch weiterreichende Unterschiede, die zu Spannungen führten. Obwohl die aus der Diaspora heimkehrenden Juden meist aus religiösen Motiven, wegen der Hochschätzung des Tempels und der Tora, in Jerusalem seßhaft wurden und deshalb auch nicht etwa als liberal zu bezeichnen sind, nahmen sie doch Anstoß an den Mißständen des Tempelkults und der Toraauslegung, wie sie sie konkret vorfanden. Manche von ihnen waren deshalb sehr empfänglich für die kult- und torakritischen Elemente der Botschaft Jesu. Gerade die »Hellenisten« haben auch innerhalb der Jerusalemer Christengemeinde diese Ansätze weitergeführt (*Hengel*: Jesus 184–203), was sich ja deutlich in der von ihnen betriebenen Gründung eines »gesetzesfreien« Christentums außerhalb Jerusalems zeigt (z. B. 8,5; 11,19–26; 15,1.5.28 f.). Diese tempel- und torakritische Einstellung teilten die Aramäisch sprechenden Christen nicht. Sie standen dem palästinensischen Judentum, in dem diese Kritik keinen Raum hatte, näher (vgl. z. B. 2,46; 3,1) und wurden dementsprechend auch nicht verfolgt. Daß dieser Unterschied zu Konflikten führte, zeigt das Apostelkonzil (Apg 15). Ansätze dazu dürften

aber schon in den ersten Jahren der Jerusalemer Gemeinde, jedenfalls vor
dem Martyrium des Stephanus und der Berufung des Paulus (etwa 32–34 n.
Chr.; so *Hengel*: Jesus 172; anders *Dockx*: Date 73, der 36–37 annimmt)
gelegen haben. 5. Diese tieferliegenden Spannungen haben sich wohl auch in
einem derartigen Konflikt ausgewirkt, wie er im Bericht des Lukas zutage
tritt; aber er wird historisch *nicht als Ursache* für die Einsetzung der »Sieben«
zu betrachten sein, sondern als *Folge* der schon vorher vorhandenen zwei
Gemeindegruppen mit ihren Führungsgremien und Spannungen. Daß gerade die Witwen der »Hellenisten« benachteiligt werden, erklärt sich erst von
diesem Hintergrund her. Die sozialen Verhältnisse heimgekehrter Diasporajuden waren ungünstiger als die der Einheimischen. Es war für sie schwerer,
Arbeit zu finden, sie hatten weniger Besitz und oft keine Stütze in einer
Großfamilie; gerade ihre älteren und alleinstehenden Frauen waren auf Fürsorge angewiesen.

Die *redaktionelle Arbeit* des Lukas ist darin zu sehen, daß er nur den *Versor-
gungskonflikt als Ursache* für die Entstehung des Siebenergremiums genannt, die Einsetzung der »Sieben« ganz *betont den Zwölf* zugeschrieben
und die Weise der *Amtsübertragung* seinen Vorstellungen gemäß gestaltet
hat. Die Stellung des Abschnitts als Einleitung zum Bericht von der Verfolgung und dem Martyrium des Stephanus veranlaßte den Schriftsteller dazu,
diese hervorragende Gestalt auch in der Namensliste noch *eigens zu apostro-
phieren* durch den Zusatz »einen Mann voll Glauben und Heiligem Geist«
(Vers 5). Den positiven Ausgang des Konflikts benutzt Lukas zugleich für
eine *umfassendere positive Zwischenbemerkung* über das Wachstum der Gemeinde (Vers 7). Es fällt noch auf, daß Lukas den Amtstitel *Diakon* für die
»Sieben« vermeidet, obwohl von *diakonein* (= dienen) und *diakonia* (=
Dienst) im Text mehrfach die Rede ist. Kannte er den Amtstitel noch nicht?
Das ist zwar möglich, aber nicht sehr wahrscheinlich; denn schon von Phil
1,1 und dann von den Past (z. B. 1Tim 3,8–13) wird der Diakonat als Dienstamt in den Gemeinden vorausgesetzt. Wahrscheinlicher ist, daß Lukas die
Amtsbezeichnung *bewußt vermieden* hat, und zwar deshalb, weil die Aufga-
be des Diakons ursprünglich der Tischdienst und in Erweiterung davon die
Armenfürsorge war, die »Sieben« aber, von deren Einsetzung Lukas berichtet, bald andere Aufgaben wahrnehmen. Der Diakonat im Sinne *karitativer*
Tätigkeit ist als hauptberuflicher Dienst vielleicht überhaupt das älteste Ge-
meindeamt (vgl. Ansätze dazu: Röm 12,7). Erst im Laufe der Zeit wuchsen
dem Diakonat noch andere Aufgaben zu, etwa der Verkündigungsdienst.
Das dürfte zwar zur Zeit des Lukas schon längst der Fall gewesen sein, wie
Phil und Past vermuten lassen, aber Lukas will ja die Verhältnisse des Anfangs darstellen. Er scheint dabei sorgfältig abgewogen zu haben, welche
Verhältnisse und theologischen Leitideen sich aus seiner Zeit in die Situation
der Urgemeinde zurückprojizieren ließen (z. B. Einsetzung der »Sieben«
durch Handauflegung) und welche nicht (z. B. der Amtstitel »Diakon«).

15. Die Verhaftung und Anklage des Stephanus 6,8–15

8 Stephanus aber, voll Gnade und Kraft, wirkte große Wunder und Zeichen im Volk. 9 Es erhoben sich aber einige aus der sogenannten Synagoge der Libertiner, Zyrenäer, Alexandriner und von denen aus Zilizien und Kleinasien und stritten mit Stephanus. 10 Und sie vermochten nicht zu widerstehen der Weisheit und dem Geist, mit dem er sprach. 11 Da stifteten sie Männer an, die sagten: Wir haben ihn lästerliche Reden gegen Mose und Gott führen gehört. 12 Sie wiegelten das Volk, die Ältesten und die Schriftgelehrten auf, traten heran, nahmen ihn fest und führten ihn zum Synedrium. 13 Sie stellten falsche Zeugen auf, die aussagten: Dieser Mensch hört nicht auf, Worte gegen diesen heiligen Ort und das Gesetz zu reden. 14 Denn wir haben ihn sprechen gehört: Dieser Jesus, der Nazoräer, werde diesen Ort zerstören und die Bräuche ändern, die uns Mose überliefert hat. 15 Und während alle, die im Hohenrat saßen, ihn gespannt anschauten, sahen sie sein Angesicht wie das Angesicht eines Engels.

Literatur: Außer der zu 6,1–7 genannten: *Gaston, L.*: No Stone on Another. Studies in the Significance of the Fall of Jerusalem in the Synoptic Gospels, NT Suppl. 23, Leiden 1970, 154–161. – *Hahn, F.*: Der urchristliche Gottesdienst, SBS 41, Stuttgart 1970, 47–55. – *Moule, C. F. D.*: Sanctuary and Sacrifice in the Church of the New Testament: JThS NS 1 (1950) 29–41. – *Mußner, F.*: Wohnung Gottes und Menschensohn nach der Stephanusperikope (Apg 6,8–8,2), in: Jesus und der Menschensohn, FS A. Vögtle, hg. von *R. Pesch, R. Schnackenburg, O. Kaiser*, Freiburg, Basel und Wien 1975, 283–299. – *Pesch, R.*: Die Vision des Stephanus, SBS 12, Stuttgart o. J. (1966). – *Schmithals, W.*: Paulus und Jakobus, FRLANT 85, Göttingen 1963, 9–29. – *Surkau, H.-W.*: Martyrien in jüdischer und frühchristlicher Zeit, FRLANT NF 36, Göttingen 1938, 105–119. – *Wiater*: Komposition 209–223.

Aufbau

Vers 8: *Summarische Schilderung* der Stephanus-Wirksamkeit. – Verse 9f.: *Bericht* über das *Auftreten von Gegnern* und die *Überlegenheit* des Stephanus im Wortstreit. – Verse 11–14: *Bericht* über das weitere *Vorgehen der Gegner: Gewinnung* von Leuten, die belastende Aussagen machen (Vers 11), *Aufwiegelung* des Volkes, der Ältesten und Schriftgelehrten (Vers 12a), *Festnahme* (Vers 12b), *Überführung* zum Synedrium (Vers 12c), *Aufstellen* falscher Zeugen (Vers 13a) und *Wiedergabe* ihrer *Aussagen* (Verse 13b– 14). – Vers

15: Schilderung, wie der *Anblick* des Stephanus auf das Synedrium wirkt.

Tradition und Redaktion

Besser als in dem vorausgehenden Abschnitt läßt sich in diesen Versen der luk Anteil der Textgestaltung bestimmen; denn es bieten sich bessere Vergleichsmöglichkeiten mit anderen Teilen des luk Doppelwerkes an. Vers 8 erweist sich nach Form, Inhalt und Funktion als red Bildung. Die Ausdrücke »voll« (*pleres*), »Gnade« (*charis*), »Kraft« (*dynamis*), »Wunder und Zeichen« (vgl. zu 4,30), »Volk« (*laos*) weisen auf luk Formulierung hin. Die Kennzeichnung des Stephanus als charismatischer Wundertäter ist eine Charakteristik, die der Überleitungsfunktion des Verses entspricht: Stephanus wird nicht im »Dienst an den Tischen«, sondern in der Öffentlichkeit, aber auch nicht im »Dienst am Wort«, sondern wirkmächtig durch Wunder geschildert; erst in Vers 11 wird *mittelbar* seine Wortverkündigung erwähnt. Die Überleitungscharakteristik ist luk. – Vers 9 wird zum größten Teil aus vorluk Überlieferung stammen und zu den Einleitungssätzen des Martyriumsberichtes gehört haben. – Vers 10 ist von Luk unter Aufnahme von Lk 21,15 gebildet worden. – In den Versen 11–15 stammen vermutlich alle Aussagen von Lukas, die sich auf eine Gerichtsverhandlung vor dem Synedrium beziehen. Das ergibt sich daraus, daß im ganzen Stephanusbericht Aussagen über tumultuarische Geschehnisse eines Lynchvorganges und Elemente eines Gerichtsverfahrens unausgeglichen nebeneinander stehen und letztere sich deshalb als luk erweisen, weil sie in Anlehnung an den Prozeßbericht der Passion Jesu stilisiert sind und weil Lukas auch sonst Gerichtsszenen gestaltet, um so das Zeugen- und Zeugnismotiv zum Tragen zu bringen. Zu den aus der Passion Jesu stammenden und von Lukas in den Stephanusbericht übertragenen Elementen gehört das Zeugenverhör (VV 13 f.). Es stammt aus Mk 14,55–57. Lukas übergeht es in seinem Evangelium. Die negative Fassung des Tempelwortes Vers 14 läßt besonders in dem Ausdruck »diesen Ort« luk Formulierung erkennen, die ebenso 21,28 im Vorwurf gegen Paulus begegnet und wohl bewußt im Anschluß an die atl. Unheilsprophetie (z. B. Jer 7) gewählt worden ist. – In Vers 12 sind wahrscheinlich »die Ältesten und Schriftgelehrten« (vgl. Lk 9,22) und »sie führten ihn zum Synedrium« luk Zusätze. Ob in Vers 11 die Angabe des Konflikt- und Anklagegrundes erst von Lukas stammt (so *Wiater* 213; 215) ist nicht sicher; sie könnte auch schon in einer ähnlichen Form zur Quelle gehört haben;

VV 13 f. würden dann deren luk Interpretation sein, wozu die betonte Tempelkritik gut passen würde (vgl. 7,48–50). – Sprache und
Funktion lassen vermuten, daß Vers 15 von Lukas gebildet worden
ist. Der Vers gehört zum Visionsbericht 7,55 f., rahmt zusammen
mit diesem die Rede und drückt von vornherein ihre Bestätigung
vom Himmel her aus. Auch Anklänge an die luk Version der Verklä-
rung Jesu scheinen vorzuliegen. »Sein Angesicht« (vgl. Lk 9,29) und
das Schauen der »Herrlichkeit« Gottes und Jesu (vgl. 7,55 mit Lk
9,32) weisen darauf hin.

Auslegung

Lukas kennzeichnet das öffentliche Wirken des Stephanus als Wundertätigkeit. Mehr als diese wird aber die Wortverkündigung Anlaß
zum Konflikt gegeben haben, wie aus dem folgenden hervorgeht.
Den Konfliktausbruch schildert Lukas so, daß er nicht von Stephanus, sondern von seinen Gegnern ausgeht. Diese sind Griechisch
sprechende Juden aus der Diaspora, die in Jerusalem wohnhaft und
Mitglieder landsmannschaftlicher Synagogengemeinden geworden
sind. Die Existenz derartiger Synagogengemeinden ist archäolo-
gisch und inschriftlich erwiesen (vgl. *Hengel*: Jesus 182–185). Der
Ausdruck »Libertiner« bezeichnet sehr wahrscheinlich kriegsgefan-
gene, nach Rom transportierte Juden, die aber wieder freigelassen
und nach Jerusalem zurückgekehrt waren. Es ist anzunehmen, daß
Lukas bei der Kennzeichnung der Gegner an Mitglieder von mindestens drei landsmannschaftlich verschiedenen Synagogengemeinden
gedacht hat (vgl. den präziseren Ausdruck 24,12): der aus Rom Freigelassenen, derer aus der Zyrenaika und aus Alexandrien; ob die
erwähnten Juden aus Zilizien und Kleinasien auch zu je einer Synagoge zu rechnen sind, läßt der Lukastext nicht deutlich genug erkennen. – Erst jetzt (Vers 10) läßt Lukas mittelbar und in der Auseinandersetzung mit den Gegnern die Wortmächtigkeit des Stephanus deutlich hervortreten, betont aber zugleich im Anschluß an Jesu
Verheißung Lk 21,15, daß die aus Stephanus sprechende Weisheit
und der Geist Gaben Jesu sind. – Die Vorwürfe gegen Stephanus
lauten, er führe Lästerreden gegen Mose und Gott (Vers 11). Damit
sind die gleichen Vorwürfe gemeint, die Lukas in den VV 13 f. ausführlicher wiedergibt. Mit den »Reden gegen Mose« (Vers 11) sind
die »Reden gegen das Gesetz« (Vers 13; *nomos*) und die Jesus zuge-
schriebene Änderung der »Bräuche, die Mose gegeben hat« (Vers 14;
ethē) gemeint. Das griechische Wort *ethē* (= Sitten, Bräuche) meint
hier ebenso wie *nomos* (= Gesetz) die Gesetzesbestimmungen der

Tora, als deren Gesetzgeber Mose galt. Die »Reden gegen Gott«
(Vers 11) sind gleichbedeutend mit den »Reden gegen diesen heiligen
Ort« (Vers 13) und der zitierten Ankündigung Jesu, »er werde diesen Ort zerstören« (Vers 14), womit der Jerusalemer Tempel gemeint ist. Lukas läßt im Anschluß an Mk 14,56 die Vorwürfe von
»falschen« Zeugen (Vers 13) vortragen, um damit die Angriffe als
ungerecht zu kennzeichnen und weil für ihn nicht Stephanus, sondern die Gegnergruppe sich gesetzeswidrig und gotteslästerlich ver-
hielt (7,51–53). Der Sache nach gibt Lukas jedoch sicher die geset-
zeskritische Haltung der Hellenisten und vielleicht auch ihre Tempelkritik zutreffend wieder, wie das von ihnen verkündete »geset-
zesfreie« Evangelium zeigt. Bei der Beurteilung, ob die Gesetzes-
und Tempelkritik des Stephanuskreises nur »einzelne, konkrete
Lehrtopoi« betraf und »bei weitem nicht diesen umfassenden Charakter« hatte wie später bei Paulus (so *Hengel*: Jesus 191; vgl.
21,21.28; 24,5), oder ob es sich bereits um die »grundsätzliche Aufhebung des Gesetzes durch das Christusgeschehen« handelte (so
Hahn: Gottesdienst 51) muß man wohl zwischen der luk Darstellung und den Positionen des historischen Paulus und Stephanus unterscheiden. Nach Lukas vertritt Stephanus bereits die gleiche
Grundposition wie später Paulus (vgl. 6,13 f. und 7,48 mit 21,21.28;
7,58 mit 9,29); aber daß Stephanus selbst etwa schon die weitrei-
chenden theologischen Konsequenzen gezogen hätte, wie sie uns in
den Paulusbriefen begegnen, dafür haben wir weder einen Anhaltspunkt, noch ist dies zu vermuten. Von dem Tempelwort Mk 14,58
hat Lukas nur den negativen Teil übernommen. Das entspricht der
polemischen Tendenz des Kontextes von 6,14. Außerdem hat er den
Ausdruck »von Händen gemacht« fortgelassen, um dieses Motiv an
geeigneterer Stelle (7,48–50) ausführlich zur Sprache zu bringen. –
Für das Leuchten des Angesichts (Vers 15) bietet die jüdische Überlieferung eine Fülle von Belegen: die Gesichter der Heiligen werden
einst in hellem Licht erstrahlen (Belege bei *Bill.* I 752); das Aussehen
bedeutender Männer der religiösen Geschichte glich in bestimmten
Situationen dem eines Engels, z. B. des Mose in der Sterbestunde
beim Schreiben des Jahwe-Namens, der Propheten, verschiedener
Rabbinen, der Söhne Israels, nachdem sie ihre Verehrung des goldenen Kalbes bereut und sich bekehrt hatten (Belege bei *Bill.* II 665 f.),
des ägyptischen Joseph als Geistträger und des Aaron-Enkels Pinhas
(Belege bei *Hengel*: Jesus 193 Anm. 140). Unter Berücksichtigung
dieser und ähnlicher Überlieferungen hat man angenommen, das en-
gelgleiche Aussehen des Stephanus sei zu verstehen als Ausdruck der
Ekstase des Propheten (*Bihler* 26; vgl. Ez 1) oder des Märtyrers

(*Conzelmann*: Apg 45 »die christliche Märtyreridee in statu nascendi«; vgl. MartPol 12,1) oder als Zeichen der Erfüllung mit dem Heiligen Geist für die folgende Rede und der Bestätigung dieser Rede durch Gott (*Haenchen*: Apg 265) sowie der göttlichen Bestätigung der damit einsetzenden »heilsgeschichtlichen Wende« (*Pesch*: Vision 30). Für das luk Verständnis wollen sicher beachtet sein die Geistbegabung (Verse 3.5.8.10), die auffällige Verbindung mit der Rede und heilsgeschichtlichen Wende, aber auch die sprachliche Nähe zur luk Version der Verklärungsperikope, in der gerade Lukas eine enge Beziehung zwischen der erscheinenden Herrlichkeit und dem bevorstehenden Leidensweg betont (Lk 9,29–31).

16. Die Rede des Stephanus 7,1–53

1 Da sagte der Hohepriester: Verhält sich das so?   2 Er aber sprach: Brüder und Väter, hört! Der Gott der Herrlichkeit erschien unserem Vater Abraham, als er in Mesopotamien lebte, bevor er sich in Haran niederließ,   3 *und sprach zu ihm: Zieh fort aus deinem Land und deiner Verwandtschaft und gehe in das Land, das ich dir zeigen werde* (Gen 12,1).   4 Da zog er aus dem Land der Kaldäer fort und ließ sich in Haran nieder. Und von dort ließ Gott ihn nach dem Tod seines Vaters in dieses Land übersiedeln, in dem ihr jetzt wohnt.   5 Und er gab ihm keinen Erbbesitz darin, auch nicht einen Fuß breit, und er verhieß, *es ihm zum Besitz zu geben und seinem Samen nach ihm* (Gen 17,8), obwohl er kein Kind hatte.   6 Es sprach aber Gott so: *Sein Same wird als Fremdling wohnen in einem fremden Land, und man wird ihn knechten und mißhandeln vierhundert Jahre lang;   7 und das Volk, dem sie Sklavendienst leisten, werde ich richten* (Gen 15,13f.), sprach Gott, *und danach werden sie ausziehen und mir dienen an diesem Ort* (Ex 3,12).   8 Und er gab ihm den Bund der Beschneidung. Und so zeugte er den Isaak und beschnitt ihn am achten Tag, und Isaak den Jakob und Jakob die zwölf Patriarchen.
9 Und die Patriarchen wurden eifersüchtig und verkauften Josef nach Ägypten. Und Gott war mit ihm.   10 Und er errettete ihn aus allen seinen Nöten und *gab ihm Gnade* und Weisheit *vor Pharao, dem König Ägyptens, und er setzte ihn zum Herrscher über Ägypten und sein ganzes Haus* (Gen 41,37–43).   11 *Es kam aber eine Hungersnot über ganz Ägypten und Kanaan* (Gen 41,54; 42,5) und große Not, und unsere Väter

fanden keine Nahrungsmittel. 12 Als aber Jakob hörte, in Ägypten gäbe es Getreide, sandte er unsere Väter ein erstes Mal. 13 Und beim zweiten Mal gab sich Josef seinen Brüdern zu erkennen, und dem Pharao wurde das Geschlecht Josefs bekannt. 14 Josef aber sandte hin und ließ Jakob, seinen Vater, und die ganze Verwandtschaft – fünfundsiebzig Seelen – holen. 15 Und Jakob zog hinab nach Ägypten. Und er starb und unsere Väter. 16 Und sie wurden überführt nach Sichem und beigesetzt in dem Grab, das Abraham für Silber von den Söhnen des Hamor in Sichem gekauft hatte.

17 Als aber die Zeit der Verheißung nahte, die Gott dem Abraham zugesagt hatte, wuchs das Volk und vermehrte sich in Ägypten, 18 bis ein anderer König über Ägypten erstand, der von Josef nichts wußte. 19 Dieser, voll Arglist gegen unser Volk, behandelte unsere Väter schlecht (und wollte), daß sie ihre Kinder aussetzten, damit sie nicht am Leben blieben. 20 Zu dieser Zeit wurde Mose geboren, und Gott hatte Gefallen an ihm. Er wurde drei Monate im Haus des Vaters aufgezogen. 21 Als er aber ausgesetzt wurde, nahm ihn die Tochter des Pharao auf und erzog ihn sich zum Sohn. 22 Und Mose wurde unterrichtet in aller Weisheit der Ägypter; er war aber mächtig in seinen Worten und Taten. 23 Als sich aber für ihn die vierzigjährige Zeit erfüllte, stieg in seinem Herzen der Wunsch auf, sich umzusehen nach seinen Brüdern, den Söhnen Israels. 24 Und als er sah, daß einem Unrecht geschah, half er und schuf dem Unterdrückten Vergeltung, indem er den Ägypter erschlug. 25 Er meinte, seine Brüder würden begreifen, daß Gott ihnen durch seine Hand Rettung schenken wolle; sie aber begriffen nicht. 26 Am folgenden Tag erschien er bei ihnen, als sie sich stritten und suchte, sie zum Frieden zu versöhnen, indem er sprach: Männer, ihr seid doch Brüder! Warum tut ihr einander Unrecht? 27 Der aber, der seinem Nächsten Unrecht tat, stieß ihn weg und sagte: *Wer hat dich zum Herrscher und Richter über uns eingesetzt? 28 Willst du mich ebenso töten, wie du gestern den Ägypter getötet hast?* (Ex 2,14). 29 Es floh aber Mose auf dieses Wort hin und hielt sich als Fremdling im Lande Midian auf, wo er zwei Söhne zeugte.

30 Und als sich vierzig Jahre erfüllten, *erschien ihm in der Wüste des Berges Sinai ein Engel in der Feuerflamme eines Dornbuschs* (Ex 3,2f.). 31 Als aber Mose das sah, wunderte er sich über die Erscheinung. Als er herantrat, um genauer

nachzuschauen, erscholl die Stimme des Herrn: 32 *Ich bin der Gott deiner Väter, der Gott Abrahams, Isaaks und Jakobs* (Ex 3,6). Mose wagte vor Zittern nicht mehr genauer nachzuschauen. 33 *Es sprach aber zu ihm der Herr: Löse die Sandalen von deinen Füßen, denn der Ort, auf dem du stehst, ist heiliges Land* (Ex 3,5). 34 *Ich habe sehr wohl die Mißhandlung meines Volkes in Ägypten gesehen und sein Stöhnen gehört, und ich bin herabgestiegen, um sie zu erretten* (Ex 3,7 f.). *Und nun geh, ich will dich nach Ägypten senden* (Ex 3,10). 35 Diesen Mose, den sie verleugnet hatten mit den Worten: *Wer hat dich zum Herrscher und Richter eingesetzt* (Ex 2,14), den hat Gott als Führer und Erlöser gesandt durch die Hand des Engels, der ihm im Dornbusch erschien. 36 Dieser hat sie herausgeführt, indem er Wunder und Zeichen wirkte im Lande Ägypten, im Roten Meer und in der Wüste, vierzig Jahre lang. 37 Dies ist der Mose, der zu den Söhnen Israels gesprochen hat: *Einen Propheten wird euch Gott erstehen lassen aus euren Brüdern wie mich* (Dt 18,15). 38 Dieser ist es, der bei der Versammlung in der Wüste zwischen dem Engel, der mit ihm auf dem Berg Sinai sprach, und unseren Vätern stand, der lebendige Worte empfing, um sie euch zu geben. 39 Ihm wollten unsere Väter nicht gehorchen, sondern stießen ihn weg und wandten sich in ihren Herzen nach Ägypten. 40 Sie sprachen zu Aaron: *Mache uns Götter, die vor uns herziehen; denn dieser Mose, der uns aus Ägypten herausgeführt hat, — wir wissen nicht, was ihm geschehen ist* (Ex 32,1.23). 41 Und sie machten das Kalb in jenen Tagen und brachten ein Opfer dar dem Götzenbild und freuten sich am Werk ihrer Hände. 42 Gott aber wandte sich ab und gab sie dahin, daß sie dem Heer des Himmels dienten, wie geschrieben steht im Buch der Propheten:

Habt ihr mir etwa Schlachtopfer und andere Opfer dargebracht vierzig Jahre in der Wüste, Haus Israel? 43 Und ihr habt mitgeführt das Zelt des Moloch und den Stern des Gottes Romfa, die Bilder, die ihr gemacht habt, um sie anzubeten. Und ich werde euch verbannen bis über Babylon *hinaus* (Am 5,25–27).

44 Das Bundeszelt hatten unsere Väter in der Wüste. Es war so, wie der mit Mose Redende angeordnet hatte, daß man es herstelle, nach dem Vorbild, das er gesehen hatte. 45 Dies haben unsere Väter übernommen und auch hineingebracht unter Josua bei der Besitznahme (des Landes) der Heiden, die

Gott vor dem Angesicht unserer Väter vertrieb, bis zu den Tagen Davids. 46 Er fand Gnade vor Gott und erbat, eine Be-
hausung zu finden für den Gott Jakobs. 47 Salomo aber
baute ihm ein Haus. 48 Aber der Höchste wohnt nicht in
dem, was Menschenhände gebaut haben, wie der Prophet
sagt:

> 49 *Der Himmel ist mir Thron, die Erde der Schemel meiner*
> *Füße. Welches Haus wollt ihr mir bauen, spricht der Herr,*
> *oder welches soll der Ort meiner Ruhe sein?   50 Hat nicht*
> *meine Hand dies alles gemacht?* (Jes 66,1 f.)

51 Ihr Halsstarrigen und Unbeschnittenen an Herz und Ohr,
immer widersetzt ihr euch dem Heiligen Geist, wie eure Väter,
so auch ihr. 52 Welchen der Propheten haben eure Väter
nicht verfolgt? Und sie töteten die, welche die Ankunft des
Gerechten vorherverkündeten, dessen Verräter und Mörder
ihr nun geworden seid, 53 die ihr das Gesetz durch die Weisung von Engeln erhalten, es aber nicht gehalten habt.

Literatur: Außer der zu Kap. 6 und Exkurs 3 genannten: *Arichea, C.*: A
Critical Analysis of the Stephen Speech in the Acts of the Apostles, Diss.
Duke University, Durham (N. C.) 1965. – *Bowmann, J.*: Samaritanische
Probleme, Stuttgart 1967, 53–76. – *Dahl, N. A.*: The Story of Abraham in
Luke-Acts, in *Keck/Martyn*: Studies 139–158. – *Duterme, G.*: Le vocabulai-
re du discours d'Etienne, Löwen 1950. – *Gräßer*: Actaforschung (1977) 35–
42. – *Hahn*: Hoheitstitel 382–385.– *Holtz*: Untersuchungen 85–127. – *Kil-
gallen, J. J.*: A Literary and Redactional Study of Acts 7,2–52, AnBib 67,
Rom 1976. – *Kippenberg, H. G.*: Garizim und Synagoge, RVV 30, Berlin
und New York 1971. – *Kliesch*: Credo 5–38; 110–125. – *Klijn, A. F. J.*: Stephen's Speech – Acts VII.2–53: NTS 4 (1957/58) 25–31. – *Mare, W. H.*: Acts
7: Jewish or Samaritan in Character?: WThJ 34 (1971/72) 1–21. – *Mundle,
W.*: Die Stephanusrede der Apostelgeschichte: Eine Märtyrerapologie:
ZNW 20 (1921) 133–147. –*Pummer, R.*: The Samaritan Pentateuch and the
New Testament: NTS 22 (1975/76) 441–443. – *Reicke*: Glauben 129–176. –
Richard, E.: Acts 7. An Investigation of the Samaritan Evidence: CBQ 39
(1977) 190–208. – *Steck, O. H.*: Israel und das gewaltsame Geschick der Pro-
pheten, Neukirchen-Vluyn 1967, 265–269. –*Stemberger, G.*: Die Stephanus-
rede (Apg 7) und die jüdische Tradition, in: A. Fuchs (Hg.): Jesus in der
Verkündigung der Kirche, StNTU Serie A, Bd. 1, Linz 1976, 154–174. –
Storch, R.: Die Stephanusrede Apg 7,2–53, Diss. d. Theol. Fakult. Göttingen 1967. – *Thyen, H.*: Der Stil der Jüdisch-Hellenistischen Homilie,
FRLANT 56, Göttingen 1955. – *Wilckens*: Missionsreden 208–224.

Aufbau und Form

Auf die *Frage* des Hohenpriesters Vers 1 und die *Redeeinführung*
Vers 2a folgt die *Rede des Stephanus* Verse 2b–53. Sie hat die Gedankenfolge:

Vers 2b: Anrede, Aufforderung zum Hören.
Verse 2c–8:   *Gottes Weg mit Abraham*
               Gotteserscheinung in Mesopotamien (2 f.).
               Auszug von Kaldäa nach Haran, von Haran nach Palä-
               stina (4).
               Statt Erbbesitz, Verheißung: Abrahams Nachkommen
               werden in der Fremde unterjocht, aber sie werden
               durch Gott befreit werden und ihn im Tempel vereh-
               ren (5–7).
               Überleitung: Bund der Beschneidung, der sich von
               Abraham über Isaak und Jakob bis zu den Jakobsöh-
               nen fortsetzt (8).
Verse 9–16:   *Gottes Weg mit dem Patriarchen Josef*
               Josef, in die Fremde verkauft, von Gott gerettet und
               zu Ansehen gebracht (9 f.).
               Auf Grund der Hungersnot Übersiedlung der ganzen
               Familie nach Ägypten (11–15a).
               Tod der Patriarchen in Ägypten, Beisetzung in Sichem
               (15b–16).
Verse 17–43:   *Gottes Weg mit Mose*
               17a: Kennzeichnung der Epoche als Zeit, in der die
                    Erfüllung der Verheißung naht.
               17b–22: Entfernte Vorbereitung:
                    Situation Israels in Ägypten (17b–19).
                    Des Mose Jugendzeit und Bildung (20–22).
               23 –20: Nähere Vorbereitung:
                    Erwachendes Sendungsbewußtsein des Mose; er
                    rächt einen mißhandelten Israeliten, wird aber
                    nicht als Heilbringer erkannt (23–25).
                    Versuch, einen Streit unter Israeliten zu schlich-
                    ten, Zurückweisung, Flucht (26–29).
               30 –34: Berufung und Sendung durch Gott: Periodi-
                    sierungsangabe (30a).
                    Engelerscheinung, Reaktion des Mose, Selbst-
                    darstellung Gottes (30b–32).
                    Gottesrede: Erklärung des Ortes als heiliges
                    Land, Kenntnis der Unterdrückung Israels, Ver-

heißung, es zu retten, Sendung des Mose (33 f.).

35 –43: Würdigung des Mose und Kritik am Verhalten Israels:
Mose, von Gott als Führer und Retter gesandt – von Israel verleugnet (35). Befreiung Israels durch Mose (36). Verheißung eines Propheten wie Mose (37). Mose war Mittler bei der Gesetzgebung, aber Israel erwies sich als ungehorsam (38–41.
Reaktion Gottes: Abwendung, Preisgabe Israels an den Götzendienst (42a). Schriftzitat mit Einleitung 42b–43).

Verse 44–50: *Geschichte und Bedeutung von Bundeszelt und Tempel*
Entstehung des Bundeszeltes nach Gottes Auftrag und Fortbestand bis zur Zeit Davids (44 f.). Davids Wunsch nach einer Wohnstatt Gottes (46). Tempelbau durch Salomo (47). Kritik: Gott wohnt nicht in Bauten von Menschenhand (48a).
Schriftzitat mit Einleitung (48b–50).

Verse 51–53: *Anklage gegen das Synedrium*
Scheltende Anrede (51a).
Fehlverhalten der Vorfahren und des gegenwärtigen Israel: Widerstand gegen den Heiligen Geist, Verfolgung und Tötung der Propheten und des von ihnen verheißenen Gerechten, Übertretung des Gesetzes (51b–53).

Die skizzierte Gedankenfolge kommt in den VV 2–34. 44–47 in *ruhigem Erzählstil* in der Form eines *Geschichtssummariums* zur Sprache. Die VV 35–43. 48–50 dagegen sind vorwiegend in einem *kritisch-polemischen Stil* gehalten, der in den VV 51–53 in einer äußerst scharfen *Scheltrede* gipfelt. Die Rede basiert fast ganz auf dem AT, und zwar überwiegend auf der LXX. Dabei begegnen verschiedene Arten der Schriftverwendung: der größte Teil der Rede erzählt in *freier Wiedergabe* die entsprechenden Geschehnisse aus dem AT; die *Reden* der handelnden Personen sind meist (außer Vers 26) *wörtlich* aus der LXX wiedergegeben (z. B. Verse 3.5.6 f.27.32.33 f.35.37.40); in den VV 22.25.35–38 sind die Aussagen über Mose *typologisch* auf Christus hin gedeutet; in den VV 42b–43. 48–50 sind Zitate mit einleitender Zitationsformel aufgenommen.
Die *Grundstruktur* läßt manche Gemeinsamkeiten mit atl. und früh-

jüdischen Texten erkennen, wobei allerdings auch die Unterschiede
zu beachten sind. Ähnliche Geschichtsabrisse begegnen mehrfach
im AT (z. B. Dt 6,20–24; 26,5–9; Jos 24,2–13; Neh 9,6–31; Jdt 5,6–
18; 1Mkk 2,52–60; Pss 78; 105; 106; 136; Weish 10; Sir 44–50) und
im Frühjudentum (z. B. 3Mkk 2,2–12; 4Esr 3,4–36; 14,29–31; CD
2,14–3,9; *Jos* Ant III 5,3; IV 3,2). Im AT sind sie mitunter als »Vorgeschichte« Teil des Bundesformulars (z. B. Jos 24; vgl. *Holtz* 103–
106). Mit der Struktur des deuteronomistischen Geschichtsbildes,
nämlich dem Kontrastschema Heilstaten Gottes – Halsstarrigkeit
Israels (z. B. Neh 9; vgl. *Steck* 266), stimmt die Gesamtstruktur Apg
7,2–53 zwar z. T. überein, aber zu ihm paßt nicht das in Apg 7 hervorgehobene Thema von Bundeszelt, Tempelbau und Tempelkritik.
Es hat vermutlich seine Voraussetzungen im Kontext (6,11.13 f.;
7,55 f.).

Tradition und Redaktion

Seit den Arbeiten von *M. Dibelius* herrscht in der Forschung die
Auffassung vor, erst Lukas habe die Rede in den Martyriumsbericht
eingefügt; er habe sie aber nicht vollkommen frei gestaltet, sondern
ein Summarium der Geschichte Israels aufgenommen, es sprachlich
überarbeitet, inhaltlich dem vorliegenden Zusammenhang angepaßt
und vor allem durch polemische Zusätze erweitert. Die Annahme
besteht m. E. zu Recht; denn sie erklärt am besten die relativ *geringe
Beziehung* eines Großteils der Rede zum Kontext, die *Unterbre-
chung* zwischen 6,15 und 7,55 f., das von den übrigen Reden der
Apg sich unterscheidende *Geschichtsbild* und die Verschiedenartig-
keit der *Schriftverwendung* innerhalb der Rede. Ist die Annahme
richtig, dann sind die Rahmenverse 1 und 54 als red anzusehen, wie
auch die Redeeinführung Vers 2a. Es wird aber auch die Meinung
vertreten, Lukas habe die Rede im ganzen komponiert (so z. B.
Mundle 133; *Bihler* 81–86; *Mußner* 286; *Richard*: Composition 143;
310; 355 f.). Unter den Exegeten, die den überwiegenden Teil der
Rede als Traditionsgut erachten, bestehen in bezug auf Umfang und
Herkunft der Tradition und dementsprechend über den luk Anteil
der Gestaltung erhebliche Meinungsunterschiede. Im wesentlichen
werden folgende Positionen vertreten: 1. Lukas hat ein Traditionsstück nur ganz geringfügig ergänzt (Vers 52b; *Hahn* 385; *Steck* 266.
– Vers 37: *Wilckens* 216); 2. Lukas hat ein Traditionsstück durch
polemische Teile erweitert (*Dibelius* 144; – Verse 35.37.39–43.48–
53: *Haenchen* 280; *Conzelmann* 50; *Holtz* 87–98; 109 ⟨aber Verse
39–42a gehören nach ihm zur Tradition; ebenso *Stemberger*

170f.)); 3. Lukas hat zwei Traditionsstücke (Verse 2–8; ⟨15f.⟩; 20–43.51–53) miteinander verbunden und sie durch Verse 9–19.44–50 red ergänzt (*Storch* 113f.). Hinsichtlich der Herkunft bestehen vor allem folgende Meinungen: 1. Das Traditionsstück ist eine Geschichtspredigt aus der Synagoge des hellenistischen Judentums (so z. B. *Dibelius* 145; *Haenchen* 279f.; *Thyen* 20; 112; als möglich erachtet von *Stemberger* 173f.; – ähnlich *Holtz* 100–109: aus jüdischen Kreisen Palästinas mit ausgeprägter Tempelfrömmigkeit und LXX-Benutzung). 2. Das Geschichtssummarium stammt aus dem Judentum, ist aber vom hellenistischen Judenchristentum durch die Verse (22b.) 25.37–53 erweitert (so *Hahn* 385) bzw. durch Zufügung der Verse 22b.25.35–43.48–53 im Sinne des deuteronomistischen Geschichtsbildes überarbeitet (so *Steck* 266) und erst dann von Lukas aufgenommen worden. *Wilckens* 217–219 modifiziert dieses Modell: der jüdische Motivzusammenhang sei zwar ungebrochen wirksam, aber die Rede sei »original christlich« und stamme aus dem hellenistischen Diasporajudenchristentum; vorluk Einschübe könnten VV 9–14.44–49 sein. 3. Die Rede hat ihre Wurzeln in samaritanischen Überlieferungen (so z. B. *Bowmann* 72; 74; *Scobie* 396; dagegen u. a. zu Recht *Pummer* 442), ja sie geht sogar auf Stephanus selbst zurück, der Samaritaner war (so z. B. *Spiro* 293; 297; *Scharlemann* 50–53).

Am überzeugendsten erscheint eine modifizierte Form des unter 2 genannten Lösungsversuchs: 1. Der Geschichtsabriß (Verse 2–34.36.38.44–47) stammt aus gesetzes- und tempelfrommem (vgl. Verse 6f.8.38.44–47) Judentum. Dafür spricht die Nähe zu den oben bereits genannten atl. und frühjüdischen Geschichtsabrissen. Ob es sich dabei um Judentum in der Diaspora oder in Palästina handelt, ist nicht sicher zu entscheiden. Die LXX-Benutzung ist hier wie dort möglich. Für ersteres spräche eine gewisse Relativierung der heilsgeschichtlichen Bedeutsamkeit Palästinas, da entscheidende Ereignisse außerhalb des »heiligen Landes« hervorgehoben werden (Verse 2.5.6.9.16.22.30–34.36.38.44); dann müßten allerdings die Aussagen Vers 4 (Land, »das ihr nun bewohnt«) und Vers 7 (verehren »an diesem Ort«) spätere Ergänzungen sein. 2. Der Geschichtsabriß ist von hellenistischen Christen, wie sie etwa im Stephanuskreis erkennbar sind, in eine an Juden gerichtete Umkehrpredigt einbezogen worden. Von dieser Umarbeitung rühren noch die Verse 39–42a her. Diese Umarbeitung ist in Anlehnung an das deuteronomistische Geschichtsbild geschehen. In diesem Rahmen erscheint nun als Kontrast zu den Heilserweisen Gottes das widersetzliche Verhalten Israels. Ein Vergleich mit Neh 9,16–18; Ps 106,7

u. a. läßt deutlich die Herkunft aus der deuteronomistischen Tradition erkennen (*Steck* 266 Anm. 9). 3. Lukas hat diese Predigt dem
Stephanus in den Mund gelegt, das vermutlich am Schluß stehende
Gerichtsmotiv fortgelassen, aber mehrere Erweiterungen vorgenommen: a) Er hat die *Schriftzitate* VV 42b–43.48b–50 eingefügt.
Für luk Redaktion sprechen die typisch luk Zitationsformel und die
inhaltliche Differenz zum Kontext (*Holtz* 14–19; 29–31; 86–95). b)
Er hat Vers 9b eine Typologie angedeutet und in den VV 22b.25.
35.37 eine *Mose-Jesus-Typologie* ausgeführt. Sprachliche und inhaltliche Indizien verweisen auf luk Redaktion (vgl. 9b mit Apg 10,38;
22b mit Lk 24,19; 25.35.37 mit der Mose-Propheten-Jesustypologie
Lk 24,19–21 und mit Apg 3,22, wo das Zitat aus Dt 18,15 im Verhältnis zu Apg 7 seinen ursprünglichen Platz hat; die Stilfiguren an
den Satzanfängen VV 35.37, an die wahrscheinlich die aus der Tradition stammenden Verse 36.38 angeglichen wurden). c) Er hat durch
Vers 48a entsprechend dem Kontext 6,11.13 f. und im Blick auf den
jetzt maßgeblichen »Ort« Gottes 7,55 f. eine ins Grundsätzliche ge-
hende *Tempelkritik* eingebracht. d) Er hat durch Aufnahme von Elementen aus der Tradition des deuteronomistischen Geschichtsbildes
den Schluß der Rede VV 51–53 wirkungsvoll gestaltet. Daß auch
dieser Teil schon vorgegeben war, wie *Hahn, Steck* und *Wilckens*
annehmen, ist unwahrscheinlich; denn 1. liegt ein Neueinsatz vor
und der Teil ist nur locker mit dem Vorherigen verbunden, 2. zeigt
die Gestaltungsart des Lukas auch sonst, daß er mit Elementen des
deuteronomistischen Geschichtsbildes und seiner Prophetenaussage
redaktionell umzugehen weiß (Lk 6,23; 11,47 f. 49–51; 13,33–35), 3.
verweist Vorstellung und Sprache von Vers 52b deutlich auf luk Redaktion (»vorherverkünden«; »Gerechter«), 4. entspricht gerade
der rhetorisch wirkungsvolle Abschluß und Höhepunkt der hohen
Darstellungskunst des Lukas.

Auslegung

1–8 Das unvermittelte Auftreten des Hohenpriesters erklärt sich
daraus, daß der ursprüngliche Lynchbericht von Lukas zu einer Szene vor dem Synedrium umgestaltet worden ist. Lukas stellt damit
das Geschehen in den Zusammenhang sowohl mit der Passion Jesu
(Lk 22,66–71) als auch mit den Synedrialprozessen gegen die Apostel Apg 4 f.; zugleich schafft er einen offiziellen Rahmen, innerhalb
dessen er Stephanus die Anklage gegen Israel erheben läßt. – VV 2–8
erzählen den Anfang der Geschichte Gottes mit Israel. Abraham

zieht auf Grund göttlicher Weisung von Mesopotamien nach Haran und von dort nach dem Tod des Vaters nach Palästina (2–4); aber dort erhält er keinen Landbesitz, sondern nur Gottes Verheißung, daß seine Nachkommen lange in der Fremde unterjocht, dann aber durch Gott befreit und ihn im Tempel verehren werden (3–7); es folgt der Bund der Beschneidung, der sich über Isaak und Jakob bis zu den Patriarchen fortsetzt (8). Auswahl und Akzentuierung des atl. Erzählstoffes zeigen im Unterschied zu anderen Abraham-Darstellungen ein Interesse daran, daß sich die »heilige Geschichte« auf weite Strecken hin außerhalb des »heiligen Landes« zugetragen hat, aber Ziel des Weges doch die Gottesverehrung im Tempel ist. Drückt sich darin das Selbstverständnis des hellenistischen Diaspora-Judentums oder -Judenchristentums aus? – Die Gottesrede Vers 3 ist fast wörtlich nach Gen 12,1 LXX zitiert. Die Berufungsszene selbst unterscheidet sich aber in zwei Punkten von der atl. Darstellung: 1. Nach Apg 7,2 erscheint Gott in Mesopotamien, dann erst zieht Abraham fort. Nach Gen 11,28–12,1 erhält Abraham erst in Haran die göttliche Weisung, fortzuziehen. Die Apg folgt hier einer jüdischen Tradition, die die beiden Auszüge Abrahams nicht deutlich unterscheidet. Sie ist in verschiedener Weise belegt bei *Philo*: Abr 62–67; *Jos* Ant I 7,1; *Ps-Philo*: Lib-Ant.Bibl. 6–8; 23.–2. Nach Apg 7,4 zieht Abraham erst nach dem Tod seines Vaters von Haran nach Palästina. Das stimmt zwar mit Gen 11,32; 12,1 überein, steht aber zusammen mit dieser Genesis-Aussage in Spannung zu den Altersangaben des Kontextes Gen 11 f.; denn nach Gen 11,26 zeugt Terach den Abraham im Alter von 70 Jahren, nach Gen 12,4 war Abraham beim Auszug aus Haran 75 Jahre alt und nach Gen 11,32 stirbt Terach in Haran mit 205 Jahren, d. h. Terach überlebte den Auszug Abrahams noch um 60 Jahre. Der Verfasser der Stephanusrede hat diesen Unterschied ebensowenig beachtet wie etwa *Philo*: Abr 14; Migr 32 und *Jos* Ant I 6–7, während in der rabbinischen Überlieferung die Differenz diskutiert wird, Jub 12,29–31 den Terach noch einen Reisesegen für Abraham sprechen läßt und der Samarit. Pentateuch in Gen 11,32 die Altersangabe in 145 Jahre abändert. – In Vers 5 ist die Verheißung Gottes an Abraham in indirekte Rede umgesetzt. Sie entspricht aber Gen 17,8 LXX. VV 6 f. stellen eine Zitatenkombination aus Gen 15,13 f. und Ex 3,12 LXX dar. Bemerkenswert ist, daß statt der Fortsetzung Gen 15,14b, wo vom Auszug mit reicher Habe die Rede ist, der Gedanke von der Anbetung eingetragen ist. Dabei ist überdies noch eine Veränderung am LXX-Text vorgenommen worden: statt »auf diesem Berg«, womit in Ex 3 der Horeb gemeint ist, heißt es nun »an diesem Ort«, womit nach dem jetzigen Kontext (6,13 f.), aber wohl auch schon vorher, der Tempel bezeichnet wird. Die Kombination und die Änderung weisen beide auf eine betont positive Einschätzung des Tempels hin. Er ist von Gott gewollt und verheißen. Das gleiche gilt von der Beschneidung (Vers 8), die im Überleitungssatz zum folgenden Teil der Rede erwähnt wird.

9–16 Im Abschnitt über die Patriarchengeschichte steht Josef im Mittelpunkt. Aus Eifersucht von seinen Brüdern nach Ägypten verkauft, gelangt er dort durch Gottes Beistand zu Weisheit, Ansehen und führender Stellung (9 f.). Aus Anlaß der Hungersnot zieht sein Vater Jakob mit seiner ganzen Familie ebenfalls dorthin (11–15a). Dort sterben Jakob und seine Söhne. Sie werden nach Sichem überführt und dort beigesetzt (15b–16). Die Josefsgeschichte nimmt hier einen breiteren Raum ein, als in anderen vergleichbaren Abrissen. Mit der vorangehenden Abraham- und nachfolgenden Mosegeschichte ist der Abschnitt höchstens durch den Gedanken verbunden, daß hier wie dort Gottes Beistand und Führung den von ihm Erwählten begleiten, auch in der Fremde und trotz widriger Umstände. *Storch* 35–47 und *Wilckens* 210 ziehen aus dieser relativen Beziehungslosigkeit den Schluß, es handle sich um eine luk bzw. vorluk Zufügung. Meines Erachtens sind die Indizien dafür nicht eindeutig genug. – Es fällt auf, daß die Aussagen über Josef kaum typologisch ausgewertet worden sind, obwohl sich dazu gute Gelegenheit geboten hätte. Lediglich 9b »Und Gott war mit ihm« scheint eine typologische Andeutung auf Jesus hin zu sein; denn, obwohl Gen 39,21 dasselbe gesagt ist, stimmt doch die Formulierung genau mit Apg 10,38 überein. – Daß im Unterschied zu Gen 41,37–41 die Weisheit Josefs als Gottesgabe eigens betont wird, entspricht jüdischen Traditionen (Belege: *Stemberger* 160). – Die Zahl der Familienangehörigen, die nach Ägypten ziehen, gibt Vers 14 mit 75 Personen an. Dies stimmt überein mit Gen 46,27; Ex 1,5 LXX; dagegen nennen der hebräische Text dieser Stellen und Dt 10,22 nur 70 Personen. – Die Angabe über die Bestattung der Patriarchen in Sichem (Vers 16) basiert wohl auf einer Tradition, in der mehrere atl. Aussagen vermischt worden sind: Nach Gen 23 kauft Abraham ein Grab bei Hebron, in dem später auch Jakob beigesetzt wird (Gen 50,13); nach Gen 33,19 f. kauft Jakob ein Grundstück in Sichem von Hamor, und nach Jos 24,32 wird Josef auf diesem Acker, den Jakob »von den Söhnen« des Hamor gekauft hat, begraben. Vom Bestattungsort der übrigen Patriarchen berichtet das AT nichts; die frühjüdische Literatur nennt mehrfach Hebron. Patristische Texte etwa

vom 3. Jh. n. Chr. an bezeugen eine Grabtradition in Sichem; aber
samaritanische Textzeugnisse fehlen.

17–43 Der umfangreiche Mose-Teil setzt mit einer periodisierenden
Zeitangabe ein (17a), deren Wortwahl und Inhalt luk Redaktion vermuten lassen. Die erwähnte, dem Abraham zugeschworene Verheißung bezieht sich vor allem auf die Befreiung durch Mose (VV 7),
wie aus den VV 25.34–36 hervorgeht. – VV 17b–19 schildern zunächst in z. T. wörtlicher Wiedergabe von Ex 1,7–10 LXX die Situation Israels in Ägypten und VV 20–22 in freier Nacherzählung von
Ex 2,2–10 LXX die Geburt, Kindheitsschicksale und Erziehung des
Mose. Die Aussage, Mose sei »mächtig in seinen Worten und Taten«
gewesen (Vers 22), widerspricht Ex 4,10. Sie stimmt aber fast wörtlich mit Lk 24,19 überein, woraus hervorgeht, daß Lukas hier wie
dort die Mose-Jesus-Typologie im Blick hat (vgl. *Wanke, J.*: Die
Emmauserzählung, EThSt 31 Erfurt 1973, 62). Daß Mose in »aller
Weisheit der Ägypter« unterwiesen wurde, geht ebenfalls über das
AT hinaus, ist aber im hellenistischen Judentum belegt (*Philo*: Vit-
Mos I 20–23; *Jos* Ant II 9,7; nach *Artapanus* III 6–8 ist Mose selbst
sogar Lehrer des Orpheus und der Ägypter). – Die Periodisierung
des Mose-Lebens in drei Abschnitte zu je 40 Jahren (Verse 23.30.36)
entspricht rabbinischer Überlieferung (*Bill.* II 679f.). Die Verse 23–
29 behandeln die zweite Lebensphase des Mose. In Anlehnung an Ex
2,11–22 LXX wird erzählt, wie das Verantwortungsbewußtsein des
Mose erwacht, wie er einen Ägypter tötet, der einem Israeliten Unrecht tut, wie er zwei streitende Israeliten zu versöhnen sucht, aber
zurückgewiesen wird und nach Midian flieht. Dort werden ihm
zwei Kinder geboren. Zwischen die beiden Erzählteile VV 23 f. und
VV 26–29 ist eine vom AT abweichende Reflexion über das Sen-
dungsbewußtsein des Mose und die mangelnde Wahrnehmung der
Israeliten eingeschoben (Vers 25). Inhalt und Vokabular lassen luk
Herkunft vermuten. Was Lukas hier von Mose sagt, hebt er sonst in
bezug auf Jesus hervor: die Israeliten erkannten nicht, daß Gott ihnen durch ihn Heil schaffen wollte (z. B. 3,17; 4,10–12; 13, 27). –
VV 30–34 schildern in freier Nacherzählung von Ex 3,1–10 LXX die
Berufung und Sendung des Mose durch Gott. Der Erzählfaden setzte sich wohl im vorluk Text durch den Hinweis auf die Wunder der
Auszugs- und Wüstenzeit (Vers 36), auf den Empfang der Lebens-
weisungen am Sinai (Vers 38) und die Widerspenstigkeit Israels
(Verse 39–42a) fort. Lukas hat diesen vorgegebenen, aus deuteronomistischer Tradition herkommenden israel-kritischen Akzent
verstärkt, indem er durch Zufügung der VV 35.37 den Kontrast

zwischen der gottgegebenen Heilsbedeutung des Mose und der Ablehnung durch Israel verschärfte und durch die Zitation von Dt
18,15 ausdrücklich auf die typologische Bedeutung aufmerksam
machte, die Mose im Verhältnis zu Jesus hat. Wie die Israeliten Mose
»verleugnet« haben als »Herrscher und Richter«, obwohl ihn »Gott
als Führer und Erlöser gesandt« hatte (Vers 35), so haben sie auch
Jesus »verleugnet« (3,13.14), den »Heiligen und Gerechten« (3,14;
vgl. 7,52), den »Anführer zum Leben« (3,15), den »Gott zum Herrn
und Messias eingesetzt« (2,36) und als »Führer und Erlöser erhöht«
(5,31; vgl. Lk 24,21) hat. Wie Mose »Wunder und Zeichen« wirkte
(Vers 36), so beglaubigte Gott auch die Heilsbedeutung Jesu durch
»Machttaten, Wunder und Zeichen« (2,22). Dem Auftreten des Mose als Prophet und seiner Vorhersage, daß Gott dem Volk einen Propheten gleich ihm erwecken werde (Vers 37), entspricht die eingetre-
tene Erfüllung, daß Jesus dieser verheißene Prophet ist (3,22–26; Lk
24,19).
Wie Mose auf dem Berg Sinai »Worte des Lebens« empfing und sie
dem Volke gab (Vers 38), aber man nicht auf ihn hörte (Vers 39), so
gab auch Jesus – vom Gebet auf dem Berg kommend – dem Volk die
Gottesweisungen (Lk 6,12–49), und auf seine Botschaft sowie auf
die apostolische Heilsverkündigung über ihn als »Wort des Lebens«
(5,20) und »des Heiles« (13,26) gilt es zu hören (3,23); aber in der
Ablehnung und Kreuzigung Jesu zeigte sich der Ungehorsam und
nun besteht die Gefahr, das erneute Heilsangebot wiederum auszu-
schlagen. Es ist nicht anzunehmen, daß in Vers 37 die Zitation von
Dt 18,15 auf samaritanischen Einfluß zurückgehe, wie *Spiro* 285,
Scharlemann 44 f. u. a. meinen; denn der Samaritanische Pentateuch
bietet als Einschub Dt 18,18–22 und nicht Dt 18,15, und außerdem
finden sich Einschübe aus Dt in Ex-Texte nicht nur im Samaritanischen Pentateuch, sondern auch in frühjüdischen Traditionen, z. B.
4 Q 158; 175; 4 Q Ex[a] (*Stemberger* 168 f.). – Die Verweigerung des
Gehorsams wird in den VV 39–41 geschildert: Israel sehnte sich wieder nach Ägypten, forderte Götzen, fertigte sich das Kalb und op-
ferte dem Machwerk seiner Hände. Die Schilderung lehnt sich in
Vers 40 eng an Ex 32,1.23 LXX an und gibt in Vers 41 den Text aus
Ex 32,1.23 32,4.6 LXX frei wieder. – Nach deuteronomistischem Geschichtsverständnis folgt nun auf das Heilsangebot Gottes (Verse
35–38) und die Ablehnung durch Israel (Verse 39–41) die Strafe (Verse 42 f.). Sie ist in Vers 42a und 42b.43 je verschieden dargestellt. In
Vers 42a erfolgt sie in Entsprechung zur Verfehlung: Von denen, die
sich abwandten und Götzen dienten, wendet sich nun Gott ab und
überläßt sie dem Götzendienst in Form des Gestirnkultes. Derartige

Entsprechungen von Schuld und Strafe sind nach dem Grundsatz Wsh 11,16 (wodurch jemand sündigt, dadurch wird er auch bestraft) in der atl.-jüd. Überlieferung fest verankert und ebenfalls die Erwähnung des Gestirnkultes (mit Bezug zur Wüstenzeit z. B. Dt 4,19; Hos 13,2–4 LXX; ohne diesen Bezug z. B. 2Kön 17,16; 21,3; Jer 8,2; 19,13). Die Strafe in dem von Lukas eingeführten Zitat aus Amos 5,25–27 LXX ist anderer Art: sie meint das babylonische Exil, mit dem der Götzendienst Israels bestraft wurde. Lukas hebt im Amoszitat durch die Hinzufügung »um sie anzubeten« die verfehlte Haltung hervor, und er ersetzt am Schluß »Damaskus« (LXX) durch »Babylon«, um den Verbannungsort genauer anzugeben. Die Verschiedenheit der Straf-Angaben V 42a und VV 42b.43 legt es nahe, V 42a als Tradition und VV 42b.43 als luk Red zu betrachten. – Mit Vers 44 setzt der Redeteil über das Bundeszelt und den Tempel ein: bis zur Davidszeit bestand das Bundeszelt, das Mose in der Wüste nach Gottes Anweisung angefertigt hatte (Verse 44 f.); dann erbat David eine Wohnstatt für Gott (Vers 46; *Storch* 95 gibt der Textvariante »für das Haus Jakob« den Vorzug); aber Salomo errichtete den Tempel (Vers 47); dies war eine Verirrung; denn Gott wohnt nicht in menschlichen Machwerken (Vers 48a); diese Kritik wird gestützt durch ein Prophetenzitat (Verse 48b–50). Der Redeteil ist mit dem vorausgehenden nur durch den Gedanken an die Gottesverehrung und ihre Fehlformen (Vers 41) verbunden. Der Sinn dieses schwierigen und umstrittenen Abschnittes liegt doch wohl am ehesten darin, daß das Bundeszelt und auch noch das Vorhaben Davids gutgeheißen, der Tempel aber kritisiert wird (so auch *Wilckens* 214 und die meisten; anders *Storch* 94–104). Der erzählende Teil (Verse 44–47) dürfte aus vorluk Überlieferung stammen, Lukas aber wird die Tempelkritik (Verse 48–50) hinzugefügt haben. Der Hinweis auf die Universalität Gottes als ein den Tempelkult relativierender Gedanke begegnet bereits in der Tempelweihrede Salomos 1Kön 8,23–53; *Jos* Ant VIII 4,2. Aber bei Lukas ist die Kritik radikal und grundsätzlich gemeint. Sie ist bei ihm, der doch den Tempel sonst auch positiv würdigt (z. B. Lk 1 f.; Apg 1–5), wohl nur zu verstehen auf Grund dessen, daß seit der Verwerfung Jesu, der vom Tempel Besitz ergriffen hatte (Lk 19,45 diff Mk), Gott nicht mehr im Tempel wohnt, sondern nur dort, wo der erhöhte Christus ist (7,55; vgl. *Mußner* 285 f.). Überdies weiß Lukas von dem inzwischen zerstörten Tempel und davon, daß die hellenistischen Judenchristen – unter ihnen Stephanus – sich mehr und mehr vom Tempel als Zentrum der jüdischen Religiosität gelöst hatten. Nach Lukas mußten sie diese Loslösung vollziehen, weil sich das offizielle Judentum gegenüber

Jesus und der nachösterlichen Evangeliumsverkündigung verschlossen hatte, wodurch Tempel und Gesetz ihre religiöse Bedeutung verloren und nur noch »Kulturphänomene« (*Löning*) darstellen. – Mit der scharfen Anklage gegen das Synedrium als dem Repräsentanten des offiziellen Judentums erreicht die Rede ihren polemischen Höhepunkt (Verse 51–53). Lukas verarbeitet hier Elemente aus der Vorstellungstradition deuteronomistischer Prophetenaussagen. Zu ihnen gehören die Vorwürfe der beständigen Halsstarrigkeit (Vers 51; vgl. Neh 9,29), der Widersetzlichkeit gegen den heiligen Geist (Vers 51; vgl. Neh 9,30), der Gleichsetzung des Fehlverhaltens mit dem der Väter (Verse 51 f.; vgl. Neh 9,6–37; Mt 23,29–33 par Lk 11,47 f. [Q]), der Verfolgung und Tötung der Propheten (Vers 52; vgl. Neh 9,26; Mt 23,34 f. par Lk 11,49–51 [Q]) und des Gesetzesungehorsams (Vers 53; vgl. Neh 9,26). Spezifisch christlich ist die Zuspitzung der Prophetenmorde auf den Tod Jesu hin, und charakteristisch für Lukas ist die heilsgeschichtliche Betrachtungsweise, in der die Propheten als Vorher-Verkünder Jesu gesehen werden (Lk 24,27; Apg 3,18). Der Vorwurf des gesetzeswidrigen Verhaltens (Vers 53) erhält noch einen Akzent durch den Hinweis, daß das Gesetz durch Engel vermittelt worden ist. Die Aussage knüpft an Vers 38 an und nimmt eine Vorstellung auf, die im Frühjudentum verbreitet war. Sie ist Jub 1,27; *Jos* Ant XV 5,3; Gal 3,19; Hebr 2,2 belegt.

Trotz der vielfältigen Probleme, die die Stephanusrede auch heute noch der Forschung aufgibt, dürfte ihr Sinn im Gesamtaufbau des luk Doppelwerkes deutlich sein: Sie bringt einerseits durch den Geschichtsabriß die heilsgeschichtliche Kontinuität der Kirche mit Israel zur Sprache und andererseits durch die polemischen Teile die Distanzierung von dem Judentum, das sich dem Wirken des Heiligen Geistes widersetzt.

17. Die Steinigung des Stephanus und der Ausbruch der Christenverfolgung 7,54–8,3

54 Als sie das hörten, ergrimmten sie in ihren Herzen und knirschten mit den Zähnen wider ihn. 55 Er aber schaute voll heiligen Geistes zum Himmel und sah die Herrlichkeit Gottes und Jesus zur Rechten Gottes stehen. 56 Und er rief: Siehe, ich sehe die Himmel geöffnet und den Menschensohn zur Rechten Gottes stehen. 57 Sie aber schrien mit lauter Stimme, hielten sich die Ohren zu und stürzten einmütig auf

ihn los.   58 Und sie trieben ihn zur Stadt hinaus und steinig-
ten ihn. Und die Zeugen legten ihre Kleider nieder zu Füßen
eines jungen Mannes, der Saulus hieß.   59 Und sie steinig-
ten den Stephanus, der betete und sprach: Herr Jesus, nimm
meinen Geist auf!   60 Er kniete nieder und rief mit lauter
Stimme: Herr, rechne ihnen diese Sünde nicht an! Und als er
dies gesprochen hatte, entschlief er.
8,1 Saulus aber war mit seiner Tötung einverstanden. Es
brach aber an jenem Tag eine große Verfolgung über die Kirche in Jerusalem herein. Alle wurden zerstreut in die Land-
schaften um Jerusalem und Samaria, außer den Aposteln.
2 Den Stephanus aber bestatteten fromme Männer und hielten eine große Totenklage über ihn.   3 Saulus aber suchte
die Kirche zu vernichten. Er drang in die Häuser ein, schleppte
Männer und Frauen heraus und überlieferte sie ins Gefängnis.

Literatur: Außer der zu Kap. 6 f. genannten: *Barrett, C. K.:* Stephen and the
Son of Man, in: Apophoreta, FS E. Haenchen, BZNW 30, hg. von *W. Eltester* und *F. H. Kettler*, Berlin 1964, 32–38. – *Burchard:* Zeuge 26–31. – *Deh-
andschutter, B.:* La persécution des chrétiens dans les Actes des Apôtres, in:
Kremer: Actes 541–546. – *Gräßer:* Acta-Forschung (1977) 17–25. – *Löning:*
Saulustradition 19–25. – *Owen, H. P.:* Stephen's Vision in Acts VII, 55–56:
NTS 1 (1954/55) 224–226. – *Sabbe, M.:* The Son of Man Saying in Acts 7,56,
in: *Kremer:* Actes 241–279. – *Tödt, H. E.:* Der Menschensohn in der synoptischen Überlieferung, Gütersloh 1963, 274–276.

Aufbau

Vers 54 schildert die *Reaktion* des Synedriums auf die Rede des Stephanus. – VV 55 f. stellen die *Vision* des Stephanus – zunächst als
Bericht (Vers 55), sodann als Selbstaussage (Vers 56) – dar. – VV 57–
58a schildern die *Reaktion* des Synedriums: wildes Sich-Gebärden,
Steinigung außerhalb der Stadt. – Vers 58b berichtet über das *Verhalten der Zeugen:* Niederlegen ihrer Kleider vor Saulus. – VV 59 f.
erwähnen nochmals die *Steinigung* und schildern das *Verhalten des
sterbenden Stephanus:* Gebet um Aufnahme seines Geistes und um
Vergebung für die Verfolger. – 8,1–3 berichten das *Einverständnis*
des Saulus (Vers 1a), den Ausbruch der *Verfolgung* (Vers 1b), die
Zerstreuung der Christen (Vers 1c), *die Bestattung* des Stephanus
und die Totenklage (Vers 2), die *Verfolgertätigkeit* des Saulus (Vers
3): Versuch, die Kirche zu vernichten, Eindringen in Häuser, Fort-
schleppen der Christen, Einkerkerung.

Historisches Geschehen. Tradition und Redaktion

Da die Rede des Stephanus erst von Lukas in den Martyriumsbericht
eingebaut worden ist, entstammt auch die Schilderung der Reaktion
auf sie Vers 54 luk Redaktion. Überdies erweisen Wortwahl und Stil
den Satz als luk (vgl. 5,33). – Der Visionsbericht Vers 55 und die
Visionskundgabe Vers 56 werden ebenfalls erst von Lukas gebildet
worden sein. Dafür sprechen: 1. Die Abhängigkeit dieser Verse von
Lk 22,69: »Von nun an wird der Menschensohn zur Rechten der
Kraft Gottes sitzen.« 2. Lukas hat in diesem Satz seines Passionsbe-
richtes die Aussage »ihr werdet … sehen« aus Mk 14,62 fortgelassen,
weil er ausdrücken wollte, die Schau des Erhöhten wird nicht den
Gegnern, wohl aber dem gläubigen Zeugen gewährt; dies führt Lukas nun Apg 7,55 f. vor. 3. Die Vision ist die himmlische Bestätigung
für die Wahrheit der vorausgehenden Rede des Stephanus: Gott
steht auf seiner, nicht auf der Gegner Seite; dieser Kompositionszu-
sammenhang verweist auf Lukas als seinen Gestalter. 4. Die Aussagen vom »geöffneten Himmel«, der »Herrlichkeit Gottes« und von
»Jesus zur Rechten Gottes« stehen in engstem Zusammenhang mit
der vorausgehenden luk red Tempelkritik Verse 48–50; sie geben
»die Antwort auf die Frage nach dem wahren ›Ort‹ Gottes« (*Mußner:* Wohnung 286). 5. Auch Vokabular und Stil erweisen sich als gut
luk, z. B.: »erfüllt vom Heiligen Geist« (Lk 4,1; Apg 6,3.5; 11,24);
»schauen« (*atenizein* ist luk Vorzugswort); »zum Himmel schauen«
begegnet wörtlich Apg 1,10; »Herrlichkeit« ist luk Vorzugswort,
vgl. bes. Lk 2,9.14; 19,38; Apg 7,2; 12,33; 22,11; »zur Rechten Gottes« entspricht Lk 22,69 und den Erhöhungsaussagen Apg 2,33;
5,31. Die Unterschiede zwischen Vers 55 und Vers 56 wird man
nicht als Kriterien dafür werten können, daß Vers 55 luk Redaktion,
Vers 56 Traditionsgut sei (so z. B. *K. Colpe:* ThWNT VIII 465–467);
denn teils sind es nur sprachliche Varianten, wie sie gerade bei Lukas
auch sonst begegnen, teils sind sie sachlich begründet: daß »Himmel« Vers 55 im Singular, Vers 56 im Plural steht, hat seinen Grund
darin, daß Vers 55 das Firmament, Vers 56 die »Himmelsräume« als
»Ort« Gottes gemeint sind, und außerdem 2,34 der Plural red in
einer Erhöhungsaussage verwendet wird; daß Vers 55 von Jesus,
Vers 56 vom Menschensohn die Rede ist, erklärt sich als bewußte luk
Interpretation auf der Basis von Lk 22,69. – Die Redaktionalität von
Vers 57 ist ebenfalls am luk Vokabular zu erkennen (»schreien mit
lauter Stimme«: Vers 60; »sich einmütig stürzen auf«: 19,29) und an
der luk Gestaltungsart tumultuarischer Szenen im Synedrium (vgl.
5,33; 23,7–10). – Vers 58a dürfte zusammen mit 8,2 den vorluk

Lynchbericht ausmachen und mit 6,9.11.12a überliefert worden sein. – Die Aussage, daß die Zeugen ihre Kleider zu Füßen des Saulus niedergelegt haben (Vers 58b), ist wahrscheinlich erst von Lukas eingebracht worden. Dafür sprechen: 1. Die erstmalige Erwähnung des Saulus innerhalb der Apg macht einen so wohlüberlegten, der Anlage des Gesamtwerkes entsprechenden Eindruck, daß der Anteil des Lukas an der Einführung dieser wichtigen Person sicher hoch zu veranschlagen ist. 2. Auch die Rolle, in der Saulus erscheint, entspricht der luk Darstellungsart: Lukas berücksichtigte einerseits die historische und in der Überlieferung verankerte Tatsache, daß Saulus mit der Ermordung des Stephanus nichts zu tun hatte, andererseits trug er der Tatsache Rechnung, daß Saulus die Kirche verfolgt hatte (1Kor 15,9; Phil 3,6) und daß er als notorischer Verfolger bekannt war (Gal 1,13.23); diese allgemeine Kenntnis bringt Lukas nun in den Zusammenhang eines konkreten Geschehens, indem er Saulus beim Martyrium des Stephanus zwar gegenwärtig sein, aber doch nur die Statistenrolle eines Kleiderbewachers (22,20) ausüben läßt. 3. Der Satz erweist sich auch dadurch als Einschub, daß er in Vers 59 eine nochmalige Erwähnung der Steinigung nötig macht, um dann noch Weiteres anzuschließen. 4. Der Stil ist luk (Belege bei *Burchard:* Zeuge 28. Im Unterschied zu den meisten Exegeten nimmt aber B. an, das Motiv der Kleiderbewachung basiere auf Tradition, weil es unerklärlich sei, wie Lukas sonst darauf gekommen wäre; m. E. genügt zur Erklärung dieser Schwierigkeit die Absicht des Lukas, Saulus mit einer Statistenrolle einzuführen). – Die Verse 59f. entstammen ebenfalls der Redaktion des Lukas: Vers 59a aus dem soeben erwähnten Grund; Vers 59b, weil das Sterbegebet des Stephanus dem red gestalteten Gebet Jesu Lk 23,46 gleicht, Vers 60, weil sowohl das Niederknien (vgl. Lk 22,41 diff Mk) als auch die Vergebungsbitte (vgl. Lk 23,34) an die luk Darstellung der Passion Jesu angeglichen sind. – 8,1a erweist sich aus den gleichen Gründen wie 7,58b als luk Einschub. – Die Nachricht von einer Verfolgung der Jerusalemer Christengemeinde 8,1b und der Versprengung eines Teiles von ihr 8,1c entspricht historischer Tatsache und ist auf dem Überlieferungsweg zu Lukas gelangt. Die Verfolgung und Vertreibung betraf aber sicher nur die Minderheit, nämlich den hellenistischen Gemeindeteil; denn zunächst ergab sich nur mit ihm der Konflikt und Apg 9,26–30; 11,22.27–29 wie auch Notizen der Paulusbriefe setzen den Weiterbestand der Jerusalemer Gemeinde voraus. Dementsprechend gehen auf das luk Redaktionskonto wohl die Bezeichnung »große Verfolgung« (vgl. den Unterschied 11,19), die Aussage, daß »alle außer den Aposteln« versprengt wurden – denn

das entspricht der luk Vorstellung vom apostolischen Zentrum Jerusalem und der Tendenz, die Unterschiede zwischen dem hellenistischen und aramäischen Gemeindeteil zu verwischen –, und schließlich die Nennung der Landbezirke Judäa und Samaria, was sowohl
zu 1,8 paßt als auch die folgenden Kapitel vorbereitet (zu Vers 2
siehe bereits oben). – In 8,3 verarbeitet Lukas die historisch zutreffende Überlieferung von der wiederholten Verfolgertätigkeit des
Saulus. Vermutlich bezog sie sich auf Christen des hellenistischen
Gemeindeteils in Jerusalem (*Hengel:* Ursprünge 24; *Ders.:* Paulus
196. – Anders *Bornkamm:* Paulus 38; *Haenchen:* Apg 288; *Schmithals:* Paulus 27: Verfolgertätigkeit in der Nähe von Damaskus), womit auch Gal 1,22 vereinbar wäre und der Haupteinwand *Born-
kamms* und *Haenchens* dahinfiele. Lukas hat aber die unheilvolle
Bedeutung des Saulus gesteigert, indem er ihn allein als den Haupt-
verfolger nennt und sein Vorgehen – ähnlich wie 26,10f. – konkreti-
siert.

Auslegung

Lukas schildert zwar als Reaktion auf die Rede des Stephanus die
Empörung des Hohen Rates (7,54), läßt ihn aber doch noch an sich
halten, denn der Höhepunkt der Anklage folgt erst: die in einer Vision vom Himmel her gegebene Bestätigung der Richtigkeit dessen,
was Stephanus gesagt hat (7,55f.). Erst danach stürzt sich der entfes-
selte und sich als Mob gebärdende Hohe Rat über Stephanus und
steinigt ihn (7,57–60).
»Voll des Heiligen Geistes« ist Stephanus, da ihm die Vision zuteil
wird. Lukas betont in der ganzen Apg, daß das Leben der christlichen Gemeinden und alle ihre Lebensäußerungen bewirkt und getragen werden durch den Heiligen Geist. Darüber hinaus ist die
Geistwirksamkeit für die Männer vorausgesetzt, die zu einem besonderen Dienst berufen sind. Stephanus ist einer von diesen »Geisterfüllten« (6,3.5.10). Durch die ausdrückliche Erwähnung der Gei-
sterfülltheit in unserem Vers wird deutlich gemacht: 1. Die Vision ist
von Gott bewirkt, nicht menschlichen Kräften entsprungen; 2. Sie
ist gerade von dem Geist gewirkt, dem die Gegner des Stephanus,
Führer und Volk der Juden, sich widersetzen (7,51). Gott ist auf
seiten des Stephanus, nicht seiner Gegner.
Der im Visionsbericht (Vers 55) durch »schauen« (*atenizein*) ausgedrückte Sehvorgang meint ein festes Ins-Auge-Fassen, ein genaues
Hinsehen und drückt im Sinne des Lukas objektive Zuverlässigkeit
aus.

Als Objekte des Schauens sind die »Herrlichkeit Gottes« und Jesus genannt. »Herrlichkeit Gottes« (*doxa theou*) ist judengriechischer Sprachgebrauch (LXX) zur Bezeichnung des Wesens Gottes. Jesus wird »zur Rechten Gottes« gesehen. Damit ist seine Erhöhung gemäß des Inthronisationspsalmes 110,1 (»setze dich zu meiner Rechten«) ausgesagt: Jesus hat den Ehrenplatz neben Gott inne und nimmt an der Macht und Herrschaft Gottes teil (vgl. Apg 2,33 f.; 5,31).

In der Kundgabe der Vision durch Stephanus (7,56) wird als Objekt des Schauens die »Herrlichkeit Gottes« nicht mehr erwähnt, wohl deshalb, weil es Lukas vor allem auf den erhöhten Jesus ankam: Stephanus hatte ja unmittelbar vorher in seiner Rede den Juden als ihre schlimmste Widersetzlichkeit gegen den Heiligen Geist die Tötung Jesu vorgeworfen; nun erscheint ebendieser Jesus als der Erhöhte. Er steht zu seinem Zeugen und gegen dessen Verfolger; er steht aber auch als Zeichen dafür, daß sich Gottes Heilsplan erfüllt, trotz der Widersetzlichkeit seines Volkes, allerdings so, daß sich die Heilsbotschaft nun von diesem Volke abkehren und anderen Hörern zuwenden wird.

Die Bezeichnung »Menschensohn« (7,56) zeigt – neben anderen Indizien unserer Perikope –, daß der Vers in Abhängigkeit von der lukanischen Darstellung der Passion Jesu gestaltet ist: Jesus prophezeit dort seinen Prozeßgegnern: »Von nun an wird der Menschensohn zur Rechten der Kraft Gottes sitzen« (Lk 22,69). Die Abhängigkeit von Lk 22,69 kann wohl auch den Umstand erklären, daß unser Vers – abgesehen von einigen Zitaten – die einzige Stelle im NT ist, wo der Menschensohntitel nicht im Munde Jesu vorkommt. Lukas hat dadurch, daß er bereits V 55 Jesus als den Erhöhten kennzeichnete, die Identität Jesu mit dem Menschensohn deutlich gemacht. Das konnte für die Leser der Apg, die das Lukasevangelium nicht kannten, eine wichtige Verständnishilfe sein. Vielumstritten ist die im NT singuläre Aussage, daß Jesus bzw. der Menschensohn zur Rechten Gottes *steht*. Gemäß Ps 110,1 herrscht sonst ausnahmslos – auch Lk 22,69 – die Auffassung, daß der Erhöhte zur Rechten Gottes *sitzt*. Hat er sich erhoben, um dem Märtyrer beizustehen (*Gregor d. Gr.* [PL 76,1217]) oder ihn zu empfangen (*Bauernfeind:* Apg 120; *Wikenhauser:* Apg 92)? Aber dagegen spricht: das Martyrium wird ja erst durch die Kundgabe der Vision ausgelöst, und außerdem steht der Märtyrer als solcher nicht im Mittelpunkt der luk Darstellung. Hat er sich zur Parusie erhoben *(Owen)*? Aber das paßt nicht zur luk Parusie-Auffassung; gerade Lk 22,69 tilgt Lukas das Parusie-Motiv. Verrät die Aussage eine frühe, noch vor Anwendung des Ps 110 be-

stehende Christologie (erwogen von *Grundmann:* ThWNT VII
649f.)? Wohl kaum, da Lukas ja auch sonst die Argumentation mit
Ps 110 voraussetzt und anwendet. Wenn man annimmt, das samaritanische Gottesprädikat »der Stehende« sei auf den Menschensohn
übertragen worden (referiert von *K. Colpe:* ThWNT VIII 466f.), so
bleibt ebenfalls ungeklärt, wie es das Herkömmliche zu ersetzen
vermochte. Oder kommt dem Stehen gar keine besondere Bedeutung
zu (*Mußner:* Wohnung 291)? Das ist in Anbetracht des Unterschieds
zu dem im Urchristentum geläufigen Ps 110 und zu Lk 22,69 nicht
anzunehmen. Am besten wird man das *Stehen* von der Funktion her
begreifen können, die unser Abschnitt innerhalb des Gesamtaufbaus
der Apg hat: Der Menschensohn hat sich auf die Anklagerede des
Stephanus hin als Richter gegen sein eigenes Volk erhoben (vgl. Jes
3,13 LXX; AssMos 10,3). »Sein Urteil markiert die heilsgeschichtliche Wende, den Fortgang der Heilsverkündigung von Jerusalem
nach Judäa und Samaria ... und zu den Heiden« und erweist ihn als
gottgewollt (*Pesch:* Vision 58). – Für die Ratsmitglieder galt das, was
Stephanus als Inhalt seiner Vision mitteilte, als unziemliche Äuße-
rung. Jüdischer Auffassung gemäß mußten sie sich die Ohren zuhal-
ten (*Burchard:* Zeuge 26). Indem sie aber schreiend auf Stephanus
losstürzen, charakterisiert sie Lukas als ungezügelten Pöbel.
Nach Lev 24,10–14 mußte der Gotteslästerer mit Steinigung außerhalb des Lagers, nach San 42b außerhalb der Stadt bestraft werden.
Die Steinigungsstätte war etwa 3,5 m hoch. Von dort stieß den ent-
kleideten Verurteilten ein »Zeuge« hinab. Starb der Hinabgestoßene
noch nicht, so ließ ihm ein zweiter »Zeuge« einen Stein auf die Brust
fallen. Blieb er immer noch am Leben, so steinigte ihn das »ganze
Volk« (Dt 17,7; San 6,3f.).
Wie bereits bei der Anklage des Stephanus (6,8–15), so zeigt auch die
Steinigung 7,58 Züge sowohl ordentlicher Gerichtsbarkeit als auch
blind-leidenschaftlicher Lynchjustiz. Besondere Beachtung verdient, daß Lukas hier den Saulus erstmals auftreten läßt. Zu seinen
Füßen legen die »Zeugen« ihre Kleider nieder (allerdings gegen die
erwähnte jüd. Steinigungssitte). Saulus ist aber nicht etwa als Leiter
der Exekution gedacht. Lukas legt zwar Wert darauf, mitzuteilen,
daß Saulus anwesend war und in die Steinigung einwilligte (8,1),
aber er läßt ihn doch zunächst nur die Kleider bewachen (22,20); erst
danach (8,3) tritt er als *der* Christenverfolger auf den Plan. Das Sterben des Stephanus ist in auffallender Angleichung an den lukanischen Bericht von Jesu Tod wiedergegeben: Nach Lk 23,46 ist Jesu
letztes Wort: »Vater, in deine Hände empfehle ich meinen Geist.« Es
entspricht fast wörtlich Ps 30,6 (LXX), einer Stelle, die im Judentum

als Abendgebet gesprochen wurde. Der Gebetsruf des Stephanus richtet sich im Unterschied dazu an Jesus, den er als erhöhten Herrn geschaut hat.

Daß Stephanus hinknien und mit »lauter Stimme« rufen kann, entspricht nicht der jüdischen Steinigungspraxis, wohl aber der luk Vorstellung, daß man auf den Stehenden Steine geworfen hatte. Das Rufen mit lauter Stimme erinnert wieder an Jesu Tod (Lk 23,46). Desgleichen steht die Vergebungsbitte: »Rechne ihnen diese Sünde nicht an!« dem Jesuswort nahe: »Vater, vergib ihnen, denn sie wissen nicht, was sie tun!« (Lk 23,34). In einem für die luk Darstellungsweise wichtigen Punkt aber weichen beide Worte voneinander ab: Jesus bittet um Vergebung wegen der Unwissenheit seiner Gegner, und Lukas zeigt am Anfang der Apg, daß ihnen trotz und nach Jesu Tod das Evangelium erneut angeboten wird; im Stephanuswort fehlt der Entschuldigungsgrund der Unwissenheit: Sie haben die Botschaft erneut und unter Hinweis auf den Auferstandenen gehört, aber auch jetzt nicht angenommen; mit der Steinigung des Stephanus begeben sich die Jerusalemer Juden der letzten Bekehrungschance (vgl. auch das Fehlen des Umkehrmotivs in der Stephanusrede).

Nach diesem Wort »entschläft« Stephanus. Das Verbum *koimasthai* weist nicht etwa auf das christliche Verständnis des Todes als eines »Schlafes« hin; denn es ist bereits im Heidentum geläufige Bezeichnung des Sterbens.

Soweit Lukas an dem *Martyrium* des Stephanus als solchem interessiert war, betrachtete er es in enger Beziehung zum Prozeß und Tod Jesu: Wie bei Jesus führt die vom Heiligen Geist geleitete Wort- und Tatverkündigung zur Anklage vor dem Hohen Rat; hier wie dort treten falsche Zeugen auf; das Wort von der Tempelzerstörung übergeht Lukas im Passionsbericht Jesu und legt es den Zeugen wider Stephanus in den Mund; hier wie dort wird auf den Menschensohn in Verbindung mit Ps 110 Bezug genommen; wie Jesus bittet Stephanus für seine Verfolger und stirbt mit den Worten des Vertrauenspsalmes auf den Lippen. In dieser Anpassung an die Passion Jesu drückt sich der Gedanke aus, daß der wahre Jünger seinem Meister gleicht (vgl. Lk 6,40). Insofern versteht Lukas das Schicksal des Stephanus nicht als etwas ganz Außerordentliches und Einmaliges, sondern vielmehr als die bis zu letzter Konsequenz gelebte Jüngerschaft. Bereits das Lk-Evangelium preist die »um des Menschensohnes willen« (!) Verfolgten selig (6,22).

Doch mehr als am Märtyrer selbst ist Lukas an der *Botschaft* interessiert, deren Verkündiger Stephanus war und in deren Dienst er ge-

storben ist. Ihr sind deshalb auch die konkreten Umstände, die sein
Sterben verursachen und begleiten, zugeordnet:
1. Die Vision wird nicht als privates Geschenk zugunsten seiner persönlichen Religiosität oder seines Bekennermutes verstanden, sondern als von Gott selbst gegebene Bestätigung des Zeugnisses, das
Stephanus für das Evangelium abgelegt hat, und seiner Klage, die er
gegen die führt, die das Heilswirken Gottes nicht anerkennen und
die Botschaft des Evangeliums ablehnen. Das Eingreifen Gottes soll
überdies zum Ausdruck bringen, daß sich in der Wende, die nun die
Verkündigung des Evangeliums nimmt, Gottes Plan entspricht. 2.
Während Stephanus als Opfer der Ablehnung des Evangeliums
durch die Jerusalemer Juden stirbt, steht bereits Saulus neben ihm,
der die gleiche Botschaft wie Stephanus durch die antike Welt bis zu
ihrer politischen Metropole, Rom, tragen wird. Wenn auch die Träger und Zeugen der Botschaft sterben, die Botschaft selbst lebt weiter. 3. Durch die ausbrechende Verfolgung werden Christen nach
Judäa und Samaria versprengt. Lukas bereitet damit den räumlichen
Übergang des Evangeliums von den Juden zu den Heiden vor, dem
er die folgenden Kapitel widmen wird.

II. Das Christuszeugnis in Samaria und Judäa, Antio-
chia und Kleinasien 8,4–15,35

18. Philippus missioniert in Samaria 8,4–25

4 Die Zerstreuten zogen nun dahin und verkündeten das
Wort.   5 Philippus ging hinab in die Stadt Samarias und verkündete ihnen Christus.   6 Die Massen achteten einmütig
auf das von Philippus Gesagte. Sie hörten zu und sahen die
Zeichen, die er tat.   7 Denn [aus] vielen, die unreine Geister
hatten, fuhren sie mit lauter Stimme schreiend aus; auch viele
Gelähmte und Lahme wurden geheilt.   8 Es entstand große
Freude in jener Stadt.
9 Ein Mann aber namens Simon hatte vorher in der Stadt Zauberei getrieben und das Volk von Samaria in Erstaunen versetzt; er sagte nämlich, er sei ein Großer.   10 Auf ihn gaben
alle acht, klein und groß, und sagten: Dieser ist die Kraft Gottes, die man die Große nennt.   11 Sie achteten auf ihn, weil
er sie lange Zeit durch Zaubereien in Staunen versetzt hatte.
12 Als sie aber dem Philippus glaubten, der über das Reich
Gottes und den Namen Jesu Christi predigte, ließen sie sich

taufen, Männer und Frauen. 13 Simon wurde auch selbst gläubig, und nachdem er getauft war, blieb er ständig bei Philippus. Als er die Zeichen und großen Wunder sah, die geschahen, geriet er außer sich. 14 Als aber die Apostel in Jerusalem hörten, daß Samaria das Wort Gottes angenommen habe, sandten sie Petrus und Johannes zu ihnen. 15 Als sie hinabkamen, beteten sie über sie, damit sie den Heiligen Geist empfingen. 16 Er war nämlich noch auf keinen von ihnen herabgefallen, sondern sie waren nur getauft auf den Namen des Herrn Jesus. 17 Da legten sie die Hände auf sie, und sie empfingen den Heiligen Geist. 18 Als aber Simon sah, daß durch die Handauflegung der Apostel der Geist gegeben werde, brachte er ihnen Geld 19 und sagte: Gebt auch mir diese Macht, damit jeder, dem ich die Hände auflege, den Heiligen Geist empfange. 20 Petrus aber sprach zu ihm: Dein Geld fahre mit dir ins Verderben, weil du gemeint hast, die Gabe Gottes für Geld zu erwerben. 21 Du hast keinen Anteil und kein Los an dieser Sache, denn dein Herz ist nicht gerade vor Gott. 22 Kehre nun um von dieser deiner Schlechtigkeit und bitte den Herrn, ob dir das Ansinnen deines Herzens vergeben wird. 23 Denn ich sehe, daß du in Bitternis der Galle und Fessel der Ungerechtigkeit steckst. 24 Simon aber antwortete und sprach: Betet für mich zum Herrn, damit nichts von dem über mich komme, was ihr gesagt habt.
25 Sie kehrten nun nach Jerusalem zurück, nachdem sie Zeugnis abgelegt, das Wort des Herrn verkündet und vielen Dörfern der Samariter das Evangelium gepredigt hatten.

Literatur: Adler, N.: Taufe und Handauflegung, NTA XIX 3, Münster 1951. – *v. Allmen, J. J.:* Notizen zu den Taufberichten in der Apostelgeschichte, in: Zeichen des Glaubens, FS B. Fischer, hg. von *H. Auf der Maur* und *B. Kleinheyer*, Freiburg, Basel und Wien 1972, 41–60. – *Barrett, C. K.:* Light on the Spirit from Simon Magus (Acts 8,4–25), in: *Kremer:* Actes 281–295. – *Beasley-Murray:* Taufe 128–168. – *Beyschlag, K.:* Zur Simon-Magus-Frage: ZThK 68 (1971) 395–426. – *Ders.:* Simon Magus und die christliche Gnosis, WUNT 16, Tübingen 1974. – *Cerfaux, L.:* La Gnose Simonienne, in: Cerfaux I 191–262. – *Coppens, J.:* L' imposition des Mains dans les Actes des Apôtres, in: *Kremer:* Actes 405–438. – *Cullmann, O.:* Der johanneische Kreis, Tübingen 1975, 49–57. – *Dietrich:* Petrusbild 245–256. – *Grundmann, W.:* Die Apostel zwischen Jerusalem und Antiochia: ZNW 39 (1940) 110–137. – *Haenchen, E.:* Gab es eine vorchristliche Gnosis?, in: *Ders.:* Gott 265–298. – *Hahn:* Mission 38f. – *Kasting:* Anfänge 103–105. – *Klein, G.:* Der Synkretismus als theologisches Problem in der ältesten christlichen Apologetik, in: *Ders.*: Rekonstruktion und Interpretation, BEvTh 50, München 1969, 262–301. – *Löning*: Lukas 205–209. – *Lüdemann, G.*: Untersuchungen zur simonianischen Gnosis, Göttingen 1975. – *Oulton, J. E. L.*: The Holy Spirit, Baptism, and Laying on of Hands in Acts: ET 66 (1954/55) 236–240. – *Pesch*: Initiation 90–104. – *Quispel, G.*: Gnosis als Weltreligion, Zürich 1951, 45–70. – *Schille*: Anfänge 73–82. – *Schmithals, W.*: Zur Herkunft der gnostischen Elemente in der Sprache des Paulus, in: Gnosis, FS H. Jonas, hg. von *B. Aland*, Göttingen 1978, 385–414. – *Talbert*: Luke 51 f.; 83 f. – *van Unnik, W. C.*: Die Apostelgeschichte und die Häresien: ZNW 58 (1967) 240–246. *Wilkens, W.*: Wassertaufe und Geistempfang bei Lukas: ThZ 23 (1967) 26–47. – *Wilson, R. McL.*: Simon and the Gnostic Origins, in: *Kremer*: Actes 485–491.

Form und Aufbau

Vers 4: Summarische Notiz über das Verhalten der in die Zerstreuung Geratenen. – *Verse 5–8: Summarischer Bericht* über die Wirksamkeit des Philippus in Samaria: Seine *Christusverkündigung* (5), die *Aufnahmebereitschaft* der Massen, hervorgerufen durch Wort und Wunder (6), nämlich durch *Exorzismen* und *Heilungen* (7), wodurch als *Reaktion* Freude ausgelöst wird. (8).

Verse 9–13: Einleitung zu der in den VV 18–24 folgenden Einzelerzählung und kurzer Bericht über den Missionserfolg des Philippus: *Verse 9–11:* Vorstellung der Hauptperson: Name, Aufenthaltsort, Tätigkeit, Wirkung auf das Volk, Selbstbezeichnung (9), Fremdeinschätzung (10), Grund für die große Beachtung: staunenerregende Zauberei durch lange Zeit (11). *Verse 12 f.:* Eintretende *Wende:* das Volk und Simon werden gläubig und getauft (12–13a); Simon bleibt bei Philippus und staunt über dessen Wunder (13b).

Verse 14–17: Bericht über die apostolische Gesandtschaft von Jerusalem: Entsendung des Petrus und Johannes durch die Apostel (14); Gebet um den Heiligen Geist (15); Erklärung, warum die Samariter ihn bisher nicht empfingen (16); Handauflegung, Geistempfang (17).

Verse 18–24: Hauptteil der in den Versen 9–13 eingeleiteten *Einzelerzählung:* Verse 18 f.: Simons *Ansinnen*, die Macht der Geistmitteilung zu kaufen; *Verse 20–23: Rede* des Petrus: Redeeinführung (20a), Drohwort (20b), Aufforderung zu Umkehr und zum Gebet um Vergebung (22), nochmalige Feststellung der Unheilssituation (23). *Vers 24: Antwort* Simons: Bitte um das Fürbittgebet der Apostel.

Vers 25: Summarischer Bericht über die Rückkehr nach Jerusalem und die Missionierung Samarias.

Der Aufbau stellt sich also recht kompliziert dar: Nach der über-
schriftartigen summarischen Notiz Vers 4 folgt die summarische
Schilderung der Samariamission durch Philippus VV 5–8. Bevor sie
in Vers 12 weitergeführt wird, erfolgt als Rückblende die Einführung Simons VV 9–11, und in Vers 13 wird seine Person mit dem
Erzählstrang der Samariamission verbunden. In den Versen 14–17
stehen die zwei von Jerusalem gesandten Apostel im Vordergrund.
Sie erteilen den nach dem Bericht (VV 5–8.12) Missionierten den
Heiligen Geist. Vers 18 knüpft an die VV 9–11.13 an, bezieht aber
statt des Philippus die in Vers 14 neuhinzugekommenen Hauptpersonen ein und leitet so zur Magier-Episode (VV 18–24) über.

Tradition und Redaktion

Vers 4 erweist sich durch Funktion, Inhalt und Stil als luk Redaktion
(anders *Bultmann:* Quellen 422). Er knüpft in summarischer Weiterführung an 8,1b an und bildet die Überschrift für das folgende.
Typisch luk ist dabei das Missionskonzept: die in kontinuierlicher
Bewegung sich von Jerusalem ausbreitende Mission (*Löning:* Lukas
208), die besonders von den Fliehenden betrieben wird (vgl. 11,19).
Stilistisch stimmt der Satz z. T. wörtlich mit 11,19 überein (zum
Satzanfang vgl. 1,6; 2,41; 5,41 u. a.); »durchziehen« (*dierchesthai*),
»verkünden« (*euangelizesthai*) und »das Wort« (als Inhalt der Missionsverkündigung) sind von Lukas bevorzugte Ausdrücke. – Die
Kenntnis, daß Philippus in Samaria missionierte, hat Lukas sicher
aus der Tradition empfangen, denn sie entspricht nicht seinem eigenen, apostolisch ausgerichteten Missionskonzept. Lukas wird aber
über Einzelheiten der Philippus-Mission in Samaria nichts gewußt
haben. Das zeigt der sehr schematisch gestaltete Sammelbericht (VV
5–8.12), dessen sprachliche Formung ganz von Lukas stammt. Indizien dafür sind die Ausdrücke »Christus verkündigen« (vgl. 9,20;
19,13: Jesus), »achten auf« als Ausdruck für die Aufnahmebereitschaft (vgl. 8,10.11; 16,14), »die Massen« (*ochloi*) als Kennzeichnung des Missionserfolges (13,45; vgl. *Zingg:* Kirche 61–63), »einmütig« (vgl. zu 1,14), das Wortpaar »hören« und »sehen« entspricht
der luk Betonung, daß die Offenbarung im hörbaren Wort und
sichtbarem Geschehen ergeht (vgl. u. a. Lk 2,20; 5,15 diff Mk; 6,18
diff Mk; 24,19; Apg 1,1; 7,22). Dieses »Hören« und »Sehen« ist
auch konstitutiv für Vers 7: mit Schreien fahren die Dämonen aus,
Gelähmte und Lahme werden geheilt. Dämonenaustreibungen und
Heilungen nennt Lukas auch in dem in Anlehnung an Lk 6,18 red
gebildeten Summarium Apg 5,16. Das Wort »gelähmt« (*paralelyme-*

nos) gebraucht von den Evangelisten nur Lukas (Lk 5,18.24 diff Mk; Apg 8,7; 9,33), und »Freude« (Vers 8) ist ein Vorzugswort bei ihm. In dem noch zum Summarium gehörenden Vers 12 sind Anzeichen für die luk Redaktion: die Verbindung von »glauben« und Taufe (16,14 f.; 18,8; vgl. 2,41 u. ö.), die Angabe des Verkündigungsinhaltes als »das Reich Gottes« (19,8; 28,23.31; vgl. 1,1) und »den Namen Jesu« (vgl. 4,12.17.18; 5,28.40; 9,27 f.) sowie die Personenangabe »Männer und Frauen« (5,14; 8,3; 9,2; 17,12; 22,4).
Im Unterschied zu den sehr allgemein gehaltenen Aussagen über die Philippus-Mission setzt mit Vers 9 eine Einzelerzählung ein. Sie umfaßt die VV 9–11.13.18–24. Der Neuansatz in Form einer Exposition (Verse 9 f.), der Charakter einer Episode, die zwei Hauptpersonen Simon und Petrus lassen vermuten, daß es sich um ein selbständiges Traditionsstück handelt, das Lukas bearbeitet und seiner umfassenderen Darstellung der Samaria-Mission zugeordnet hat. Auf luk Bearbeitung weisen hin: die zeitliche Zuordnung in Vers 9 (*proypérchein* = vorher da sein; im NT nur noch Lk 23,12); die aus Vers 10 red abgeleitete und an 5,36 angeglichene Selbstcharakterisierung Simons in Vers 9b, der Zusatz »Gottes« zur Prädikation »die Große Kraft« in Vers 10 (vgl. Lk 22,69 diff Mk) sowie die aus Vers 10 gewonnene Verallgemeinerung Vers 11 (*hikanō chronō* = lange Zeit ist luk Vorzugswendung); der ganze Vers 13, denn das Fehlverhalten Simons ist verständlicher, wenn die Tradition seine Taufe noch nicht erzählte, und außerdem stellt Vers 13 die einzige ausdrückliche Verbindung zwischen der Philippus- und Simon-Überlieferung her; in den VV 18 f. gehen wahrscheinlich die Plural-Aussagen »Apostel«, »ihnen«, »gebt!« und Vers 24 »betet!« auf Lukas zurück, der das nur von Simon und Petrus handelnde Traditionsstück an die von ihm eingefügten Verse 14–17 angeglichen hat. Inhalt des Traditionsstückes war wohl die Erwähnung der Missionsarbeit des Petrus in Samaria, die von ihm durch Handauflegung bewirkte Geistmitteilung und der Konflikt mit Simon.
Dafür, daß die Verse 14–17 erst von Lukas geschaffen worden sind, sprechen: 1. ihre Funktion: sie verbinden die Philippus-Tradition mit der Petrus-Tradition; 2. ihre theologischen Motive: die Bindung neugegründeter Gemeinden an das apostolische Zentrum Jerusalem ist besonders ein luk Anliegen; die Apostel werden vertreten durch Petrus und Johannes, einem Paar, bei dem ähnlich wie Kap. 3 f. Johannes nur eine Statistenrolle spielt, die dort als luk Zufügung vermutet wurde; 3. die begründende Reflexion Vers 16 unterbricht den Erzählfluß; 4. Wortwahl und Stil sind luk: die Wendung »das Wort (Gottes) annehmen« gebraucht von den Evangelisten nur Lukas (Lk

8,13 diff Mk; Apg 8,14; 11,1; 17,11); »senden«, »hinabkommen«, »beten«, »den Heiligen Geist empfangen«, »er fiel auf sie herab«, »sie waren getauft auf den Namen (des Herrn) Jesus«, »die Hände auflegen« sind luk Vorzugsworte und -wendungen. – Ebenfalls von Lukas stammt das abschließende Summarium Vers 25, wofür Inhalt, Form und Sprache deutliche Indizien sind.

Auslegung

4–8 Lukas zeigt, daß die Vertreibung der Christen aus Jerusalem nicht nur eine Notsituation bedeutet, sondern auch positive Auswirkungen hat. Es erfüllen sich Auftrag und Verheißung des Auferstandenen (1,8), das Christuszeugnis in Judäa und Samaria. Damit macht Lukas zugleich deutlich, daß der eigentliche Grund für die Verbreitung des Evangeliums und die Universalität des Heiles nicht in der Weigerung des jüdischen Volkes, sondern im positiven Heilswillen und Plan Gottes zu suchen ist. – Samaria ist Landschafts- und Stadtbezeichnung zugleich, die Verse 5–24 haben als Schauplatz der Einzelgeschehnisse die Stadt, Verse 14.25 die Landschaft im Blick. Philippus ist einer der geisterfüllten »Sieben« (6,5), die den hellenistischen Gemeindeteil Jerusalems leiteten. Der Ausdruck »Christus verkündigen« ist eine feste Formel urkirchlicher Gemeindesprache. Inhaltlich meint sie die Predigt von der Heilsbedeutsamkeit Jesu Christi (vgl. etwa 1 Kor 15,3–5). Das Wirken des Philippus hat Erfolg. Er beruht darauf, daß die Volksscharen *hören* und *sehen*: Sie *hören* das Wort der Verkündigung (Vers 6), aber sie hören auch die Schreie der unreinen Geister, die aus Besessenen ausfahren (Vers 7). Sie *sehen* die Wunder, die Philippus wirkt (Vers 6), und sie sehen, wie Gelähmte und Lahme geheilt weggehen (Vers 7). *Sehen* und *Hören*, *Tat* und *Wort*, *Geschehnis* und *Deutung* sind korrespondierende *Grundelemente*, die zur *biblischen Offenbarung* Gottes gehören. Schon im AT wird deutlich, daß zu den Heilstaten Gottes immer wieder das deutende Wort tritt. Ebenso künden auch die Evangelien und die Apg das Wirken Jesu in Wort und Tat. Es setzt sich fort im Missionswerk der urkirchlichen Verkünder, auch des Philippus. Daß die Apostel und frühen Glaubensboten Kranke und Besessene geheilt haben, ist ebensowenig zu bezweifeln, wie die Heilungen und Dämonenbannungen Jesu. – Der bewirkte Glaube und die geschehenen Heilungen führen zur Freude (Vers 8), einer gerade von Lukas immer wieder betonten Folge davon, daß Gottes Heil den Menschen geschenkt wird (Lk 2,10; 15,6.9.32; 19,6).

9–13 Simon wird vorgestellt als Zauberer, der das Volk durch seine
Zaubereien (Verse 9.11) in Erstaunen versetzt, und zwar schon eine
geraume Zeit. Von seinen vielen Anhängern wurde er in einer Art
Bekenntnisformel »die große Kraft« (Gottes) genannt (Vers 10).
Beide Aussagen, nämlich daß er als Zauberer auftrat und daß man
ihm das Gottesprädikat zuerkannte, wird Lukas aus der Überlieferung empfangen haben, und beide Charakteristika können durchaus
auf Simon Magus, eine historische Gestalt, die in der Mitte des 1. Jh.
n. Chr. in Samaria als Wundercharismatiker wirkte, zurückgehen.
Daß Simon ein Gnostiker gewesen sei (*Quispel; Haenchen*) und als
Begründer der simonianischen Gnosis (so *Justin:* Apol I 26,1–3;
56,2; Dial Tryph 120,6. – *Irenäus:* Adv haer I 23. – *Hippolyt:* Refu-
tatio VI 9–20. – *Epiphanius:* Haer XXI 1–4), ja sogar als Vater aller
Häresien zu gelten habe, darüber geht aus der Apg, der ältesten
Quelle über Simon Magus, nichts hervor. Daß erst Lukas den Gnostiker zu einem Zauberer degradiert hätte (so *Haenchen:* Apg 298;
Lüdemann: Gnosis 41 f. – Dagegen *Beyschlag:* ZThK 415; *ders.:* Simon Magus 102–105), dafür gibt es keine hinreichenden Anhaltspunkte. Denn der Ausdruck »die große Kraft«, der als Indiz für die
religionsgeschichtliche Einordnung Simons als Gnostiker herangezogen wird, läßt sich nicht als eindeutig gnostisch bestimmen. Vielmehr handelt es sich um eine »im hellenistischen als auch palästinensischen Judentum wie auch bei den Samaritanern nachzuweisende
Umschreibung des Gottesnamens« (*Lüdemann:* Gnosis 47; Belege
ebenda und bei *Beyschlag:* Simon Magus 106–126). Im vorluk und
luk Bericht bezeichnet sie Simon Magus als einen auf Erden Wunder
wirkenden Gott, als einen »göttlichen Menschen« (*theios anēr*).
Diese Verständnisweise ist zu unterscheiden von der gnostischen, in
der die »große Kraft« Bezeichnung eines überweltlichen, der kosmi-
schen Hierarchie angehörenden Kraft-Wesens ist. – Lukas berichtet,
daß die bisher über Simons Taten begeisterten Leute nun der Wort-
und Tatverkündigung des Philippus glauben und sich taufen lassen,
ja daß der Magier Simon selbst zum Glauben kommt, getauft wird,
sich Philippus anschließt und außer sich ist über dessen Wundertä-
ten. Dieser erste wirkungsvolle Abschluß der Szene will im Sinne
des Lukas die Überlegenheit christlicher Wundertäter gegenüber außerchristlichem Zauberwesen herausstellen und zugleich den christlichen Verkündigungsinhalt, nämlich das Reich Gottes und den Namen Jesu (Vers 12; vgl. 4,12), als das Letztgültige gegenüber den
Schein-Größen, wie sie etwa in der Gestalt des Simon Magus auftreten, deutlich machen.

14–17 Während die Christen in verschiedene Gegenden versprengt
wurden (8,4; 11,19), blieben die *Apostel* noch in *Jerusalem* (8,1).
Jerusalem bleibt somit zunächst für Lukas das apostolische Zentrum
und, damit verbunden, der Ort des vollen Geistbesitzes. Wo auch
immer neue Gemeinden entstehen, werden sie durch Legaten von
Jerusalem her anerkannt und bestärkt (z. B. Antiochien: 11,22). In
diesen Vorgängen drückt sich bereits der Ansatz eines hierarchi-
schen Amts- und Kirchenverständnisses aus. Die Angabe, Samaria
habe *das Wort Gottes angenommen*, ist nicht zu pressen. Man pflegte sich bereits so auszudrücken, wenn innerhalb einer Landschaft
auch nur in einigen Gemeinden das Evangelium Fuß gefaßt hatte
(vgl. Röm 15,19–24). – Was die delegierten Apostel Petrus und Johannes tun (Verse 15.17), ist: *beten* und die *Hände auflegen*, um so
den Heiligen Geist zu vermitteln. Die Geistmitteilung erscheint hier
an Amt und Ritus gebunden. Diese Darstellung wird Lukas bewußt
aus seinem Amtsverständnis heraus so gestaltet haben. Wenn andere
Stellen (z. B. 2,38; 9,17; 10,48) ein freieres Wirken des Geistes bezeugen, so ist darin nicht eine prinzipiell gegenteilige Auffassung des
Verhältnisses Geist–Amt–Kirche zu sehen, sondern nur ein Anzeichen dafür, daß bei Lukas die hierarchische Struktur der Kirche erst
in Ansätzen erscheint, aber noch nicht in aller Konsequenz durchgeführt ist. – Das Gebet dient – wie Apg 1,14; 9,12; 10,31 – als Vorbereitung für den Geistempfang. – In Vers 16 wird deutlich gesagt,
weshalb – bei aller Anerkennung des Missionswerkes des Philippus
– noch die Geistmitteilung durch die Apostel *nötig* war: den Neube-
kehrten war beim Empfang der Taufe der Heilige Geist noch nicht
geschenkt worden. Diese befremdliche Vorstellung muß man auf
dem Gesamthintergrund der Apg sehen, die in der Verhältnisbe-
stimmung Taufe–Geistsendung eine etwas andere Sicht bietet als
Paulus und Johannes, deren Vorstellung uns vertrauter ist. Sündenvergebung, Gemeinschaft mit Christus und Empfang des Heiligen
Geistes vollziehen sich nach Paulus und Johannes in der Taufe (Röm
6,2–18; Jo 3,5–8). Die Apg spricht dagegen nie von der Taufe, die
den Heiligen Geist mitteilt, aber mehrfach von einer Geistmitteilung, die der Taufe *folgt* (2,38; 8,17; 19,6). Freilich bezeugt die Apg
auch, daß es Geistmitteilung *ohne* Taufe (2,1–41; 11,15–17) gab oder
daß sie der Taufe *vorausging* (10,47f.). Daß Lukas zwischen Taufe
und Geistempfang unterscheidet, wird seinen Grund darin haben,
daß die Geistgabe äußerlich wahrnehmbarer Charismen nicht so
eindeutig an die Taufe geknüpft war (Apg 8,18f.; 19,6). Eine *Zuordnung* von Taufe und Geistempfang ist auch bei Lukas deutlich. Das
scheinbare Auseinanderklaffen hat seinen Grund in der mit der je-

weiligen Stelle besonders intendierten Aussageabsicht des Lukas. So erlaubt er sich in dem vorliegenden Abschnitt die Freiheit, zu sagen, die Samaritaner hätten bei der Taufe den Geist noch nicht empfangen und die Apostel mußten kommen, um ihn zu spenden. Hier handelt es sich weder um die exakte Schilderung historischer Einzelgeschehnisse, noch um die Entfaltung einer Tauflehre, auch nicht um Richtlinien für die hierarchisch-kirchenrechtliche Ordnung der Zuständigkeit in Fragen der Sakramentenspendung, sondern es geht Lukas um die *Eingliederung neugegründeter Gemeinden in die apostolische Kirche:* Kirche und Geist Jesu Christi sind nur dort, wo Gemeinschaft mit den Aposteln, den Garanten der Botschaft Jesu besteht.

18–24 Nun nimmt Lukas wieder den Erzählfaden der Simon-Überlieferung auf, aber so, daß von Philippus nicht mehr die Rede ist, sondern Simon und Petrus im Mittelpunkt stehen. Lukas teilt Vers 18 nicht mit, woran Simon erkannt hatte, daß durch die Handauflegung der Apostel der Heilige Geist vermittelt wurde, sondern nur, daß dieser die Gabe der Geistmitteilung für Geld zu kaufen versuchte. Dieses Fehlverhalten ist angesichts von Vers 13 sehr befremdlich. Man wird aber nicht annehmen dürfen, Lukas habe die dort ausdrücklich berichtete, durch Glauben und Taufe vollzogene Umkehr Simons nicht als ernstzunehmendes Geschehen verstanden (so *Klein:* Synkretismus 288–295; dagegen *Dietrich:* Petrusbild 168). Lukas scheint vielmehr um des wirkungsvollen Abschlusses in Vers 13 und einer weiteren Pointe in den VV 18.24 willen diese Spannung in Kauf genommen und deshalb auf genauere Begründungen für das Fehlverhalten Simons verzichtet zu haben. Im Vordergrund steht bei Lukas der sachliche Gesichtspunkt: Der Heilige Geist ist Geschenk Gottes (Vers 20), und er gehört deshalb in die Verfügung Gottes und nicht der Menschen; schon gar nicht ist er etwa käuflich und kann um materieller Vorteile willen *ver-äußert* werden. Den Geschenk-Charakter des Gottesgeistes hebt Lukas auch 2,38; 10,45; 11,17 hervor. Zugleich spielt wohl für Lukas bei der Sinngebung dieser Episode seine Absicht eine Rolle, immer wieder auf das rechte Verhältnis zwischen christlichem Leben aus dem Geist und dem Umgang mit materiellen Gütern hinzuweisen (vgl. *Barrett:* Light 291). Positiv bringt Lukas dieses Anliegen zur Sprache in den Summarien 2,44f.; 4,32–35 im Hinweis auf das vorbildhafte Verhalten des Barnabas 4,36f., der Tabita 9,36.39, der antiochenischen Christen 11,29f., der Apostel und Missionare, die selbst materiell arm sind, sich aber *unentgeltlich* für das Heil anderer einsetzen (3,6; 16,18; 18,3) und beherzigen, daß Geben seliger ist als Nehmen

(20,35). Negativ artikuliert Lukas seine Warnung vor einem ungeistlichen Verhältnis zu materiellem Gut etwa am Beispiel des Judas 1,18 sowie des Hananias und der Saphira 5,1–11, deren ungeordnetes Besitz- und Geltungsstreben gegen den Heiligen Geist gerichtet ist und zum Verderben führt. Wahrsagerei aus Gewinnsucht erwächst dämonischen Mächten (16,16.19), und vom Ertrag der Götzenherstellung zu leben, ist heidnisch (19,25). Nichts kann zu der von Gott frei geschenkten Gabe des Heiligen Geistes in krasserem Gegensatz stehen als das Ansinnen des Simon, die Fähigkeit zur Weitergabe mit Geld zu kaufen. Entsprechend scharf ist auch die Antwort des Petrus. In einer Art Fluchformel, ähnlich Dan 2,5; 3,96 Theod., droht er Simon das Verderben an (20a) und sagt ihm, daß er keinen Anteil habe am Geist Gottes und dessen Weitergabe (21a). Die Formulierung »keinen Anteil und kein Los« findet sich mehrfach in der LXX (z. B. Dt. 12,12; 14,27), und die Begründung Vers 21b klingt an Ps 77,37 LXX an. Trotz des Unheilszustandes, in dem sich Simon befindet (Vers 22 f.) und trotz der erfolgten Androhung des Verderbens, fordert ihn Petrus zur Umkehr auf. Als Zeichen, daß sie erfolgt, teilt Lukas noch die Bitte Simons an die Apostel mit, daß sie für ihn zum Herrn beten sollen (Vers 24). Sie wird im Sinne des Lukas ebenso ernst gemeint sein wie die Notiz über den Glauben und die Taufe Simons in Vers 13. Daß das »Bußangebot an den überführten Synkretisten ... nur zu verstehen ist als Andeutung der Möglichkeit für das Eingehen der Simonssekte in den Schoß der Gemeinde« (*Klein:* Synkretismus 295), geht ebensowenig aus dem Text hervor wie die ebd. vertretene Auffassung, daß die ganze Komposition vom Thema des Synkretismus beherrscht sei. Simon steht ebenso wie Barjesus 13,1 f. als *Einzelgestalt* ausschließlich den *Missionaren* gegenüber. Lukas kennzeichnet ihn nicht als Repräsentanten einer Gruppe oder Bewegung, mit der er sich in der Kirche seiner Zeit auseinandersetzen muß; im Gegenteil: die Anhänger Simons gelten als bekehrt (Vers 12). Die »von Lukas herausgearbeitete Pointierung richtet sich generell gegen Relikte hellenistischer Vulgärreligiosität innerhalb der christlichen Gemeinde, nicht gegen die Gnosis« (*Löning*).

War in den VV 11–13 die Überlegenheit der im Namen Jesu geschehenen Wunder und Heilsverkündigung gegenüber außerchristlichem Zauberwesen und damit verbundener »göttlicher« Verehrung deutlich geworden, so stellen die Verse 18–24 die Unverfügbarkeit des Gottesgeistes heraus und die Überlegenheit derer, die sich von ihm leiten lassen, gegenüber denen, die wie Simon durch materielle Güter oder Manipulation den Heiligen Geist in den Griff zu bekommen und möglicherweise materiell nutzbar zu machen versuchen. Insofern dies eine bleibende Gefahr jedes Christen und der Kirche als Ganzer ist, will Lukas vor ihr warnen und positiv zu einem Leben aus dem Geist anleiten, das der geschenkten Gabe dieses Gottesgeistes entspricht.

25 Die summarische Abschlußnotiz dient formal der Abrundung der Komposition. Inhaltlich berichtet sie vom Wort-Zeugnis der Apostel in vielen Dörfern Samariens auf dem Rückweg nach Jerusalem. Lukas erweckt dadurch den Eindruck, daß nun Samarien missioniert und dieses nördlich von Jerusalem gelegene Gebiet eine Region der Kirche geworden sei.

19. Philippus tauft den Äthiopier 8,26–40

26 Ein Engel des Herrn aber sprach zu Philippus: Steh auf und geh nach Süden auf der Straße, die von Jerusalem nach Gaza führt – sie ist einsam.   27 Und er stand auf und ging. Und siehe, ein Äthiopier, ein Eunuch, Hofbeamter der Kandake, der Königin der Äthiopier, der ihren gesamten Schatz verwaltete, war nach Jerusalem gekommen, um anzubeten. 28 Er befand sich auf der Rückreise, saß in seinem Wagen und las den Propheten Jesaja.   29 Es sprach aber der Geist zu Philippus: Tritt hinzu und schließe dich diesem Wagen an! 30 Als aber Philippus herankam, hörte er ihn den Propheten Jesaja lesen. Und er sprach: Verstehst du denn, was du liest?   31 Er aber sagte: Wie sollte ich es denn können, wenn mich niemand anleitet? Er bat den Philippus, aufzusteigen und sich zu ihm zu setzen.   32 Der Abschnitt der Schrift, welchen er las, lautete:
Wie ein Schaf zum Schlachten geführt wird,
und wie ein Lamm vor seinem Scherer verstummt,
so öffnet er nicht seinen Mund.
33 In der Erniedrigung wurde sein Gericht aufgehoben.
Sein Geschlecht – wer wird es beschreiben?
Denn fortgenommen von der Erde wird sein Leben (Jes 53,7 f.).
34 Es antwortete aber der Eunuch und sprach zu Philippus: Ich bitte dich, von wem sagt das der Prophet? Von sich selbst oder von jemand anderem?   35 Da öffnete Philippus seinen Mund, und ausgehend von dieser Schriftstelle verkündigte er

ihm Jesus. 36 Als sie des Weges dahinfuhren, kamen sie an
ein Wasser. Und es sprach der Eunuch: Siehe, da ist Wasser!
Was hindert, daß ich getauft werde? 38 Und er ließ den Wagen anhalten, und beide stiegen in das Wasser, Philippus und
der Eunuch. Und er taufte ihn. 39 Als sie aber aus dem Wasser herausstiegen, entführte der Geist des Herrn den Philippus, und der Eunuch sah ihn nicht mehr; er zog freudig seines
Weges. 40 Philippus aber fand man in Aschdod. Und er
durchzog alle Städte und predigte, bis er nach Cäsarea
kam.

Zur Textüberlieferung: Ein Teil der »westlichen« Textzeugen
(z. B. E, e) und der Kirchenväter (z. B. *Irenäus, Tertullian, Cy-
prian*) bieten – mit kleinen Varianten – Vers 37: Philippus aber
sprach zu ihm: Wenn du von ganzem Herzen glaubst, ist es
möglich. Er antwortete und sprach: Ich glaube, daß Jesus
Christus der Sohn Gottes ist. – Innere und äußere Kriterien
lassen eindeutig erkennen, daß es sich um einen Zusatz zum
Urtext handelt.

Literatur: Bishop, E. F. F.: Which Philipp? AThR 28 (1946) 154–159. – *Barnikol, E.:* Das Fehlen der Taufe in den Quellenschriften der Apostelgeschichte und in den Urgemeinden der Hebräer und Hellenisten: WZ Halle/Witten-
berg 6 (1956/57) 593–610. – *Campenhausen, H. v.:* Taufen auf den Namen
Jesu: VigChr 25 (1971) 1–16. – *Cullmann, O.:* Die Tauflehre des Neuen
Testaments, Zürich 1948, 65–73. – *Delling, G.:* Die Taufe im Neuen Testament, Berlin 1963. – *Dinkler, E.:* Philippus und der *anēr Aithiops* (Apg 8,26–
40): Jesus und Paulus, FS W. G. Kümmel, hg. von *E. E. Ellis* und *E. Gräßer*,
Göttingen 1975, 85–95. – *Fascher, E.:* Jes 53 in jüdischer und christlicher
Sicht, Berlin 1958. – *Grassi, J. A.:* Emmaus revisited (Luke 24,13–35 and Acts
8,26–40): CBQ 26 (1964) 463–467. – *Hahn:* Mission 51 f. – *Holtz:* Untersu-
chungen 31 f. – *Jonckheere, F.:* L'eunuque dans l'Égypte pharaonique: RHS
7 (1954) 139–155. – *Kasting:* Mission 104. – *Kränkl, E.:* Jesus der Knecht
Gottes, Regensburg 1972, 113–116. – *Lösch, S.:* Der Kämmerer der Königin
Kandake (Apg 8,27): ThQ 111 (1930) 477–519. – *Lohse, E.:* Märtyrer und
Gottesknecht, Göttingen ²1963, 187–191. – *Petzke:* Apollonius 176–178. –
Rese: Motive 97–104. – *Schille:* Anfänge 72 f. – *Unnik, W. C. van:* Der Befehl
an Philippus (Apg 8,26–27a): ZNW 47 (1956) 181–191. – *Wanroy, M. van:*
Eunuchus Aetiops a diacono Philippo conversus (Act. 8,26–40): VD 20
(1940) 287–293. – *Wolff, H. W.:* Jesaja 53 im Urchristentum, Berlin ³1952.

Form und Aufbau

Es liegt eine in sich geschlossene *Missionserzählung* vor. Verse 26–28 bilden die *Einleitung: Auftrag* des Engels an Philippus, die *erste Hauptperson*, sich auf einen bestimmten Weg zu begeben; *Ausführung* des Auftrags; Vorstellung der *zweiten Hauptperson*, des Schatzmeisters der Kandake, der als Pilger unterwegs ist. – Die Verse 29–38 bieten den *Hauptteil: Aufforderung* durch den Geist an Philippus, sich dem Wagen anzuschließen (29); *Ausführung*, dabei *Wahrnehmung* der Lektüre des Eunuchen und *Frage* nach dem Verständnis des Gelesenen (30); *Antwort:* kein Verständnis ohne Anleitung; *Bitte*, aufzusteigen (31); wörtliche *Wiedergabe* des gelesenen *Schrifttextes* (32f.); *Frage* des Eunuchen, *von wem* der Text handle (34); nur summarisch und in indirekter Rede wiedergegebene *Antwort* des Philippus: ausgehend vom gelesenen Schrifttext Verkündigung der Botschaft über Jesus (35); *Verlangen* des Eunuchen nach der *Taufe* (36); *Vollzug* der Taufe (38). – Vers 39 bildet den *Abschluß: Philippus* wird vom Geist *entführt, der Eunuch sieht ihn nicht mehr,* er *zieht freudig seines Weges.* Vers 40 fügt Auskünfte über den *Verbleib des Philippus* an: Aufenthalt in Aschdod, Predigt in den Städten bis nach Cäsarea.

Tradition und Redaktion

Die vorluk Überlieferung wußte vom Wohnsitz der Familie des Evangelisten Philippus in Cäsarea (21,8) und wohl auch von seiner missionarischen Wirksamkeit, die bis in den südlichen Teil der Küstenebene, nach Aschdod (8,40), reichte. Die vorluk Fassung der Erzählung wird von Philippus erzählt haben, der einen heidnischen Eunuchen aus Äthiopien in dieser Gegend unterwiesen und getauft hat, wobei vielleicht auch das Weg-Motiv eine Rolle spielte. Der vorluk Textbestand läßt sich nicht mehr genau rekonstruieren, da Lukas bei seiner Überarbeitung die ganze Erzählung formal und inhaltlich stark geprägt hat. Am ehesten dürften von dem jetzt vorliegenden Text auf den vorluk Bestand zurückgehen: aus der Exposition die Angabe »ein Äthiopier, ein Eunuch« (Vers 27b); aus dem Hauptteil: »Als sie des Weges dahinzogen, kamen sie an ein Wasser (Vers 36a); und beide stiegen in das Wasser, Philippus und der Eunuch. Und er taufte ihn (Vers 38 b c d). Als sie aber aus dem Wasser heraussteigen, entführte der Geist des Herrn den Philippus, und der Eunuch sah ihn nicht mehr (Vers 39 a b c). Philippus wurde in Aschdod gefunden (40a).« Die Entrückungsszene zeigt sprachliche An-

klänge an die Erzählung von der Entrückung des Elija 2 Kön 2,16–18
LXX. Es läßt sich nicht mehr erkennen, wodurch das Zusammentreffen der beiden Personen veranlaßt wurde, in welcher Weise es
näherhin geschah und wie Philippus den Äthiopier unterwiesen hat.
In den Teilen der Erzählung, die jetzt davon berichten, treten die luk
Gestaltungselemente so stark hervor, daß die darin verarbeitete Tradition nicht mehr faßbar ist. Der luk Gestaltungsweise entsprechen:
1. Das Engel-Motiv Vers 26a: es ist zwar allgemein biblisch; aber
Lukas läßt öfter als die anderen Evangelisten den »Engel des Herrn«
in real gestalteten Szenen auftreten und in direkter Rede den Menschen Aufträge erteilen (Lk 1,1–25. 26–38; 2,8–20.21; Apg 5,19;
12,6–17; vgl. noch 10,3: im Traum). Das Motiv ist hier im Zusammenhang mit der luk Absicht verarbeitet, die entscheidenden Schrit-
te der Mission auf die Initiative Gottes zurückzuführen; es war zudem auch noch nicht für die Einzelerzählung wichtig, wohl aber für
die luk Komposition, denn in ihr mußte Philippus von Samaria auf
den Schauplatz im Süden gebracht werden. 2. Der in direkter Rede
erteilte Auftrag (Vers 26b) und die wörtlich wiederholte Ausführung
(Vers 27a) sind aus luk Vorzugsworten gebildet und stehen dem Stil
der LXX nahe. Außerdem bevorzugt gerade Lukas die direkte Rede.
3. Die Richtungsangabe »nach Süden« und »von Jerusalem nach Gasa« (Vers 26) entsprechen dem luk Missionskonzept: nachdem das
nördlich gelegene Samaria missioniert ist, wendet sich nun die Botschaft nach Süden; »Jerusalem« erinnert im Sinne des Lukas nochmals an den Ausgangspunkt des Evangeliums, und sodann hängt
diese Angabe mit dem in Vers 27 von Lukas stammenden Hinweis
auf die Jerusalem-Wallfahrt des Äthiopiers zusammen. 4. Die Angabe der hohen Stellung des Eunuchen als »Hofbeamter der Kandake,
der Königin der Äthiopier, der ihren gesamten Schatz verwaltete«
(Vers 27b) wirkt etwas überladen und entspricht dem Bemühen des
Lukas als hellenistischen Schriftstellers, die Bildungsinteressen seiner Leser zu berücksichtigen (vgl. *Plümacher:* Lukas 12 f.). 5. Die
Nennung der Reiseabsicht, »in Jerusalem anzubeten« (Vers 27c),
erweist sich als luk; denn sie hängt mit der luk Kennzeichnung des
religiösen Status des Eunuchen zusammen: Lukas möchte ihn nicht
als Heiden vorstellen, weil die erste Taufe eines Heiden dem Apostel
Petrus vorbehalten bleiben soll (Kap. 10 f.); er kennzeichnet ihn aber
auch nicht als Juden oder Proselyten, denn das würde kein Fort-
schreiten des Missionswerkes gegenüber den bisher erreichten Stufen bedeuten. 6. Die konkrete Schilderung der einzelnen Geschehe-
nisse in VV 28–38 und die wörtlich wiedergegebenen Dialoge sind
charakteristisch für die Anschaulichkeit, in der Lukas Szenen leben-

dig zu gestalten weiß. Die Erwähnung des Wagens (Verse 28.29.38)
paßt zu der von Lukas betonten hohen Stellung des Beamten. »Lesen« (= *anaginōskein* Verse 28.30.32) ist Vorzugswort des Lukas. 7.
Daß der Eunuch den Propheten Jesaja liest (Vers 28), daß Philippus
vom Geist herangeführt wird (Vers 29), daß er genau den entscheidenden, wörtlich zitierten Abschnitt über den Gottesknecht lesen
hört (Verse 30.32f.) und daß er ihn christologisch auslegt (Vers 35),
hat große Ähnlichkeit mit der von Lukas red gestalteten Passage der
Nazarethperikope Lk 4,16–21: in ihr ist es Jesus, der vom Heiligen
Geist geführt und erfüllt (4,14.18.21) ebenfalls auf eine entscheidende Jesaja-Stelle stößt, die wörtlich zitiert und christologisch ausgelegt wird (vgl. *Busse:* Nazareth-Manifest 31–36). In beiden Texten
begegnet auch der Ausdruck *graphē* (= Schrift) in der Bedeutung
»die Schriftstelle« (Lk 4,21; Apg 8,35; – Apg 1,16 ist ebenfalls red).
8. Das Weggespräch mit den dialogeröffnenden Fragen (Verse
30f.34) und der Schriftauslegung (Vers 35) hat überdies auffallende
Ähnlichkeit mit der Emmaus-Erzählung, bes. Lk 24,17–27 (vgl.
Wanke: Emmauserzählung 57; 68; 118–122). Hier wie dort ist das
Leiden und Sterben Jesu (und seine Verherrlichung) Thema der
Schriftauslegung, wobei aber in typisch luk Weise das Sühne-Motiv
nicht zur Sprache kommt. Das nicht selbstverständliche Frage-In-
teresse des Eunuchen, »von wem« (*peri tinos* Vers 34) das zitierte
Leidensschicksal gelte, entspricht ganz dem Aussage-Interesse des
Emmaus-Jüngers Kleopas (*ta peri Jēsou* Lk 24,19.27; vgl. Apg 2,29–
31). Außerdem stimmen auch Formulierungen wie z. B. »und ausgehend von« (*kai arxamenos apo* Lk 24,27; Apg 8,35) wörtlich überein. 9. In Vers 35 ist die LXX-Wendung »seinen Mund öffnen« als
Redeeinführung gut luk; sie begegnet in wörtlicher Übereinstimmung red auch 10,34. »Verkündigen« (*euangelizesthai*) ist luk Vorzugswort; daß die Verbindung mit der Inhaltsangabe der Botschaft
antiochenisches Traditionsgut erkennen lasse (*Hahn:* Mission 50f.
Anm. 4), ist angesichts von Lk 4,43; 8,1; Apg 5,42; 15,35; 17,18
nicht anzunehmen; auch gibt ja die Erzählung selbst keinen Hinweis
auf Antiochien. »Er verkündigte ihm Jesus« ist luk red Ausdrucksweise und faßt – wie oft bei Lukas – das gesamte Heilshandeln Gottes, wie es sich in Jesus ereignet hat, in kürzester Weise zusammen.
10. Lukas hat wohl die aus der Vorlage stammenden Angaben über
das Taufgeschehen (Vers 36a.38b c d) durch den Ausruf und die Frage des Eunuchen: »Siehe, da ist Wasser! Was hindert, daß ich getauft
werde?« (Vers 36b) und den Befehl des Philippus, den Wagen anzu-
halten (Vers 38a), ergänzt. Das Wort »hindern«, »verwehren« (*kō-
lyein*) begegnet auch 10,47 und 11,17 im Zusammenhang mit der

Taufe. Möglicherweise gehörte die Frage nach einem Taufhindernis zum Taufritus der luk Gemeinden. 11. Die Hervorhebung der Freude in Vers 39d ist typisch für Lukas, und die Erwähnung des Weiterziehens wirkt als Begründung für das Nicht-mehr-Sehen überflüssig und fremdartig. 12. Vers 40b ist von luk Vorzugsworten geprägt (vgl. z. B. 8,4) und gibt in der für Lukas charakteristischen Weise die Missionierung der Städte eines ganzen Landstriches wieder, wobei der Ortsname Cäsarea aus vorluk Philippustraditionen stammt (21,8). – Der Grundbestand der Erzählung wird in den Kreisen hellenistischer Judenchristen geformt worden sein. Dafür spricht: die Zugehörigkeit des Philippus zu dieser urchristlichen Gruppe, die sprachliche Nähe zur LXX in der Entrückungsszene, das damit verbundene pneumatische Element und die Tatsache, daß gerade die »Hellenisten« den ersten Durchbruch zur Heidenmission schufen. Die von *Barnikol*: Taufe 599–601 vorgenommene Eliminierung der Wassertaufe zugunsten einer Geisttaufe aus dem vorluk Text ist unbegründet.

Auslegung

26–28 Die Initiative der folgenden Geschehnisse geht vom *Engel des Herrn* aus. Diese Vorstellungs- und Ausdrucksweise macht deutlich, daß die im folgenden berichteten Ereignisse, die in der Taufe gipfeln, auf Gottes Plan und Führung zurückgehen. – Der griech. Ausdruck *kata mesēmbrian* kann »am Mittag« oder »nach Süden« heißen. Die Richtungsangabe verdient den Vorzug, weil sie dem luk Missionskonzept entspricht und Vers 27 sofortige Befolgung und keinen Zeitaufschub vermuten läßt (anders *van Unnik:* Befehl 186f.). Über *Gasa* führte eine der wichtigsten Karawanenstraßen von Jerusalem nach Ägypten. Welchen Sinn der Hinweis auf die Einsamkeit der Straße hat, ist nicht ganz deutlich. Vermutlich meinte der Erzähler, daß Abgeschiedenheit der günstigste Rahmen für das Folgende sei. – Der *Äthiopier* kam nicht aus dem Land, das dem heutigen Abessinien (Äthiopien) entspricht, sondern aus dem nördlicheren, damals als »Äthiopien« bezeichneten Sudan (im AT: Kusch). Dieses Nachbarland Ägyptens wurde von Königinnen regiert. Wie die Könige in Ägypten den Titel Pharao trugen, so führten sie den Titel *Kandake.* Einige von ihnen sind in der Zeit von 41 v. Chr.–108 n. Chr. namentlich bekannt (*Dinkler:* Philippus 93). Das zeitgenössische Interesse gebildeter Kreise an »Äthiopien« hatte seine Wurzel einerseits im Hang zum Romantisch-Exotischen, wie er sich etwa im Alexanderroman niederschlug, andererseits in zwei römischen Vorstößen in dieses Land, eines Feldzugs 23 v. Chr. und einer Expedition zur Erforschung der Nilquellen unter Nero (54–68 n. Chr.). Lukas trug bei der Ausgestaltung der Erzählung diesem Bildungsinteresse Rechnung. Ob ihm auch schon an dem Gedanken gelegen war, der sich in Ps 68 (67),32 ausdrückt: »Äthiopien wird seine Hände ausstrecken zu Gott«, ist ungewiß, da diese Stelle erst bei den Kirchenvätern zitiert wird. Der Ausdruck *eunouchos* (= Eunuch) wird in der LXX zuweilen für hohe Beamte gebraucht, ohne daß damit immer ihre wirkliche Verschneidung gemeint sei. Tatsächlich waren aber die hohen Beamten an orientalischen Höfen, zumal unter Königinnen, Kastraten. Das wird auch die Bedeutung des Wortes im vorliegenden Text sein. Nach Dt 23,1 konnte ein »Verschnittener« kein Proselyt werden, d. h. die Beschneidung nicht empfangen und nicht zur vollen Gesetzeserfüllung herangezogen werden. Er konnte nur zu den dem Judentum nahestehenden »Gottesverehrern« (*sebomenoi*) gehören. Zwar verheißt Jes 56,3 f. auch den »Verschnittenen« in der Endzeit den Zugang zur Gottesgemeinde; aber der Lukas-Text nimmt darauf keinen Bezug. Lukas läßt den religiösen Stand des Äthiopiers auffallend in der Schwebe: die Bezeichnung »Äthiopier« erweckt zwar die Vorstellung eines Heiden, aber seine Wallfahrt nach Jerusalem und die Jesaja-Lektüre lassen ihn als dem Judentum nahestehend, da er jedoch Eunuche ist, nicht als Volljuden erscheinen. Diese eigenartige Kennzeichnung muß im Zusammenhang mit der Gesamtkomposition der Apg gesehen werden: Die Taufe des Eunuchen aus Äthiopien steht nach Lukas zwischen der Juden- und Samariter-Mission einerseits und der Heidenmission andererseits. Sie bedeutet Expansion des Evangeliums über alle vorher erreichten Stadien hinaus, ohne jedoch unsachgemäß der Heidenmission vorzugreifen.

29–35 Zu Beginn des Hauptteiles der Erzählung wird nochmals auf die Initiative Gottes aufmerksam gemacht, diesmal auf das Wirken des Geistes (Vers 29). Er führt die beiden irdischen Hauptpersonen zusammen. Philippus erkennt, zu wem er gesandt ist. Er sieht und hört. Die Begegnung beider Männer, das einleitende und einladende Gespräch lenkt die Aufmerksamkeit auf das folgende Zitat, das wörtlich aus Jes 53,7 f. LXX stammt. Es ist sorgfältig ausgewählt. Es gibt nur zum Teil die Verse 7 und 8 aus dem vierten Lied vom Gottesknecht wieder. Die Einzelaussagen sind schon in der LXX sehr schwer verständlich und werden durch die lukanische Anwendung auf Christus auch nicht völlig klar. Aber folgende Grundgedanken und zugleich Zentralaussagen urkirchlicher Christologie sind hinreichend deutlich erkennbar: Jesu Leiden und Tod, Außerkraftsetzen der Verurteilung durch seine Auferweckung, und vielleicht der Gedanke an seine Erhöhung. Daß Jesu Tod weder mit dem Opfer-, noch mit dem Sühnegedanken verbunden wird, entspricht der spezifisch luk Sicht. In der Tatsache, daß Philippus gerade in dem Moment hinzutrat, als diese bedeutsame und christologisch auswertbare Stelle gelesen wurde, will im Sinne des Lukas sicher ein weiteres Anzeichen für die göttliche Fügung gesehen werden, die hinter dem Gesamtgeschehen steht. Dem entspricht auch der gezielte Verlauf des sich anschließenden Gesprächs. Zwar wird im Judentum zur Zeit Jesu die Frage diskutiert, auf wen sich *einzelne* Aussagen der Gottesknechtslieder beziehen; aber eine Frage, wie sie der Äthiopier bezüglich Jes 53,7f. formuliert, hat keine zeitgeschichtliche Parallele. »Der Eunuch fragt, wie der ideale nichtchristliche Bibelleser fragen *soll*, aber erst der christliche *kann*« (*Conzelmann:* Apg 57). Für Philippus ist diese Frage der willkommene Anlaß, die Heilsbotschaft von Jesus Christus dem Äthiopier zu verkünden. Der Ausdruck »Jesus verkünden« ist eine mehrfach wiederkehrende Kurzformel (vgl. Apg 5,42; 11,20; 13,32; 17,18), welche Wort und Wirken, Leiden und Tod, Auferstehung und Erhöhung Jesu zum Inhalt hat (vgl. etwa Apg 10,38–42). Die Ähnlichkeit der hier vorliegenden christologischen Schriftauslegung mit der, die nach Lk 4,16–21 Jesus selbst vornimmt, will deutlich machen, daß sich der Missionsstil der Missionare an dem von Jesus orientiert (*Busse:* Nazareth-Manifest 101), und die Ähnlichkeit des Weggespräches mit dem der Emmausjünger Lk 24,17–27 weist darauf hin, daß das missionarische Bemühen der Kirche, wie es in der Äthiopiererzählung seinen exemplarischen Ausdruck findet, im Tun des Auferstandenen grundgelegt ist (*Wanke:* Emmauserzählung 122). Überdies hat nach Lukas der Auferstandene den Auftrag dazu gegeben (Lk 24,44–49; Apg 1,8).

36–38 Woher dem Äthiopier aufgegangen war, daß Christusglaube und Taufe zusammengehören, sagt Lukas nicht. Er setzt es einfach voraus. Sobald Wasser vorhanden ist, läßt er den Eunuchen die Bitte um die Taufe aussprechen. Christliche Überlieferung erkennt in dem 8 km nördlich von Hebron gelegenen »Philippusbrunnen« (*En-Dirweh*) die Taufstelle. Der Lukasbericht nötigt jedoch nicht dazu, eine bestimmte Stelle ausfindig zu machen. – Die Frage »Was hindert, daß ich getauft werde?« ist vielleicht Teil einer liturgischen Formel der frühen Taufpraxis der Kirche. Dafür spricht, daß sie auch Apg 10,47; 11,17 wiederkehrt und daß einige alte Textzeugen

daran ein Taufbekenntnis angeschlossen haben, das ebenfalls der urchristlichen Taufliturgie entstammt (siehe oben zur Textüberlieferung; Vers 37 steht dem Taufbekenntnis Röm 10,9 nahe). Der Ritus
vollzieht sich dadurch, daß beide – Philippus und der Äthiopier – in
das Wasser steigen, ausdrücklich aber wird gesagt, daß Philippus
den Äthiopier tauft. Beide Elemente: Taufe durch *Untertauchen*
und die Tatsache, daß es sich *nie* um eine *Selbsttaufe* handelt, sind
auch sonst im NT bezeugt.

39–40 Nach der Taufe folgt ein weiteres Eingreifen des *Geistes des
Herrn:* Philippus wird durch ihn entrückt. Es handelt sich im Unterschied zur Himmels-Entrückung des Elija (2 Kön 2,16) um eine
wunderhafte Ortsveränderung, wie sie etwa von dem Propheten Elija (1 Kön 18,12), Ezechiel (Ez 3,14; 8,3) unter Einwirkung des *Geistes des Herrn*, von Habakuk, bewirkt durch einen Engel (Dan 14,36
LXX und Theod.) und außerbiblisch von Wundercharismatikern
wie etwa Apollonius von Thyana (*Philostr* VitAp IV 10; VIII 10)
erzählt wird. Das bereits in der ersten Hälfte des 2. Jh. entstandene
Hebräerevangelium läßt Jesus im Anschluß an die Taufe berichten:
»Sogleich ergriff mich meine Mutter, der Heilige Geist, an einem
meiner Haare und trug mich weg auf den großen Berg Thabor«
(*Hennecke-Schneemelcher* I 108). Aus diesen Texten geht hervor,
daß das Entrückungsmotiv in der Äthiopiererzählung ein antikes
Darstellungsmittel ist, das den Philippus als geistbegabten Mann
und seine Taten als vom Geist Gottes geleitet charakterisieren
möchte.
In summarischer Aussage wird abschließend die missionarische
Wirksamkeit des Philippus in den Küstenstädten zwischen Aschdod
und Cäsarea berichtet. Auf diese Tätigkeit werden die Christengemeinden in Lydda (9,32), Joppe (9,36) und Cäsarea (10,48; 21,8)
zurückgehen.

20. Die Bekehrung des Saulus 9,1–19a

1 Saulus, noch immer Drohung und Mord gegen die Jünger
des Herrn schnaubend, ging zum Hohenpriester   2 und erbat von ihm Briefe nach Damaskus an die Synagogen, damit
er – wenn er einige Angehörige des Weges fände – Männer
und Frauen gebunden nach Jerusalem bringe.   3 Als er unterwegs war, geschah es, daß er sich Damaskus näherte und
ihn plötzlich ein Licht vom Himmel umstrahlte.   4 Er stürzte

zu Boden und hörte eine Stimme, die zu ihm sprach: Saul, Saul, warum verfolgst du mich? 5 Er aber sprach: Wer bist du, Herr? Der aber: Ich bin Jesus, den du verfolgst. 6 Aber steh auf, gehe in die Stadt, und es wird dir gesagt werden, was du tun sollst. 7 Die Männer aber, die mit ihm unterwegs waren, standen sprachlos da. Sie hörten zwar die Stimme, sahen aber niemand. 8 Saulus aber erhob sich von der Erde; als er die Augen öffnete, sah er nichts. An der Hand führten sie ihn nach Damaskus hinein. 9 Und drei Tage lang sah er nicht, und er aß und trank nicht.

10 Es lebte aber ein Jünger in Damaskus namens Hananias. Und es sprach zu ihm in einem Gesicht der Herr: Hananias! Er antwortete: Siehe, hier bin ich, Herr! 11 Der Herr aber zu ihm: Steh auf, gehe in die Straße, die man die Gerade nennt, und frage im Haus des Judas nach einem Mann aus Tarsus namens Saulus. Denn siehe, er betet, 12 und er sah in einem Gesicht einen Mann namens Hananias hereintreten und ihm die Hände auflegen, damit er wieder sehe. 13 Hananias aber antwortete: Herr, ich habe von vielen über diesen Mann gehört, wie viel Böses er deinen Heiligen in Jerusalem zugefügt hat. 14 Auch hier hat er Vollmacht von den Hohenpriestern, alle zu verhaften, die deinen Namen anrufen. 15 Es sprach aber der Herr zu ihm: Geh, denn dieser ist mir ein erwähltes Gefäß, meinen Namen zu tragen vor Heiden, Königen und den Söhnen Israels. 16 Denn ich werde ihm zeigen, wie viel er für meinen Namen leiden muß. 17 Hananias ging und trat in das Haus ein. Er legte ihm die Hände auf und sprach: Bruder Saul, der Herr hat mich gesandt, Jesus, der dir erschienen ist auf dem Weg, den du kamst, damit du wieder sehend wirst und erfüllt mit dem Heiligen Geist. 18 Und sofort fiel es von seinen Augen wie Schuppen, und er sah wieder. Und er stand auf und ließ sich taufen. 19a Und er nahm Speise zu sich und kam wieder zu Kräften.

Literatur: Bornkamm: Paulus 36–48. – *Burchard:* Zeuge 51–105. – *Ders.:* Paulus in der Apostelgeschichte: ThLZ 100 (1975) 881–895. – *Fascher, E.:* Zur Taufe des Paulus: ThLZ 80 (1955) 643–648. – *Fuller, R. H.:* Was Paul Baptized?, in: *Kremer:* Actes 505–508. – *Gill, D.:* The Structure of Acts 9: Bib 55 (1974) 546–548. – *Girlanda, A.:* De conversione Pauli in Actibus Apostolorum tripliciter narrata: VD 39 (1961) 66–81; 129–140; 173–184. – *Hengel:* Geschichtsschreibung 70–78. – *Hirsch, E.:* Die drei Berichte der Apostelgeschichte über die Bekehrung des Paulus: ZNW 28 (1929) 305–312. – *Holtz, T.:* Zum Selbstverständnis des Apostels Paulus: ThLZ 91 (1966)

321–330. – *Van der Horst, P. W.:* Drohung und Mord schnaubend (Acta IX,1): NT 12 (1970) 257–269. – *Jervell, J.:* Paul in the Acts of the Apostles. Tradition, History, Theology, in: *Kremer:* Actes 297–306. – *Klein:* Apostel 144–162. – *Lilly, J. L.:* The Conversion of Saint Paul. The validity of his testimony to the resurrection of Jesus Christ: CBQ 6 (1944) 180–204. – *Löning:* Saulustradition. – *Lohfink, G.:* Paulus vor Damaskus, SBS 4, Stuttgart 1966. – *Ders.:* »Meinen Namen zu tragen ...« (Apg 9,15): BZ NF 10 (1966) 108–115. *Ders.:* Eine alttestamentliche Darstellungsform für Gotteserscheinungen in den Damaskusberichten (Apg 9; 22; 26): BZ NF 9 (1965) 246–257. – *Lundgren, S.:* Ananias and the Calling of Paul in Acts: StTh 25 (1971) 117–122. – *Menoud, Ph.-H.:* Le sens du verbe *porthein* (Gal 1,13.23; Act 9,21): Apophoreta, FS E. Haenchen, hg. von *W. Eltester* und *F. H. Kettler*, BZNW 30, Berlin 1964, 178–186. – *Munck, J.:* La vocation de l'apôtre Paul: StTh 1 (1947/48) 131–145. – *Obermeier:* Paulus 97–105. – *Pfaff, E.:* Die Bekehrung des h. Paulus in der Exegese des 20. Jahrhunderts, Rom 1942. – *Radl:* Paulus 69–81. – *Roloff:* Apostolat 199–207. – *Stanley, D. M.:* Paul's Conversion in Acts: Why the three Accounts?: CBQ 15 (1933) 315–338. – *Steck, O. H.:* Formgeschichtliche Bemerkungen zur Darstellung des Damaskusgeschehens in der Apostelgeschichte: ZNW 67 (1976) 20–28. – *Stolle:* Zeuge 155–212. – *Suhl:* Paulus 30–35. – *Trocmé:* Livre 174–179. – *Wikenhauser, A.:* Doppelträume: Bib 29 (1948) 100–111. – *Ders.:* Die Wirkung der Christophanie vor Damaskus auf Paulus und seine Begleiter nach den Berichten der Apostelgeschichte: Bib 33 (1952) 313–323. – *Wilckens, U.:* Die Bekehrung des Paulus als religionsgeschichtliches Problem: ZThK 56 (1959) 273–293. – *Windisch, H.:* Die Christophanie vor Damaskus (Act 9,22 und 26) und ihre religionsgeschichtlichen Parallelen: ZNW 31 (1932) 1–23.

Aufbau und Form

Verse 1 f.: *Einleitung:* Charakterisierung des Saulus als Christenverfolger; Schilderung seines Vorgehens: Bitte um Vollmacht für die Verfolgung in Damaskus. – Verse 3–7: *Visionsbericht:* Reisenotiz mit Ortsangabe (3a); Erstrahlen eines Lichtes (3b). Niederfallen (4a); Gespräch (4b–6); Redeeinführung (4b); Anrede und Frage des Erscheinenden (4c), Frage des Menschen (5a), Antwort des Erscheinenden: Selbstdarstellung (5b), Auftrag (6); Verhalten der Begleiter: Sprachlosigkeit, Wahrnehmung der Audition, aber nicht der Vision (7). – Verse 8 f.: Schilderung der *Auswirkungen* der Vision: Saul erhebt sich, wird in die Stadt geführt, ist drei Tage blind und ohne Nahrung. – Verse 10–16: Zweiter *Visionsbericht:* Vorstellung des Visionärs (10a); Angabe über die Art der Wahrnehmung (10b); Gespräch (10c–16): Anrede des Erscheinenden (11 f.): Auftrag (11a), Begründung durch Hinweis auf das Gebet des Saulus (11b) und eine vom Erscheinenden erzählte dritte Vision: Saulus sieht Hananias bei

sich (12); Einwand des Menschen gegen den Auftrag: die Verfolgertätigkeit des Saulus (13 f.); Entkräftung des Einwandes durch den
Erscheinenden: Erklärung, daß Saulus erwählt ist; Verheißung dessen, wozu der Erscheinende ihn beruft: Seinen Namen zu tragen
und dadurch zu leiden (15 f.). – Verse 17–19a: *Ausführung* der in den
Visionen erteilten Aufträge und Eintreten der *Wirkungen:* Hananias' Gang in das angezeigte Haus, in dem Saulus sich aufhält (17a),
Handauflegung (17b), Botenspruch und Erklärung des Hananias
über den Zweck seines Kommens: Zurückgeben der Sehkraft, Erfüllung mit dem Heiligen Geist (17c); Eintreten der Wirkung: Rückgewinnung des Augenlichtes, Taufe, Nahrungsaufnahme, Genesung
(18.19a).

Von den drei Berichten, die Lukas vom Damaskusgeschehen gibt,
hat die Fassung in Kap. 26 am deutlichsten die Form einer Berufungsgeschichte; denn in ihr wird Saulus direkt vom erscheinenden
Christus zu seinem missionarischen Dienst beauftragt (26,16–18);
die Fassung in Kap. 22 steht dieser Form insofern nahe, als zwar
nicht unmittelbar durch Christus, wohl aber durch Hananias 22,15
der Auftrag erteilt wird; in Kap. 9 geschieht dies aber weder durch
Christus noch durch Hananias, sondern Christus sagt dem Hananias nur, daß Saulus den Namen Jesu tragen und dafür leiden wird
(9,15 f.); aber Hananias teilt dies nicht dem Saulus mit, sondern heilt
und tauft ihn nur. Aus dem Verfolger wird durch Eingreifen des
erscheinenden Christus ein Jünger. So wird man im Unterschied zu
Kap. 22; 26 hier von einer *Bekehrungserzählung* sprechen. *W. Zimmerli* hat versucht, die drei Berichte als »Nachtrieb« des Typs atl.
Berufungsberichte zu betrachten, wie er sich 1 Kön und Jes 6 findet
(Ezechiel I, BK 13,1, Neukirchen-Vluyn 1969, 20 f.). Aber dieser
Versuch scheitert – abgesehen von der Frage, ob es in diesen Texten
überhaupt primär um einen Berufungsvorgang geht – daran, daß die
gattungstypischen Elemente, z. B. Thronszene mit Beschlüssen, Suche nach einem geeigneten Abgesandten, Bereitschaftserklärung,
Übergabe des Auftrags u. a., in Apg 9 völlig fehlen (vgl. *Steck:* Bemerkungen 26 f.). Unter stärkerer Berücksichtigung der Tatsache,
daß es sich Apg 9 um eine *Bekehrungserzählung* handelt, sind in der
Forschung vor allem drei Vorschläge gemacht worden, die literarische Form genauer zu bestimmen: 1. Die Saulustradition hat ihre
nächste Form-Parallele in der Legende vom verhinderten Tempelraub, wie sie sich vor allem in der Heliodor-Erzählung 2Mkk 3 findet (nach früheren Versuchen von *Drews* und *Smend* jetzt differenzierter *Löning:* Saulustradition 64–70). König Seleukos IV. (187–
175 v. Chr.) beauftragt seinen Kanzler Heliodor, den Schatz des

Jerusalemer Tempels zu beschlagnahmen. Heliodor wird durch eine
machtvolle Epiphanie daran gehindert. Nachdem er sich erholt hat,
bezeugt er die Größe der Gottheit. Schon *Windisch:* Christophanie
hatte zu Recht auf die erheblichen Unterschiede zwischen der He-
liodor- und der Saulus-Erzählung hingewiesen, aber doch gemeint,
beide gehören dem gleichen Typ von Epiphaniegeschichten an, der
»Rettung der Gemeinde und Bekehrung des Verfolgers vereint« (7).
Aber dies trifft nicht zu; Heliodor wird nicht wirklich bekehrt; es
geht nicht um die Rettung der Gemeinde, sondern um die Tabuisie-
rung des Heiligtums. Auch *Lönings* Versuch, den bedrohten Tem-
pelschatz mit der Christengemeinde in Damaskus gleichzusetzen,
überzeugt nicht (vgl. *Stolle:* Zeuge 192 f.). Es »ergeben sich Berührungen im Detail, aber keine Ähnlichkeit in der Gesamtstruktur«
(*Burchard:* Zeuge 57).
2. Form und Struktur von Apg 9 haben ihre größte Ähnlichkeit mit
Kap. 1–21 des jüdisch-hellenistischen Romans Josef und Asenet
(*Burchard:* Zeuge 59–88). *Burchard* schließt daraus, daß Apg 9 dieser vorgegebenen Struktur folgt (87). Auch diese Lösung befriedigt
nicht. *Stolle:* Zeuge 190 f. hat auf die großen Unterschiede aufmerksam gemacht, z. B. daß die Rolle und Gestalt Josefs in der Sauluser-
zählung keine gleichwertige Entsprechung hat und daß der Bekeh-
rungsvorgang dort ein langer, mehrstufiger Prozeß, hier dagegen
eine sofortige Umwandlung ist. Berührungen liegen indes – ähnlich
wie mit der Heliodorlegende – in einzelnen Motiven vor, z. B. in den
Visionen, der getrennten Führung der Personen, in dem Sich-Annä-
hern und der Begegnung, wobei die Doppelerfahrung des Niederge-
worfen- und Aufgerichtetwerdens eine Rolle spielt (vgl. *Löning:*
Saulustradition 75).
3. Unter den ntl. Erzählformen steht die Erzählung von der Bekehrung des Kornelius 10,1–48 unserem Text am nächsten (so *Stählin:*
Apg 136; *Stolle:* Zeuge 194–200. – *Burchard:* Zeuge 54 f. läßt nur
Motiv-Berührungen, nicht aber Formgleichheit gelten; *Löning:*
Saulustradition 78–99 sieht als nächste Formparallelen der ursprünglichen Saulustradition die Novellen-Form der Heilungsge-
schichten 9,32–35.36–42 und rechnet mit einem Gestaltwandel von
der Novelle zur Legende in vorluk Bearbeitung). Die Form- und
Strukturgleichheit mit der Korneliusgeschichte besteht vor allem
darin, daß hier wie dort in einer ersten Szene der zu Bekehrende
durch eine himmlische Erscheinung vorbereitet wird (9,1–9; 10,1–
8), daß in einer zweiten Szene ein menschlicher Bote durch eine Erscheinung den Auftrag erhält, zu ihm zu gehen (9,10–16; 10,9–23),
wobei eine anfängliche Weigerung jeweils überwunden wird (9,13–16;

10,20), und daß in einer dritten Szene, die von Gott herbeigeführte Begegnung beider geschieht sowie Geistmitteilung und Taufe (9,17–19; 10,23–48). Hier liegt wirklich die engste Struktur- und Form-Parallele vor.

Der Text Apg 9,1–19a läßt sich nicht durch Verweis auf eine bestimmte vorgegebene Struktur und literarische Gattung bestimmen. Er ist zu komplex. Am ehesten wird man ihn bezeichnen dürfen als eine *Bekehrungserzählung*, die mit Motiven und Formelementen des AT und der jüdisch-hellenistischen Propagandaliteratur gestaltet ist. So findet sich z. B. die Epiphanie mit Lichterscheinung und Niederfallen Ez 1 f.; Josef und Asenet (= JosAs) 14,1–3; Niederwerfung eines Gegners durch die Gottheit in machtvollen Erscheinungen 2Mkk 3; die Bekehrung eines Menschen durch außergewöhnliche, von Gott herbeigeführte Begegnungen mit Menschen und überirdischen Mächten JosAs 1–21 und Apg 10; das Wechselgespräch (Verse 4–6) als geprägte Form innerhalb und außerhalb des AT (z. B. Gen 46,2 f.; JosAs 14,6–8), und zwar jeweils sowohl innerhalb von Erscheinungsszenen (z. B. Gen 46; JosAs 14) als auch in profanem Dialog (z. B. Gen 27,18 f. Langform; JosAs 4,5 Kurzform); die Abfolge: Auftrag, Einwand, Überwindung des Einwandes (Verse 11–16) als Darstellungsschema in atl. Berufungsgeschichten (Ex 3,10–12; Jer 1,4–8 vgl. Lk 1,13–20.31–37); und schließlich weist der Bericht von der Heilung VV 17–19 Formelemente antiker Heilwundererzählungen auf.

Tradition und Redaktion

Gegenüber der früheren Annahme, sowohl die Dreizahl der Berichte des Damaskusgeschehens als auch ihre Unterschiede rühren von der Benutzung verschiedener Quellen her (z. B. *Wendt:* Apg 166–168; *Hirsch:* Berichte 305–312), herrscht heute die besser begründete Auffassung vor, Lukas habe *einen* in Kap. 9 noch am deutlichsten erkennbaren Grundbericht benutzt, ihn bearbeitet und von ihm aus auch die Redevarianten Kap. 22 und 26 geschaffen (so z. B. *Haenchen:* Apg 317; *Conzelmann:* Apg 59; *Stählin:* Apg 309–311; *Lohfink:* Paulus 75–85; *Löning:* Saulustradition 14–19). *Burchard:* Zeuge 120 f. und *Stolle:* Zeuge 200–205 rechnen damit, daß vor allem auf Kap. 26 außerdem eine Überlieferung eingewirkt habe, deren Spuren noch Gal 1,13.15–17.23 erkennbar sind. Daß die in Kap. 9 vorliegende Fassung dem aus der Tradition stammenden Text am nächsten steht, ergibt sich vor allem aus der Erzählform: eine Einzelüberlieferung über das Damaskusgeschehen wird in Erzählform in Umlauf gewesen sein, nicht aber in der Form einer Verteidigungsrede, wie es Kap. 22; 26 der Fall ist. Die Redevarianten Kap. 22; 26 erweisen sich durch die luk Aussageabsicht und Kompositionsweise als red Umgestaltungen und machen deshalb die Annahme weiterer Vorlagen überflüssig. Manche Exegeten, z. B. *Lundgren:* Ananias 118 f., nehmen an, der Grundbericht sei in Kap. 26 noch am besten erhalten; denn er stehe dort Gal 1 nahe durch das Fehlen des Hananias und durch die unmittelbar vom Auferstandenen ergehende Sendung; beides stimme überdies mit Apg 9,27 überein, wo Lukas die Hauptelemente des Grundberichtes nochmals kurz nennt. Aber gegen diese Sicht ist zu bedenken: Apg 9,27 zeigt ebenso wie 26,14–18 deutlich die Spuren luk Gestaltung, und: Hananias dürfte bereits im Grundbericht erwähnt gewesen sein.

Die Vorlage und ihre luk Ausgestaltung in Kap. 9 lassen sich im wesentlichen etwa so bestimmen: Die Exposition berichtete von der Verfolgertätigkeit des Saulus aufgrund eigener Initiative und von seinem Weg nach Damaskus (Verse 1a.3a). Lukas hat in Vers 1a durch die Partikel *eti* (= noch) die Verbindung zu 8,3 hergestellt sowie durch Zufügung der Verse 1b.2 die mittelbare Beteiligung der jüdischen Zentralbehörde und Jerusalem als Ausgangs- und Zielpunkt der Verfolgungsaktion hervorgehoben. Das spezifisch luk Interesse an der Legitimation durch die jüdische Zentralbehörde ist an der Steigerung erkennbar, die dieses Motiv 22,5; 26,10–12 erfährt. Auch Stil und Vokabular der Verse 1b.2 sind gut luk. *Löning:* Saulustradition 68.94 f. rechnet überdies das Briefmotiv wegen seiner Zugehörigkeit zur Tempelraub-Legende zum ursprünglichen Erzählbestand.

Im ersten Visionsbericht dürften der vorluk Tradition angehört haben die Aussagen, daß ein himmlisches Licht erstrahlte (Vers 3b), Saulus niederfiel (Vers 4a), die Begleiter verständnislos dastanden (Vers 7a), ihn erblindet aufhoben und nach Damaskus hineinführten (Vers 8), Saulus aber nichts aß und trank (Vers 9b). Als luk Ausgestaltung wird vor allem das Visionsgespräch (Verse 4b–6) gelten müssen, und zwar aus folgenden Gründen: 1. Es ist im Grundbericht entbehrlich. 2. Es folgt einem atl. Formschema (Gen 46,2 f.; Ex 3,4–10 vgl. *Lohfink:* Darstellungsform 248; Gen 27,18 f. LXX vgl. *Burchard:* Zeuge 88 f.), das aber bereits in der frühjüdischen Literatur konventionell verwendet wurde (z. B. JosAs 14,6–8). 3. Dieses Formschema wird im NT nur von Lukas verwendet, und zwar außer an unserer Stelle noch in der Kurzform 9,10 f. und 10,3–5, wo es ebenfalls als red zu vermuten ist. 4. Die Verwendung dieses Formschemas steht im Zusammenhang mit einer Darstellungsweise, die gerade für Lukas kennzeichnend ist: Er gestaltet Szenen durch direkt geführte Dialoge, und er bringt die Überzeugung von der göttlichen Führung der Heilsgeschichte durch Szenen zur Sprache, in denen überirdische Wesen direkt den Menschen begegnen und in sinnhaft erfahrbarer Weise sich ihnen mitteilen. 5. Die red Ausgestaltung des Erscheinungsgesprächs 26,14–28 läßt deutlich erkennen, daß Lukas gerade an ihm besonderes Interesse hatte. In dieser Weise beurteilt auch *Lohfink:* Darstellungsform 253–256 das literarkritische Verhältnis, während *Löning:* Saulustradition 76 f.; *Burchard:* Zeuge 122; *Stolle:* Zeuge 185 das Erscheinungsgespräch für vorluk halten. Kleinere luk Zusätze sind die Aussagen, daß die Begleiter zwar die Stimme hörten, aber niemand sahen (Vers 7b), daß sie Saulus »an der Hand« führten (Vers 8b) und vielleicht auch die vorzeitig gegebene Auskunft über die Dauer der Erblindung (Vers 9a).

Im zweiten Visionsbericht dürften zum Überlieferungsgut gehört haben: die Vorstellung des Hananias (Vers 10a), der Auftrag des Herrn an ihn mit den konkreten Angaben (Vers 11a) und der begründende Hinweis auf das Gebet des Saulus (Vers 11b). Es ist erzähltechnisch nötig, daß über die Veranlassung berichtet wird, wodurch Saulus und Hananias zusammengeführt werden. Lukas hat diesen Bericht erweitert durch die Anrede und Antwort entsprechend dem oben genannten Formschema (Vers 10c.d) und vielleicht durch die Angabe über die Art der Wahrnehmung (Vers 10b), sowie durch die Vision in der Vision (Vers 12) und durch das Gespräch zwischen Hananias und dem Herrn (Verse 13–16). Die Vision in der Vision ist wegen ihrer Kompliziertheit kaum für ein vorluk Überlieferungsstadium anzunehmen. Sie entspricht auch nicht genau dem in der antiken Literatur häufig verwendeten Motiv der Doppelträume (Belege bei *Wikenhauser:* Doppelträume; dazu modifizierend: *Löning:* Saulustradition 26 f.). Das Gespräch erweist sich nach Form, Inhalt und Sprache als lukanisch. Es greift in Vers 13 auf 8,3; in Vers 14 auf 9,1 zurück und wiederholt Vers 15a den Auftrag von Vers 11. Es charakterisiert in den VV 15b.16 die Aufgabe und Zukunft des Saulus so, wie sie dem gegenwärtigen Stadium des Erzählens und der späteren Entfaltung innerhalb der Apg entsprechen: Es wird nichts unnötig vorweggenommen, und so bleibt die Möglichkeit zur steigernden Verdeutlichung in Kap. 22; 26 erhalten; es kommt aber doch die Erwählung des Saulus, seine Zeugnis-Bekenner- und Leidensaufgabe zur Sprache, und zwar im Blick auf die Öffentlichkeit, vor der sie sich nach der Darstellung der Apg verwirklichen wird: vor Heiden, Königen und Juden (ähnlich *Trocmé:* Livre 176; *Radl:* Paulus 69–73 mit ausführlicher Begründung. – Anders *Löning:* Saulustradition 26–43; zögernd *Burchard:* Zeuge 123 f.).

Im Schlußteil der vorluk Erzählung wurde sicher berichtet: der
Gang des Hananias zu Saulus (Kommen des Wundertäters; Vers
17a), Auflegung der Hände (Heilgestus; Vers 17b), Anrede, Hinweis auf die Sendung durch den Herrn und den Auftrag zum Heilen
(Heilwort; Vers 17c), sofortiges Eintreten der Heilung mit den De-
monstrationselementen: Abfallen wie Schuppen, Aufschauen (Vers
18a) und die Erwähnung des Essens und Erstarkens (Vers 19a). Besonders *Trocmé*: Livre 176 f. hat mit Recht darauf aufmerksam gemacht, daß hier die traditionellen Bauelemente einer Heilwundererzählung vorliegen, die sicher zum ältesten Bestand des Textes gehören. Lukas wird red hinzugefügt haben: die Verdeutlichung »Jesus, der dir erschienen ist auf dem Weg, den du kamst« (Vers 17),
denn sie bezieht sich auf 26,12.16; die Ergänzung des Sendungsauf-
trages »und daß du erfüllt wirst mit Heiligem Geist« (Vers 17), denn
sie paßt besser im Hinblick auf die Verkündigungstätigkeit 9,20 als
zur Heilwundererzählung. Ob die Aussage, Saulus sei getauft worden (Vers 18), die auch 22,16 steht, aber in Kap. 26 fehlt, erst von
Lukas eingebracht wurde (so *Löning*: Saulustradition 46f.) oder
zum vorluk Erzählbestand gehörte (so *Burchard*: Zeuge 124), ist
schwer zu beurteilen. Für luk Red spricht: 1. Die Zuordnung Geist-
empfang-Taufe, wie sie hier vorliegt, entspricht der luk Darstellungsweise (vgl. 8,14—17; 10,44—48). 2. Die Formulierung ist lukanisch. 3. Die weitere Ausgestaltung 22,16 zeigt deutlich luk Züge
und somit auch das besondere luk Interesse an dieser Aussage. 4.
Das Fehlen in Kap. 26 erklärt sich aus der Kurzfassung und aus dem
Fortlassen der ganzen Hananiasepisode dort. Für vorluk Tradition
könnte sprechen, daß es sich ja nicht nur um eine Heilwundererzählung handelte, sondern um eine Bekehrungserzählung, zu der als
Abschschluß die Taufe durchaus passen würde.

Auslegung

1–2 Saulus wird gekennzeichnet als immer »noch Drohung und
Mord schnaubend«. Die Aussage knüpft an die Ersterwähnung
Sauls Kap. 7f. an und enthält ihr gegenüber eine Steigerung: nach
7,58 ist Saulus Statist, der die Kleider (22,20: der Mörder des Stepha-
nus) bewacht; nach 8,1 erklärt er sich mit der Steinigung einverstan-
den; nach 8,3 sucht er selbst die Kirche zu vernichten und bringt
Christen ins Gefängnis. Nach 9,1 schnaubt er Drohung und Mord.
Dennoch wird man nicht sagen können, »Saul hat nach Lukas wirk-
lich gemordet« (so *Haenchen*: Apg 308 Anm. 1); denn alle weiteren
Aussagen führen nur so weit, daß Saulus Christen fesselt (22,5), zur

Bestrafung abführen (22,5), einkerkern (22,4.19; 26,10) und aus-
peitschen ließ (22,19; 26,11), was freilich 22,4 als Verfolgung »bis
zum Tod« bezeichnet wird. Saulus hat den Tod wohl nicht beabsichtigt, aber wenn er sich als Folge etwa der Geißelung einstellte, hinge-
nommen. Nach 26,10 hat Saulus auch für Todesurteile gestimmt.
Gewaltanwendung gegenüber Christen aus Eifer für das Gesetz bezeugt Paulus auch selbst (1 Kor 15,9; Gal 1,13 f. 23; Phil 3,6). Nach
seinem Selbstzeugnis und der Apg war Paulus zweifellos Christenverfolger, nach Apg 26 sogar an Todesurteilen beteiligt, aber getötet
hat er selbst nicht und er ist auch nach Lukas kein Mörder (ähnlich
Menoud: sens 181; *Burchard:* Zeuge 46 A 21). – Das aktive Vorgehen gegen die Christen erhält in 9,1 überdies ein steigerndes Moment dadurch, daß es heißt, Saulus habe sich Vollmachtschreiben an
die Synagogen in Damaskus ausstellen lassen, um Christen von dort
zur Bestrafung nach Jerusalem abzuführen. Historisch läßt sich bisher die von Lukas gemachte Voraussetzung, nämlich daß die jüdische Zentralbehörde in Jerusalem zu römischer Zeit derartige Kom-
petenzen besaß, nicht sichern. Die gelegentlich dafür herangezogenen Quellen (1Mkk 15,15–21; *Jos* Ant XIV 10,2; *Jos* Bell I 24,2)
erweisen keineswegs eine Jurisdiktionsgewalt des Hohenpriesters
über Juden, die in Damaskus ansässig oder dorthin geflohen waren.
Lukas legt auf das Briefmotiv Wert, um der Verfolgung zunehmend
(vgl. 22,5; 26,10) offiziellen »amtlichen« Charakter zu geben. Eine
ähnliche Tendenz ließ sich ja schon in Kap. 4 f.; 7 f. erkennen. – Die
zurückhaltende Formulierung »… wenn er einige fände« trägt wohl
der Tatsache Rechnung, daß Lukas bisher noch nicht von der Ausbreitung des Christentums bis nach Damaskus gesprochen hat (erst
11,19 erwähnt er Antiochien) und die dort befindlichen Christen als
von Jerusalem geflohene betrachtet, denen Saulus in seinem Verfol-
gungseifer nachgegangen ist (so *Burchard:* Zeuge 44 im Unterschied
zu *Conzelmann:* Apg 57). Diese Sicht wird gestützt durch das Wort
»Jünger« (9,1), das Lukas bisher nur für Christen in Jerusalem verwendete (6,1.2.7) – Die Bezeichnung der Christen als »die des Weges« (9,2) begegnet noch 19,9.23; 22,4; 24,14.22. Sie hat eine gewisse Ähnlichkeit mit der Ausdrucksweise in Qumran (z. B. 1QS
9,17 f.; 10,20 f.; CD 1,13; 2,6), ohne daß sich indes die Herkunft des
Ausdrucks von dort hinreichend erklären läßt, sondern im breiteren
Zusammenhang atl.-jüdischer und hellenistisch-jüdischer Denk-
und Sprechweise zu sehen ist (so die Rezension von *M. Hengel:*
ThLZ 92, 1967, 361–364 zu E. Repo, Der »Weg« als Selbstbezeichnung des Urchristentums, Annales Academiae Scientiarum Finnicae
Bd. 132,2, Helsinki 1964).

3–9 Der nichtsahnende Saulus wird in der Nähe von Damaskus
plötzlich von einem audiovisuellen Offenbarungsgeschehen betroffen. Er wird von einem vom Himmel kommenden Licht umblitzt.
Es übt eine solche Wirkung auf ihn aus (26,13 f.), daß er erschrocken
zu Boden fällt. Lukas sagt nicht, daß Saulus in diesem Licht etwa
Jesus gesehen habe. Es erwecken zwar einige Aussagen diesen Eindruck, so etwa, wenn es von den Begleitern heißt: sie »sahen niemand« (9,7), oder von Saulus: er »sah den Gerechten und hörte seine
Stimme« (22,14) und vom Auferstandenen: »ich bin dir erschienen
… du hast mich gesehen« (26,16). *Haenchen:* Apg 310 entnimmt
daraus, Lukas habe sich das Ereignis so vorgestellt, daß Saulus im
Licht die Gestalt Jesu sah. *Burchard:* Zeuge 92 hat ihm widerspro-
chen, m. E. mit Recht; denn man muß beachten, daß die genannten
Aussagen erst erfolgen, *nachdem* im Erscheinungs*gespräch* die Identifizierung mit Jesus ausdrücklich geschehen ist. Auch die Anrede
»Herr!« (Vers 5) ist nicht als Christusprädikat zu verstehen, wie sowohl die Frage selbst als auch ein Vergleich mit 10,4 zeigt, wo Kornelius so den Engel anspricht. Die sich in der Anrede ausdrückende
Erkenntnis, es handle sich in dem Erscheinungsphänomen um ein
personales Wesen, ist auch hier aus dem vorausgehenden Sprechen
des Sich-Offenbarenden gewonnen. – Doppelanreden wie in Vers 4
begegnen in der atl. und jüdischen Literatur des öfteren (z. B. Gen
22,1; 46,2; Ex 3,4; 1Sam 3,4.6 LXX; JosAs 14,6) und auch im Lk-
Evangelium 10,41; 22,31. – Jesus offenbart sich Vers 5 als der, den
Saulus verfolgt. Saulus erfährt also: Jesus, obwohl getötet, lebt, und
er steht seinen Jüngern bei, so daß der, welcher sie verfolgt, auch ihn
verfolgt (vgl. Lk 10,16; ähnlich *Löning:* Saulustradition 107; anders
Burchard: Zeuge 94). Über seine Zukunft bekommt Saulus, im Unterschied zu Kap. 26, hier nichts gesagt. Er erhält nur den Auftrag,
in die Stadt zu gehen, dort werde er Weiteres erfahren. Damit endet
die Vision. – Sowohl die unvermittelte Erwähnung von Reisebeglei-
tern Vers 7 als auch die Schilderung ihres Verhaltens läßt erkennen:
Die Funktion dieses Erzählelementes besteht darin, einerseits die
Wirklichkeit und überwältigende Größe des Offenbarungsgeschehens zu bezeugen, andererseits aber den Offenbarungsinhalt dem
erwähnten Visionär vorzubehalten. Daß es bei der Schilderung der
Einzelheiten nicht um ein historisches Protokoll geht, zeigt deutlich
22,9. – Der vorübergehende Verlust der Sehkraft, das völlige Ange-
wiesensein auf die Hilfe anderer verdeutlichen nochmals die überwältigende Macht Christi und die Ohnmacht des Verfolgers. Die
Erblindung ist als Wirkung der Lichterscheinung zu verstehen (vgl.
22,11) und nicht als Strafe, wie *Bauernfeind:* Apg 133 meint. Das

Fasten ist dem Zustand innerer Ungewißheit und Läuterung – vielleicht auch schon im Blick auf den Taufempfang (vgl. Did 7,4 u. a.; *Conzelmann:* Apg 58) – angemessen.

10–16 Zu Beginn der neuen Szene wird Hananias vorgestellt als »Jünger in Damaskus«. Aus 22,12 geht deutlich hervor, daß es sich um einen dort ansässigen Judenchristen handelt. Die von Lukas aufgenommene Überlieferung steht in Spannung zu seinen eigenen Vorstellungen über den urchristlichen Missionsverlauf. In einer Schauung erhält Hananias den Auftrag, Saulus aufzusuchen. Als Straße in Damaskus wird die »Gerade« angegeben. Sie verlief von Ost nach West, hatte beiderseits Säulenhallen und an den Enden mächtige Tore. Sie galt als Berühmtheit. Als Haus wird das des »Judas« genannt. Außer diesem verbreiteten Namen ist über den Gastgeber sonst im NT nichts bekannt. Der Hinweis auf das Gebet des Saulus Vers 11 ist durch ein begründendes »denn« mit dem vorausgehenden Auftrag verknüpft und soll Saulus kennzeichnen als einen inzwischen Umgewandelten, zur Entgegennahme der angekündigten Weisungen Aufgeschlossenen und sich darauf Vorbereitenden. Dem entspricht auch der in Vers 12 folgende Visionsbericht innerhalb der Vision; denn er schildert die dem Saulus auf sein Gebet hin zuteil gewordene Vision über die Ausführung dessen, wozu Hananias gerade beauftragt wird, nämlich Saulus durch Handauflegung zu heilen. Die Verbindung von Gebet und Vision begegnet auch Lk 1,10f.; 3,21; 9,28f.; 22,42; Apg 10,3f.30; 22,17f.
Daß der Beauftragte Bedenken äußert, die sodann entkräftet werden, ist ein im AT und NT, besonders auch bei Lukas, oft verwendetes Erzählelement (z. B. Ex 3,10–12; Jer 1,4–10; Lk 1,18–20. 34–37). Der Einwand gibt Gelegenheit zu erklären, wozu Saulus erwählt ist, und dient – zusammen mit der Antwort – der Hervorhebung der erstaunlichen Größe des Umwandlungsprozesses, den der Auferstandene an Saulus wirkt. Zunächst wird betont, Hananias habe »von vielen« gehört, »wieviel Böses« Saulus schon in Jerusalem getan habe und mit welcher »Vollmacht« er auch nach Damaskus gekommen sei, um hier Gleiches zu verüben. Der Einwand ist deshalb verständlich: Die Ausführung des Auftrages, nämlich Saulus zu heilen, würde diesen ja wieder befähigen, seine Verfolgertätigkeit fortzusetzen. Aber auf diesen Einwand folgt unerbittlich erneut der Auftrag des Herrn und die Entkräftung. Sie besteht darin, daß Hananias gesagt bekommt, er solle deshalb Saulus heilen, weil dieser fortan nicht mehr den Christen Leid zufügen, sondern selbst im öffentlichen Bekenntnis des christlichen Namens leiden werde. Der

hebräisierende Ausdruck »auserwähltes Gefäß« (Vers 15: *skeuos eklogēs*) meint soviel wie »Auserwählter« (vgl. Röm 9,22f.; *Burchard:* Zeuge 101; *Löning:* Saulustradition 32–43). »Meinen Namen zu tragen« bedeutet nicht etwa missionarischen Einsatz und Wortverkündung (so z. B. noch *Haenchen:* Apg 313; *Klein:* Apostel 149f.), sondern: Christ sein und dies offen bekennen (so *Lohfink:* Namen; *Burchard:* Zeuge 100f.; *Löning:* Saulustradition 38–40; *Radl:* Paulus 76f.). Diese Deutung ergibt sich aus folgenden Gründen: 1. Im altchristlichen Sprachgebrauch, z. B. Herm Sim 8,10,3; 9,28,5 begegnet der Ausdruck in diesem Sinn. 2. Die Präposition *enōpion* = »vor« bezeichnet bei Lukas meist den Ort (wo?) und nicht die Richtung (wohin?). 3. Die Reihenfolge »vor Heiden, Königen und den Söhnen Israels« paßt nach Apg besser zum Leidens- als zum Missionsweg des Paulus. 4. Diese Deutung gibt auch dem begründenden »denn« am Anfang von Vers 16 einen Sinn. Es handelt sich also nicht um eine Missions-, sondern um eine Märtyrerterminologie. Von Saulus wird gesagt, er werde aufgrund gnadenhafter Erwählung Christ werden, sein Christsein vor der heidnischen und jüdischen Öffentlichkeit bekennen, und Christus werde ihn dabei Schritt für Schritt erkennen lassen, daß dies für ihn viel Leiden um Jesu willen mit sich bringen wird (vgl. 21,11–14).

17–19a Hananias macht sich sofort auf den Weg zu Saulus. Daraus läßt sich entnehmen, daß das vorausgehende Erscheinungsgespräch nicht als nächtliche Traumvision zu verstehen ist. Hananias redet Saulus als Bruder an, legt ihm die Hände auf und erklärt in der Form eines Botenspruches den doppelten Zweck seines Kommens: Heilung und Erfülltwerden mit dem Heiligen Geist. Diese Zweckangabe geht über die in Vers 12 mitgeteilte hinaus. Sie enthält aber auffallenderweise keine Mitteilung an Saulus über seinen künftigen Leidensweg, geschweige denn über sein missionarisches Wirken. – Entsprechend dem Stil von Wundererzählungen wird ausdrücklich das plötzliche und sinnenfällig wahrgenommene Eintreten der Heilung berichtet. Die Erwähnung des Essens und Erstarkens steht in bezug zu Vers 9 und wird überdies im Zusammenhang mit der Taufe besagen, daß mit ihr das Fasten endete.
Der Schlußteil läßt nochmals deutlich erkennen, daß es in der Erzählung nicht um die Berufung des Saulus zum Missionar, sondern um seine Bekehrung zum Christen geht. Saulus wird geheilt, getauft und erhält den Heiligen Geist. Dazu wird Hananias durch eine besondere Beauftragung herangezogen. Es wird also nicht das »Amt des Paulus ... mediatisiert« (*Klein:* Apostel 146); denn nicht seine

Berufung zum »Amt« ist hier das Thema, und außerdem verweist Hananias Vers 17 ausdrücklich auf die unmittelbare Begegnung des Auferstandenen mit Saulus (*Löning:* Saulustradition 110–113). Saulus wird auch nicht »an die Kirche als Mittlerin der Lehre« (*Conzelmann:* Apg 57) verwiesen und der kirchlichen Tradition subordiniert (vgl. *Klein:* Apostel 146; 202); denn es erfolgt keine Übergabe des kirchlichen Verkündigungsinhaltes an Saulus, sondern nur die Taufe und die Geistmitteilung (*Burchard:* Zeuge 96; 99; 104 f.).

Exkurs (5): Die Berufung des Paulus

Literatur: Außer der zu 9,1–19a genannten: *Mußner, F.:* Der Galaterbrief (HThK 9), Freiburg, Basel und Wien 1974, 77–99.

In der Apg 9; 22; 26 liegen die durch die urchristliche Überlieferung und luk Gestaltung geprägten Textfassungen über das Damaskusgeschehen vor. Sie sind mit sehr verschiedenen Akzenten versehen. Was läßt sich durch die Redaktions- und Überlieferungsschicht, hindurch noch als das zugrundeliegende, die Überlieferung auslösende Geschehen ermitteln?

1. Es ist unbezweifelbar, daß Saulus in der Nähe von Damaskus des Auferstandenen und seines totalen Anspruchs an ihn innewurde. Trotz aller Verschiedenheiten der Texte in der Apg und ihrer Unterschiede zum Selbstzeugnis des Paulus ist doch allen Texten gemeinsam die Bezeugung eines solchen, die Lebenswende des Saulus bewirkenden Grundgeschehens. Paulus selbst spricht davon vor allem an drei Stellen seiner Briefe: 1Kor 9,1 führt er mit dem Wort »Bin ich nicht Apostel? Habe ich nicht den Herrn gesehen?« sein Apostelsein auf die Erscheinung des Auferstandenen zurück. 1Kor 15,8 f. sagt er, daß ihm der Auferstandene erschienen sei, obwohl er die Kirche Gottes verfolgt habe. Gal 1,15–17 betont er, daß Gott selbst ihm seinen Sohn geoffenbart habe, damit er ihn unter den Heiden verkünde. Dabei erwähnt Paulus in Vers 17 Damaskus.

Außer durch das paulinische Selbstzeugnis wird die erstaunliche Tatsache seiner Lebenswende vom gesetzeseifrigen Pharisäer und vom Verfolger der Kirche (Gal 1,13 f.; Phil 3,5 f.) zum Christusverkünder dadurch bestätigt, daß schon in der Zeit, bevor Paulus den Galaterbrief schrieb, ja schon zur Zeit seines ersten Jerusalem-Besuches (Gal 1,18.22), diese Tatsache als verbreitete Kunde in den Gemeinden Judäas umlief und Anlaß zu Lob und Dank gegenüber Gott (Gal 1,24) war. Auch in den Gemeinden Galatiens scheint seine Lebenswende bekannt gewesen zu sein (Gal 1,13). Paulus teilt den Galatern mit, daß er trotz seines ersten Jerusalem-Besuches den judäischen Christengemeinden persönlich unbekannt blieb und daß sie nur über ihn gehört hatten: »Der uns einst verfolgte, verkündet nun den Glauben, den er einst zu vernichten suchte« (Gal 1,23). Das paulinische Selbstzeugnis, das hier erwähnte Fremdzeugnis und die Texte der Apg bezeugen übereinstimmend das erstaunliche Geschehen seiner Lebenswende. Paulus selbst versteht allerdings die ihm zuteil gewordene Christusoffenbarung als Ostererscheinung (1Kor 15,3–9), während Lukas das Geschehen von den Ostererscheinungen zeitlich abhebt (Apg 1,1–11).

2. Die geschichtlichen Konturen und die näheren Umstände, innerhalb deren sich das Ereignis vollzog, lassen sich nicht genau bestimmen. Das liegt z. T. an der Verschiedenheit der Textaussagen und z. T. aber auch an der Art des Geschehens selbst, das sich »einer wirklich exakten Wiedergabe schlechthin widersetzte«(*Kuss:* Paulus 46 Anm. 1).

a) Sicher ist, daß es sich um die Umwandlung des gesetzeseifrigen Pharisäers und Kirchenverfolgers zum Christen (Apg 9) und zum Christusverkünder handelte (1Kor 15,8 f.; Gal 1,13–17.23; Phil 3,5 f.; Apg 22; 26), daß die Wende sich bei Damaskus vollzog (Gal 1,17; Apg 9; 22,5; 26,20) und durch eine Begegnung mit dem Auferstandenen bewirkt wurde. Die Art, in der Saulus den Auferstandenen wahrnahm, läßt sich ebensowenig bestimmen, wie die Wahrnehmungsweise der sonst im NT bezeugten Ostererfahrungen.

b) Sehr wahrscheinlich ist, daß Saulus in Damaskus von einem Christen Hananias betreut und von den körperlichen Leiden, die sich als unmittelbare Folge des Offenbarungsgeschehens eingestellt hatten, geheilt wurde. Daß Paulus selbst von seinem Kontakt mit Hananias nichts berichtet, ist wegen seines Argumentationszieles in Gal 1 f. verständlich und widerspricht nicht der Rolle, die Apg 9; 22 Hananias zukommt. Daß Lukas die Hananiasepisode aus der Überlieferung empfing, sie selbst aber von Kap. 9 über 22 bis 26 immer mehr in den Hintergrund treten und schließlich ganz verschwinden läßt, ist ebenso deutlich und entspricht seinen Aussagezielen.

c) Ob Paulus von Hananias getauft wurde, ist nicht sicher, aber doch wahrscheinlich. Paulus selbst spricht zwar nie von seiner eigenen Taufe, schließt sich aber durch den Plural Röm 6,3; 1Kor 12,13 unter die Getauften ein und hat auch selbst getauft (1Kor 1,16; Apg 19,1–7). In Apg 9,18; 22,16 wird seine eigene Taufe ausdrücklich erwähnt. Manche Forscher, wie z. B. *Barnikol:* Taufe 601 erachten diese Angabe für unhistorisch, m. E. mit wenig überzeugenden Argumenten. *Fascher:* Taufe 648; *Haenchen:* Apg 317; *Kuss:* Paulus 46 nehmen an, daß Paulus die Taufe empfing. *Fuller:* Was Paul Baptized? 505–508 weist auf zwei Möglichkeiten der Taufe hin: Sie konnte geschehen durch die unmittelbare Christusoffenbarung oder durch die Wassertaufe. Ob Paulus letztere empfangen hat, bleibe offen.

21. Saulus in Damaskus und Jerusalem 9,19b–31

19b Er blieb einige Tage bei den Jüngern in Damaskus 20 und verkündete alsbald in den Synagogen Jesus, nämlich daß dieser der Sohn Gottes sei. 21 Alle aber, die es hörten, waren außer sich und sagten: Ist dieser nicht der, welcher in Jerusalem die vernichtete, die diesen Namen anrufen, und

der hierher gekommen ist, um sie gebunden vor die Hohenpriester zu führen? 22 Saulus aber trat um so kraftvoller
auf, und er brachte die in Damaskus wohnenden Juden in Bestürzung, indem er erwies, daß dieser der Messias sei.
23 Als aber viele Tage vergangen waren, beschlossen die Juden, ihn zu töten. 24 Es wurde aber dem Saulus ihr Plan bekannt. Sie bewachten aber auch die Tore Tag und Nacht, um
ihn zu töten. 25 [Seine] Jünger aber nahmen [ihn] und ließen ihn des Nachts durch die Mauer hinab, indem sie ihn in
einem Korb hinunterließen.
26 Als er nach Jerusalem kam, versuchte er, sich den Jüngern
anzuschließen. Aber alle fürchteten ihn, da sie nicht glaubten,
daß er ein Jünger sei. 27 Barnabas aber nahm ihn mit, führte ihn zu den Aposteln und erzählte ihnen, wie er auf dem Weg
den Herrn gesehen und daß dieser mit ihm gesprochen habe,
und wie er in Damaskus freimütig im Namen Jesu gepredigt
habe. 28 Und er ging mit ihnen in Jerusalem ein und aus. Er
redete freimütig im Namen des Herrn 29 und sprach und
stritt mit den Hellenisten. Sie aber versuchten ihn zu töten.
30 Die Brüder aber erfuhren es, brachten ihn nach Cäsarea
hinab und schickten ihn nach Tarsus.
31 Die Kirche in ganz Judäa, Galiläa und Samaria hatte nun
Frieden, auferbaut und wandelnd in der Furcht des Herrn, und
sie mehrte sich durch den Beistand des Heiligen Geistes.

Literatur: Burchard: Zeuge 136–161. – *Cambier, J.:* Le voyage de S. Paul à
Jérusalem en Act. IX.26 ss. et le schéma missionaire theologique de S. Luc:
NTS 8 (1961/62) 249–257. – *Eckert, J.:* Paulus und die Jerusalemer Autoritä-
ten nach dem Galaterbrief und der Apostelgeschichte. Divergierende Ge-
schichtsdarstellung im Neuen Testament als hermeneutisches Problem, in:
Ernst, J. (Hg.): Schriftauslegung, München, Paderborn und Wien 1972, 281–
311. – *Giet, S.:* Les trois premiers voyages de St. Paul à Jérusalem: RSR 41
(1953) 321–347. – *Ders.:* Nouvelles remarques sur les voyages de St. Paul à
Jérusalem: RevSR 31 (1957) 329–342. – *Jeremias:* Quellenproblem 247–255.
– *Linton, O.:* The Third Aspect. A Neglected Point of View. A Study in Gal.
I–II and Acts IX and XV: StTh 3 (1949) 79–95. – *Löning:* Saulustradition 43–
61. – *Masson, C.:* A propos de Act. 9.19b–25. Note sur l'utilisation de Gal. et
de 2Cor. par l'auteur des Actes: ThZ 18 (1962) 161–166. – *Menoud, Ph.-H.:*
Le sens du verb *porthein.* Gal 1,13.23; Act 9,21, in: Apophoreta, FS E.
Haenchen, hg. von *W. Eltester und F. H. Kettler,* Berlin 1964, 178–186. –
Mußner, F.: Der Galaterbrief (HThK 9), Freiburg, Basel und Wien 1974, 77–
99. – *Obermeier:* Paulus 120–125. – *Parker, P.:* Once More, Acts and Gala-
tians: JBL 86 (1967) 175–182. – *Pesch, R./E. Gerhart/F. Schilling:* »Hellenisten« und »Hebräer«. Zu Apg 9,29 und 6,1: BZ NF 23 (1979) 87–92. – *Sei-*

densticker: Paulus 17–28. – *Starcky, J.*: Pétra et la Nabatène: DBS VII (1966), 886–1017. – *Suhl*: Paulus 38 f. – *Wainwright, A. W.*: The Historical Value of Acts 9: 19b–30, in: Studia Evangelica VI, hg. von *E. A. Livingstone*, Berlin 1973, 589–594. – *Zingg:* Kirche 32–34.

Aufbau

Verse 19b–22: allgemein gehaltener *Bericht* über die bald nach der Bekehrung einsetzende Missionsarbeit des Saulus unter den *Juden* in *Damaskus:* kurzer *Aufenthalt* bei den Jüngern, *Predigt* in den Synagogen, indirekte, zusammenfassende Wiedergabe des *Predigtinhalts* (19 f.); *Reaktion* der Zuhörer: Entrüstung, direkte Frage (21); dem *zunehmenden* Einsatz des Saulus entspricht die *zunehmende Bestürzung* der Juden angesichts des Erweises, Jesus sei der Messias (22). Verse 23–25: *Bericht* über den *Mordplan* der Juden und die *Flucht* des Saulus: Zeitangabe (23a); *Tötungsbeschluß* (23b); *Bekanntwerden* des Mordplanes (24a); *Bewachung* der Tore (24b); *Flucht* (25).

Verse 26–30: *Bericht* über den *Aufenthalt* des Saulus in Jerusalem: *Ankunft*, Versuch, sich den Jüngern anzuschließen (26a); *Furcht* aller, Begründung: Mißtrauen, daß Saulus Christ sei (26b); *Vermittlung* des Barnabas: *Kontakt* mit den Aposteln, indirekt mitgeteilte Kurzerzählung der Bekehrung und ersten Missionstätigkeit des Saulus (27); *Verbundenheit* des Saulus mit den Aposteln, Predigttätigkeit (28); *Streit* mit Hellenisten, ihr Versuch, Saulus zu töten (29); *Bekanntwerden* unter den Christen, die Saulus zur *Flucht* über Cäsarea nach Tarsus verhelfen (30).

Vers 31: *Summarium*, das die gesamte bisher dargestellte, von Gott geführte Entwicklung beschließt: *äußere Situation* der Kirche in Judäa, Galiläa, Samaria: verfolgungsfrei (31a); *innere Situation: auferbaut* in der Furcht des Herrn, und die *Christen wandeln* in ihr (31b); die *weitere Entwicklung: Vermehrung* durch den Beistand des Geistes (31c).

Der Abschnitt ist aus zwei einander entsprechenden Teilen aufgebaut: Die Verse 19b–25 berichten summarisch vom Aufenthalt des Saulus bei den Jüngern in Damaskus, von seiner Predigttätigkeit unter den Juden, der Ablehnung, Nachstellung und Flucht; die Verse 26–30 berichten summarisch von der Überwindung der Kontaktschwierigkeit mit der Gemeinde in Jerusalem, von der Predigttätigkeit des Saulus unter den Hellenisten, der Ablehnung, Nachstellung und Flucht. Dann folgt das Summarium Vers 31.

Tradition und Redaktion

Vers 19b wird von Lukas stammen; denn der Versteil ist eine Art
Überschrift und ähnlich formuliert wie die Angaben der luk Reise-
berichterstattung 16,12; 21,4.7f.; 28,14 (so auch *Burchard:* Zeuge
137).
Die Verse 20–22 sind im wesentlichen eine luk Komposition, in der
aber Elemente aus der Überlieferung verarbeitet sind. Zu ihnen gehören die Zeitangabe »alsbald«, die Wiedergabe des Predigtinhalts
»der Sohn Gottes« und die Aussage, daß Saulus die Gemeinde zu
»vernichten« suchte; denn alle drei Aussagen begegnen in wörtlicher
Übereinstimmung des griechischen Textes auch im gleichen Zusammenhang Gal 1,13.16.23. Lukas wird zwar den Galaterbrief weder
gekannt noch benutzt haben, aber er schöpft aus der gleichen Überlieferung, die sich z. T. schon in Gal niederschlug. Der Sohn-Got-
tes-Titel begegnet in Apg sonst nicht mehr. Lukas könnte ihn hier
im bewußten Anschluß an paulinische Tradition verwendet haben.
Charakteristisch für Lukas ist in diesem Abschnitt die sprachliche
Wendung »er verkündigte ... Jesus ..., daß dieser der Sohn Gottes«
bzw. »der Messias sei« (vgl. 10,42; 17,3) und die Schilderung der
Reaktion der Zuhörer mit der Frage: »Ist dieser nicht ...?« (vgl. Lk
4,22; Apg 2,7.12). Unter inhaltlichem Gesichtspunkt zeigt sich der
Anteil der luk Gestaltung an dem besonderen Interesse, das Lukas
an der *sofortigen Predigttätigkeit* des bekehrten Saulus in Damaskus
und sodann in Jerusalem hatte; denn 26,19 läßt er Paulus ausdrücklich sagen, daß er sich der himmlischen Erscheinung gegenüber nicht
ungehorsam erwies, sondern zuerst in Damaskus und dann in Jerusalem predigte.
Auch auf die Verse 23–25 hat paulinische Tradition eingewirkt. Paulus schreibt 2Kor 11,32f.: »In Damaskus ließ der Ethnarch des Königs Aretas die Stadt der Damaszener bewachen, um mich festzu-
nehmen. Durch ein Fenster wurde ich in einem Korb durch die
Mauer herabgelassen und entfloh seinen Händen.« Gemeinsam mit
dem luk Text sind die Aussagen: Bedrohung in Damaskus, Bewachung der Stadt, Flucht durch eine Maueröffnung in einem Korb,
den man herabließ. Unterschiede bestehen darin, daß nach 2Kor die
Bedrohung von Aretas, nach Apg dagegen von den Juden ausgeht,
daß nach Apg Saulus von der Nachstellung weiß, daß sie ausdrücklich als Mordplan bezeichnet und durch das Auflauern bei »Tag und
Nacht« als besonders bedrohlich geschildert wird. Die Unterschiede
sprechen gegen eine direkte Benutzung des 2Kor durch Lukas (anders *Masson* 165f.); aber die Gemeinsamkeiten lassen den Einfluß

einer Überlieferung erkennen, die in 2 Kor 11 wurzelt. Die luk Red ist am deutlichsten am Stil der Verse 23.24a zu erkennen. Ob die Nennung der Juden als Gegner des Saulus erst von Lukas eingeführt wurde, ist nicht sicher, aber doch wahrscheinlich; denn er nennt gerade sie später immer wieder als die Hauptgegner des Paulus, und der red gestaltete Kontext, in dem seine Predigttätigkeit unter den Juden hervorgehoben wird (Verse 20.22), spricht ebenfalls dafür (anders *Burchard:* Zeuge 152). Welches Subjekt das vorluk Traditionsstück enthielt, ist nicht mehr erkennbar.

Am schwierigsten sind die Verse 26–30 zu beurteilen. Nach Gal 1,17–21 begab sich Paulus zunächst in die Arabia, kehrte dann nach Damaskus zurück und zog erst mindestens drei Jahre nach seiner Bekehrung nach Jerusalem hinauf, wo er vom Zwölferkreis nur Kefas traf. Bei ihm blieb er fünfzehn Tage. Dann reiste er nach Syrien und Zilizien. Mit diesen Angaben stimmt im Text der Apg nur die Tatsache überein, daß sich Paulus von Damaskus nach Jerusalem begab und von dort nach Zilizien, nämlich nach Tarsus. Gravierende Unterschiede bestehen darin, daß nach der Apg Saulus verhältnismäßig bald nach Jerusalem ging, daß man ihm dort mißtraute und er deshalb der Vermittlung durch Barnabas bedurfte, daß er Gemeinschaft mit allen Aposteln hatte, in Jerusalem predigte, daraufhin von hellenistischen Juden bedroht wurde und fliehen mußte. Unter den Exegeten besteht ein weitgehender Konsens darüber, daß die Differenzen nicht auszugleichen sind und daß unter historischem Gesichtspunkt die paulinische Darstellung den Vorzug verdient.

Aus der Tatsache, daß Paulus erst mehrere Jahre später nach Jerusalem zog, wird man schließen dürfen, daß das Furchtmotiv und die Vermittlerrolle des Barnabas kaum den historischen Verhältnissen entsprechen. *Haenchen:* Apg 323, *Conzelmann:* Apg 59 f. u. a. nehmen an, erst Lukas habe die Rolle des Barnabas aus seiner späteren Zusammenabeit mit Paulus erschlossen. *Burchard:* Zeuge 153 f. hat demgegenüber mit Recht zu bedenken gegeben, daß Lukas eine historisch nicht ganz zutreffende Überlieferung benutzt haben kann. Daß eine derartige Überlieferung in Umlauf war, läßt sich aufgrund von Gal 1 vermuten, und es ist möglich, daß sie mit Angaben vermischt war, die sich nach Gal 2 auf den zweiten Jerusalembesuch des Paulus beziehen. Barnabas wird in Gal 2 ausdrücklich als Begleiter des Paulus genannt.

Aus vorluk Überlieferungsgut wird auch die Angabe stammen, daß Saulus mit Griechisch sprechenden Juden stritt und vor ihnen fliehen mußte; denn die eigene Darstellung des Lukas fällt 22,17–21 ganz anders aus als hier in Kap 9. Im übrigen trägt der Abschnitt nach Stil und Inhalt ganz luk Züge.

Vers 31 erweist sich aufgrund der Sprache und Funktion als luk Bildung.

Auslegung

19b–22 Den Beginn der Predigttätigkeit sofort nach der Bekehrung des Saulus versteht Lukas als Erweis für die wirklich geschehene Lebenswende und für den Gehorsam gegenüber dem Auferstandenen (26,19), dessen direkten Auftrag Lukas 26,16–18 mitteilt. Da nach der Darstellung der Apg die Synagogenpredigten meist am Sabbat stattfanden (13,14; 17,2; 18,4; vgl. dazu *Schrage, W.:* ThWNT VII 834), ist wohl aufgrund des Ausdrucks »in den Synagogen« an eine mehrwöchige Predigttätigkeit gedacht. – Als Predigtinhalt gibt Lukas an, daß Paulus vor jüdischen Zuhörern Jesus als den Sohn Gottes (Vers 20) bzw. als den Messias (Vers 22) erwies. Die Sohn-Gottes-Bezeichnung Jesu verwendet Lukas fast immer in Abhängigkeit von vorgegebenen Quellen (so Lk 3,22; 4,41; 9,35; 22,70 aus Mk; Lk 4,3.9 aus Q) und nur Lk 1,32.35; Apg 9,20; 13,33 im Sondergut, wobei ebenfalls mit Tradition zu rechnen ist. Im Ganzen des luk Doppelwerkes ist der Titel nicht so zentral (vgl. *Schweizer, E.:* ThWNT VIII 382), wie etwa die Hoheitstitel Messias und Herr. Im wesentlichen zeigen alle Stellen des luk Doppelwerkes das auf 2Sam 7,14 und Ps 2,7 aufruhende Erwählungsverständnis der Sohnes-Titulatur, die mit der Messiasprädikation austauschbar ist (*Voss:* Christologie 79; 116), wie u. a. 9,22 zeigt. Jesus als der Sohn Gottes ist für Lukas der von Gott Erwählte, mit Heiligem Geist seit seinem Lebensanfang Gesalbte, kraft des Heiligen Geistes auf Erden Wirkende, in der Auferweckung zu ewiger Herrschaft Eingesetzte, durch seine Himmelfahrt Erhöhte und einst in Herrlichkeit Kommende. – Die Verfolgertätigkeit des Saulus wird in Vers 21 so geschildert, daß dabei Aussagen der paulinischen Tradition (»er vernichtete«) mit Akzenten und Formulierungen des Lukas verbunden worden sind: Verfolgung in Jerusalem (8,3); Absicht, Christen aus Damaskus gebunden vor die Hohenpriester zu bringen (9,1 f.).

23–25 Lukas läßt bereits den ersten Predigteinsatz des Saulus durch eine von den Juden ausgelöste Verfolgung enden. Er zeigt damit, wie sich die Ankündigung des Auferstandenen, daß Saulus um des Namens Jesu willen leiden muß (9,16), sofort zu erfüllen beginnt. Den historischen Verhältnissen wird die Darstellung 2Kor 11,32f. besser gerecht, wonach Paulus nicht von Juden, sondern vom Ethnarchen des Nabatäerkönigs Aretas (= Haritat IV. 9 v. Chr.–40 n. Chr.) verfolgt wurde, und zwar nach mehrjähriger Missionstätigkeit in der Arabia, die zum Herrschaftsgebiet des Aretas gehörte. Die Verfolgung durch die Juden entspricht aber der Sicht des Lukas.

26–30 Daß sich Christen in Jerusalem vor Saulus fürchteten und ihm mißtrauten, ist verständlich, wenn man mit Lukas annimmt, Saulus sei verhältnismäßig bald nach Jerusalem gekommen. Außerdem setzt Lukas voraus, daß mindestens Barnabas Kenntnis über das Damaskusereignis besaß; denn er läßt ihn ja darüber den Aposteln berichten. *Burchard:* Zeuge 147f. nimmt zwar an, nicht Barnabas, sondern Saulus selbst sei als der Berichtende gedacht; aber diesen Subjektwechsel hätte Lukas sicher deutlich markiert (*Klein:* Apostel 163 Anm. 780). Der Inhalt dessen, was Barnabas berichtet, entspricht ganz den eigenen Angaben des Lukas Apg 26,12–18; 9,20f. – Der Ausdruck »Ein- und Ausgehen« kennzeichnet die enge Gemeinschaft, in der Saulus mit den Aposteln lebt. Der inhaltliche Unterschied zu Gal 1,18f., wonach Paulus nur Kefas und Jakobus traf und fünfzehn Tage blieb, ist ebenso deutlich, wie das luk Interesse an dem engen Kontakt des Saulus mit »den Aposteln« in Jerusalem. Überinterpretiert wird dieser Befund, indem *Conzelmann:* Apg 57; *Haenchen:* Apg 321; 324; *Klein:* Apostel 164 darin das Amt des Paulus – entgegen seiner eigenen Aussage Gal 1f. – durch Menschen vermittelt und von den Aposteln legitimiert sehen. Andererseits wird aber wohl auch *Burchard:* Zeuge 148; 160f. dem Text nicht ganz gerecht, wenn er zwar den Gedanken der »Approbation durch die Apostel« mit gutem Grund zurückweist, aber doch das luk Interesse am Kontakt des Paulus mit »den Aposteln« unterschätzt. Lukas scheint an der Gemeinschaft des Saulus mit »den Aposteln« und seiner gemeinsamen Verkündigung mit ihnen deshalb gelegen zu sein, um am Übergang von der Verkündigungstätigkeit »der Apostel« zu der des Paulus, von der ersten zur zweiten Generation deutlich zu machen, daß seine Botschaft mit der »der Apostel« identisch ist, daß er ihr Werk fortsetzen werde und das Evangelium, das auch sie bezeugten, bis »an die Grenzen der Erde« (1,8) bringen wird. *Cambier:* voyage 249–257 macht darauf aufmerksam, daß Paulus der einzige Verkündiger in der Apg ist, dem diese umfassende Wirksamkeit zugeschrieben wird. Paulus selbst deutet Röm 15,19 ebenfalls an – freilich in einer Formulierung, die nicht zu pressen ist –, daß er die Verkündigung des Evangeliums von Jerusalem aus bis nach Illyrien vollendet habe.

Auch in Jerusalem ruft die Predigt des Saulus Widerstand und
schließlich Bedrohung hervor. Die Gegner des Saulus sind »Hellenisten«: Griechisch sprechende Juden aus der Diaspora. Obwohl gleicher Herkunft wie die in 6,1 Genannten, unterscheiden sie sich doch
von jenen dadurch, daß jene Christen, diese aber Juden sind. In der
Auseinandersetzung wirkt der mit Stephanus aufgebrochene Konflikt fort. Saulus tritt »in die durch den Tod des Stephanus gerissene
Lücke« (*Conzelmann:* Apg 60). – Lukas läßt Saulus über Cäsarea in
seine Heimat (9,11) Tarsus fliehen. Von seiner Tätigkeit dort berichtet Lukas nichts. Aus Gal 1,21; 2,1 f. geht hervor, daß Paulus während 14 Jahren missionarisch in Syrien und Zilizien wirkte.

31 In dem abschließenden Summarium wird der äußere und innere
Zustand der »Kirche« beschrieben. Das Wort *ekklesia* hat sonst in
der Apg die Bedeutung »Ortsgemeinde«. Nur hier und 20,28 wird es
in umfassenderem Sinn gebraucht. Lukas sagt, daß die Kirche nun,
nach der Bekehrung des Saulus, Frieden hat. Saulus galt für Lukas
als »die Verfolgung« (*Haenchen:* Apg 289). Das zeigt sich außer 8,3;
9,1 f. auch daran, daß Lukas vom Frieden der Kirche sprechen kann,
obwohl doch nun Saulus selbst als Christ bedroht wird (9,30). –
Außer von der Kirche in Judäa und Samaria ist auch von der in Galiläa die Rede, ohne daß Lukas vorher einen missionarischen Einsatz
dort erwähnt hätte. Vielleicht besaß er kein Material darüber. Mit
z. T. biblischen Formulierungen wird der innere Zustand der Kirche
charakterisiert. Dabei betont Lukas vor allem, daß sie ihren Aufbau
Gott und ihr Wachstum dem Heiligen Geist verdankt.

22. Petrus heilt Äneas in Lydda und erweckt Tabita in Joppe 9,32–43.

32 Es geschah aber, als Petrus alle [Gemeinden] durchzog,
da kam er auch hinab zu den Heiligen, die in Lydda wohnten.
33 Er fand dort einen Mann namens Äneas, der seit acht Jahren lahm und bettlägerig war.   34 Und Petrus sprach zu ihm:
Äneas, Jesus Christus heilt dich. Steh auf und mache dir
selbst dein Bett! Und sofort stand er auf.   35 Und es sahen
ihn alle Bewohner von Lydda und der Ebene Scharon und bekehrten sich zum Herrn.
36 In Joppe aber war eine Jüngerin mit Namen Tabita, was
übersetzt heißt: Gazelle. Sie tat viele gute Werke und gab viele
Almosen.   37 Es geschah aber in jenen Tagen, daß sie krank

wurde und starb. Man wusch sie und legte sie in das Obergemach.   38 Da aber Lydda nahe bei Joppe liegt und die Jünger hörten, daß Petrus dort sei, schickten sie zwei Männer zu
ihm und baten: Zögere nicht, zu uns zu kommen.   39 Da
stand Petrus auf und ging mit ihnen. Als er ankam, führten sie
ihn ins Obergemach. Alle Witwen traten zu ihm; sie weinten
und zeigten die Wäsche und Kleider, die Gazelle gemacht hatte, als sie noch bei ihnen war.   40 Petrus aber schickte alle
hinaus, kniete nieder und betete. Dann wandte er sich zum
Leichnam und sprach: Tabita, steh auf! Sie aber öffnete ihre
Augen, sah Petrus und setzte sich auf.   41 Er gab ihr die
Hand und ließ sie aufstehen. Dann rief er die Heiligen und Witwen und stellte sie ihnen lebend vor.   42 Das wurde in ganz
Joppe bekannt, und es kamen viele zum Glauben an den
Herrn. 43 Es geschah aber, daß er viele Tage in Joppe blieb
bei einem Gerber Simon.

Literatur: Achtemeier: Lucan Perspective 553; 561. – *Crafter, T. W.:* The
Healing Miracles in the Book of Acts, London 1939. – *Dietrich:* Petrusbild
256–295. – *Eckert, J.:* Zeichen und Wunder in der Sicht des Paulus und der
Apostelgeschichte: TThZ 88 (1979) 19–33. – *Hardon:* Miracle Narrativs. –
Kreyenbühl, J.: Ursprung und Stammbaum eines biblischen Wunders: ZNW
10 (1909) 265–276. – *Lampe, G. W. H.:* Miracles in the Acts of the Apostles,
in: Moule: Miracles 165–178. – *Lindars, B.:* Elijah, Elischa and the Gospel
Miracles, in: Moule: Miracles 61–79. – *Löning:* Saulustradition 84–90. –
Neyrinck: Miracle Stories. – *Schille:* Anfänge 71 f. – *Schüssler-Fiorenza:* Mi-
racles. – *Theißen:* Wundergeschichten 57–102.

Stellung und Funktion im Textzusammenhang

Die beiden Erzählungen dienen der Überleitung zur Heidenmission, die in Kap. 10 f. ihren programmatischen Auftakt erhält, und
zwar dadurch, daß *Petrus* – von Gott geführt – in *Cäsarea* den ersten
Heiden tauft. Von 8,1 an hat Lukas schon zielstrebig darauf hingear-
beitet: Paulus, der von Kap. 13 an der Hauptträger der christlichen
Heidenmission sein wird, ist schon von Gott für seine Aufgabe zu-
gerüstet (9,1–30). Die Kirche ist unter den Juden Judäas, Samarias,
Galiläas so weit ausgebreitet, innerlich gefestigt und äußerlich in
Frieden (9,31), und überdies sind sogar schon dem Judentum Nahe-
stehende aus fernem Lande getauft (8,26–40), daß nun alles bereit ist
für den nächsten wichtigen Schritt: die Heidenmission. Da nach der
Darstellung der Apg Gott diesen Schritt nicht durch Paulus oder
sonst jemand, sondern durch *Petrus* wirkte, und da der Bericht von

der Taufe des Kornelius bereits vorluk nicht etwa an Jerusalem, sondern an *Cäsarea* gebunden war, empfahl sich unter *personellem*
und *geographischem* Gesichtspunkt eine Überleitung: Lukas richtet in ihr den Blick des Lesers auf *Petrus* und – in einer sich steigernden Weise (Heilung, Totenerweckung) – auf Jesu Wirken in
ihm. Außerdem läßt Lukas durch die geographischen Angaben
9,32f.35.36.38.42.43 Petrus an den *Ausgangspunkt* der weiteren
wichtigen Geschehnisse gelangen und sich dort aufhalten.
Aufgrund dieser Stellung und Funktion innerhalb des Kontextes ist
bereits zu vermuten, daß Lukas die beiden Erzählungen aus der
Überlieferung, näherhin wohl aus Lokaltraditionen von Lydda und
Joppe, empfangen hat; denn eine frei gestaltete Überlieferung wäre
sicher summarisch ausgefallen, etwa so wie 5,12–16.

Form

In den Versen 32–43 werden ein *Heilwunder* und eine *Totenerwek-
kung* erzählt. Beide Texte sind in sich geschlossene Erzählungen.
Die Verse 33–35 haben die Form einer stilgemäßen (hellenistischen)
Heilwundererzählung, ähnlich wie 3,1–10. – Vers 32 ordnet die folgende Einzelbegebenheit einem umfassenderen Geschehenszusam-
menhang zu, nämlich den apostolischen »Visitationsreisen«, die Petrus von Jerusalem aus unternimmt. Der Form nach ist der Vers eine
Erweiterung der eigentlichen *Einleitung*. – *Exposition: Name* des
Kranken; *Dauer* und *Art* des Leidens (Vers 33). – *Hauptteil:* heilen-
des *Wort; Befehl*, sich wie ein Gesunder zu verhalten (Vers 34a.b);
Eintreten der Heilung, erkennbar an der *Demonstration* (Vers
34a.b); Eintreten der *Heilung*, erkennbar an der Demonstration
(Vers 34c). – *Schluß: Konstatierung* der Heilung durch die Wahrnehmung Außenstehender; *Reaktion:* Bekehrung (Vers 35). In diesem
z. T. auch außerhalb des NT oft begegnenden Formschema (vgl. zu
3,1–10) erweisen sich vom Inhalt her als typisch christlich: das Wort
des Petrus »Jesus Christus heilt dich« (Vers 34) und die Reaktion auf
das Wunder: die Bekehrung zum Kyrios Jesus (Vers 35). Während
der Abschlußvers erkennen läßt, daß die Wundererzählung ursprünglich ihren Sitz im Leben in der urchristlichen *Mission* hatte,
ordnet sie der jetzige Einleitungsvers einem Stadium der urchristlichen Geschichte zu, in dem Lydda und die Umgebung schon *christianisiert* sind.
Die Verse 36–43 haben die Form einer *Totenerweckungserzählung*
mit novellistischer Ausgestaltung und missionsgeschichtlichem
Schluß. Die Grundform steht dem atl. Erzähltyp, bei dem die Er-

Apg 9	1 Kön 17	2 Kön 4
Exposition		
37 Tabita wird krank und stirbt.	17f. Der Sohn wird krank u. stirbt.	19f. Der Sohn wird krank und stirbt.
Man legt sie in das Obergemach.	19f. Elija trägt ihn in das Obergemach.	
38 Man ruft den Wundertäter (Petrus) herbei.		30 Man ruft den Wundertäter (Elischa) herbei.
Er steht auf und geht mit.		Er steht auf und geht mit.
Hauptteil		
40 Er weist alle hinaus.		33 Er schließt die Tür.
Er betet.	20f. Er betet.	Er betet.
	21 Er streckt sich über den Toten.	34 Er streckt sich über den Toten.
Er wendet sich (zum Leichnam).		35 Er wendet sich (geht umher u. wieder hinauf).
Er befiehlt aufzustehen.		
Die Tote öffnet ihre Augen.	22 Der Tote wird lebendig.	Der Tote öffnet seine Augen.
41 Petrus reicht ihr die Hand, richtet sie auf.		
Schluß		
41 Er ruft die Christen.	23 Elija trägt ihn zur Mutter.	36 Elischa ruft seinen Diener, damit er die Mutter herbeihole.
42 Auswirkung: Verbreitung der Kunde: Bekehrung vieler.	24 Reaktion: Bekenntnis zum Wirken Gottes im Propheten.	37 Reaktion: Die Mutter fällt dem Propheten zu Füßen.

weckung im *Haus* mit Gebet und unter *Ausschluß* der Öffentlichkeit
geschieht, näher als dem hellenistischen, bei dem der Wundertäter
dem *Leichenzug* begegnet und die Erweckung unter der *Zeugen-schaft* der Menge vornimmt (so z. B. *Philostratos*: Vit Apoll IV 45).
Daß die Formgebung unter direktem Einfluß der atl. Erweckungs-erzählungen 1Kön 17, 17–24 und 2Kön 4, 32–37 geschehen ist, zeigt
der Vergleich auf nebenstehender Tabelle.

Tradition und Redaktion

Die vorluk *Heilwundererzählung* wird etwa in der Form begonnen
haben: »Petrus fand in Lydda einen Mann ...« Lukas dürfte die An-gaben »Petrus« und »Lydda« aus der ursprünglichen Exposition
vorgezogen und den Vers 32 gebildet haben. Daß diese Erweiterung
der Exposition von Lukas stammt, ergibt sich daraus, daß sie die
Wundererzählung einem Zusammenhang zuordnet, der für die *Apg*
typisch ist: Vom apostolischen Zentrum Jerusalem aus werden neu-gegründete Gemeinden visitiert und legitimiert (vgl. 8,1.14–17.25;
11,22f.). Auch der Stil von Vers 32 ist gut luk: Das einleitende »Es
geschah aber« (vgl. 4,5; 9,37.43 u. ö.; 1Kön 17,17 LXX) entspricht
der luk Anlehnung an den Sprachstil der LXX; zu »durchziehen«
vgl. 8,4; »alle« ist luk Vorzugswort, und es bezieht sich hier überdies
auf die Gemeinden in den red von Lukas 9,31 genannten Gebieten;
als »Heilige« bezeichnet Lukas die Christen noch 9,13.41; 26,10.
Die Bezeichnung ist wohl weniger ein Indiz für eine Quelle (so *Diet-rich* 257), als vielmehr für die sprachliche Variation des Lukas. Vers
33 läßt keine luk Bearbeitung erkennen. Ob in Vers 34 die Aussage
»Jesus Christus heilt dich« dem vorluk Text angehörte oder erst von .
Lukas stammt, ist nicht sicher zu entscheiden. Für luk Red spre-chen: 1. Die Form einer hellenistischen Heilwunderzählung ist ohne
diesen Zusatz voll gewahrt (vgl. auch 14,10). 2. Lukas akzentuiert
auch sonst den Gedanken, daß die Apostel nicht aus Eigenmächtig-keit, sondern in der Kraft Christi bzw. Gottes Wunder wirken, so
z. B. 3,6.16; 4,10.30; 12,17; 13,11; 14,8–18; 16,18; 28,8 (hier durch
das Gebetsmotiv ausgedrückt). 3. Das Wort »heilen« (= *iasthai*) ist
ein luk Vorzugswort, das Lukas mehrfach red gesetzt hat (Lk 5,17;
6,18.19; 9,2.11.42; 22,51) und auch Apg 10,38; 28,8 verwendet. –
Anstelle des sonst üblichen Chorschlusses weist Vers 35 auf den
durch das Wunder bewirkten Missionserfolg hin. Da er in Span-nung zu der red gebildeten Einleitung Vers 32 steht, in der das
Gebiet als christianisiert vorausgesetzt wird, ist anzunehmen, daß
der Grundbestand von Vers 35 zum vorluk Überlieferungsgut

gehörte. Von Lukas dürften aber herrühren: 1. die Steigerung, daß
»alle Bewohner« den Geheilten sahen; denn beide Ausdrücke sind
luk Vorzugsworte; 2. vielleicht auch die Ausdehnung des Erfolges
über die Stadt Lydda hinaus auf das Saron-Gebiet; denn dadurch
werden schon die folgenden Erzählungen vorbereitet; 3. die Formulierung »sie bekehrten sich zum Herrn«; denn *epistrephein epi* +
Akkus. ist eine typisch luk Ausdrucksweise für den Missionserfolg,
die 14,15; 15,19; 26,18.20 die Hinwendung zu Gott, und 9,35; 11,21
die Hinwendung zum »Herrn« meint.
Die vorluk *Erweckungserzählung* wird im *hellenistischen* Judenchristentum in oder um Joppe geformt worden sein. Daß es sich von
Anfang an um eine *christliche* Erzählung handelt, geht aus der Charakterisierung der Toten als »Jüngerin« (Vers 36) hervor sowie aus
der zwar nicht ausgesprochenen, aber doch deutlich erkennbaren
Bezugnahme auf Totenerweckungen durch Jesus (vgl. bes. Vers 40a
mit Mk 5,40). Die *juden*-christliche Herkunft ist am Namen Tabita
und am Einfluß der atl. Erweckungserzählungen 1Kön und 2Kön zu
erkennen. Daß die Formung im *hellenistischen* Judenchristentum
vorgenommen wurde, ergibt sich 1. aus der Übersetzung des Namens Tabita ins Griechische (Vers 36) und 2. daraus, daß die Erzählung nicht nur formal, sondern auch in einzelnen sprachlichen Wendungen mit dem LXX-Text der atl. Erzählungen übereinstimmt.
Die Bezugnahme auf die atl. Texte wird aber schon vorluk geschehen sein, da sich ja ein ähnlicher Einfluß vorluk auch in Lk 7,11–17
nachweisen läßt. Folgende Ausdrücke finden sich wörtlich im griechischen Text der atl. Erweckungserzählungen: »es geschah« (*ege-
neto*): Apg 9,37; 1Kön 17,17; »Obergemach« (*hyperōon*): 9,37.39;
1Kön 17,19; »er betete« (*proseuxato*): 9,40; 2Kön 4,33; »und er
wandte sich« (*kai epestrepsen*): 9,40; 2Kön 4,35; »sie öffnete ihre
Augen« (*ēnoixen tous ophthalmous autēs/autou*): 9,40; 2Kön 4,35. –
Der luk Bearbeitung wird zu danken sein: 1. Die Charakterisierung
Tabitas als »voll guter Werke und Almosen« (Vers 36b) und das Vor-
weisen der Kleidungsstücke, die sie für andere gefertigt hat (Vers
39c); denn beide novellistischen Erzählzüge beabsichtigen, Tabita
als des Wunders »würdig« und den helfenden Eingriff des Wundertäters als »dringlich« zu erweisen. Ähnliche Akzentuierungen hat
Lukas red auch Lk 7,2–5; 7,12; Apg 10,2.4 vorgenommen. – 2. Die
wohl ursprünglich einfachere Angabe der Exposition, daß Petrus
sich in der Stadt aufhielt und man ihn herbeirief, hat Lukas vermutlich in Vers 38 dadurch erweitert, daß er die Entfernung von Lydda
nach Joppe nennt sowie den Aufenthalt des Petrus in Lydda und die
Entsendung zweier Männer berichtet. Diese Annahme ergibt sich

daraus, daß wohl erst Lukas beide Erzählungen aneinandergereiht hat. Die Künstlichkeit dieser Verbindung zeigt sich auch daran, daß nach Vers 43 Petrus ja nicht mehr nach Lydda zurückkehrt, von wo er doch plötzlich und nur wegen einer einzelnen Hilfeleistung weggeholt wurde, sondern in Joppe bleibt. – 3. In Vers 40 wird zwar das Gebetsmotiv wegen der Übereinstimmung mit 1 Kön 17,20 f.; 2 Kön 4,33 (anders *Dietrich* 266 f.) dem vorluk Erzählbestand angehören (so *Haenchen*: Apg 328); aber die Beschreibung des Gebetsgestus »er kniete nieder« rührt sicher erst von Lukas her; denn er verwendet sie auch Lk 22,41 diff Mk; Apg 7,60; 20,36; 21,5 (so auch *Löning*: Saulustradition 85 Anm. 61). – 4. Am Schluß von Vers 40 dürfte die Aussage »sie sah Petrus und setzte sich auf« wegen des Anklangs an die Erweckungserzählung Lk 7,15 lukanisch sein. – 5. Die Bezeichnung der herbeigerufenen Anwesenden als »Heilige« (Vers 41) entspricht dem gleichen Ausdruck in dem red gebildeten Einleitungsvers der vorausgehenden Erzählung 9,32 und ist ein weiteres Anzeichen für die Verbindung beider Texte durch die luk Redaktion. – 6. Die Demonstration »er stellte sie ihnen als lebend vor« (Vers 41) stimmt fast wörtlich mit der red geformten Aussage des Auferstandenen 1,3 überein und wird deshalb auf Lukas selbst zurückgehen. – 7. Mag die vorluk Erzählung in Vers 42 schon die missionarische Wirkung des Wunders als Abschluß mitgeteilt haben, so ist die vorliegende Formulierung sicher luk; denn sie deckt sich in Vers 42a mit 1,19a und in Vers 42b mit der Ausdrucksweise 11,17; 16,31; 22,19. – 8. Die wohl aus der Lokalüberlieferung stammende Mitteilung vom Aufenthalt des Petrus im Haus des Gerbers Simon in Joppe hat Lukas mit der red Formulierung »es geschah aber, daß er viele Tage blieb« (vgl. 9,23; 18,18; 27,2 u. ö.) hierher gesetzt, um damit die nächste Erzähleinheit (vgl. 10,6.32) vorzubereiten.

Zur Frage der Historizität

1. Ob der Heilwundererzählung VV 32–35 ein historisches Einzelgeschehen zugrunde liegt, ist wegen der stark schematischen Erzählweise nicht mit Sicherheit zu beantworten, aber auch nicht von vornherein auszuschließen. Daß zur Wirksamkeit urchristlicher Apostel und Missionare außergewöhnliche, im Namen Jesu gewirkte Heilungen gehörten, ist auch sonst im NT glaubhaft bezeugt (z. B. 2 Kor 12,12; Röm 15,18 f.).

2. Auch die Totenerweckungsgeschichte VV 36–42 ist so stark von den üblichen Formelelementen geprägt, daß außer den Namen Tabi-

ta und Petrus kaum individuelle Züge eines historischen Einzelge-
schehens zu gewinnen sind. Hinzu kommt – im Unterschied zur
vorausgehenden Heilwundererzählung –, daß überhaupt die Historizität von Totenerweckungen als Rückkehr in das irdische Leben
bisher nicht überzeugend nachzuweisen ist. Der Ausgangspunkt für
diese Feststellung ist aber nicht etwa die Auffassung: Es kann so
etwas als historisches Faktum nicht geben, weil wir es uns nicht vorstellen können oder weil es uns unmöglich erscheint. Das zurückhaltende Urteil ergibt sich vielmehr aus der *Beschaffenheit der Quellen* und aus dem *biblischen*, besonders *neutestamentlichen Aufer-
weckungsglauben*. Die Texte, in denen der Tod als sicher vorausgesetzt werden kann, verbürgen nicht mit gleicher Sicherheit eine
wirklich geschehene Erweckung im Sinne einer Rückkehr in das Erdenleben. Die Texte, in denen eine Handlung als sicher vorausgesetzt werden kann, die als Erweckung galt, verbürgen nicht mit gleicher Sicherheit den wirklichen Todeszustand. Die Texte, in denen
der Todeszustand und die Erweckung in gleicher Weise deutlich hervorgehoben werden (z. B. Joh 11: Lazarus 4 Tage im Grab, wirkli-
ches Herauskommen und Weggehen), sind so sehr auf die in Jesu
Auferstehung wurzelnde Heilsverkündigung ausgerichtet, daß sie
nicht mit hinreichender Zuverlässigkeit die historische Tatsache der
Rückkehr eines Toten ins Erdenleben verbürgen. Sie bezeugen den
Glauben an Jesus Christus, der »die Auferstehung und das Leben«
ist (Joh 11,25). Alle ntl. Totenerweckungserzählungen (Mk 5 parr
Mt, Lk; Lk 7; Joh 11; Apg 9; 20) setzen den Glauben an die Auferstehung Jesu voraus. Dieser urchristliche Glaube sowie die historisch glaubwürdige Heilwundertätigkeit Jesu und der Apostel dürften zusammen mit den atl. Erweckungserzählungen der wichtigste
Quellgrund gewesen sein, aus dem die Überlieferungen geflossen
sind, die Jesus und seinen Boten Totenerweckungen zuschreiben
(vgl. *Weiser, A.*: Was die Bibel Wunder nennt, Stuttgart ⁴1980, 130–
133; *Gnilka, J.*: Das Evangelium nach Markus I, EKK 2/1, Einsie-
deln und Neukirchen-Vluyn 1978, 219 zu Mk 5,21–43).

Auslegung

32–35 Lukas setzt voraus, daß es Christengemeinden bis hin nach
Lydda, etwa 40 km nordwestlich von Jerusalem, gibt. Daß Äneas
bereits Christ ist, wird nicht gesagt, legt sich aber vom Kontext her
nahe. Die Angabe der Krankheitsdauer und der Art der Krankheit
gehört zum Stil antiker Heilwundererzählungen. Die Heilung geschieht hier – im Unterschied zu vielen außerbiblischen und man-

chen ntl. Wundererzählungen – nur durch das Wort. Der erste Teil des heilenden Wortes sagt ausdrücklich, wer der eigentlich Heilende ist: nicht Petrus, sondern Jesus. In seinem Auftrag (Lk 9,1 f.; 10,9) und in seiner Vollmacht wirken seine Boten. Der zweite Teil ist ein Befehlswort, das zugleich als Demonstrationselement eine Tätigkeit nennt, deren Ausführung erweisen soll, daß die Heilung eingetreten ist. Stilgemäß folgt die Feststellung des sofort eingetretenen Heilerfolges. Anstatt des sonst üblichen Chorschlusses wird die Wirkung auf die Bewohner der Stadt und der Umgebung mitgeteilt: Bekehrung »aller« zum Herrn. Mit der Hinwendung zum »Herrn« wird hier sicher die Bekehrung von Juden zu Jesus gemeint sein; denn 1. entspricht dieses Verständnis der Hervorhebung Jesu in Vers 34; 2. nennt Lukas bei Heidenbekehrungen ausdrücklich Gott als das Ziel (14,15; 15,19; 26,18.20; vgl. 1Thess 1,9); und 3. wäre nach der luk Konzeption die Heidenbekehrung hier noch verfrüht.

36–43 Als Ort des Geschehens wird die alte Hafenstadt Joppe (2Chr 2,16; Jon 1,3; *Jos* Bell II 9,3) angegeben. Sie liegt etwa 20 km von Lydda entfernt. – An der Frau, die von Petrus erweckt wird, haftet ein verhältnismäßig großes Interesse der Erzählung: Es wird ihr *Name* mitgeteilt, der sowohl im Aramäischen wie Griechischen »Gazelle« bedeutet und auch sonst belegt ist (*Jos* Bell IV 3,5). Sie wird als *Jüngerin* charakterisiert. Es wird hingewiesen auf ihre *guten Werke* (Vers 36), womit wohl das Anfertigen der Kleidung und Wäsche für hilfsbedürftige Witwen (Vers 39) gemeint ist, und auf die Unterstützung Armer durch *Almosen*. Nach *Krankheit* und *Tod* wird sie *gewaschen* und – wie der Leichnam 1 und 2Kön – in das *Obergemach* gelegt. Außer dem Waschen war auch noch eine Salbung des Leichnams üblich; aber sie wird nicht erwähnt – vielleicht im Vorausblick auf die Erweckung. – Die Aussage, daß die Christen in Joppe vom Aufenthalt des Petrus in Lydda gehört hatten und nun zwei Boten nach ihm schicken (Vers 38), verbindet die beiden aufeinanderfolgenden Wundererzählungen miteinander. Daß von der Entsendung *zweier* Männer die Rede ist, um Petrus herbeizuholen, entspricht der ausdrücklichen Hervorhebung der Zwei-Zahl von Boten (Lk 7,19 diff Mt; 10,1 diff Mt; 19,29 par Mk; Apg 10,7.[19]; 19,22), Beauftragten (Apg 23,23) oder Zeugen (Lk 9,30.32 diff Mk; 24,4 diff Mk; Apg 1,10) bei Lukas auch sonst. Petrus steht auf und geht mit, wie Elischa 1Kön 4,30. Im Haus angekommen, umringen ihn die weinenden Witwen. Sie werden im Sinn des Lukas weder als »Klageweiber« noch als »Witwenstand« zu verstehen sein, sondern ihre Trauer und der Hinweis auf das, was ihnen Tabita bedeutete (Vers

39), soll die folgende Erweckung motivieren und überdies Petrus nicht nur als Wundertäter, sondern auch als den darstellen, der aus Mitleid mit den Armen hilft. Dasselbe Motiv setzt Lukas im Blick auf den Wundertäter Jesus Lk 7,11–17 ein (vgl. *Busse:* Wunder 219–231). – Die unmittelbaren Vorbereitungen zur Erweckung der Toten bestehen darin, daß Petrus alle *hinausweist, niederkniet, betet* und sich zum Leichnam *wendet.* Dann spricht er das Erweckungswort: »Tabita, steh auf!« In der Markusfassung der Erweckungserzählung von der Tochter des Jairus durch Jesus heißt es ebenfalls, daß alle hinausgeschickt werden (Mk 5,40) und daß Jesus der Toten befiehlt: »Steh auf!« (5,41). Das Erweckungswort wird dort zunächst aramäisch »*talitha kum*« und dann in griechischer Übersetzung (*to korasion, egeire*) wiedergegeben. Vermutlich hat die Markus-Tradition dieser Jesus-Erzählung auf den vorluk Bestand unseres Textes eingewirkt (nicht umgekehrt, wie *Kreyenbühl* 267 meint). Bringt schon das Beten des Petrus zum Ausdruck, daß letztlich nicht er, sondern ein anderer es ist, der einzig die Tote erwecken kann (vgl. auch Joh 11,41 f.), so zeigt überdies die Parallelgestaltung des Textes mit der Jesus-Erzählung, daß es Jesu Lebensmacht ist, die in seinem Boten wirksam wird. Diese Darstellungsweise erklärt vielleicht auch, weshalb im Unterschied zu 9,34 keine *ausdrückliche* Bezugnahme auf Jesus erfolgt (*Haenchen:* Apg 328). Die Auferweckung geschieht durch das wunderwirkende *Wort*, das zugleich ein Nachklang des Erweckungswortes Jesu ist. Andere biblische und außerbiblische Erweckungserzählungen erwähnen meist noch den Berührungsgestus (1 Kön 17,21; 2 Kön 4,34; Mk 5,41 parr Mt, Lk; Lk 7,14; Apg 20,10; *Philostratos:* Vit Apoll IV 45; vgl. *Theißen:* Wundergeschichten 71 f.). Im vorliegenden Text ist das Berühren mit der Hand dem eigentlichen Erweckungsvorgang nachgestellt. Dadurch konzentriert Lukas den Eingriff des Wundertäters auf das machtvolle Wort, ähnlich wie Lk 4,39 diff Mk, Mt (aber anders Lk 8,54 par Mk). Zugleich wird dies als Steigerung gegenüber 1 und 2 Kön zu verstehen sein. – Der Erweis der geschehenen Erweckung wird in z. T. wörtlicher Wiedergabe von 2 Kön 4,35 und in Anlehnung an die Erzählung von der Erweckung des jungen Mannes in Nain Lk 7,15 geschildert: Öffnen der Augen, Sehen, Sich-aufsetzen. Sodann erfolgt die Demonstration vor den Christen, wobei die in Vers 39 erwähnten und wegen ihrer Hilfsbedürftigkeit am Wunder besonders interessierten Witwen eigens genannt werden. – Die Wundererzählung schließt mit einem missionsgeschichtlichen Erfolgssummarium: Das Wunder wurde in ganz Joppe bekannt, und es kamen daraufhin viele zum Glauben an den Herrn, d. h. sie wurden Christen. – Vers 43 dient

insofern als Überleitung zur nächsten Erzähleinheit, als der Aufenthaltsort des Petrus angegeben wird, an dem die Boten des Kornelius
ihn aufsuchen werden (10,6.32). Da das Gerberhandwerk bei den
Rabbinen als unrein galt, sehen *Bill.* II 695; *Stählin*: Apg 146 u. a. im
Aufenthalt des Petrus beim Gerber Simon bereits die freiere Haltung
des Petrus vorbereitet, von der in Kap. 10f. die Rede sein wird.
Haenchen: Apg 329 Anm. 1 hat dieser Verständnisweise widerspro-
chen, indem er mit Recht darauf verweist, daß Lukas an einer derartigen »psychologischen Vorbereitung« sicher nichts liege, da er ja
»Petrus als nur durch die himmlische Macht« geleitet darstelle.
Verschiedene Leitlinien durchziehen die Erzählung:
1. Die deutliche Anknüpfung an die Jesus-Überlieferung. Sie soll
ausdrücken: Jesu lebenweckende Macht wirkt als die Macht des auferweckten und erhöhten Herrn in seinen Zeugen weiter.
2. Die deutliche Anknüpfung an die atl. Propheten-Überlieferung.
Sie soll aussagen: Wie in den atl. Boten der lebenschaffende Gott
wirkte, so wirkt er auch in den Boten Jesu. Die Zeugen Jesu stehen
den atl. Gottesboten nicht nach, ja sie überbieten sogar deren Wirken.
3. Das Motiv der Armenfrömmigkeit. Einerseits zeigt es, daß sich
Gott im Wirken des erhöhten Herrn und seiner Zeugen gerade auch
der Bedürftigen annimmt, und andererseits macht es in paräneti-
scher Absicht auf die vorbildliche Wohltätigkeit Tabitas aufmerksam.
4. Das missionsgeschichtliche und missionstheologische Interesse.
Es erkennt in der Erweckung und der Verbreitung ihrer Kunde den
wirksamen Impuls für die Bekehrung vieler in Joppe. Es sieht in dem
durch Jesu Boten gewirkten Wunder und dem sich daraus ergebenden Missionserfolg, daß letztlich der erhöhte Herr selbst der Initiator und Träger der christlichen Mission ist.

23. Gott läßt Petrus den ersten Heiden taufen 10,1–11,18

1 In Cäsarea lebte ein Mann namens Kornelius, Hauptmann
der sogenannten Italischen Kohorte. 2 Er war fromm und
gottesfürchtig mit seinem ganzen Hause, spendete dem Volk
reichlich Almosen und betete beständig zu Gott. 3 Er sah in
einem Gesicht um die neunte Tagesstunde deutlich, wie ein
Engel Gottes bei ihm eintrat und zu ihm sprach: Kornelius! 4 Er aber blickte ihn an und fragte erschrocken: Was ist,
Herr? Er sprach zu ihm: Deine Gebete und Almosen sind auf-

gestiegen zu Gott, und er gedenkt ihrer.   5 Und nun schicke Männer nach Joppe und lasse einen gewissen Simon herbeiholen mit Beinamen Petrus.   6 Dieser ist zu Gast bei einem Gerber Simon, der sein Haus am Meer hat.   7 Als der Engel, der mit ihm gesprochen hatte, weggegangen war, rief er zwei Haussklaven und einen frommen Soldaten von denen, die ihm treu ergeben waren.   8 Er erzählte ihnen alles und schickte sie nach Joppe.

9 Als sie am folgenden Tag unterwegs waren und sich der Stadt näherten, stieg Petrus auf das Dach, um zu beten; es war um die sechste Stunde.   10 Da wurde er hungrig und wollte essen. Während man etwas zubereitete, kam eine Ekstase über ihn: 11 Er sieht den Himmel geöffnet und eine Art Gefäß herabkommen, wie ein großes Leinentuch, das an den vier Ecken auf die Erde heruntergelassen wird.   12 Darin waren alle möglichen Vierfüßler und Kriechtiere der Erde und Vögel des Himmels.   13 Und eine Stimme rief ihm zu: Auf, Petrus, schlachte und iß!   14 Petrus aber sprach: Keineswegs, Herr! Denn niemals habe ich etwas Gemeines und Unreines gegessen.   15 Da richtete sich die Stimme ein zweites Mal an ihn: Was Gott für rein erklärt hat, nenne du nicht unrein!   16 Das geschah dreimal. Dann wurde sofort das Gefäß wieder in den Himmel hinaufgenommen.

17 Als Petrus noch ratlos darüber war, was das Gesicht, das er geschaut hatte, bedeute, siehe, da standen die Männer am Tor, die von Kornelius abgesandt worden waren und sich nach dem Haus des Simon durchgefragt hatten.   18 Sie riefen und fragten, ob Simon mit Beinamen Petrus hier zu Gast sei. 19 Während Petrus noch über das Gesicht nachsann, sprach der Geist zu ihm: Siehe, zwei [drei] Männer suchen dich. 20 Steh auf, gehe hinunter und ziehe ohne Bedenken mit ihnen; denn ich habe sie gesandt.   21 Da stieg Petrus zu den Männern hinab und sagte: Siehe, ich bin der, den ihr sucht. Aus welchem Grunde seid ihr hier?   22 Sie antworteten: Der Hauptmann Kornelius, ein gerechter und gottesfürchtiger Mann, der beim ganzen Volk der Juden in gutem Ruf steht, hat von einem heiligen Engel die Weisung erhalten, dich in sein Haus holen zu lassen und Worte von dir zu hören.   23 Da ließ er sie eintreten und nahm sie gastlich auf.

Am folgenden Tag machte er sich auf und ging mit ihnen, und einige Brüder aus Joppe begleiteten ihn.   24 Tags darauf kamen sie nach Cäsarea. Kornelius erwartete sie schon. Er hatte seine Angehörigen und nächsten Freunde zusammengerufen. 25 Als Petrus eintrat, ging ihm Kornelius entgegen, fiel ihm zu Füßen und huldigte ihm. 26 Aber Petrus hob ihn auf, indem er sagte: Steh auf! Auch ich bin nur ein Mensch. 27 Während er sich mit ihm unterhielt, ging er hinein und fand viele versammelt. 28 Er sprach zu ihnen: Ihr wißt, daß es einem Juden nicht erlaubt ist, mit einem Nichtjuden zu verkehren oder ihn zu besuchen. Mir aber hat Gott gezeigt, daß man keinen Menschen gemein oder unrein nennen darf. 29 Deshalb bin ich auch ohne Widerspruch gekommen, als nach mir geschickt wurde. Ich frage nun: Warum habt ihr mich holen lassen? 30 Kornelius sprach: Vor vier Tagen um diese Zeit war ich zum Gebet der neunten Stunde in meinem Haus. Siehe, da trat ein Mann vor mich in leuchtendem Gewand. 31 Und er sagt: Kornelius, dein Gebet wurde erhört und deiner Almosen wurde vor Gott gedacht. 32 Schicke nun nach Joppe und lasse Simon mit Beinamen Petrus rufen. Dieser ist zu Gast im Hause Simons des Gerbers am Meer. 33 Sofort nun habe ich zu dir geschickt, und du bist freundlicherweise gekommen. Jetzt nun sind wir alle vor Gott zugegen, um alles zu hören, was dir vom Herrn aufgetragen worden ist. 34 Da öffnete Petrus den Mund und sprach: In Wahrheit begreife ich, daß Gott nicht ungerecht bevorzugt, 35 sondern in jedem Volk ist ihm genehm, wer ihn fürchtet und Gerechtigkeit übt. 36 Das Wort hat er den Kindern Israels gesandt, indem er Frieden verkündete durch Jesus Christus; dieser ist der Herr aller. 37 Ihr kennt das Geschehen, das sich zugetragen hat im ganzen Judenland, angefangen von Galiläa nach der Taufe, die Johannes verkündete: 38 Wie Gott Jesus von Nazareth gesalbt hat mit Heiligem Geist und Kraft, wie dieser umherzog, Gutes tat und alle heilte, die vom Teufel geknechtet wurden; denn Gott war mit ihm. 39 Und wir sind Zeugen all dessen, was er getan hat im Land der Juden und in Jerusalem. Ihn haben sie ans Holz gehängt und getötet. 40 Diesen hat Gott auferweckt am dritten Tag und ihn erscheinen lassen, 41 nicht dem ganzen Volk, sondern den von Gott vorherbestimmten Zeugen, uns, die wir nach seiner Auferstehung von den Toten mit ihm gegessen und getrunken haben. 42 Und er hat uns aufgetragen, dem Volk zu verkünden und zu bezeugen: Dieser ist der von Gott bestimmte Richter der Lebenden und Toten. 43 Ihm bezeugen alle Propheten: Jeder, der an ihn glaubt, empfängt Vergebung der Sünden durch seinen Namen.

44 Noch während Petrus diese Worte sprach, fiel der Heilige Geist auf alle, die das Wort hörten. 45 Und die Gläubigen aus der Beschneidung, die mit Petrus gekommen waren, gerieten außer sich, daß auch auf die Heiden die Gabe des Heiligen Geistes ausgegossen wurde. 46 Denn sie hörten sie in Zungen reden und Gott preisen. Da sprach Petrus: 47 Es kann doch niemand das Wasser der Taufe denen verwehren, die wie wir den Heiligen Geist empfangen haben. 48 Er ordnete an, sie im Namen Jesu Christi zu taufen. Dann baten sie ihn, einige Tage zu bleiben.

11,1 Es hörten aber die Apostel und die Brüder, die in Judäa wohnten, daß auch die Heiden das Wort Gottes angenommen hatten. 2 Als nun Petrus nach Jerusalem hinaufkam, hielten ihm die aus der Beschneidung vor: 3 Du bist bei Unbeschnittenen eingekehrt und hast mit ihnen gegessen. 4 Da begann Petrus und setzte ihnen der Reihe nach auseinander: 5 Ich war in der Stadt Joppe im Gebet und sah in Ekstase ein Gesicht: Es kam eine Art Gefäß herab wie ein großes Leinentuch, das an den vier Ecken vom Himmel heruntergelassen wurde; und es kam bis zu mir. 6 Als ich genau hinschaute, erkannte und sah ich die Vierfüßler der Erde, die wilden Tiere, die Kriechtiere und die Vögel des Himmels. 7 Ich hörte aber auch eine Stimme, die zu mir sprach: Auf, Petrus, schlachte und iß! 8 Ich antwortete aber: Keineswegs, Herr; denn nie ist etwas Gemeines oder Unreines in meinen Mund gekommen. 9 Es antwortete aber die Stimme zum zweitenmal aus dem Himmel: Was Gott für rein erklärt hat, nenne du nicht unrein! 10 Das geschah dreimal, dann wurde alles wieder in den Himmel hinaufgezogen. 11 Und siehe, alsbald standen drei Männer am Haus, in dem wir waren, abgesandt von Cäsarea an mich. 12 Es sagte aber der Geist zu mir, ich solle ohne jedes Bedenken mit ihnen gehen. Es zogen aber auch mit mir diese sechs Brüder, und wir kamen in das Haus des Mannes. 13 Er berichtete uns, wie er den Engel in seinem Haus stehen sah, der sprach: Schicke nach Joppe und lasse Simon mit Beinamen Petrus holen! 14 Er wird Worte zu dir sprechen, durch die du gerettet wirst und dein ganzes Haus. 15 Als ich aber zu sprechen begann, fiel der Heilige Geist auf sie, wie auch auf uns am Anfang. 16 Ich erinnerte mich an das Wort des Herrn, wie er sagte: Johannes hat mit

Wasser getauft, ihr aber werdet mit dem Heiligen Geist getauft
werden.   17 Wenn ihnen nun Gott die gleiche Gabe gegeben
hat wie uns, den an Jesus Christus Gläubiggewordenen, wer
war ich, daß ich Gott hätte hindern können?   18 Als sie das
hörten, beruhigten sie sich, priesen Gott und sagten: Also hat
Gott auch den Heiden die Umkehr zum Leben geschenkt.

Literatur: Barthes, R.: L'Analyse Structurale du Récit. A propos d'Actes
X–XI: RSR 58 (1970) 17–37. – *Bovon, F.:* De Vocatione Gentium. Histoire
de l'interprétation d'Act. 10,1–11,18 dans les six premiers siècles, BGBE 8,
Tübingen 1967. – *Ders.:* Tradition et rédaction en Actes 10,1–11,18: ThZ 26
(1970) 22–45. – *Broughton, T.R.S.:* The Roman Army, in: Beginnings V 427–
445. – *Busse:* Wunder 362–372. – *Dibelius, M.:* Die Bekehrung des Corne-
lius, in: Aufsätze 96–107. – *Dietrich:* Petrusbild 256–295. – *Dupont: Études*
75–81; 409–412. – *Haenchen, E.:* Judentum und Christentum in der Apostelgeschichte, in: *Ders.:* Bibel 338–374. – *Hahn:* Mission 37–43. – *Hanson, J. S.:*
The Dream – Vision Report and Acts 10,1–11,18. A Form-Critical Study,
masch. Diss. Harvard 1978 (nicht erreichbar). – *Haulotte, E.:* Fondation
d'une Communauté de Type universel: Actes 10,1–11,18: RSR 58 (1970) 63–
100. – *Jervell, J.:* Das gespaltene Israel und die Heidenvölker. Zur Motivie-
rung der Heidenmission in der Apostelgeschichte: StTh 19 (1965) 68–96;
jetzt auch englisch in: *Ders.:* Luke 41–74. – *Knoch, O.:* Jesus, der »Wohltä-
ter« und »Befreier« des Menschen. Das Christuszeugnis der Predigt des Petrus vor Kornelius (Apg 10,37 f.): GuL 46 (1973) 1–7. – *Kränkl:* Jesus 89–91.
– *Kremer:* Pfingstbericht 191–197. – *Lindblom, J.:* Gesichte und Offenbarungen. Vorstellungen von göttlichen Weisungen und übernatürlichen Erscheinungen im ältesten Christentum, Acta Reg. Societatis Humaniorum
Litterarum Lundensis 65, Lund 1968. – *Löning, K.:* Die Korneliustradition:
BZ NF 18 (1974) 1–19. – *Marin, L.:* Essai d'Analyse Structurale d'Actes
10,1–11,18: RSR 58 (1970) 39–61. – *Nellessen:* Zeugnis 61 f.; 180–197. –
Schille: Anfänge 68–70. – *Schlier, H.:* Die Entscheidung für die Heidenmission in der Urchristenheit, in: *Ders.:* Die Zeit der Kirche, Freiburg, Basel
und Wien ⁴1966, 90–107. – *Sint, J.:* Schlachten und Opfern: ZKTh 78 (1956)
194–205. – *Trocmé:* Livre 170–174. – *Wikenhauser, A.:* Doppelträume: Bibli-
ca 29 (1948) 100–111. – *Wilckens, U.:* Kerygma und Evangelium bei Lukas.
Beobachtungen zu Acta 10,34–43: ZNW 49 (1958) 223–237. – *Ders.:* Missionsreden 46–50; 63–70; 101–150.

Aufbau, Form, Stellung im Kontext

Die in *fünf Szenen* dargestellten Geschehnisse zentrieren sich um
Kornelius in Cäsarea (10,1–8), Petrus in Joppe (10,9–16), Petrus
und die Korneliusboten in Joppe (10,17–23), Petrus und Kornelius
mit ihren Gefolgsleuten in Cäsarea (10,24–48), Petrus und die Gemeinde in Jerusalem (11,1–18). *Haenchen:* Apg 344–347 gliedert

den Text in *sieben* Szenen, da er die drei Abschnitte der vierten Szene (10,24–48: Ankunft, Rede, Geistempfang) als je eigene Szenen betrachtet.

Die *erste Szene* schildert die *Vision des Kornelius* (10,1–8): *Einleitung* (Verse 1 f.): Ortsangabe, Name, Charakteristik der ersten Hauptperson. – *Visionsbericht* (Verse 3–7a): Angabe der *Wahrnehmungsweise*, Zeitangabe, *Eintreten* des Engels (3a); *Erscheinungsgespräch* (3b–6): Anrede (3b), *Reaktion:* Aufblick, Erschrecken, Frage (4a), *Antwort:* Mitteilung (4b), Auftrag, Petrus holen zu lassen (5 f.); *Weggehen* des Engels (7a). – *Ausführung des Auftrags (Verse 7b–8).*

Die *zweite Szene* schildert die *Vision des Petrus* (10,9–16): Überleitende *Situationsangabe* (Verse 9 f.): doppelte *Zeitangabe*; Angabe der *Situation*, in der Petrus, die zweite Hauptperson, sich befindet: auf dem Dach, im Gebet, hungrig, in plötzlicher Ekstase. – *Visionsbericht* (Verse 11–16): Vision des geöffneten Himmels, des Herabkommens einer Art Gefäß mit Tieren (11 f.); *Audition:* Aufforderung zu essen (13); *Antwort:* Weigerung mit Begründung (14); *Audition:* Entkräftung des Einwands: Gott hat alles für rein erklärt (15); *summarischer Hinweis* auf dreimaliges Geschehen, *Beendigung* der Vision (16).

Die *dritte Szene* schildert die Begegnung des Petrus mit den Korneliusboten in Joppe (10,17–23): *Überleitung* zur Begegnungsszene (Verse 17–20): Reaktion Petri auf seine Vision: Ratlosigkeit (17a); *Ankunft* der Boten (17b.18); nochmalige Erwähnung der Reaktion Petri auf seine Vision (19a): *Anweisung des Geistes,* zu den Boten zu gehen und mit ihnen zu ziehen (19b.20a.b), dazu die Begründung (20c). – *Ausführung* der Anweisung (Verse 21–23): *Begegnung* mit den Boten (21 f.): Zusammentreffen (21a), Vorstellung (21b), Frage nach dem Grund ihres Kommens (21c), Antwort: Mitteilung über die Vision des Kornelius (22). – Gastliche *Aufnahme* der Boten durch Petrus (Vers 23a). – *Aufbruch* Petri mit den Boten und Begleitern (Vers 23b).

Die *vierte Szene* schildert die Geschehnisse im Hause des Kornelius (10,24–48): *Ankunft* Petri in Cäsarea (Vers 24a). – *Rückblende* auf die von Kornelius getroffene Vorbereitung: Einladung Verwandter und Freunde (Vers 24b). – *Begegnung* zwischen Kornelius und Petrus (Verse 25–33): Entgegengehen, Fußfall (25); Einwand Petri (26); Unterhaltung beider, Eintritt in das Haus, Zusammentreffen mit den Versammelten (27); *Erklärung* Petri, weshalb er als Jude ein heidnisches Haus betritt und *Frage,* weshalb man ihn rufen ließ (28 f.); *Antwort* des Kornelius: Bericht über seine Vision und Erklä-

rung der Bereitschaft, nun Gottes Weisung durch Petrus zu hören
(30–33). – *Rede* des Petrus (Verse 34–43): *Redeeinführung* (34a);
Kundgabe der *Einsicht*, daß vor Gott hinsichtlich des Heiles niemand aufgrund seiner Zugehörigkeit zu einem bestimmten Volk bevorzugt oder benachteiligt ist (34b–35); *Christuskerygma* (36–42)
mit Hinweis auf seine Bezeugung durch die Apostel (39a.41.42);
indirekter *Schriftbeweis* (43a) für die *Verheißung* (43b), jeder an
Christus Glaubende werde Vergebung erhalten. – *Geistempfang*
und *Taufe* der anwesenden Heiden (Verse 44–48a): *Geistempfang*
(44); *Reaktion* der Judenchristen: Erstaunen (45); *Wirkung* des
Geistempfanges: Zungenreden, Lobpreis Gottes (46); in eine rhetorische *Frage* gekleidete Feststellung Petri, es sei unmöglich, ihnen
die Taufe vorzuenthalten (47); *Anweisung*, die Taufe zu spenden
(48a). – *Einladung* an Petrus, noch zu bleiben (Vers 48b).
Die *fünfte Szene* berichtet über die *Rechenschaft* Petri in Jerusalem
(11,1–18): *Kenntnisnahme* von der Heidenbekehrung im Kreis der
Apostel und Judenchristen (Vers 1). – *Vorhaltungen* gegen Petrus
wegen Kontakt und Mahlgemeinschaft mit Heiden (Verse 2f.). –
Rechtfertigungsrede des Petrus (Verse 4–17): *Redeeinführung* (4);
Bericht (5–16): 1. über seine Vision (5–10); 2. über die Ankunft der
Boten (11); 3. über die Anweisung des Geistes und die Reise mit
Begleitern nach Cäsarea (12); 4. über die Mitteilung des Kornelius
von seiner Vision (13f.); 5. über die Herabkunft des Heiligen Geistes und die dabei sich einstellende Erinnerung an das Wort Jesu von
der Geisttaufe (15f.); – rhetorische *Frage*, ob man sich diesem Wirken Gottes widersetzen dürfe und könne (17). – *Reaktion* der Zuhörer: Beruhigung, Lobpreis Gottes (Vers 18).
Der Text von der Bekehrung des Kornelius ist die längste Erzähleinheit in der Apg. Ähnlich wie die Erzählung von der gottgewirkten
Lebenswende des Saulus (Apg 9) ist sie aus einer ganzen Reihe verschiedener Formelemente aufgebaut: aus Visionsberichten, Begeg-
nungsszenen, Reden, Berichten über Geistempfang und Taufe. Diese Komplexität erlaubt kaum eine genauere Formbestimmung des
Ganzen als die einer *Bekehrungserzählung*; denn es wird erzählt,
wie durch Gottes Initiative und Führung der Heide Kornelius mit
seinem Haus den Heiligen Geist empfängt, von Petrus das Evangelium hört und getauft wird, und wie das Verhalten Petri die Zustimmung der Jerusalemer Gemeinde findet. Es geht Lukas aber bei der
Darstellung dieser Bekehrung nicht nur um das einmalige, gottgewirkte Geschehen an einer Einzelperson oder Personengruppe, sondern um den *grundsätzlichen Erweis der gottgewollten Zulassung
der Heiden* zu dem durch Jesus Christus vermittelten und in der

Kirche erfahrbaren Heil (11,1.18). Deshalb bedarf der Ausdruck Bekehrungserzählung noch einer Modifizierung. Vielleicht darf man von einer *Ätiologie der Heidenmission* sprechen: Lukas gibt in erzählender Form den Grund dafür an (griech. *aitia, logos*), wie und weshalb es zur Zulassung der Heiden zum Heil gekommen ist.

Dem wichtigen Inhalt entspricht die besondere Stellung im Gesamtrahmen der Apg und des luk Doppelwerkes. Lukas stellt dar: Jesus wirkte durch Tat und Wort (Apg 1,1) helfend und heilend im ganzen Land der Juden (10,38), um Israel für den Empfang des messianischen Heiles zuzubereiten; nach seiner Ablehnung durch die Führenden, nach Kreuzigung, Auferstehung, Himmelfahrt und Geistsendung ergeht das Heilsangebot Gottes erneut an Israel durch die apostolische Verkündigung. Sie führt viele Juden in Jerusalem zur Umkehr und zum Glauben an Jesus (2,41.47; 5,14; 6,1.7), bewirkt aber auch zunehmend die erneute Ablehnung und Gegnerschaft der Führenden (4,1 f.21; 5,1 f.40; 7,57). Bei der Verfolgung des Stephanus (6 f.) greift sie auch auf das Volk über. Die Flucht hellenistischer Judenchristen führt zu ersten Ansätzen christlicher Mission außerhalb Judäas, nämlich in Samaria (8,4–25), und zur Taufe des Äthiopiers (8,26–40).

Die Taufe des Äthiopiers ist in der Darstellung des Lukas ein wichtiger vorbereitender Schritt zur Korneliuserzählung. Beiden Erzählungen ist gemeinsam, daß sie das von Gott gewirkte, unaufhaltsame Vorwärtsdrängen des Evangeliums bezeugen. Aber die Unterschiede zeigen, wie Lukas in der Zuordnung beider Erzählungen zueinander seine Akzente setzt und erst in der Korneliuserzählung den entscheidenden Durchbruch zur Heidenmission geschehen läßt: 1. Bei der Taufe des Äthiopiers handelt es sich nur um ein Einzelgeschehen ohne grundsätzliche Bedeutung; die Taufe des Kornelius dagegen wird von der Jerusalemer Gemeinde als grundsätzliche Zulassung »der Heiden« (11,1.18) zum Heil betrachtet und gutgeheißen. 2. Der Äthiopier wird (nur) von Philippus getauft, Kornelius dagegen durch die Anweisung Petri, des Repräsentanten der Apostel. 3. Der religiöse Stand des Äthiopiers wird von Lukas bewußt unscharf gelassen: der Mann stammt zwar aus einem fernen, heidnischen Land, wird aber selbst nicht deutlich als Heide charakterisiert. Kornelius dagegen wird als »gottesfürchtiger« Heide bezeichnet. – Wie sehr Lukas darauf bedacht ist, die Korneliustaufe als die *erste* Taufe eines Heiden darzustellen, läßt sich auch an dem Verhältnis erkennen, in dem die Erzählung zu anderen vorausgehenden Taufszenen (2,41; 8,12 f.38; 9,18), den Zahlenangaben (1,15) und Aus-

breitungsnotizen (2,41.47; 5,14; 6,1.7; 8,25; 9,31) steht: Lukas vermeidet es dabei konsequent, von Heiden zu sprechen.
Ein weiterer vorbereitender Schritt auf die Korneliuserzählung hin
ist die Bekehrung des Saulus (9,1–19). In ihr wird die wichtigste
Person für das Missionswerk unter den Heiden bereitgestellt. Auch
unter geographischem Gesichtspunkt ist die Ausbreitung des Evangeliums so weit vorangekommen (9,31: Judäa, Galiläa, Samaria),
daß nun als nächster Schritt die Mission heidnischer Städte und Länder »bis hin zu den Grenzen der Erde« (1,8) erfolgen kann. Überdies
hat Petrus schon den Weg von Jerusalem in Richtung auf das heidnische Cäsarea hin eingeschlagen, indem er die judenchristlichen Gemeinden Lydda (9,22) und Joppe (9,36.43) besucht.
Die grundsätzliche Bedeutung und die damit zusammenhängende
Schlüsselstellung der Korneliuserzählung zeigt sich schließlich
auch im Blick auf die folgenden Kapitel der Apg: bereits 11,19–30
berichtet Lukas von einer Gemeinde, in der es Heidenchristen gibt;
von Kap. 13 an wird von der durch Paulus betriebenen Heidenmission ständig die Rede sein; auf dem Apostelkonzil nimmt Petrus
ausdrücklich auf die Korneliusepisode Bezug, um die Heidenmission als gottgewolltes Werk zu erweisen (15,7 f.).

Tradition und Redaktion

Es gilt in der Forschung als allgemein anerkannt, daß Lukas eine
ältere Überlieferung aufgenommen und bearbeitet hat. Umstritten
sind indes der Umfang und die inhaltliche Akzentuierung der luk
Bearbeitung.
Innerhalb der *ersten Szene*, der Vision des Kornelius, gehen wahrscheinlich die Verse 2.4b auf Lukas zurück. In ihnen wird Kornelius als ein dem Judentum nahestehender, in den typischen Werken jüdischer Frömmigkeit sich übender und – wie es Vers 22
heißt – beim jüdischen Volk hoch angesehener Heide charakterisiert. Diese Kennzeichnung hat so große Ähnlichkeit mit der von
Lukas red vorgenommenen Charakterisierung des Hauptmanns
von Kapharnaum Lk 7,4f. diff Mt, daß auch hier mit luk Red zu
rechnen ist.
Überdies sprechen für luk Red: 1. Die Kennzeichnung des Kornelius als eines »Volksfreundes« (griech.: *philolaos*; vgl. *Busse:* Wunder
157f.) aufgrund religiöser Motive entspricht einem Wertkodex der
hellenistischen Welt. 2. Die Kennzeichnung steht der Art und Weise
nahe, in der Lukas auch sonst Personen charakterisiert, die beson-
rer Erfahrungen von seiten Gottes gewürdigt werden (z. B. Lk 1,6;

2,25.37; Apg 9,36). 3. Vokabular und Stil sind gut lukanisch:
»fromm« = griech. *eusebēs* und andere Worte des *euseb*-Stammes
kommen im NT außer in der späten Briefliteratur nur Apg 3,12;
10,2.7; 17,23 vor; – den Ausdruck »gottesfürchtig« = *phoboumenos
ton theon* als terminus technicus verwendet im NT nur Lukas, und
zwar Apg 10,2.22(35); 13,16.26; auch im freien Gebrauch kommt
»Gott fürchten« nur vor bei Lk 1,50; 18,2.4; 23,40; – »Haus« in
übertragener Bedeutung verwendet von den Evangelisten nur Lukas: Lk 19,9; Apg 10,2; 11,14; 16,15.31; 18,8, und zwar stets im
Zusammenhang einer Heilsaussage; – »Almosen«, »beten«, »Volk«
(= *laos*) sind Vorzugsworte der luk Schriften.
Möglicherweise liegen luk Bearbeitungen auch vor 1. bei der Bezeichnung der »sogenannten Italischen Kohorte« (Vers 1b), denn sie setzt
Verhältnisse etwa erst ab 69 n. Chr. voraus und entspricht dem luk
Interesse am profangeschichtlichen Zusammenhang; 2. bei der Zeitangabe »um die neunte Tagesstunde« (Vers 3), denn Lukas nennt gern
die jüdischen Gebetszeiten (z. B. Lk 1,10; Apg 3,1; 10,3.9.30) und
verbindet Gebet und Offenbarungsempfang (z. B. Lk 1,10; 2,25–35;
36–38; 3,21; 22,43f.; Apg 4,31; 9,11f.; 10,3.9.30); 3. bei der Ausgestaltung des Visionsgeschehens (VV 3–7a), denn die szenische Gestaltung hat große Ähnlichkeit mit Lk 1,26–38 (Eintreten, Sprechen,
Weggehen des Engels); das Erscheinungsgespräch erinnert an Apg
9,5f., wobei die Frage des Kornelius Vers 4 besonders der Frage des
Saulus 9,5 ähnelt; und schließlich spielen die Motive der Furcht und
Gebetserhörung in der Engelvision vor Zacharias Lk 1,13 eine Rolle.
– Daß Kornelius *zwei* seiner Diener entsendet (vgl. die Auslegung zu
9,38) und daß sogar der begleitende Soldat als *fromm* bezeichnet wird
(Vers 7), sind typisch luk Hervorhebungen.
Viel umstrittener als die erste Szene ist in der Forschung die *zweite*
(Verse 9–16). Die wichtigsten Positionen sind: 1. Die Petrusvision
ist ein unverzichtbares, konstitutives Element im Erzählganzen und
gehört vorluk und von Anfang an zur Korneliustradition; so *Löning:* Korneliustradition 3–13. – 2. Die Petrusvision gehört zwar
nicht zum ältesten Erzählbestand, wurde aber bereits vorluk eingefügt; so *Hahn:* Mission 41f. – 3. Die Petrusvision stammt zwar aus
der Überlieferung, gehörte aber ursprünglich in einen anderen Zusammenhang und wurde erst von Lukas hier eingefügt; so *Dibelius*
98f.; *Bauernfeind:* Apg 143; *Conzelmann:* Apg 61; *Dupont:* Études
78; *Bovon:* Tradition 33–36.
M. E. haben die Argumente, die zwar für eine vorluk *Überlieferung*,
aber doch erst von Lukas vorgenommene *Einfügung* sprechen, das
größere Gewicht:

1. Im Unterschied zur Korneliusvision ist die Vision des Petrus nicht gut in das Erzählganze integriert. Während von der Korneliusvision die Vermittlung durch die Boten (Verse 8.9a.17b.18.19b.22; 11,11), z. T. die Veranlassung für das Mitziehen Petri (Verse 22.23b), der Bericht des Kornelius gegenüber Petrus (Verse 30–33) und der Bericht Petri über die Korneliusvision (11,13 f.) abhängen, bestimmt die Petrusvision in keiner Weise den *Handlungsverlauf:* Soweit Petrus nicht durch die Nachricht der Korneliusboten veranlaßt wird, mit ihnen zu gehen, ist es eine eigene Anweisung des Geistes (10,20; 11,12), die das Mitziehen bewirkt und auch das Betreten des heidnischen Hauses; sodann wird das Taufgeschehen ebenfalls nicht durch die Petrusvision, sondern durch die überraschende Herabkunft des Heiligen Geistes ausgelöst (10,44–48; 11,15–17).

2. Die entscheidenden neuen *Einsichten*, zu denen Petrus geführt wird, kommen nicht durch die ihm zuteil gewordene Vision zustande: Die Einsicht, daß für niemand das Heil von der Zugehörigkeit zu einem bestimmten Volk abhängt, sondern Gott genehm ist, »wer ihn fürchtet und Gerechtigkeit übt« (Verse 34 f.), ergibt sich aus der Korneliusvision und ist in sprachlicher Anlehnung an sie formuliert. Die Einsicht, »daß man keinen Menschen gemein oder unrein nennen darf« (Vers 28b), bezieht sich zwar inhaltlich und terminologisch auf die Petrusvision (10,14), deutet aber das Speisetabu auf Menschen um und bezieht außerdem zu dessen Überwindung die Anweisung des Geistes (10,20; 11,12) mit ein; denn Petrus sagt zu Kornelius und seinen Leuten, als Jude sei es ihm verboten, mit Nichtjuden zu verkehren oder sie zu besuchen (Vers 28a), aber durch Gott belehrt, sei er nun ohne Widerspruch gekommen (Vers 29b). Mit dieser Belehrung durch Gott ist nicht – mindestens nicht nur – die Petrusvision gemeint, sondern vor allem die Anweisung durch den Geist (Vers 20); denn in der Petrusvision ist ja nur von der Überwindung des Speisetabus die Rede, und nur der Geist befiehlt das Mitgehen ohne Bedenken (Vers 20b), d. h. den Verkehr mit Nichtjuden sowie das Betreten ihres Hauses und begründet dies wiederum nicht durch die Petrusvision, sondern durch Rückverweis auf die Korneliusvision (Vers 20c).

3. Die Petrusvision erweist sich auch insofern nicht als konstitutiv, als sie nicht eine Erzählstruktur begründet, die den in der Antike verbreiteten Doppeltraum-Erzählungen entspricht. Bei den 19 Beispielen, die *Wikenhauser:* Doppelträume 100–110 zusammengetragen hat, liegt das Bemerkenswerteste gerade darin, daß jeweils verschiedene Personen den *gleichen* Traum haben und daß die eine Person zu ihrem Erstaunen die andere über den eigenen Trauminhalt

bereits informiert findet. Dies ist aber in der Erzählung der Apg
gerade nicht der Fall. Abgesehen davon, daß es sich nicht streng um
Träume handelt, sind auch die Inhalte ganz verschieden. Soweit die
Doppeltraum-Struktur vorliegt, besteht sie nicht zwischen der Kor-
nelius- und Petrusvision, sondern zwischen der Korneliusvision
und der Geistanweisung, die Petrus erhält.

4. Ohne die Petrusvision ergibt sich ein konsequenter, geschlossener
Erzählablauf: Kornelius sendet aufgrund seiner Vision Boten zu Petrus nach Joppe; noch bevor sie eintreffen, erhält Petrus vom Geist
die Weisung, ohne Bedenken mit ihnen zu gehen; er folgt, betritt das
heidnische Haus, erlebt dort die Herabkunft des Heiligen Geistes
auf die anwesenden Heiden und läßt sie taufen. Die dritte Szene
schließt sich ohne Schwierigkeiten an die *erste* an. Im jetzigen Text
wirken die Überleitungsverse 17–19 ohnehin überladen, besonders
auch die doppelte Aussage über das ratlose Nachsinnen des Petrus
(VV 17a.19a). Zudem kommt *diaporein* = ratlos sein (Vers 17a) im
NT nur bei Lk 9,7; Apg 2,12; 5,24; 10,17 vor, und es erweist sich an
allen Stellen als redaktionell.

5. Daß es vorluk und unabhängig von der Korneliustradition einen
»Sitz im Leben« für die Überlieferung der Petrusvision gegeben habe, läßt Gal 2,12–14 vermuten: Petrus pflegt in Antiochien Tischgemeinschaft mit Heidenchristen entgegen der Auffassung streng ju-
daistisch-christlicher Kreise. Der Verweis auf eine Petrus zuteil gewordene Vision, wie sie Apg 10,9–16 berichtet, könnte der Recht-
fertigung des Verhaltens Petri gedient haben.

In der *dritten Szene* werden die Teile der Überleitungsverse 17–19, die
sich auf die Ankunft der Boten beziehen, zum vorluk Erzählgut gehören. Vor allem aber gehörte zu ihm die Anweisung des Geistes (VV
19b.20); denn sie ist ein unverzichtbares Element im Erzählganzen
und bringt, zusammen mit der Korneliusvision, auf die sie sich Vers
20c bezieht, die Handlung voran. Auch der Bericht über die Ausführung (Vers 21) und über die Erstinformation, die Petrus von den
Boten über die Korneliusvision erhält (Vers 22), wird vorluk Überlieferung angehören. Allerdings geht wohl die religiöse Charakterisierung des Hauptmanns Vers 22a auf Lukas zurück (vgl. oben zu Vers
2). Vielleicht stammt auch von Lukas die Zielangabe »... und Worte
von dir zu hören« (Vers 22b); denn 1. ist *rhēma* = »Wort« eine Vor-
zugsvokabel der luk Schriften; 2. geht die Zielangabe über den Auftrag 10,5.32 hinaus; 3. bezieht sie sich auf die erst von Lukas geschaffene Rede 10,34–43 (Vers 44: »diese Worte«!); 4. ist sie behutsam
zurückhaltend formuliert und auf die steigernden Aussagen hin abgestimmt: »... als Petrus diese Worte sprach« (10,44), »... er wird Wor-

te zu dir sprechen, durch die du gerettet wirst ...« (11,14). Ob die
Erwähnung der gastlichen Aufnahme Vers 23a zum Traditionsstoff
gehörte (so *Löning*: Korneliustradition 9–18), ist ungewiß; mindestens das Vokabular ist gut lukanisch, und das Motiv der Gast-
freundschaft spielt auch sonst bei Lukas eine große Rolle.
In der *vierten Szene* gehen wahrscheinlich auf luk Gestaltung
zurück:
1. Die Erwähnung von Begleitern Vers 23b; denn die Begleiter sind
gerade für die luk Darstellung später als Zeugen wichtig (10,45;
11,12b).
2. Die Rückblende auf das Zusammenrufen der Verwandten und
Freunde Vers 24b; denn dadurch stellt Lukas die Hörerschaft für die
von ihm eingefügte Erklärung (Verse 28.29a) und Rede des Petrus
(Verse 34–43) bereit, und er hebt damit zugleich die Wichtigkeit des
bevorstehenden Geschehens hervor.

3. Die Schilderung des Fußfalls des Kornelius und der abwehrenden
Reaktion Petri (VV 25b.26); denn sie entspricht der demütigen Haltung und Selbsteinschätzung des Hauptmanns von Kapharnaum,
die Lk 7,3–7 gegenüber Mt 8,7f. redaktionell stärker herausgearbei-
tet ist, und sie hat außerdem gewisse Ähnlichkeit mit der Szene Apg
14,11–15.
4. In Vers 27b die Erwähnung der vielen Anwesenden; denn sie
hängt vom red Vers 24b ab.
5. Die Erklärung Petri (VV 28.29a). Für luk Gestaltung sprechen: a)
Durch die ausdrückliche Betonung des Kontaktverbots zwischen
Juden und Nichtjuden Vers 28a wird zugleich vorbereitend darauf
aufmerksam gemacht, daß *Gott* es ist, der die Schranken niederreißt;
an diesem Erweis ist gerade Lukas gelegen. b) Die Deutung der Petrusvision Vers 28b legt deren ursprünglichen Sinn von der Aufhebung des Speisetabus (Vers 13f.) auf den jetzigen, erst von Lukas
geschaffenen Zusammenhang hin aus, nämlich auf den Kontakt mit
Heiden. Sie erweist sich deshalb als lukanisch. c) Die von Petrus
geäußerte Erkenntnis steht erzählerisch an einer ungünstigen Stelle:
im Blick auf die Petrusvision (VV 9–16) und die erste Nachricht über
die Korneliusvision Vers 22 zu spät, im Blick auf die folgende Darlegung des Kornelius (VV 30–33) zu früh. Ähnlich urteilt *Löning*:
Korneliusvision 14. *Bauernfeind*: Apg 143 gibt den Hinweis, daß
diese Vorwegnahme bzw. teilweise Verdoppelung der Pointe sich
hier am ehesten durch die betont »breite, mit vielen Registern arbei-
tende« Darstellungsweise des Lukas erkläre. d) Die sprachliche Formulierung ist gut lukanisch: *ephistasthai* = »wissen« ist Vor-

zugswort der Apg, und der Ausdruck »ihr wißt« kommt red 15,7
vor, wo er sich auf die Korneliusepisode rückbezieht. – *kollasthai* =
»sich anschließen« ist ebenfalls ein Vorzugswort des Lukas und
mehrfach red verwendet (z. B. Lk 10,11; Apg 5,13; 8,29); 8,29 begegnet das Wort überdies wie 10,28 in Verbindung mit *proserches-
thai* = »herantreten«. *Allophylos* = »Andersstämmiger« begegnet
im NT nur hier, aber häufig in der LXX. Die sorgfältige Wortwahl
weist auf Lukas, der das Wort »Heide« vermeiden will (*Haenchen:*
Apg 337).

6. Der folgende Visionsbericht des Kornelius ist durch mancherlei
spezifisch luk Aussagen gefärbt, so z. B. Vers 30 die Engelerscheinung durch die Angabe des »leuchtenden Gewandes« (vgl. Lk
23,11; 24,4 diff Mk), und er enthält in Vers 31 die red religiöse Charakteristik, ähnlich wie in den Versen 2.4.22.

7. Die Erklärung des Kornelius Vers 33b, alle seien nun bereit, das
zu vernehmen, was dem Petrus vom Herrn aufgetragen wurde, erweist sich als luk, weil sie a) dem luk Akzent der Wortverkündigung
(10,22; 11,14) entspricht, b) zur unmittelbar folgenden Rede über-
leitet und auf ihre Wichtigkeit aufmerksam macht, c) stilistisch gut
luk ist. Den luk Stil kennzeichnen die Ausdrücke: »jetzt nun«, »vor
Gott«, »anwesend sein«, »alles«.

8. Die ganze Rede VV 34–43 ist von Lukas gebildet, freilich unter
Verwendung einzelner, aus der Tradition stammender Elemente
(→Exkurs 3). Folgende Gründe legen diese Annahme nahe: a) Der
Hauptteil der Rede geht nicht direkt, sondern nur mittelbar auf die
Situation ein. b) Der Aufbau der Rede zeigt, daß es sich um das
modifizierte Grundschema der luk »Missionsreden« handelt. c) Die
zur Rede hinführenden Textsignale VV 22.33b sind von Lukas gesetzt, und sie lassen sein Interesse gerade an der Wortverkündigung
erkennen. d) In 11,15 schimmert noch durch die luk Redaktionsdek-
ke eine Form der Korneliuserzählung, die keine ausgeführte Rede
enthielt. e) Die gesamte Gedankenführung ist lukanisch. f) Einzelne
Aussagen erweisen sich nach Inhalt und Stil als typisch lukanisch,
z. B. in Vers 34: »den Mund öffnen« zur Heilsverkündigung (vgl.
8,35); »in Wahrheit« als bestätigende Aussage, und nicht als Übersetzung des hebr. *Amen* (vgl. Lk 4,25; Apg 4,27); »erkennen« =
katalambanesthai (vgl. 4,13; 25,25); in Vers 35: »wer ihn fürchtet
und Gerechtigkeit übt« (vgl. Verse 2.4.22.31); »genehm, willkommen« (vgl. Lk 4,19.24); in Vers 36: »Das Wort hat er den Kindern
Israels gesandt, indem er Frieden verkündete« (vgl. 4,18f.43; Apg
13,26); in Vers 37: *rhēma* in der Bedeutung »Geschehen« verwendet
von den Evangelisten nur Lukas (z. B. Lk 1,37.65; 2,15.17.19.51;

Apg 5,32). Zum Ausdruck »im ganzen Judenland« vgl. Lk 1,65;
4,14; 7,17; 23,5; Apg 9,31. Den Beginn der Wirksamkeit Jesu ausdrücklich mit *archesthai* = »anfangen« zu bezeichnen, ist luk Eigenart (vgl. Lk 3,23; Apg 1,1.22) und ebenso die Hervorhebung der
Johannestaufe als zeitlichen Anfangspunkt (vgl. 1,22). In Vers 38
weisen auf luk Herkunft: »wie Gott ... ihn gesalbt hat mit Heiligem
Geist und Kraft« (vgl. Lk 3,21; 4,14.18; Apg 4,27), das luk Vorzugswort »umherziehen« und das Verständnis des öffentlichen Wirkens
Jesu als gnädige Heimsuchung Gottes (vgl. Lk 1,68; 4,18–21;
7,16.21–23; Apg 2,22; *Busse:* Wunder 359); in Vers 39: »wir sind
Zeugen« (vgl. Lk 24,48; Apg 1,8.22.; 2,32; 3,15; 5,32; 10,41; 13,31);
»all dessen, was er getan hat« (vgl. Lk 3,19; 9,43; Apg 1,1; 2,22;
21,19; 22,10); »Land« = *chōra* und »töten« = *anhairein* (Vorzugsworte); »ans Holz gehängt« (vgl. 5,30); in Vers 41: »die wir mit ihm
gegessen und getrunken haben« (vgl. Lk 13,26; 24,30.35.43; Apg
1,4); in Vers 42: »er trug uns auf, zu verkünden und zu bezeugen«
(vgl. Lk 24,46–48; Apg 1,4–8); in Vers 43: die Bezeugung durch alle
Propheten (vgl. Lk 24,27; Apg 3,18.24) und als Objekt dieses Zeugnisses die Sündenvergebung (vgl. Lk 24,47; Apg 5,31). g) Zu den
Stilmitteln der luk Darstellungskunst gehören in der Rede überdies
die »unfertig« wirkende Mündlichkeit, die betont vorgezogenen
Akkusative VV 36.38.39.40, das unverbundene Nebeneinander
(Asyndeton) der Verse 36.37 und die rahmende Satzkonstruktion
»Dieser ist ...« VV 36b.42b (vgl. 9,20.22; 17,3; *Rese:* Motive 114;
Busse: Wunder 343). Daß die Rede erst von Lukas unter Aufnahme
einzelner Elemente aus der Tradition geschaffen wurde, wird heute
von den meisten Exegeten angenommen, so z. B. von *Dibelius* 97f.,
Haenchen 338, *Conzelmann* 61, *Dupont* 78, *Bovon* 41, *Nellessen*
186–191, *Busse* 338–361. – *Bauernfeind:* Apg 142f. erachtet Vers 35
als ein aus innerkirchlichen oder missionarischen Auseinandersetzungen stammendes »Losungswort«; *Löning:* Korneliustradition
13; 19 rechnet die 10,34–36 geäußerte Erkenntnis der vorluk Korneliustradition zu. Beide Auffassungen berücksichtigen m. E. nicht
genügend die luk Prägung dieser Sätze.
Den Schlußabschnitt der vierten Szene (Verse 44–48) sehen u. a. *Dibelius* 100, *Bauernfeind* 143, *Dupont* 78, *Bovon* 32 im wesentlichen
– außer VV 45.48b – als den vorluk Abschluß der Bekehrungserzählung an. *Löning:* Korneliustradition 19 meint, der Abschnitt sei
»von Lukas völlig frei gestaltet«. Er nimmt an, die vorluk Erzählung
habe mit einer Mahlszene geendet und Lukas habe sie durch eine
Taufszene ersetzt (11). Zu dieser Annahme kommt *Löning*, weil er
die Petrusvision, in der die Aufhebung des Speisetabus thematisiert

wird, zum Grundbestand rechnet. Die Lösung der durch sie erzeug-
ten Erzählspannung sieht er in einer Mahlgemeinschaft zwischen
Beschnittenen und Unbeschnittenen. Erachtet man aber die Petrusvision als luk Einfügung (siehe oben zu den VV 9–16), dann wird
man dieser Hypothese nicht zustimmen. Wahrscheinlicher ist, daß
Geistempfang und Taufe schon den Schluß der vorluk Bekehrungserzählung bildeten; denn daß es vorluk Erzählungen über die Taufe
einzelner Personen gab, zeigt 8,26–40 (so auch *Wilckens*: Missionsreden 63 Anm. 1 gegen *Haenchen*: Apg 347), und daß das Motiv des
zu *Beginn* der Rede plötzlich herabkommenden Geistes der luk
Darstellung eher im Wege stand, zeigt sich an der Spannung zwischen 10,33–43 und 11,15.
Trotz dieser beiden aus der Überlieferung stammenden Grundelemente ist der Anteil der luk Gestaltung doch groß: a) Das Kunstmit-
tel des *scheinbaren* Redeabbruchs Vers 44a – obwohl doch die Rede
abgerundet und alles gesagt ist! – verweist auf den Schriftsteller Lukas, der 17,32; 22,22; 26,24; 5,33(?); 7,54(?) ebenso verfährt und
sich dabei eines Mittels der antiken Geschichtsschreibung bedient
(vgl. *Dibelius*: Aufsätze 54; 153). Die Aussage »noch während er
sprach« ist Lk 8,49; 22,47 aus Mk übernommen, und Lk 22,26 im
Unterschied zu Mk red gesetzt.
b) Im übrigen sind die Herabkunft des Geistes und die Taufe ähnlich
geschildert wie in der Pfingstszene (vgl. *Kremer*: Pfingstbericht 191–
197). Lukas selbst macht 10,47; 11,15.17 ausdrücklich auf diesen
Zusammenhang aufmerksam. Übereinstimmende Darstellungsele-
mente sind: die Plötzlichkeit (10,44; 2,2), die Angabe der Empfän-
ger: »alle« (10,44; 2,1.4), der Eindruck auf die übrigen Anwesenden: sie »hören sie in Zungen reden und Gott preisen« (10,46;
2,6.11), ihre Reaktion: »außer sich geraten« (10,45; 2,7.12), die Anordnung der Taufe im Namen Jesu Christi durch Petrus (10,48a;
2,38) und die Bezeichnung des Heiligen Geistes als »Gabe« (10,45;
2,38). Lukanisch sind außerdem der Ausdruck »herabfallen« (*epi-
piptein*) des Heiligen Geistes; denn im NT verwendet ihn nur Lukas
(10,44; 11,15; 8,16) und die Frage nach dem Taufhindernis, die an
8,36 anklingt und die auch dort als luk Red vermutet wurde.
c) Daß Vers 48b erst von Lukas gebildet worden ist, ergibt sich aus
dem luk Interesse, die volle, gottgewirkte Gleichstellung zwischen
Beschnittenen und Unbeschnittenen Christen zu betonen und aus
der sprachlichen Ähnlichkeit mit den Stellen, an denen sonst vom
Bleiben Petri (9,43) oder der Missionare die Rede ist (18,3.20;
21,4.7.8.10; 28,12.14).
Die *fünfte Szene* (11,1–18) gibt zum größten Teil den Erzählstoff aus

Kap. 10 mit kleinen Variationen in der Form einer Petrusrede wieder (Verse 5–10: die Petrusvision; Verse 11 f.: die Ankunft der Korneliusboten und die Anweisung des Geistes; Verse 13 f.: die Korneliusvision; Verse 14–17: den Geistempfang und die Taufe). Diese Formung stammt von Lukas; denn er hebt durch sie nochmals die Grundsätzlichkeit des Geschehens und seine große Bedeutung hervor. Manche der gegenüber Kap. 10 von Lukas vorgenommenen Variationen unterstreichen das: die zahlenmäßige Nennung der Begleiter, die nun als Zeugen mit Petrus in Jerusalem anwesend sind (Vers 12b), die ausdrückliche Erwähnung der *Heils*-Verkündigung im Hause des Kornelius (Vers 14), die Erinnerung an das Wort von der Geisttaufe, das Lukas schon red abgewandelt 1,5 dem Auferstandenen in den Mund legte (Vers 16), und die betonte Gleichstellung hinsichtlich des Geistempfanges zwischen Juden- und Heidenchristen (Vers 17; vgl. 15,8).

Auf Lukas gehen auch die unmittelbaren Rahmenverse zurück. In Vers 4 kennzeichnen die Worte »beginnen«, »auseinandersetzen« (*ektithesthai* im NT nur Apg 7,21; 11,4; 18,26; 28,23), »der Reihe nach« (*kathexēs* im NT nur Lk 1,3; 8,1; Apg 3,24; 11,4; 18,23) den Stil und die Argumentationsweise des Lukas. Im Vers 18 weisen die Reaktion des »Sich-beruhigens« (*hēsychazein* im NT nur bei Lukas und 1Thess) und des Gotteslobes (*doxazein:* luk Vorzugswort) sowie das allgemeine Fazit, daß auch »den Heiden« das Heil geschenkt sei, auf die Gestaltung durch Lukas hin.

Ihr ist ebenfalls der Einleitungssatz 11,1 zu verdanken. Die Aussage, daß »die Heiden« das Wort Gottes angenommen haben, bildet mit dem letzten Satz der Szene eine kunstvolle Inversion. Sprachlich gleicht der Vers fast ganz dem red gebildeten Satz 8,14.

Verknüpfung, Argumentation und Schluß dieser Rechtfertigungsszene erweisen sich also als luk Komposition. Gilt dies auch für den in Verse 2 f. genannten Anlaß, nämlich den Vorwurf von Judenchristen in Jerusalem, Petrus sei bei Unbeschnittenen eingekehrt und habe mit ihnen gegessen? Nach *Haenchen:* Apg 341; 346 ist das im Kontext isoliert stehende Mahlmotiv auf red Weise zustande gekommen: Lukas wolle »die jerusalemische Gemeinde nicht offen gegen die Heidentaufe protestieren« lassen, obwohl dies gemeint sei; der Widerspruch gegen den Gotteswillen sollte nicht zu scharf ausfallen. *Löning:* Korneliustradition 10 sieht in der Beziehungslosigkeit, in der das Mahlmotiv zum Grundtext Kap. 10 steht, ein weiteres Indiz für seine Annahme, die vorluk Korneliustradition habe am Schluß eine Mahlszene enthalten, die von Lukas getilgt worden sei. Bei dieser Sicht würde wenigstens das Mahlmotiv in Vers 3 zur Tradition zu

rechnen sein. Auch wenn man der Gesamthypothese nicht zu-
stimmt, läßt sich doch die Vermutung, daß nicht nur das Mahlmotiv,
sondern auch der Vorwurf gegen die von Petrus gepflegte Tischgemeinschaft mit Unbeschnittenen aus der vorluk Überlieferung
stammt, durch zwei weitere Argumente stützen. Das eine besteht in
der Beobachtung von *Bovon:* Tradition 34 f., daß Lukas in seiner
Darstellung des apostolischen Zeitalters von sich aus keine Kon-
fliktszenen schafft, sondern sie eher vermeidet. Das zweite besteht
in der durch Gal 2,12–14 belegten Tatsache, daß Petrus Mahlgemeinschaft mit unbeschnittenen Heidenchristen in Antiochien
pflegte, aber aus »Furcht vor denen aus der Beschneidung« (*hoi ek
peritomēs* Gal 2,12; bei Lukas nur Apg 10,45; 11,2!), die von Jakobus aus Jerusalem gekommen waren, sein Verhalten änderte. Die
Überlieferung des »antiochenischen Zwischenfalls« dürfte ihre
schwachen Spuren in den, im übrigen von Lukas geformten, Versen
2 f. hinterlassen haben, zumal auch die Herkunft von 10,9–16 aus
diesem Traditionsbereich wahrscheinlich ist.

Zusammenfassend läßt sich zum Verhältnis Tradition und Redaktion
sagen: Lukas empfing eine wohl schon schriftliche Überlieferung,
die zum Inhalt hatte die Vision des römischen Hauptmanns Kornelius, die Vermittlung durch seine Boten und die Anweisung des Geistes an Petrus, die Geschehnisse im Haus des Kornelius: Begegnung
zwischen Petrus und dem Hauptmann, Visionsbericht des Kornelius, Geistempfang und Taufe. Auf Lukas gehen vor allem zurück:
die Einfügung der aus anderem Überlieferungsgut stammenden Petrusvision 10,9–16 und in Verbindung damit 10,28.29a; 11,2 f., die
ganz red gestalteten Reden 10,34–43; 11,5–17 und die damit zusammenhängenden Aussagen 10,22.24b.33b; 11,4, die religiöse Charakterisierung des Kornelius 10,2.4.22.31, die Erwähnung der Petrus-
begleiter 10,23b.45; 11,12b, die Überleitungs- und Abschlußverse
11,1; 10,48b; 11,18 und eine durchgehende Bearbeitung auch der
aus der Tradition aufgenommenen Teile.

Auslegung

1–8 Cäsarea am Meer, einst Stratons-Turm genannt, hatte Herodes
der Ältere zu Ehren des Kaisers Augustus neu ausgebaut. Ab 6 n.
Chr. war die Stadt Sitz des Prokurators und nach dem Tode Agrippas I. (44 n. Chr.) Standort römischer Hilfstruppen. Der Name
Kornelius war verbreitet, seitdem Kornelius Sulla viele Sklaven freigelassen hatte. Kornelius selbst besaß das römische Bürgerrecht. Als
Centurio unterstanden ihm hundert Soldaten. Mit der »Italischen

Kohorte« ist die inschriftlich (CIL XI 6117 u. a.) ab 69 n. Chr. in
Syrien nachgewiesene, aus Freigelassenen in Italien gebildete Tau-
sendschaft gemeint. Da weder zur Zeit Agrippas I. (41–44 n. Chr.;
vgl. Apg 12) noch überhaupt von etwa 6–67 n. Chr. eine aus römischen Bürgern bestehende Kohorte sich in Cäsarea befand (*Schürer* I
459; 463; *Broughton* 427–445; zurückhaltender *Wickenhauser:* Geschichtswert 314 f.; *Nellessen:* Zeugnis 182), muß man mit der Möglichkeit rechnen, daß die Erzählung entweder »erst in den 70er Jahren entstanden« ist (*Löning* 11 Anm. 31) oder die militärischen Angaben von Lukas in einen älteren Erzählstoff hineinredigiert sind (so
Haenchen: Apg 333; *Conzelmann:* Apg 63).
In religiöser Hinsicht wird Kornelius als Heide charakterisiert, der
als »Gottesfürchtiger« dem Judentum nahesteht, am Synagogengot-
tesdienst teilnimmt, zum Teil die Ritualgesetze hält, aber unbe-
schnitten und ohne Übernahme des vollen jüdischen Gesetzes lebt.
Gebet und Almosen weisen auf wichtige Grundhaltungen jüdischer
Frömmigkeit hin (vgl. Mt 6,2–6 u. a.). Der Hinweis auf die neunte
Stunde, nämlich eine Gebetszeit, hebt ebenfalls die religiöse Disposition des Kornelius hervor und läßt überdies erkennen, daß die folgende Erscheinung bei hellichtem Tag geschah. Die Wirklichkeit der
Erscheinung wird außerdem durch »er sah ... deutlich« und »...
blickte ihn an« (Verse 3 f.) betont. Das Erscheinungsgeschehen
selbst ist in konventionell atl.-frühjüdischer Form dargestellt (vgl.
zu Lk 1,5–25.26.38; Apg 9,1–19). Kornelius erhält durch die Engel-
botschaft die *Zusage,* daß sein Gebet und seine Almosen Gottes
Wohlgefallen finden. Er erhält den *Auftrag,* Petrus, den er offen-
sichtlich nicht kennt, dessen Aufenthaltsort aber genau angegeben
wird, von Joppe holen zu lassen. Zu welchem Zweck dies geschehen
soll, wird nicht gesagt. Gott ist es, dem die Führung und Enthüllung
alles Weiteren ganz vorbehalten bleibt. Kornelius führt den Auftrag
sofort aus. Das entspricht der Reaktionsweise, wie sie nach biblischer Darstellung den Menschen gemäß ist, die einen Auftrag Gottes
erhalten. Indem Gottes Wort »ausgeführt wird, wie er es geboten
hatte, geschieht die Geschichte seines Heiles« (*Pesch, R.:* Eine alttestamentliche Ausführungsformel im Matthäus-Evangelium I: BZ
NF 10 [1966] 220–245, hier 231).

9–16 Auch die Vision des Petrus ist mit vorherigem Gebet verbunden (vgl. 9,11 f.), wobei allerdings mit der sechsten Stunde nicht eine
bestimmte Gebetszeit gemeint zu sein scheint (*Haenchen:* Apg 334.
– *Bill.* II 696; 698 f.: vorgezogenes Mincha-Gebet?). Das Dach,
bzw. der Söller galt als Stätte des Gebetes. Die Erwähnung des Hun-

gers bereitet auf den Inhalt der folgenden Vision vor. Die *Weise* der
Wahrnehmung wird in Vers 10 als Ekstase bezeichnet (*en ekstasei*:
11,5; 22,17). Der *Inhalt* des Geschauten (*horama*: 10,3.17.19; 11,5;
– außer Mt 17,9 sonst nur Apg 7,31; 9,10; 12,9; 16,9.10; 18,9) besteht darin, daß Petrus den Himmel geöffnet, eine Art Gefäß wie ein
Tuch herabkommen und gefüllt mit Tieren sieht. Die Aufzählung
der Tierarten ist an Gen 1,24; 6,20 LXX angelehnt. Auch Röm 1,23
zeigt die gleiche Abhängigkeit von Gen. Das Fehlen der Fische, das
immerhin angesichts der Situation am Meer auffällt, erklärt sich
wohl von Gen her. Im Visionsbericht 11,6 werden noch die »wilden
Tiere« aus Gen 1,24 LXX nachgetragen. Auf den schöpfungstheolo-
gischen Gesichtspunkt machen zu Recht *Haulotte* 92 und *Löning*
13 f. aufmerksam: bereits durch ihn wird der Unterschied zwischen
reinen und unreinen Tieren relativiert. *Bill.* II 702 f. führt rabbini-
sche Texte auf, in denen es heißt: »Nichts Unreines kommt vom
Himmel herab« (San 59b) und: »Alle Tiere, die in dieser Welt für
unrein erklärt sind, wird Gott in der Zukunft für rein erklären«
(Midr Ps 146 § 4). Dieser Gedanke wird mit der Errettung reiner und
unreiner Tiere durch die Arche Gen 7,2.8. in Zusammenhang gebracht. *Löning* 13 f. erwägt deshalb, ob die Aufzählung der Tiere in
Apg 10, die auch den Tierklassen Gen 7 entspricht, bereits den Gedanken universaler Rettung enthält.
Petrus wird in der Vision durch eine Stimme aufgefordert, zu
schlachten und zu essen; aber er weigert sich. Der Wortsinn ist deutlich, ohne daß man mit *Sint* und *Haulotte* 85; 91 annehmen muß,
»Schlachten« habe hier die kultische Bedeutung von »Opfern«. Die
Abhängigkeit der Aussagen vom Buche Ezechiel, auf die *Haulotte*
und schon andere hingewiesen haben, ist allerdings vorhanden: Der
Prophet bekommt von Gott gesagt: »Die Israeliten werden *Unreines
essen* unter den Heiden.« Darauf heißt es vom Propheten: »Ich *aber
sprach: Keineswegs, Herr* Gott Israels! Siehe, ich habe mich nie ver-
unreinigt und nie von verendeten oder zerrissenen Tieren gegessen
…« (4,13 f.).
Petrus hört sodann die Stimme ein zweites Mal. Sie belehrt ihn, nicht
das unrein zu nennen, was Gott für rein erklärt hat. Betrachtet man
diese Anweisung losgelöst vom jetzigen Kontext (und in Verbindung mit 11,3), so ist sie eine eindeutige Aufforderung, Reines und
Unreines unterschiedslos zu essen und bedenkenlos Tischgemeinschaft mit Unbeschnittenen zu pflegen. Eine außerordentliche Zu-
mutung, wenn man bedenkt, was dieser Unterschied für einen
streng orthodoxen Juden und Judenchristen bedeutete! Speisen galten für ihn als unrein, wenn sie entweder von unreinen Tieren

stammten (Lev 11; Dt 14,3–21) oder auf gesetzlich verbotene Art
zubereitet (Ex 23,19) oder von Heiden als Götzenopfer verwendet
worden waren (Ex 34,15; 1Kor 10,28 f.). Tischgemeinschaft mit
Heiden, die ja Unreines aßen (Ez 4,13; Hos 9,3 f.), war untersagt,
und der Jude hatte sich davon abzusondern (3Makk 3,4; Jub 22,16;
JosA 7,1. – Zum Ganzen: *Bill.* III 127 f.; 421 f.; IV 374–378; *Meyer,
R. H.-W. Hauck:* ThWNT III 416–434; *Paschen, W.:* Rein und Unrein, StANT 24, München 1970; *Mußner, F.:* Der Galaterbrief,
HThK IX, Freiburg, Basel und Wien 1974, 138–141). Im luk Kontext wirkt sich aber der Wortsinn der Unterweisung, die Petrus in
der Vision von Gott erhält, nicht unmittelbar aus. Das zeigt der
Fortgang der Erzählung:

17–33 Durch den Wortsinn der Visionsaussagen wird Petrus noch
nicht zur Erkenntnis geführt. Er sinnt ratlos nach. Dadurch erweist
sich die Vision im Sinne des Lukas als ein rätselhaftes Geschehen,
das weiterer Aufschlüsselung bedarf. Sie geschieht aber zunächst
nicht, sondern Petrus erhält eine eigene Anweisung durch den Geist,
die auf die Begegnung mit den Korneliusboten vorbereitet und ihn
mit ihnen zu gehen heißt. Daß die Geist-Anweisung mit keinem
Wort auf die vorausgegangene Vision eingeht, ist befremdlich und
ein Indiz dafür, daß beide ursprünglich voneinander unabhängig
waren.
Auf die Frage nach dem Grund des Kommens erfährt Petrus von den
Boten erstmals, daß Kornelius durch eine Engelerscheinung veranlaßt wurde, ihn holen zu lassen »und Worte von ihm zu hören«. Im
Sinne des Schriftstellers Lukas ist völlig klar, welche »Worte« damit
gemeint sind (vgl. Verse 28 f. 34–43), als Wiedergabe eines historischen Ablaufs indes wäre der Vorgang nur schwer vorstellbar. Daß
Petrus selbst, obwohl ebenfalls nur Gast, die Boten ins Haus einlädt,
ergibt sich aus der Konzentration der erzählten Handlung auf die
wichtigsten Personen.
Am nächsten Morgen macht sich Petrus mit den Boten und weiteren
Begleitern, die später als judenchristliche Zeugen wichtig sind
(10,45; 11,12), auf den Weg. Er erreicht tags darauf das etwa 50 km
entfernte Cäsarea. Kornelius erwartet ihn schon und hat Verwandte
und Freunde eingeladen. Lukas ist an ihnen als Hörerschaft für die
Predigt Petri interessiert. *Knox:* Acts 33; *Haenchen:* Apg 348; *Schille:* Anfänge 69, die in der vorluk Überlieferung eine Gründungsle-
gende sehen, erkennen in der Personengruppe den Grundstock der
heidenchristlichen Gemeinde von Cäsarea. Die Begrüßung geschieht in einer Form, die für einen Römer gegenüber einem Juden

ganz ungewöhnlich ist. Das Entgegengehen und der Fußfall sind
indes verständlich als Ausdruck für die demütige, empfangsbereite
Haltung des Heilsanwärters gegenüber dem Gottgesandten. Petrus
wehrt die Huldigung ab. In den späteren apokryphen Apostelakten
ist das Darstellungsmotiv der heldenhaften, ja göttlichen Verehrung
dagegen noch gesteigert und romanhaft ausgebaut worden (Belege
bei *Söder:* Apostelgeschichten 95 f.).
Vor den im Haus Versammelten läßt Lukas nun *seine* Deutung der
Vision des Petrus durch diesen selbst aussprechen (Verse 28 f.). Petrus knüpft dabei an den Wissensstand seiner Zuhörer an, daß einem
Juden der Kontakt mit Heiden verboten ist. In der Praxis ließ er sich
freilich bei gemischter Bevölkerung nie ganz vermeiden. Die entscheidende Einsicht, die Petrus kundgibt, ist: Gott habe ihm gezeigt, daß *kein Mensch* unrein genannt werden dürfe. Die Vision
hatte also nach dem Verständnis des Lukas einen allegorischen Sinn.
Sie meinte nicht dem Wortsinn gemäß die Beseitigung des Speisetabus, sondern die Aufhebung des Unterschiedes zwischen reinen und
unreinen Tieren war für Lukas ein Bild, das die Aufhebung des Unterschiedes zwischen reinen und unreinen *Menschen,* also zwischen
Juden und Heiden vor Gott bedeutete und somit die Kontaktnahme
erlaubte. Freilich wurde die konkrete Aufnahme des Kontakts überdies durch die Anweisung des Geistes bewirkt (Vers 20). Daß Lukas
den Petrus seine Erkenntnis erst jetzt aussprechen läßt, ergibt sich
daraus, daß nun erst die für diese Aussage geeignete große Hörerschaft vorhanden und das Haus des Heiden der gemäße Verkündi-
gungort ist. Lukas ist nicht an der Aufhebung der atl.-jüdischen
Speisegesetze und nicht an der Tischgemeinschaft zwischen Juden
und Heiden, Judenchristen und Heidenchristen gelegen, sondern an
der Zulassung der Heiden als Unbeschnittenen (betont von *Jervell*
94) zum Heil. Das zeigt sich auch an der Petruspredigt (Verse 34–
43), an der von Lukas betonten Gleichstellung Unbeschnittener und
Beschnittener in bezug auf die Geistbegabung und Taufe (10,47;
11,15.17 f.; 15,8 f.), an den Entscheidungen des Apostelkonzils, die
Speisegesetze einzuhalten (15,20.29) und an den Äußerungen über
den Gesetzeseifer der Judenchristen (21,20.25). Der luk Akzent
liegt »auf dem Gedanken der *Gleichheit* von Juden- und Heidenchristen hinsichtlich der Geistbegabung…, nicht auf dem Gedanken
der *Gemeinschaft* hinsichtlich der Lebensordnungen des neuen Volkes Gottes.« (*Löning* 18. Dieser Charakteristik der luk red Akzentuierung kann man voll zustimmen, auch wenn man die Traditions-
geschichte der Erzählung anders beurteilt.) Weil Lukas in der Petrusvision eine Allegorie für die Gleichstellung der Juden und Hei-

den vor Gott sah, bezog er sie überhaupt erst in die Erzählung
ein.
In dem hergestellten Kontakt zwischen Beschnittenen und Unbeschnittenen liegt für Lukas noch nicht das Wesentliche; denn er läßt
ja Petrus weiter fragen, wozu er denn eigentlich herbeigerufen wurde (Vers 29b). Kornelius berichtet daraufhin seine Vision, macht Petrus ein Kompliment für sein Kommen und erklärt, daß nun alle
bereitstehen vor Gott, seine durch Petrus ergehenden Weisungen zu
hören. Die Szenerie ist gegenüber 10,27f. sichtlich gesteigert und
weist auf den bevorstehenden Höhepunkt hin: die Rede des Petrus
und den Geistempfang.

34–43 In feierlicher Redeeröffnung, anknüpfend an die Situation,
verkündet Petrus zunächst seine neu gewonnene Einsicht (Verse
34f.). Sie wird negativ und positiv ausgesprochen: Gott schaut bei
der Zuwendung seines Heiles nicht darauf, ob jemand Jude oder
Nichtjude ist; sondern in jedem Volk ist ihm willkommen, wer ihn
fürchtet und Gerechtigkeit übt. Der positive Teil ist in Anlehnung
an die religiöse Charakterisierung des Kornelius (10,2.4.22.31) und
an Ps 14,2 LXX (*ergazomenos dikaiosynēn* = Gerechtigkeit übend)
formuliert. Lukas hebt damit nicht die Erwählung Israels auf, sondern bringt die über Israel hinausgehende, durch Christus geschenkte Heilsmöglichkeit zur Sprache. Dabei setzt er zugleich einen stark
ethischen Akzent, der sowohl am Schluß der Rede im Gerichtsmotiv
nochmals anklingt (Vers 42) als auch in der Jesusverkündigung des
Lukasevangeliums schon eine große Rolle spielt (Lk 13,22–30; vgl.
Hoffmann, P.: Pantes ergatai adikias: ZNW 58 [1967] 188–214, bes.
204f.). Auch in dem biblischen Ausdruck »Gott fürchten« domi-
niert nicht das schreckhafte Element, sondern die Bedeutung: ihn im
Vollzug seines Willens ehren.
Mit einer Art Überschrift beginnt Vers 36a, der Hauptteil der Rede.
Von Gott als dem Subjekt des Satzes ist ausgesagt; daß er das Wort
gesandt hat zu Israel, indem er den Frieden verkünden ließ durch
Jesus Christus. Mit der Sendung des Wortes ist nicht etwa wie Joh
1,1 der ewige Logos gemeint, sondern die geschichtliche Heilsverkündigung Jesu. Die Ähnlichkeit der Aussage mit Lk 4,43 und Jes
52,7 läßt vermuten, daß mit der Friedensbotschaft hier die Botschaft
Jesu von der Herrschaft Gottes gemeint ist (anders *Dietrich:* Petrusbild 280). Dafür sprechen ähnliche Umschreibungen für »das Wort«
bei Lukas, z. B.: Wort des Heiles 13,26; Wort der Gnade Lk 4,22;
Apg 14,3; 20,32; Wort Gottes Lk 5,1; 8,11.21; Apg 4,29.31; Wort
des Evangeliums 15,7 (vgl. dazu und zum folgenden *Busse:* Wunder

364–371). – Auf die Aussage in der Vergangenheitsform folgt in Vers 36b eine Bekenntnisaussage der Gegenwart, nämlich daß Jesus Christus der Herr aller ist. Dieses Bekenntnis umfaßt zurückgreifend den Gedanken der Universalität (Vers 35) und den Grund des gegenwärtigen Herr-Seins Jesu in der Vergangenheit (Vers 36a) sowie vorausgreifend die Bezeugung seiner endzeitlichen Richterfunktion (Vers 42). *Rese:* Motive 114 weist zu Recht auf die kunstvoll rahmende Konstruktion der Verse 36b.42 und *Busse:* 343 f. auf den hellenistischen Enkomion-Stil hin. Weil die Verwurzelung des gegenwärtigen und künftigen Herr-Seins Jesu in der Vergangenheit wurzelt und Gott das universale Heil der Menschen an die Person Jesu gebunden hat (4,12), ist es notwendig, daß dies auch in der neuen Verkündigungssituation vor Heiden zur Sprache kommt. Lukas trägt dem Rechnung. Was zunächst angesichts der Situation als befremdlich erscheint, erweist sich als sehr sinnvoll. Deshalb entfaltet die Rede Gottes Handeln an und in Jesus, indem sie seine Wortverkündigung (Vers 36a), seine Rettungstaten (Vers 38), seinen Tod (Vers 39), seine Auferweckung (Vers 40) und die glaubwürdige Bezeugung dieser Geschehnisse (Vers 39.41.42) zur Sprache bringt. Mit »Ihr wißt …« spricht der Redner in Vers 37a erstmals seine Zuhörer direkt an und setzt ihre Kenntnis der Ereignisse voraus. *Dibelius* 98 sieht darin eine rein literarische Wendung, die sich an den Leser richte; denn sie passe nicht in den Zusammenhang: Kornelius könne noch nichts wissen. *Haenchen:* Apg 339 beachtet genauer die luk Sichtweise: Lukas setzt voraus, das Jesusgeschehen sei so bekannt, daß sogar jeder »Gottesfürchtige« in Palästina davon weiß. *Busse* 348 f. erhärtet dies, indem er zeigt, wie gerade Lukas den Öffentlichkeitscharakter des Jesusgeschehens betont (z. B. Lk 7,17; Apg 2,22; 26,26). Lukas wird durchaus der Meinung gewesen sein, Kornelius habe durch seinen Kontakt mit den Juden davon erfahren. Der Anrede »Ihr wißt« ist indes eine zu große Beweislast zugemutet, wenn *Wilckens:* Kerygma 227.236 f. ihr entnimmt, daß es sich bei den Angeredeten vorausgenommen schon um Christen handle, denen nun das Evangelium in Form einer Gemeindekatechese vorgetragen werde.

Vers 37b faßt die Ereignisse der öffentlichen Wirksamkeit Jesu in der für Lukas charakteristischen Weise zusammen (Lk 1,1–4; Apg 1,1), wobei das Wirken im ganzen Judenland sowie der geographische und zeitliche Anfang (Lk 3,23; 23,5; Apg 1,1.22) eigens hervorgehoben werden. Vers 38 nimmt Einzelheiten in den Blick. Zunächst ist von der Taufe Jesu die Rede. Sie ist wie Lk 4,14.18; Apg 4,27 als Salbung »mit Heiligem Geist und Kraft« verstanden. Dabei ist ge-

mäß 4,26f.; Jes 61,1 an die Salbung zum Messias gedacht und an die
Kraft des Heiligen Geistes (Lk 4,14), die Jesus befähigt zum Predigen (Lk 4,14.18f.) und zum Vollbringen seiner Rettungstaten. Von
ihnen spricht Vers 38b, wobei »Gutes tun« und »heilen« dasselbe
meinen und die Dämonenbannungen als Heilungen betrachtet werden. Daß hier von Lukas einseitig das Wirken betont werde, die
Wortverkündigung dagegen zu kurz komme und so »ein verkürztes
Jesusbild« entstehe (*Dietrich*: Petrusbild 280), wird man nicht annehmen, wenn man die Aussagen von Vers 36 mit berücksichtigt.
Über das faktische Geschehen hinaus bekennt Vers 38c, daß »Gott
mit ihm war«. Das gesamte Wirken Jesu gilt als gnädige Heimsuchung Gottes (vgl. Lk 7,16 u. a.), und die Taten Jesu werden verstanden als Erweis für die Wirksamkeit Gottes in ihm und mit ihm
(vgl. 2,22). Der erste Teil des Jesuskerygmas (Verse 37–39a) schließt
mit dem Hinweis auf die Zeugenschaft der Begleiter Jesu (→Exkurs
2). Der Inhalt ihres Zeugnisses bezieht sich nicht nur auf die Faktizi-
tät all dessen, »was Jesus getan hat«, sondern auch auf die nur im
Glauben zu erfassende theo-logische und soterio-logische Tiefendi-
mension: daß Gott in ihm und durch ihn wirkte, daß sich darin die
Verheißung der Schrift (Jes 61,1) erfüllte und das befreiende Heil der
Gottesherrschaft für die Menschen anbrach (vgl. Vers 38 mit Lk
11,20).
Zu Beginn des zweiten Teiles des Jesuskerygmas (Verse 39b–42)
steht die Aussage über die Kreuzigung. Sie enthält – wie bei Lukas
auch sonst – keinen Hinweis auf die Heilsbedeutsamkeit. Sie ist unter Bezugnahme auf Dt 21,22 ähnlich wie Apg 5,30 formuliert. Wie
schon in ältesten Glaubensformeln (z. B. 1Kor 15,3f.) ist die Aussage über den Tod Jesu mit dem Bekenntnis seiner Auferweckung verbunden. Das Erscheinen des Auferweckten vor den von Gott vorherbestimmten Zeugen, die mit ihm gegessen und getrunken haben,
erinnert an die luk Mahlszenen Lk 24,30.35.43; Apg 1,14. Die Zeugen sind ebenso wie in den VV 39.42 die Apostel im luk Sinn (so auch
Wanke: Emmauserzählung 117; anders *Nellessen*: Zeugnis 196f.).
Dafür sprechen der Apostel- und Zeugenbegriff 1,21f., die Motiv-
verbindungen mit 1,2.4.6f. und die Tatsache, daß Lukas selbst die
Emmauserzählung, obwohl sie nicht von Aposteln handelt, ganz
eng an das *apostolische* Zeugnis gebunden hat (Lk 24,34f.). Zum
Auftrag der Apostel gehört schließlich, zu bezeugen, daß Gott Jesus
zum Richter der Lebenden und Toten bestellt hat (Vers 42). Als
Adresse dieses Zeugnisses ist zwar »das Volk« genannt, womit nach
luk Sprachgebrauch Israel gemeint ist; aber die Richter*funktion* Jesu
erstreckt sich auf alle Menschen (17,31). Der Gedanke der Universa-

lität des Richter-Seins Jesu berührt sich mit der Universalität des
Herr-Seins Vers 36b und bildet auch im sprachlichen Ausdruck zusammen mit ihm eine geschlossene rhetorische Figur. – Der indirekte »Schriftbeweis« des Epilogs Vers 43 möchte das Zeugnis *aller* Propheten auf Jesus beziehen (vgl. 3,24). In ihm wird nochmals deutlich
gesagt, weshalb das Heil aller Menschen bleibend an Jesus gebunden
ist: weil jeder durch den Glauben an ihn Vergebung empfängt. Damit ist auch für die Heiden die Tür zum Heil geöffnet.

44–48 Die Folgerung, die sich aus der Predigt des Petrus ergibt,
nämlich die Heiden zur Taufe zuzulassen, wird nicht mit der Kraft
menschlicher Logik gezogen und nicht als menschliche Entscheidung dargestellt. Wie schon die Einzelschritte im Geschehensver-
lauf dieser Erzählung, führt Gott selbst auch den letzten Schritt herbei. Der Heilige Geist kommt plötzlich auf die anwesenden Heiden
herab. Es geschieht ähnlich, wie es am Anfang bei den Aposteln
geschah, nur ohne kosmische Begleiterscheinungen und ohne
Fremdsprachenwunder. Wahrgenommen wird die Herabkunft des
Geistes durch die juden-christlichen Begleiter Petri an den Wirkungen des Geistempfangs: ekstatische Zungenrede (Glossolalie) und
Lobpreis Gottes. Die Reaktion, das fassungslose Erstaunen, unterstreicht, daß es sich um ein gottgewirktes Geschehen handelt. Daß
der Geistempfang *vor* der Taufe geschieht, ist in diesem Fall gut verständlich; denn er bewirkt und erweist ja, daß die Wassertaufe der
Heiden überhaupt vorgenommen werden kann. Die Taufe selbst
wird auf den Namen Jesu gespendet wie 8,16; 19,5. – Die von Lukas
betonte Gleichstellung, die zwischen Juden- und Heidenchristen
durch den Geistempfang geschaffen wurde (Vers 47), kommt auch
im Abschlußsatz nochmals zum Ausdruck. Die Einladung zum
Bleiben ist im Sinn des Lukas sicher so zu verstehen, daß Petrus sie
annahm und somit die Heidenchristen als Gleichgestellte aner-
kannte.

11,1–18 Die letzte Szene ist der apostolischen und kirchlichen Anerkennung der Taufe unbeschnittener Heiden gewidmet. Sie erfolgt in
Jerusalem. Das entspricht der wichtigen heilsgeschichtlichen Stellung der Stadt im luk Doppelwerk. – Lukas vermeidet es, die Apostel selbst sich offen gegen die von Petrus vorgenommene Taufe aussprechen zu lassen. Die Kritiker werden nur bezeichnet als Christen
»aus der Beschneidung«, und der Gegenstand ihrer Kritik ist der
Kontakt und die Tischgemeinschaft mit Unbeschnittenen. Beide
Probleme werden im folgenden aber nicht mehr eigens genannt. So-

bald am Schluß der Szene von allen die Einsicht gewonnen ist, »daß Gott auch den Heiden die Umkehr zum Leben geschenkt hat«, ist das von Lukas angestrebte Argumentationsziel erreicht, aber die anfangs genannten Probleme der Lebensgemeinschaft zwischen Juden- und Heidenchristen bleiben außer Betracht. – Die Argumentation Petri besteht darin, daß er *erzählt*, wie Gott ihn zur klaren Erkenntnis geführt habe, daß die Heiden durch den Glauben gereinigt werden (15,9) und daß sie ohne Beschneidung den Heiligen Geist samt der Taufe empfangen können. In dieser Erzählung treten die von Gott gewirkten Führungen und Fügungen, nämlich die Visionen des Petrus und Kornelius, die Anweisung durch den Geist, die Herabkunft des Heiligen Geistes, nochmals so deutlich hervor, daß sich ihrer argumentativen Kraft die Zuhörer nicht mehr widersetzen, sondern nur noch der Taufe zustimmen und Gott dafür danken können. Wie Lukas die Herabkunft des Heiligen Geistes auf die Apostel vorbereitete, indem er ein Verheißungswort des Auferstandenen vorausgehen ließ (vgl. Apg 2 mit 1,5), so bindet er auch die Herabkunft des Geistes auf die Heiden an ebendiese Verheißung, deren er Petrus sich in dieser Stunde erinnern läßt (11,16). Damit bietet Lukas ein weiteres Argument zugunsten der Heidentaufe und stellt zugleich ihre heilsgeschichtliche Einordnung her. Besonders bemerkenswert ist, daß Lukas bei seiner theologischen Begründung der Heidenmission, wie er sie in der Korneliuserzählung darbietet, auf das Ablehnungs- und Verstockungsmotiv ganz verzichtet. Das Evangelium gelangt nicht zu den Heiden, weil Israel oder seine Führenden es ablehnen, sondern weil es Gottes universalem Heilswillen und der Verheißung des Auferstandenen entspricht.

24. Die Gemeinde in Antiochia 11,19–30

19 Die nun wegen der Verfolgung, die bei [der Tötung des] Stephanus ausgebrochen war, Zerstreuten kamen bis nach Phönizien, Zypern und Antiochia. Doch sie verkündeten das Wort niemand außer Juden.   20 Es waren aber einige Männer unter ihnen aus Zypern und Zyrene, die nach ihrer Ankunft in Antiochia auch zu den Griechen sprachen und den Herrn Jesus verkündeten. 21 Die Hand des Herrn war mit ihnen, und eine große Zahl wandte sich zum Herrn, indem sie gläubig wurde.   22 Die Kunde darüber kam der Gemeinde in Jerusalem zu Ohren, und sie sandte Barnabas nach Antio-

chia.   23 Als er ankam und die Gnade Gottes sah, freute er
sich und ermutigte alle, dem Herrn treu zu bleiben, wie sie es
sich ja im Herzen vorgenommen hatten;   24 denn er war ein
trefflicher Mann, voll Heiligen Geistes und Glaubens. Und viel
Volk wurde durch den Herrn hinzugefügt.   25 Er zog nach
Tarsus, um Saulus aufzusuchen.   26 Er fand ihn und brachte
ihn nach Antiochia. Es fügte sich aber für sie, daß sie ein ganzes Jahr in der Gemeinde zusammenkamen und eine große
Menge belehrten. In Antiochia wurden die Jünger zum ersten
Mal Christen genannt.
27 In diesen Tagen kamen Propheten von Jerusalem hinab
nach Antiochia.   28 Einer von ihnen namens Agabus stand
auf und sagte durch den Geist voraus, es werde eine große
Hungersnot über die ganze Welt kommen. Sie trat unter Klaudius ein.   29 Die Jünger beschlossen, den in Judäa wohnenden Brüdern etwas zur Unterstützung zu schicken, so, wie ein
jeder von ihnen die Mittel dazu hatte.   30 Das taten sie auch
und schickten [es] durch Barnabas und Saulus an die Ältesten.

Literatur: Benoit, P.: La deuxième visite de Saint Paul à Jérusalem: Bib 40
(1959) 778–792. – *Bickermann, E. J.:* The Name of Christians: HThR 42
(1949) 109–124. – *Bruce, F. F.:* Christianity under Claudius: BJRL 44 (1962)
309–326. – *Cadbury, H. J.:* Names for Christians and Christianity in Acts:
Beginnings Vers 375–392. – *Dautzenberg, G.:* Urchristliche Prophetie,
BWANT 104, Stuttgart, Berlin, Köln und Mainz 1975, 214–217. – *Dupont,
J.:* La famine sous Claude (Actes XI, 28): RB 62 (1955) 52–55. – *Ellis, E. E.:*
The Circumcision Party and the Early Christian Mission, in: *Ders.:* Prophe-
cy 116–128. – *Ellis, E. E.:* The Role of the Christian Prophet in Acts, in:
Ders.: Prophecy 129–144. – *Funk, R. W.:* The Enigma of the Famine Visit:
JBL 75 (1956) 130–136. – *Gaechter, P.:* Jerusalem und Antiochia: ZKTh 70
(1948) 1–48. – *Gapp, K. S.:* The Universal Famine under Claudius: HThR 28
(1935) 258–265. – *Georgi, D.:* Die Geschichte der Kollekte des Paulus für
Jerusalem, Theol. Forschg. 38, Hamburg 1965, 91–96. – *Hahn:* Mission
49f.; 116f. – *Harnack:* Apostelgeschichte 157; 169–187. – *Jeremias:* Quellenproblem 247–255. – *Ders.:* Sabbatjahr und neutestamentliche Chronologie, in: *Ders.:* Abba, Göttingen 1966, 233–238. – *Kasting:* Anfänge 103–105.
– *Kraeling, C. H.:* The Jewish Community at Antioch: JBL 51 (1932) 130–
160. – *Lake, K.:* The Famine in the Time of Claudius: Beginnings Vers 452–
455. – *Mattingly, H. B.:* The Origin of the Name »Christiani«: JThS 9 (1958)
26–37. – *Michaelis, W.:* Judaistische Heidenchristen: ZNW 30 (1931) 83–89.
– *Moreau, J.:* Le nom des Chrétiens: La nouvelle Clio 1/2 (1949/50) 190–192.
– *Müller, U. B.:* Prophetie und Predigt im Neuen Testament, StNT 10, Gütersloh 1975, 124–140. – *Norris, F. W.:* Antiochien, I. Neutestamentlich:

TRE III (1978) 99–103 (Lit.). – *Patch, H.:* Die Prophetie des Agabus: ThZ 28 (1972) 228–232. *Peterson, E.:* Christianus, in: *Ders.:* Frühkirche, Judentum und Gnosis, Rom, Freiburg und Wien 1959, 64–87. – *Polhill, J. B.:* The Hellenist Breakthrough. Acts 6–12: Review and Expositor 71 (1974) 475–486. – *Robinson, D. F.:* A Note on Acts 11: 27–30: JBL 63 (1974) 169–172; 411f. – *Schneider:* Gott 168. – *Strecker, G.:* Die sogenannte zweite Jerusalemreise des Paulus (Act 11,27–30): ZNW 53 (1962) 67–77. – *Strobel, A.:* Lukas der Antiochener: ZNW 49 (1958) 131–134. – *Spicq, C.:* Théologie Morale du Nouveau Testament, EtB I, Paris 1965, Appendice III: Ce que signifie le titre de chrétien 407–416. – *Zingg:* Kirche 179–229.

Aufbau und Form

Der Text ist in *Berichtform* abgefaßt. Der erste Teil (Verse 19–26) ist sehr allgemein, der zweite (Verse 27–30) etwas konkreter gehalten. Vers 19 knüpft an die 8,1 erwähnte Verfolgung der Christen an und stellt sie nun (19b) als *äußeren* Anlaß für das *Hingelangen* der Zerstreuten bis nach Antiochia dar. Im folgenden wird berichtet über die *Verkündigung* zunächst unter Juden (19c), sodann unter Griechen (20); über den *Beistand* des Herrn und den *Erfolg* (21); über die Kenntnisnahme der Jerusalemer Gemeinde und die Entsendung des *Barnabas* (22); über den *Eindruck*, den die Gemeinde von Antiochia auf ihn macht (23a); über seine *Reaktion:* Freude und Ermutigung (23b) und den *Grund* dafür: seine Trefflichkeit, Geistbegabung und Gläubigkeit (24a); über den *Erfolg* seines Wirkens (24b); über seine Initiative, *Saulus* aus Tarsus zu *holen* (25.26a), die einjährige *Zusammenarbeit* (26b) und ihren Erfolg (26c); über die *Bezeichnung* der Jünger als *Christen* (26d). Durch eine Erfolgsnotiz erhält die jeweilige Nachricht einen gewissen Abschluß (21b.24b.26c), so daß sich der erste Teil in die Einheiten gliedert: *Missionsbericht* (19–21), *Visitationsbericht* (22–24), *Bericht* über *gemeinsame Arbeit* (25–26c), *Notiz* über das *Aufkommen* des *Christennamens* (26d).
Der zweite Teil ist durch die *Zeitangabe* Vers 27a locker mit dem vorausgehenden verbunden. Die *Einleitung* Vers 27 berichtet davon, daß Propheten von Jerusalem nach Antiochia gelangten. Vers 28a schildert ein erstes *Einzelereignis:* die in indirekter Rede widergegebene *Vorhersage* eines namentlich genannten Propheten. Vers 28b stellt summarisch das *Eintreten* der Vorhersage mit indirekter Zeitangabe fest. Vers 29 berichtet sodann ein zweites *Einzelereignis:* den *Beschluß*, den Christen in Judäa zu helfen. Vers 30 schildert *abschließend* recht allgemein die *Ausführung* des Beschlusses: Barnabas und Saulus überbringen den Ältesten die Gaben.

Tradition, Redaktion und geschichtliche Grundlage

Lukas hat in dem Abschnitt eine Reihe einzelner Nachrichten, die ihm wohl schriftlich vorlagen, verarbeitet. Zu diesen vorgegebenen und auch mit den historischen Verhältnissen übereinstimmenden Nachrichten dürften gehören:

1. Hellenistische Judenchristen, darunter einige aus Zypern und Zyrene (Vers 20a), missionierten erstmals in Phönizien, Zypern und Antiochia (Vers 19b). Für vorluk Überlieferung spricht, daß sich diese Tatsache von der eigenen Sicht des Lukas unterscheidet. Nach dem luk Missionskonzept geschieht die Missionierung Zyperns erst durch Paulus und Barnabas (13,4; 15,39). Außerdem zeigen 15,3; 21,3 f.7; 27,3, daß es Christengemeinden in den phönizischen Städten Tyrus, Ptolemais und Sidon gab, ohne daß Lukas deren Gründung erwähnt. 13,1–3 ist die Existenz einer Gemeinde in Antiochia vorausgesetzt, und bereits 6,5 wird unter den Christen Jerusalems Nikolaus, ein Proselyt aus Antiochia, genannt. Daß sich unter den Missionierenden auch Christen aus Zypern und Zyrene befanden, ist nach 4,36; 6,9; 13,1 gut verständlich.

2. Sie verkündigten das Evangelium auch Griechen, d. h. unbeschnittenen Heiden (Vers 20b). Die Tatsache wird ohne inneren Zusammenhang zu dem Geschehen 10,1–11,18 berichtet, das Lukas selbst als den entscheidenden Durchbruch zur Heidenmission erachtet. Das läßt auf eine selbständige, Lukas zugekommene Nachricht schließen.

3. In der Gemeinde von Antiochia arbeiteten Barnabas und Saulus eine Zeitlang zusammen (Vers 26b). Mindestens der Kontakt zwischen Saulus und Barnabas in Antiochia erweist sich durch Gal 2,1.9.13 als vorluk Wirklichkeit. – Nicht mit gleicher Sicherheit läßt sich ermitteln, ob die Aussage, Barnabas habe Saulus aus Tarsus geholt (Verse 25.26a), historisch zutrifft und aus vorluk Überlieferung stammt (*Zingg:* Kirche 226 f. rechnet damit) oder erst von Lukas aus 9,30; 13,1 erschlossen worden ist (von *Haenchen* 333; *Conzelmann* 67 erwogen). Zugunsten luk Gestaltung sprechen, daß der aus Gal 1,18.21; 2,1 sich ergebende historische Zeitraum des Aufenthalts in Syrien und Zilizien von etwa mindestens zehn Jahren bei Lukas sehr gerafft erscheint und Lukas auch 9,27 die Vermittlerrolle des Barnabas betont.

4. Die erstmals in Antiochia aufgekommene Bezeichnung der Jünger als Christen (Vers 26d) steht verhältnismäßig beziehungslos im Kontext (*Peterson* 65) und scheint deshalb als eigenständige Nachricht von Lukas aufgenommen worden zu sein.

5. Ein urchristlicher Prophet namens Agabus hatte eine große Hungersnot vorausgesagt (Vers 28). Daß es urchristliche Propheten gab, ist nicht zu bezweifeln, daß Vorhersagen des Agabus in Umlauf waren, zeigt auch Apg 21,10, und daß Hungersnöte zum Inhalt apokalyptisch-endzeitlicher Prophetie gehörten, geht aus Mk 13,8 und vielen Texten der Apokalyptik hervor. Ob die vorluk Überlieferung schon davon sprach, daß Agabus zusammen mit anderen Propheten von Jerusalem nach Antiochia kam (vgl. 21,10: von Judäa nach Cäsarea), ist fraglich.

6. Saulus/Paulus hat eine Kollekte nach Jerusalem überbracht Vers 30. Daß diese Aussage auf einer historischen Tatsache beruht und Überlieferung voraussetzt, die zu Lukas gelangte, ergibt sich aus 24,17; Röm 15; 2Kor 8f. Zu dieser Überlieferung wird indes nicht schon die Nachricht gehört haben, daß die Kollekte von Antiochia ausging (siehe unten).

7. Zur Leitung der Jerusalemer Gemeinde haben Älteste (*presbyteroi*) gehört (Vers 30). Die unvermittelte Nennung dieser Führungsgruppe läßt annehmen, daß Lukas entweder nichts Näheres über ihr Entstehen wußte oder mindestens darüber nichts sagen wollte, sich aber durch Vorlagen genötigt sah, sie zu erwähnen (vgl. 15,2.4.6.23; 16,4; 21,18).

Die unter 1.–4. genannten Nachrichten stammen sehr wahrscheinlich aus antiochenischen Traditionen. Es ist aber nicht hinreichend begründet, sie einer durchgehenden antiochenischen Quelle zuzuschreiben, deren Existenz *Harnack* 153–157; 169–173; *Jeremias: Quellenproblem* 247–255; *Bultmann:* Quellen 421–423 annahmen und *Hengel:* Jesus 156 erwogen hat. Zu deutlich ist die luk Kompositionsweise, die erst aus einigen Einzelnachrichten ein Gesamtbild schuf, erkennbar, als daß man mit *Harnack* den Eindruck gewinnen könnte, daß es sich 11,19–30 um einen »Auszug aus einem umfassenden Bericht« (154) handelt (ablehnend auch *Trocmé* 167; *Haenchen* 361–365; *Conzelmann* 67; zurückhaltend *Zingg* 227). Der luk Kompositions- und Redaktionsarbeit sind zu verdanken:

1. Die Einleitung Vers 19a; denn sie knüpft an 8,4.(1) an und ist ganz vom luk Sprachstil geprägt.

2. Die Aussage, daß die Verkündigung zunächst nur vor Juden geschah Vers 19c; denn die Ordnung: erst den Juden, dann den Heiden entspricht dem luk Konzept. Außerdem ist der Ausdruck »das Wort verkünden« (4,29.31; 8,25; 13,46; 14,25; 16,6.32) typisch luk und die Bezeichnung »Juden« (Joh 71 mal; Apg 79 mal von 194 Vorkommen im NT) hat für Lukas besonderes Gewicht.

3. Die Verse 20c–24. Inhaltliche Anzeichen für die luk Komposition

sind: die Erfolgsnotizen Verse 21b. 24b (vgl. 2,47; 5,14; 9,31; 16,5), die Kenntnisnahme der Jerusalemer Gemeinde Vers 22a (vgl. 8,14; 11,1), die Entsendung von Legaten Vers 22b (vgl. 8,14; 15,22), die begründende Charakteristik des Barnabas Vers 24a (vgl. Lk 1,6; 22,25; 23,50; Apg 6,3; 9,36; 10,2.22). Sprachlich weisen auf luk Formung z. B.: die Angabe des Verkündigungsinhaltes Vers 20b (vgl. 5,42), die Ausdrücke »die Hand des Herrn war mit ihnen« Vers 21a (vgl. 2 Kön 3,12; Lk 1,66; Apg 4,30; 13,11), »zu Ohren kommen« Vers 22a (vgl. Jes 5,9 LXX; Lk 1,44) und »viel Volk wurde hinzugefügt« Vers 24 (vgl. 2,41.47; 5,14).

4. Die Einleitungswendung Vers 27a (vgl. 1,15); denn sie schafft die lockere Verbindung zum Vorausgehenden.

5. Möglicherweise die Angabe, daß mehrere Propheten von Jerusalem nach Antiochia herabkamen Vers 27b; denn sie entspricht dem luk Bemühen, die enge Verbindung zwischen beiden Christengemeinden bewußt zu machen, ähnlich wie bereits in Vers 22.

6. Die Ausdehnung der Hungersnot »über die ganze Welt« und der Hinweis auf ihr Eintreten unter Klaudius Vers 28. Abgesehen von den historischen Schwierigkeiten (s. u.) legt sich die Annahme luk Gestaltung deshalb nahe, weil gerade Lukas den Bezug zum ganzen Weltreich und zur Profangeschichte auch Lk 2,1; 3,1 f. in ganz ähnlicher Weise hergestellt hat.

7. Die Schilderung der antiochenischen Hilfsaktion und der Entsendung des Barnabas und Saulus zur Überbringung der Gaben Vers 29 f. Letztere läßt sich mit den eigenen Angaben des Paulus Gal 1 f. nicht vereinbaren. Beide Aussagen des Lukas passen aber wiederum gut zu seiner Intention, das enge und harmonische Verhältnis zwischen den Gemeinden Jerusalems und Antiochias darzustellen.

Auslegung

19–21 In einem völligen Neuansatz bezüglich der Personen, des Ortes und der Handlung nimmt Lukas den Erzählfaden von 8,1.4 wieder auf. Wie die wegen der Stephanusverfolgung versprengten hellenistischen Judenchristen in Samaria und den Küstenstädten zu missionieren begannen (8,5–40), so tragen sie jetzt das Evangelium in weitere Gebiete und Städte bis nach Antiochia. Damit ist eine sehr wichtige Stadt der damaligen Welt erreicht. Seit 64 v. Chr. war Antiochia die Hauptstadt der römischen Provinz Syrien. *Jos* Bell III 4,29 sagt von ihr, daß sie neben Rom und Alexandria »wegen ihrer Größe und ihres allgemeinen Wohlstandes unwidersprochen den dritten Platz in der von den Römern beherrschten Welt einnimmt«

(weitere antike Zeugnisse bei *Norris* 99–103). Nach der vorausgehenden Korneliuserzählung, die den grundsätzlichen Durchbruch zur Heidenmission berichtete, befremdet es zunächst, daß sich die christliche Verkündigung nun doch wieder an Juden richtet und scheinbar das Vorausgehende nicht beachtet. Bei genauerem Zusehen zeigt sich aber, daß die negative Aussage Vers 19 die positive Aussage über die Missionierung von Heiden Vers 20 vorbereitet (*Zingg* 222), daß auf ihr der Ton liegt und daß sie im Sinn des Lukas überhaupt erst gemacht werden konnte, nachdem der eigentliche Durchbruch, wie die Korneliusepisode ihn schildert, geschehen war. Die Reihenfolge der Korneliuserzählung und der Antiochia-Nachrichten ist für Lukas nicht umkehrbar und die Verkündigung unter den Griechen ein weiterführender Schritt. – Der Erfolg wird – wie auch sonst bei Lukas – letztlich auf »den Herrn« zurückgeführt (Vers 21a) und in der gläubigen Hinwendung vieler »zum Herrn« (Vers 21b) gesehen, womit in Vers 21a Gott und in Vers 21b Christus gemeint ist (*Schneider:* Gott 163; 166). Obwohl Lukas vorauszusetzen scheint, daß nun eine aus Judenchristen und unbeschnittenen Heidenchristen gemischte Gemeinde entstanden ist, fällt auf, daß die sich daraus ergebenden Probleme eines wirklichen Zusammenlebens nicht zur Sprache kommen; vielleicht deshalb nicht, weil es schon nicht mehr die Probleme der Gemeinden waren, in denen Lukas selbst lebte und die sich fast nur aus Heidenchristen zusammensetzten. In einer gemischten Gemeinde wie in Antiochia sah Lukas nicht etwa »die am weitesten in die Zukunft weisende ekklesiale Struktur« (*Löning:* Korneliustradition 17), sondern nur ein »Übergangsphänomen« (ebd.), das bereits der Vergangenheit angehörte.

22–26c Wie die Kunde von der Gründung und dem Wachstum der Gemeinden Samarias nach Jerusalem drang und man daraufhin Petrus und Johannes entsandte, um die Verbindung mit dem apostolischen Zentrum nach luk Verständnis herzustellen (8,14), so geschieht es ähnlich bei der Gründung der Christengemeinde in Antiochia. Barnabas, der wegen seines sozialen Verhaltens angesehen war (4,36f.) und sich schon als Vermittler zwischen Saulus und der Urgemeinde bewährt hatte (9,27), erscheint nach Lukas geeignet, die Situation in Antiochia zu beurteilen und die Verbindung mit der »apostolischen Kirche« herzustellen. In Antiochia angekommen, »sieht er die Gnade Gottes« (Vers 23), d. h. er erkennt, daß *viele* für den Glauben an Christus gewonnen wurden, daß es *Juden* und *Heiden* sind und daß *Gott* dies wirkte. Die »Gunst«, die »Gnade Got-

tes« wendet sich in der Verkündigung des Evangeliums den Menschen zu und kann in ihr erfahren werden. Das sagt Lukas auch 14,3;
20,24.32; vgl. Lk 4,22. Die gemäße Reaktion auf das in der Verkündigung angebotene und im Glauben angenommene Heil ist die Freude (Vers 23; vgl. 13,48; 15,3). Zugleich ist aber auch der ermahnende
Zuspruch am Platz, der zur Vertiefung des Begonnenen führt und
zum Durchhalten ermutigt (Vers 23; vgl. 13,43; 14,22). Daß sich
Barnabas freut und daß er ermahnt, beides begründet Lukas dadurch, daß er ihn in einer Weise charakterisiert, die griechisch-hellenistischen und christlichen Wertvorstellungen entspricht: er gilt ihm
als »trefflicher Mann« (*anēr agathos*) und »voll des Heiligen Geistes
und Glaubens«. – Die erneute Erfolgsnotiz kann besagen, daß viel
Volk »*dem* Herrn« (so *Haenchen:* Apg 350; *Conzelmann:* Apg 66;
Zingg: Kirche 30; 213) oder »*durch* den Herrn« (so *Schneider:* Gott
168) hinzugefügt wurde. Aufgrund von Lk 23,15; Apg 2,41 ist Letzteres wahrscheinlicher. Mit »Herr« ist wohl entsprechend Vers 21a
Gott gemeint. – Der Vermittlerrolle des Barnabas ist von Lukas ein
weiterer Dienst zugedacht. Er holt Saulus aus Tarsus nach Antiochia
und arbeitet mit ihm ein Jahr lang zusammen. Als Haupttätigkeit
wird das Lehren genannt. Damit ist nicht nur die Weitergabe der
Christus-Überlieferung gemeint, sondern auch deren geistgewirkte
Durchdringung in Verbindung mit alttestamentlicher Schriftreflexion und der Anwendung auf die Verhältnisse der neuen Gemeinde
(vgl. *Schürmann:* Lehrer 130 f.). Die Belehrung selbst geschah wohl
meist bei Zusammenkünften der Gemeinde, wie sie für Antiochia
auch 14,27; 15,30.35 und sonst 4,31; 20,7 f. u. a. von Lukas bezeugt
werden. Der Hinweis auf die große Menge, der die Belehrung gilt,
ist zugleich eine indirekte Erfolgsnotiz.

26d Unvermittelt, äußerst knapp und ohne daß vorher im Bericht
über die Missionierung in Antiochia der Name »Christus« erwähnt
worden wäre, teilt Lukas mit, daß hier die Jünger erstmals »Christen« genannt wurden. Der Name *Christianoi* ist ein griech. Wort
mit einer lat. Adjektivendung. Es ist ebenso gebildet wie z. B. »He-
rodianer« = Parteigänger des Herodes (*Hērōdianoi* Mk 3,6 u. a.).
Der erste Teil des Wortes hat den Sinn eines Eigennamens, und die
Endung gibt ein Zugehörigkeitsverhältnis an, wie es sachlich analog
z. B. auch 1Kor 15,23 ausgedrückt ist: »die, die Christus angehören«. Nicht völlig geklärt ist, ob sich die Jünger diesen Namen selbst
gegeben haben (so *Bickermann* 109–124; *Moreau* 190–192; *Zingg*
221) oder ob er ihnen von außen beigelegt wurde (so *Peterson* 76 f.;
Haenchen 354; *Conzelmann* 68; *Stählin* 163); ob er eine private

bzw. volkstümliche Bezeichnung war (so *Conzelmann, Haenchen, Zingg*) oder einen offiziellen, amtlichen Charakter hatte (so *Bickermann, Moreau, Peterson*). Die Gründe, die für eine volkstümliche (vielleicht auch amtliche?) *Fremdbezeichnung* sprechen, haben wohl das größere Gewicht: 1. Bereits *Tacitus* berichtet, daß das Volk die Mitglieder einer gewissen Sekte Christen nennt und ihr Stifter Christus hieß (Annalen 15,44). *Plinius* der Jüngere bezeugt die Fremdbezeichnung ebenfalls (Briefe 10,96). Sie begegnet auch Apg 26,28 im Munde des Königs Agrippa. 2. Das Verbum *chrēmatizein*, das bedeuten kann »einen Namen führen, benannt werden, heißen« (*Bauer:* Wörterbuch 1751), hat an der einzig vergleichbaren Stelle im NT passive Bedeutung im Sinn einer volkstümlichen Fremdbezeichnung (Röm 7,3). 3. Der Kontext und die Tatsache, daß Lukas sonst die freundliche Haltung römischer Behörden gegenüber den Christen betont, lassen kaum die Annahme zu, er hätte hier eine aus politischer Gegnerschaft stammende Bezeichnung in den Text aufgenommen. Sie wird ursprünglich wohl vom heidnischen Volk zur Unterscheidung von Juden und Christen aufgekommen sein.

27–30 Zum erstenmal in der Apg ist hier vom Auftreten urchristlicher Propheten die Rede. Da »die Verschriftung visionärer und prophetischer Erfahrungen in neutestamentlicher Zeit nicht die Regel, sondern die Ausnahme darstellt« (*Dautzenberg* 214), ist anzunehmen, daß sie häufiger waren als die sporadischen Zeugnisse, die über sie erhalten sind. Nach Paulus gehörte die Prophetie zu den vielfältigen Geistesgaben in den Gemeinden von Korinth und Rom (1 Kor 12–14; Röm 12). Sie bestand in einem durch den Geist bzw. durch Christus (*Müller* 126) bewirkten Wort der »Erbauung, Ermahnung und Tröstung« (1 Kor 14,3). Das Umherziehen von Wanderpropheten, wie Lukas es hier erwähnt, ist noch für den Anfang des 2. Jahrh. durch die Didache 11–13 bezeugt. Wie zur Zeit der atl. Prophetie (1Sam 10,5.11; 1Kön 18,4), läßt Lukas die Propheten als Gruppe auftreten, aus der er Agabus als Einzelgestalt mit einem konkreten prophetischen Wort hervorhebt. Der Inhalt dieser Prophetie ist nicht eine charismatische Weisung für die Gegenwart, wie sie vorwiegend für das prophetische Wirken in den paulinischen Gemeinden charakteristisch ist (vgl. auch Apg 15,32), sondern eine die Zukunft betreffende Aussage. Sie wird ursprünglich apokalyptischer Art gewesen sein, ähnlich wie Mk 13,8 (vgl. Apk 6,5 f.). Aber Lukas deutet sie so, daß ihr Eintreffen als weltgeschichtliches Ereignis zu verstehen ist: die von Agabus vorhergesagte weltweite Hungersnot sei unter Klaudius (41–54 n. Chr.) eingetreten. Während seiner Regierungszeit gab es tatsächlich mehrere Hungersnöte in verschiedenen Teilen des Reiches, aber keine, die das ganze Reich betraf. Eine besonders schwere befiel Israel zur Zeit der Statthalterschaft des Tiberius Alexander (etwa 46–48 n. Chr.). *Flavius Josephus* erwähnt sie zweimal (Ant XX 2,5; XX 5,2) und berichtet über die Hilfsaktionen Helenas, der Königin von Adiabene. Lukas dürfte in dieser Hungersnot, die freilich keine weltweite war, die Erfüllung der Agabusvorhersage gesehen haben.

Lukas hat auch nicht bedacht, daß die im folgenden geschilderte Hilfe nicht gut zu einer Welthungersnot paßt, von der ja auch Antiochia betroffen gewesen wäre. Daß Paulus von Antiochia aus und noch vor dem Apostelkonzil nach Jerusalem gereist wäre, ist mit seinem Selbstzeugnis nicht vereinbar. Nach Gal 1,17–20; 2,1–10 zog er nach seiner Bekehrung und vor dem Apostelkonzil *nur ein einziges Mal* nach Jerusalem (vgl. Apg 9,27), und die Überbringung der Kollekte geschah erst am Ende der dritten Missionsreise (1 Kor 16; 2 Kor 8 f.; Röm 15; vgl. Apg 24,17). Historisch ist die von Lukas in Vers 30 vorausgesetzte Jerusalemreise des Saulus nicht zu erweisen (so auch *Haenchen:* Apg 362 f.; *Conzelmann:* Apg 69; *Strecker:* Jerusalemreise 73–77; – anders *Jeremias:* Sabbathjahr 237; *Benoit:* Visite 791, die in je verschiedener Weise die 2 und 3. Reise in eins setzen).

Es ist jedoch verständlich, weshalb Lukas die Szene so gestaltet hat. Um des Erweises der heilsgeschichtlichen und apostolischen Kontinuität willen schuf er eine enge Verbindung zwischen dem Zentrum Jerusalem und der neugegründeten, teils sogar heidenchristlichen Gemeinde der äußerst wichtigen Metropole Antiochia. Lukas knüpft diese Verbindung durch mehrere Fäden: *Von Jerusalem aus* erfolgt die Gründung (Verse 19 f.), die Entsendung des Barnabas zur Begutachtung (Verse 22–24), der Kontakt durch das pneumatische Element, die Propheten (Verse 27 f.); wie *in Jerusalem* entfaltet sich die soziale Verantwortung christlicher Nächstenliebe (Vers 29); *nach Jerusalem hin* geht die Sorge der »Tochtergemeinde« in Form der Kollekte (Vers 30). Lukas hat in dieses Geflecht einzelne Fäden verwoben, die er aus der Überlieferung empfangen hatte. Dazu gehörte sein Wissen um die gemischte Christengemeinde Antiochias, um das gemeinsame Wirken des Barnabas und Saulus dort, um die Bezeichnung der Jünger als Christen, um die Hungerprophetie des Agabus und um die Kollekte des Saulus am Schluß seiner Wirksamkeit.

25. Die Christenverfolgung durch Herodes und die Befreiung des Petrus 12,1–25

1 Um jene Zeit legte der König Herodes Hand an, um einigen aus der Gemeinde Böses anzutun. 2 Er ließ Jakobus, den Bruder des Johannes, mit dem Schwert hinrichten. 3 Als er sah, daß es den Juden gefiel, ließ er auch Petrus festnehmen. Es waren gerade die Tage der ungesäuerten Brote. 4 Er nahm ihn also fest und warf ihn ins Gefängnis, indem er ihn vier Abteilungen zu je vier Soldaten zur Bewachung übergab. Nach dem Osterfest wollte er ihn dem Volk vorführen. 5 Petrus wurde nun im Gefängnis bewacht. Von der Gemeinde aber wurde inständig für ihn zu Gott gebetet. 6 In jener Nacht aber, ehe Herodes ihn vorführen wollte, schlief Petrus mit zwei Ketten gefesselt zwischen zwei Soldaten, und Posten vor der Tür bewachten den Kerker. 7 Und siehe, ein Engel des Herrn trat heran, und Licht erstrahlte im Raum. Er stieß Petrus in die Seite, weckte ihn und sprach: Steh schnell auf! Da fielen seine Ketten von den Händen. 8 Es sprach aber der Engel zu ihm: Gürte dich und ziehe deine Sandalen an! Er tat so. Und er sprach weiter zu ihm: Nimm deinen Mantel und folge mir! 9 Er ging hinaus und folgte ihm, und er wußte nicht, daß es Wirklichkeit war, was durch den Engel geschah. Es kam ihm vor, als sehe er ein Traumgesicht. 10 Sie gingen vorbei an der ersten Wache und an der zweiten und kamen an das eiserne Tor, das in die Stadt führt. Es öffnete sich ihnen von selbst, und sie traten hinaus und gingen eine Gasse weit. Und sogleich schied der Engel von ihm. 11 Und als Petrus zu sich kam, sagte er: Nun weiß ich wahrhaftig, daß der Herr seinen Engel gesandt hat und mich errettet hat aus der Hand des Herodes und aller Erwartung des Volkes der Juden. 12 Als er sich darüber klar geworden war, ging er zum Haus der Maria, der Mutter des Johannes mit dem Beinamen Markus, wo viele versammelt waren und beteten. 13 Als er aber am Außentor klopfte, kam eine Magd namens Rhode, um zu öffnen. 14 Als sie die Stimme des Petrus erkannte, öffnete sie vor Freude das Tor nicht, sondern lief hinein und meldete, Petrus stehe vor dem Tor. 15 Sie aber sagten zu ihr: Du bist von Sinnen! Sie behauptete jedoch fest, es verhalte sich so. Sie sagten: Es ist sein Engel. 16 Petrus aber klopfte weiter. Als sie öffneten und ihn sahen, gerieten sie außer sich. 17 Er gab ihnen mit der Hand ein Zeichen zu schweigen

und erzählte ihnen, wie der Herr ihn aus dem Gefängnis herausgeführt hatte. Dann sagte er: Berichtet das dem Jakobus und den Brüdern! Und er ging hinaus und begab sich an einen anderen Ort. 18 Als es aber Tag wurde, herrschte eine nicht geringe Bestürzung unter den Soldaten darüber, was wohl mit Petrus geworden sei. 19 Herodes ließ nach ihm suchen, und da man ihn nicht fand, verhörte er die Wachen und befahl, sie abzuführen. Er zog von Judäa nach Cäsarea hinab und blieb [dort]. 20 Er war aber heftig erzürnt auf die Bewohner von Tyrus und Sidon. Gemeinsam kamen sie zu ihm, gewannen Blastus, den Kämmerer des Königs, für sich und erbaten Frieden, weil die Ernährung ihres Landes von dem des Königs abhing. 21 Am festgesetzten Tag bekleidete sich Herodes mit einem königlichen Gewand, nahm auf der Tribüne Platz und hielt eine Ansprache an sie. 22 Das Volk aber rief ihm zu: Eines Gottes, nicht eines Menschen Stimme! 23 Sofort schlug ihn ein Engel des Herrn dafür, daß er nicht Gott die Ehre gegeben habe. Er wurde von Würmern zerfressen und starb. 24 Das Wort Gottes aber wuchs und breitete sich aus. 25 Nachdem Barnabas und Saulus ihren Dienst in Jerusalem beendet hatten, kehrten sie zurück und nahmen Johannes, mit dem Beinamen Markus, mit.

Literatur: Barnikol: Personenprobleme 7–15. – *Blinzler, J.:* Rechtsgeschichtliches zur Hinrichtung des Zebedäiden Jakobus (Apg 12,2): NT 5 (1962) 191–206. – *Dietrich:* Petrusbild 296–306. – *Dupont:* Études 217–241. – *Eulenstein, R.:* Die wundersame Befreiung des Petrus aus Todesgefahr, Acta 12,1–23: Wort und Dienst 12 (1973) 43–69. – *Haenchen, E.:* Petrus-Probleme, in: *Ders.:* Gott 55–67. – *Holmes, B. T.:* Luke's Description of John Mark: JBL 54 (1935) 63–72. – *Jeremias:* Quellenproblem 250 f. – *Lake, K.:* The Death of Herod Agrippa I.: Beginnings V 446–452. – *Neirynck:* Miracle Stories. – *Robinson, D. F.:* Where and when did Peter die?: JBL 64 (1945) 255–267. – *Schürer* I 549–564. – *Strobel, A.:* Passa-Symbolik und Passa-Wunder in Act. XII. 3 ff.: NTS 4 (1958) 210–215. – *Theißen:* Wundergeschichten 109; 273. – *Vögeli, A.:* Lukas und Euripides: ThZ 9 (1953) 415–438. – *Weinreich:* Türöffnung 309–341. – *Wikenhauser:* Geschichtswert 322 f.; 398–401.

Aufbau und Form

Der Text besteht aus der *Erzählung eines Befreiungswunders* Verse 1–23, aus einer *Wachstumsnotiz* Vers 24 und aus einer *Nachricht*

über die *Rückkehr des Barnabas und Saulus* nach Antiochia Vers 25.
Die *Wundererzählung* hat folgenden Aufbau: *Verse 1–10: Das Be-*
freiungswunder. Verse 1–4: *allgemeine Vorgeschichte:* verbindende
Zeitangabe (1a); summarische Nachricht über Christenverfolgun-
gen durch Herodes (1b); Nachricht über eine einzelne Hinrichtung,
nämlich die des Jakobus (2); Bericht über die Festnahme Petri: Angabe des Grundes (3a), Festnahme (3b), Zeitangabe (3c), Einkerkerung (4a), Übergabe an die Bewachung (4b), weiterer Plan (4c). –
Verse 5–6: *unmittelbare Vorgeschichte:* Petrus in Haft (5a); die Gemeinde im Gebet (5b), Petrus in der Nacht vor dem Prozeß inmitten
sicherster Bewachung schlafend (6). – Verse 7–10: *das eigentliche*
Befreiungswunder: Auftreten, Befehle, Machttaten des Engels (7f.);
Zwischenbemerkung über den Bewußtseinzustand Petri (9); vollständige Befreiung Petri und Scheiden des Engels (10).
Verse 11–17: Bericht über die *Auswirkungen auf die Christen.* Verse
11f.: das Verhalten Petri: Angabe über seinen Bewußtseinszustand
(11a); Aussprechen der Erkenntnis, wer ihn gerettet hat (11b); Gang
zum Haus der Maria (12a); Angabe über die dort versammelte und
betende Gemeinde (12b). – Verse 13–17c: Begegnung Petri mit der
Gemeinde: Petrus begegnet der Magd Rhode am Tor (13); vor Freude öffnet sie nicht, sondern sagt es den Mitchristen (14); sie meinen,
sie sei von Sinnen (15a); doch da sie auf ihrer Behauptung beharrt
(15b), erklären sie, es sei der Engel des Petrus (15c); als sie öffnen,
erkennen sie Petrus und sind außer sich (16); er gebietet Stille (17a),
erzählt die Befreiung (17b) und trägt in direkter Rede auf, dies Jakobus und den Brüdern zu melden (17c). – 17d: kurze Notiz über den
Fortgang Petri.
Verse 18–23: Bericht über die *Auswirkungen auf die Nichtchristen.*
Verse 18f.: Wirkung auf die Soldaten (18), Reaktion des Herodes
(19). – Vers 20: kurze Vorgeschichte zum Tod des Herodes. – Verse
21–23: Straftod des Herodes: prunkvolles Auftreten (21); göttliche
Verehrung durch das Volk (22); göttliche Bestrafung durch schrecklichen Tod (23).
Der Text (VV 1–23) stellt sich als planvoll angelegte, meisterhaft erzählte kompositorische Einheit dar (vgl. *Eulenstein* 53–59). Sie zeigt
sich 1. an der konsequenten, mit Steigerungen versehenen Erzählweise in jedem der drei Teile. Im ersten Teil: allgemeine Gefahr –
Hinrichtung eines einzelnen – Todesgefahr nun für Petrus, wobei
weder er noch die Gemeinde Aussicht auf Rettung sieht, denn er ist
strengstens bewacht – unerwartet eintretende, von Gott erwirkte
Befreiung! Bei der äußerst straffen Schilderung des Befreiungs-
vorgangs lassen die Aussagen über das Auftreten des Engels,

seine drängenden Anweisungen, das mühelose Durchschreiten der ersten beiden Tore und die Machttat, daß sich das letzte und wichtigste Tor selbst öffnet, eine planvolle Steigerung erkennen. Im zweiten Teil führt die Steigerung von der Erkenntnis des Petrus zu der der Magd und schließlich in stufenweisem Prozeß zu der der Gemeinde. – Im dritten Teil steigern sich die negativen Auswirkungen: Verwirrung unter den Soldaten – Fehlurteil des Herodes – Versuch, in Cäsarea Ansehen zu erhalten – Sich-anmaßen göttlicher Ehre – gottgewirkter Straftod. – Die kompositorische Einheit zeigt sich 2. an den vielfältigen Beziehungen, die zwischen den drei Teilen bestehen: a) Da Herodes die bei den Juden erstrebte Gunst (Vers 3) wegen des Entkommens Petri (Verse 7–17) nicht findet, verläßt er Judäa und geht nach Cäsarea, um dort zu Ehren zu kommen (Verse 18–22). b) Er sucht mit unrechten Mitteln Anerkennung (Verse 1–3), verfällt aber ohnmächtig dem Gottesgericht (Vers 23). c) Gottes Engel »stößt« Petrus, um an ihm Heil zu wirken (Vers 7), und er »schlägt« Herodes, um ihn zu strafen (Vers 23; beide Male dasselbe Wort *patassein!*). d) Während die Christen zunächst hilflos der Macht des Herodes und der Soldaten ausgeliefert sind (Verse 1–6), dann aber Petrus, die Magd Rhode und die Gemeinde zur Erkenntnis von Gottes rettendem Eingreifen gelangen (Verse 11.14.15f.), kommt die zunächst machtvoll auftretende Gruppe der Gegner zu keiner Einsicht und zerfällt ohnmächtig: die Soldaten sind ratlos und werden abgeführt (Vers 18), Herodes versteht nichts, sucht nach seinem Fehlschlag auf andere Weise Anerkennung und verfällt dem Straftod (Verse 20–23), seine Sympathisanten in Cäsarea sind genarrt (Verse 22 f.).

Geläufige *Formen antiker Darstellungsweise* sind besonders in der *Erzählung des Befreiungswunders* und in der *Schilderung des Herodes-Todes* zu erkennen. In der religiösen Propagandaliteratur der Antike spielen Befreiungs- und Türöffnungswunder eine große Rolle. Sie werden berichtet von Dionysos, seinem Begleiter Acoetus, von Apollonius und Mose. Dafür einige Beispiele:

Euripides (5. Jh. v. Chr.): Die Bakchen 445–450: Fesseln fallen ab, Türen öffnen sich; 498: Der gefesselte Dionysos sagt zu Pentheus: »Befreien wird mich der Gott selbst, sobald ich es nur will!«; 576–614: Die Befreiung geschieht so, daß Dionysos vom Innern des Hauses her seinen Gläubigen zuruft, daraufhin das Gebäude einstürzt, die Erde erbebt und der Gott frei und unverletzt als Sieger erscheint. *Ovid* (43 v. – 17 n. Chr.): Metamorphosen III 695–700: Pentheus läßt Acoetus fesseln, in den Kerker werfen und seinen Tod vorbereiten. Da »öffneten sich von selbst, so erzählt man, die Türen; die Ketten glitten, von keinem gelockert, von selbst ihm herab von den Armen.«

(Übersetzung: *E. Rösch*, Tusculum-Ausgabe, München 1961, S. 123). Ähnliches berichtet *Pacuvius* (2. Jh. v. Chr.): Servius Danielis ad Aen. IV 469.

Nonnos (5. Jh. n. Chr.): Dionysiaka 44,18–23: Vor der Ankunft des Dionysos in Theben läßt Pentheus die Tore der Stadt schließen; aber es ist vergeblich: sie springen von selbst wieder auf, Riegel helfen nicht, sie lassen sich nicht schließen. – 45,275–46,3: Pentheus läßt die Bakchen fesseln und einkerkern. Aber die Fesseln zerbrechen, Licht erstrahlt im Gewölbe, die Türen öffnen sich von selbst und die Wächter entfliehen.

Philostratos (um 200 n. Chr.): Vit Apoll VII 34: Gegen die Verdächtigung, er sei ein Zauberer, sagt Apollonius: »Wenn du glaubst, ich sei ein Goet, warum fesselst du mich? Wenn du mich aber fesselst, warum sagst du, ich sei ein Goet?« – VII 38: Damis besucht seinen vom Kaiser Domitian eingekerkerten Meister Apollonius und fragt ihn, wann er befreit werde. Er erhält die Antwort: »Soweit es vom Richter abhängt, heute; soweit von mir, sofort.« Mit diesen Worten zieht er seinen Fuß aus den Fesseln und sagt: »Hier habe ich dir einen Beweis meiner Freiheit gegeben, sei also getrost.« Danach legte er den Fuß wieder in die Fesseln. – VIII 30: Apollonius wird auf Kreta von den Tempelwächtern gefesselt und irgendwo in Gewahrsam gehalten. Um Mitternacht löst er sich, ruft die, die ihn gefesselt haben, geht auf den Tempel zu, dessen Türen sich weit öffnen, um ihn einzulassen. Sobald er drinnen war, schlossen sie sich wieder so, wie sie vorher waren. Von drinnen her hörte man einen Jungfrauenchor den Aufstieg des Apollonius zum Himmel besingen.

Artapanos (um 100 v. Chr.) berichtet in seinem Werk über die Juden, das in Auszügen u. a. bei *Eusebius*, Praeparat. evangel. IX 23 erhalten ist: Nachdem Mose die Gottesoffenbarung erhalten hatte und zum Pharao ging, ließ dieser ihn einkerkern. »Als es Nacht geworden war, öffneten sich von selbst die Türen des Gefängnisses; von den Wächtern starben einige, einige wurden aus dem Schlaf geschreckt und ihre Waffen zerbrachen. Mose kam heraus, um zum König zu gehen. Er fand die Türen geöffnet und trat ein …«

Allen diesen antiken Erzählungen ist gemeinsam, daß sich das Wunder im Dienst der Mission und im Kampf mit der alten Religion ereignet. Es dient der Beglaubigung der neuen Gottheit, »die in der Rettung ihrer Bekenner ihre überragende Macht erweist« (*Vögeli* 422; vgl. *Theißen* 111; 273). Der Einfluß derartiger, vorwiegend hellenistischer Erzählinhalte, Erzählweisen und Erzählabsichten auf die Darstellung des Befreiungswunders Apg 12 ist deutlich. Man muß deshalb aber nicht schon mit *Weinreich* 340 direkte literarische Abhängigkeit annehmen. – Das Motiv wunderbarer Türöffnung findet sich außerdem im antiken Zauberwesen. Es ist durch Zauberpapyri belegt, und *Origenes* (um 200 n. Chr.): Contra Celsum II 34 weiß von Goeten zu berichten, »die durch Beschwörungen Fesseln lösen und Türen öffnen«.

Die Ausgestaltung des *Herodes-Todes* folgt der Art und Weise, in

der in der Antike der Tod von Gottesverächtern geschildert zu werden pflegte. Schon der Tod des Judas wurde Apg 1,18 f. in ähnlicher
Weise dargestellt. Zu den bereits dort erwähnten Zeugnissen lassen
sich unter dem Gesichtspunkt der Todeskrankheit »Wurmfraß«
noch folgende ergänzen: Pheretime »starb eines schlimmen Todes:
Noch zu Lebzeiten wimmelte ihr Körper von Maden. Tatsächlich
bringt zu übertriebene Rachsucht den Neid der Götter« (*Herodot*
IV 205, Übersetzg.: *J. Feix*, Tusculum-Ausgabe, München 1963, S.
653). Kassanders Leib »füllte sich mit Wasser, und während er noch
lebte, kamen Würmer aus ihm hervor« (*Pausanias* IX 7,2). Weitere
Beispiele bietet *Wikenhauser:* Geschichtswert 399 f.

Tradition und redaktionelle Komposition

Der Hauptteil des Textes, die Erzählung des Befreiungswunders mit
seiner Vor- und Nachgeschichte Verse 1–23, wirkt zwar in der jetzigen Form sehr geschlossen, wird aber keine ursprünglich einheitliche Erzähleinheit sein. Lukas dürfte drei Überlieferungen zu einer
kunstvollen Einheit zusammengefügt haben, nämlich die Überlieferung 1. von der Hinrichtung des Jakobus durch Herodes, 2. von der
Befreiung des Petrus und 3. vom Tod des Königs.
1. Für die Aufnahme der Martyriums-Notiz aus vorluk Überlieferungsgut sprechen a) die Kürze der Mitteilung Vers 2; b) die Übereinstimmung der in Vers 3a angegebenen Motivation mit dem bei *Jos*
Ant XIX 6,1–3 geschilderten judenfreundlichen Gebaren Agrippas
I., und c) die Tatsache, daß Lukas selbst das Jakobus-Martyrium
nicht stärker hervorhebt, sondern es nur in die Vorgeschichte ein-
baut.
2. In der Erzählung des Befreiungswunders weisen die Form und der
Inhalt als solche schon auf vorluk Herkunft aus der Petrus-Tradition
hin, und das Lokalkolorit verweist auf eine wohl bereits in der Urgemeinde zu Jerusalem entstandene Grundüberlieferung. Zu ihr gehörte vielleicht die Erwähnung des »eisernen Tores«, das in die Stadt
führt« (Vers 10); sicher aber die Kennzeichnung des Hauses »der
Maria, der Mutter des Johannes« (Vers 12) und die Erwähnung der
Magd Rhode (Vers 13). In die Richtung (hellenistisch-)jüdisch ge-
prägter Überlieferung weisen die Ausdrücke »Und siehe« (Vers 7;
oft in LXX; *Haenchen:* Apg 156 Anm. 9: biblisch-palästinensisches
Kolorit), »Engel des Herrn« (Verse 7.11; oft in LXX) und die Vorstellung vom Schutzengel als himmlischem Abbild des Menschen
Vers 15 (*Bill.* II 707 f.). 3. Daß Nachrichten über den Tod Agrippas
I. in Umlauf waren, ergibt sich aus *Jos* Ant XIX 8,2:

Der König ging 44 n. Chr. nach Cäsarea zu den Festspielen zu Ehren des
Kaisers. »Am zweiten Tag begab sich Agrippa ... in einem Gewande, das
ganz aus Silber gewirkt war, zum Theater. Hier nun leuchtete das Silber ... in
schimmerndem Glanze auf ... Alsbald riefen seine Schmeichler ihm von allen
Seiten zu, nannten ihn Gott und sprachen: Sei uns gnädig! Haben wir dich
bisher nur als Mensch geachtet, so wollen wir in Zukunft ein überirdisches
Wesen in dir verehren. Der König ... wies ihre gotteslästerlichen Schmeiche-
leien nicht zurück. Als er aber gleich darauf den Blick nach oben wandte, sah
er über seinem Haupte auf einem Strick einen Uhu sitzen und erkannte darin
sogleich den Unglücksboten, ... der ihm seinen nahen Tod anzeigte ... Bald
stellten sich auch heftige Schmerzen in seinem Leib ein, ... die ihn in uner-
hörter Weise folterten ... Noch fünf Tage lang ertrug er die Qual in seinen
Eingeweiden, bis ihn dann endlich der Tod erlöste« (Übersetzg.: *Clementz* II
629 f.).

Gemeinsam mit der luk Überlieferung sind der Ort Cäsarea, das
Auftreten im Prachtgewand, die unwidersprochene Verehrung als
Gott, der als göttliche Strafe verstandene qualvolle Tod. Die Unterschiede erklären sich teils durch den Überlieferungs-, teils durch den
Redaktionsprozeß.
Die Zusammenfügung der drei Überlieferungen zu einem Erzählganzen sowie eine inhaltliche und sprachliche Überarbeitung *durch
Lukas* läßt sich u. a. an folgenden Merkmalen erkennen:
1. Der große Anteil der luk Gestaltung am vorausgehenden Text
11,19–30 einerseits und die Selbständigkeit der in Kap. 12 verarbei-
teten Traditionen andererseits lassen annehmen, daß erst Lukas die
zeitliche Verknüpfung Vers 1a geschaffen hat. Sprachlich ganz ähnlich gebildete Anschlüsse finden sich z. B. Lk 13,1; Apg 19,23.
2. Der Ausdruck »Hand anlegen« ist schon Lk 20,19; 21,12 von
Lukas red verwendet worden, und er setzt ihn auch Apg 4,3; 5,18;
21,27 im gleichen Zusammenhang wie hier.
3. Die Hinrichtung des Jakobus durch Herodes Vers 2 sowie das
Wissen um den als Strafgericht verstandenen Tod des Königs Vers 23
könnten Lukas veranlaßt haben, auch die Einkerkerung des Petrus
und seine Befreiung in unmittelbaren Zusammenhang mit Herodes
Agrippa I. zu bringen (Verse 1.3–6) und einleitend allgemein von
einer Verfolgung der Christen durch ihn zu sprechen. Außerdem
zeigt sich darin wiederum das Interesse des Lukas, die Ereignisse der
apostolischen Zeit mit Daten aus der Profangeschichte zu verbinden
(vgl. 11,28).
4. Durch den Hinweis auf die »Tage der ungesäuerten Brote« (Vers
3) und auf das Vorhaben, Petrus »nach dem Osterfest dem Volk vor-
zuführen« (Vers 4) wird eine Beziehung zur Passion Jesu hergestellt,

an der gerade Lukas bei der Darstellung des Erleidens der Jünger-
schicksale gelegen ist (vgl. z. B. Lk 6,40; Apg 5,41; 7,54–60; 19,21;
20,22f.; 21,11).

5. Der Gedanke und sprachliche Ausdruck des Sich-selbst-Öffnens
der Tür (Vers 10 automatē) ist den hellenistischen Erzählungen von
Türöffnungswundern so sehr eigen (Belege bei *Weinreich* 284–333),
daß man dieses Erzählelement als typisch hellenistisch ansehen muß.
Es ist möglich, daß es bereits zum vorluk Erzählbestand gehörte.
Dann wäre dieser schon teilweise hellenistisch geprägt gewesen.
Wahrscheinlicher ist, daß es erst auf Lukas selbst zurückgeht; denn
gerade er trägt auch sonst dem Stilempfinden hellenistisch gebildeter
Leser Rechnung.

6. Charakteristisch für die Gestaltung durch Lukas ist, daß er Petrus
nach seiner Befreiung nicht nur deutlich aussprechen läßt, daß der
Herr ihn aus der Hand des Herodes errettet habe, sondern auch
»aller Erwartung des Volkes der Juden« (Vers 11). Ist an dieser Aussage überhaupt schon auffällig, daß sich Petrus von seinem Volk di-
stanziert, so zeigen überdies der Inhalt und die Wortwahl (vgl. *Lohfink:* Israel 55–58; *Dietrich:* Petrusbild 301–305) deutlich eine Aussageabsicht, die über den konkreten Anlaß der Petrusverhaftung
hinausgeht. Sie entspricht ganz der luk Darstellung, die seit der Steinigung des Stephanus sich vollziehende Trennung zwischen der Kirche und dem ungläubigen Israel, das für Lukas zum Judentum wird,
deutlich zu machen.

7. Der Erkenntnisprozeß (VV 13–17a) ist inhaltlich und formal so
kunstvoll dargestellt und außerdem so auf das negative Gegenstück
(VV 18–23) abgestimmt, daß in dieser Gestaltung ein großer Anteil
des Endredaktors Lukas zu vermuten ist.

Die Wachstums- und Ausbreitungsnotiz Vers 24 stammt von Lukas,
wie der Vergleich mit 6,7; 19,20 u. a. zeigt (vgl. *Zingg:* Kirche 29).

Auch Vers 25 erweist sich als luk Redaktionsarbeit (so auch *Dupont*
221–223); denn die Erwähnung der Rückkehr des Barnabas und Saulus bezieht sich auf die Angabe ihrer Kollektenreise 11,30, die sich
ebenfalls als red zu erkennen gab. Lukas verbindet auf diese Weise
die in Kap. 11 f. dargestellten Ereignisse miteinander und bereitet
überdies die in Kap. 13 beginnende Missionsarbeit des Saulus und
Barnabas sowie ihres Begleiters Johannes Markus vor.

Auslegung

1–6 Lukas ordnet die Ereignisse zeitlich so, daß die Abgesandten
von Antiochia nicht nur die Kollekte nach Jerusalem überbringen,

sondern auch dort während der Verfolgung anwesend sind (11,30; 12,1.25). Auf diese Weise fügt er zu den oben bereits erwähnten vielfältigen Verbindungslinien zwischen den Gemeinden Antiochias und Jerusalems eine weitere hinzu: die der Gemeinschaft im Leiden. – Initiator der Verfolgung ist Herodes Agrippa I. Er war um 10 v. Chr. als Sohn Aristobuls und Berenikes geboren. Von 37 n. Chr. an hatte er die Regentschaft über die Gebiete des Philippus und Lysanias inne. Im Jahre 41 n. Chr. belehnte ihn Klaudius außerdem mit Judäa und Samaria, so daß er von 41–44 n. Chr. über das gesamte Reichsgebiet seines Großvaters Herodes des Großen herrschte. Nach einer Phase der Leichtlebigkeit führte er ein Leben nach jüdischer Observanz und tat viel, um die Gunst der Juden zu gewinnen. Sie blieb ihm nicht versagt. Er genoß die Sympathie des Volkes, auch der Pharisäer. Sein Vorgehen gegen die Christen paßt in dieses Bild. – Der Apostel Jakobus, Bruder des Zebedäiden Johannes, wird namentlich als Todesopfer dieser Verfolgungsaktion genannt. Die juridische Möglichkeit der Hinrichtung durch das Schwert hat *Blinzler:* Rechtsgeschichtliches 191–206 erwiesen. Zum ersten und einzigen Mal wird hier im NT direkt über die Hinrichtung eines Apostels berichtet. Um so mehr fällt die Kürze der Mitteilung auf. Lukas wird mehr gewußt haben, als er sagt. Er verzichtet aber im Sinne seines gradlinigen, einer Einbahnstraße vergleichbaren schriftstellerischen Programms auf Abweichungen (vgl. *Hengel:* Jesus 154). Dementsprechend bleibt auch völlig offen, wer mit den übrigen Verfolgten gemeint ist. Hier, wie auch sonst, wird deutlich, wie wenig Lukas an biographischen Angaben über »die Apostel« interessiert ist. Lediglich auf ihr Gleichgestaltetwerden mit dem leidenden Herrn weist er durch die Zeitangabe der »Tage der ungesäuerten Brote« (Vers 3) hin. Sonst geht es ihm um die Botschaft. Ihre Träger wechseln, ja fallen dem Verfolgungstod anheim. Die Botschaft selbst aber überlebt und breitet sich unaufhaltsam aus (Vers 24). Es ist Gottes Kraft, die sie trägt, die ihr Freiheit schafft und die ihre Gegner überwindet. Davon erzählt die Geschichte vom Befreiungswunder:

7–10 Nachdem vorher die Gefangennahme des Petrus und die Bewachung in sicherstem Gewahrsam als Werk der Menschen berichtet wurde, setzt nun mit »Und siehe« der Bericht über das von Gott bewirkte Geschehen ein. Als Ausführender der göttlichen Rettungstat erscheint der »Engel des Herrn«. Die gesamte Aktivität geht von ihm aus. Petrus gehorcht nur. Er befreit sich nicht selbst, sondern wird befreit. Die Befehle und Handlungen des Engels treiben das

Befreiungsgeschehen voran. Sie sind sehr anschaulich und doch äußerst straff und in einem sich steigernden Ablauf erzählt: Der Engel
tritt auf. Es erstrahlt Licht als Zeichen der Wirklichkeit Gottes. Der
Engel stößt Petrus in die Seite und befiehlt ihm aufzustehen. Petrus
erwacht, und die Fesseln fallen von ihm ab. Dann ergehen die Befehle, sich zu gürten, die Sandalen und den Mantel anzuziehen und
mitzugehen. Alles wird sofort ausgeführt. Es geschieht wie im
Traum und ist doch Wirklichkeit, wie die Reflexion in Vers 9 fest-
stellt. Sodann erfolgt die vollständige Befreiung: das Durchschreiten
der ersten und zweiten Wache und des sich selbst öffnenden Tores,
das in die Stadt führt. Sobald Petrus außer Gefahr ist, scheidet der
Engel von ihm. Die Darstellung ist so stark von der Topik antiker
Erzählungen von Rettungs- und Befreiungswundern geprägt (s. o.),
daß nicht mehr erkennbar ist, worin das Errettungsgeschehen im
einzelnen bestand.

11–17 Petrus wird sich nun seiner Befreiung voll bewußt. Er erkennt
deutlich, daß Gott es ist, der ihn befreit hat, und er spricht diese
Erkenntnis aus. In diesem Kernsatz der Erzählung laufen alle Fäden
zusammen. Alle am Geschehen beteiligten Hauptpersonen sind genannt: der befreite Petrus, der durch seinen Engel rettende Gott, der
Verfolger Herodes und das mit ihm sympathisierende Volk der Juden. Petrus weiß sich durch Gottes Hilfe nicht nur aus der von seiten
des Herodes drohenden konkreten Todesgefahr befreit, sondern
darüber hinaus aus jeder existenzbedrohenden Erwartung, die das
»Volk der Juden« gegen ihn hegt. Die schwer erklärbare Aussage
läßt mindestens erkennen, daß es um eine Trennung zwischen Petrus
und dem jüdischen Volk geht und Petrus es nun mit einem anderen
»Volk« zu tun haben wird (erwogen von *Dietrich:* Petrusbild 305). –
Wie schon Petrus und Johannes nach der Freilassung durch das Synedrium sich zu einer Gruppe der Christengemeinde begaben (4,23),
so sucht jetzt Petrus sofort ein Haus auf, von dem er weiß, daß er
dort Christen antreffen wird. Als Hauseigentümerin wird Maria, die
Mutter des Johannes Markus, genannt. Die Selbstverständlichkeit,
mit der beide Personen in die Erzählung eingeführt werden, setzt
ihre Bekanntheit bei denen voraus, für die die Geschichte erstmals
erzählt wurde. Zugleich lassen die Angaben über das Haus, das
Doppeltor und die Sklavin Rhode einen gewissen Wohlstand der
Besitzerin erkennen. Die folgende Begegnungs- und Erkenntnissze-
ne ist theologisch wohlüberlegt und erzählerisch meisterhaft gestaltet: Niemand von den zur Hausgemeinde Versammelten rechnet mit
einer Befreiung Petri. Das Gebet (Verse 5.12) hatte wohl den Sinn,

Gottes Beistand für Petrus zu erflehen. Doch es tritt eine überraschende Wende ein. Als erste erkennt die Sklavin am Tor den Geretteten. Noch ohne ihn zu sehen, gibt ihr der Klang seiner Stimme die
Gewißheit, daß es Petrus ist. Spontan und überwältigt von Freude,
meldet sie es im Haus. Daß sie sogar zu öffnen vergißt, unterstreicht
ihre Freude und schafft dem Erzähler den Zeitraum und die Möglichkeit, den Erkenntnisprozeß der Versammelten darzustellen. Die
erste Reaktion der Christen im Haus besteht darin, daß sie die Magd
für irrsinnig halten. Da Rhode aber auf ihrer Aussage beharrt, suchen sie eine Erklärung aufgrund ihres Vorstellungshorizontes:
nicht Petrus selbst, sondern sein Schutzengel stehe draußen. Als sie
nach weiterem Klopfen des Petrus öffnen und ihn selbst sehen, geraten sie außer sich. Aber damit sie zu der Einsicht des Glaubens kommen, zu der Petrus selbst gelangt ist, bedarf es seiner Darlegung, daß
der Herr ihn gerettet habe. Die mehrdeutige Wirklichkeit bedarf der
Deutung aus der Glaubenserfahrung und der Erschließung durch
das Wort der Verkündigung. Die Aufforderung Petri, man solle dies
nun auch »Jakobus und den Brüdern« melden (Vers 17c), läßt deutlich erkennen, was auch vorher schon zu vermuten war: es ist nicht
an eine Versammlung aller Christen Jerusalems gedacht. Mit Jakobus ist der Herrenbruder gemeint. Wie aus Apg 15,13; 21,18; Gal
1,19; 2,9.12 hervorgeht, hatte er neben und nach Petrus in der Gemeinde Jerusalems eine führende Rolle inne. Im Sinn des Lukas
dürfte das Nebeneinander der erstmaligen Erwähnung des Jakobus
und der kurzen Notiz über das Fortgehen des Petrus den Führungs-
wechsel in der Jerusalemer Gemeinde andeuten. Er könnte seinen
geschichtlichen Grund in der außerhalb Jerusalems gelegenen Missionsarbeit des Petrus gehabt haben. Daß Lukas nicht an ein endgül-
tiges Fortgehen des Petrus von Jerusalem dachte, zeigt Apg 15, wo
die Anwesenheit Petri auf dem Apostelkonzil als selbstverständlich
gilt. Historische Rückschlüsse, wohin Petrus sich begab, sind kaum
möglich, da die Notiz vermutlich der stilgemäße Abschluß der vorluk Wundererzählung war und nur besagte: Er begab sich in Sicherheit (so *Dibelius:* Aufsätze 87 Anm. 1; *Conzelmann:* Apg 71; *Haenchen:* Apg 371; 376; – *Stählin:* Apg 170 vermutet Antiochia; *Jacquier:* Actes 369 Rom).

18–23 Hat schon die positive Darstellung des Befreiungsgeschehens
den Erweis der überragenden Macht des göttlichen Beistandes zugunsten der bedrängten Gemeinde und ihrer Botschaft zum Ziele
gehabt, so kommt nun dieselbe Absicht unter negativem Aspekt zur
Sprache, nämlich in der Darstellung der Auswirkungen auf die Chri-

stenverfolger und ihre Sympathisanten. Erst am Morgen merken die
Wachen, daß Petrus fehlt. In großer Verwirrung fragen sie, was mit
ihm geschehen sein mag. Herodes selbst greift ein, und da alles Suchen vergeblich ist, läßt er die Soldaten zur Hinrichtung abführen.
Unbekümmert um einen wenigstens denkbar realen Geschehensablauf, entwirft Lukas das Bild des beginnenden Untergangs der
Verfolger als Kontrast zu der vorher geschilderten Heilserfahrung
der Christen: dort die Errettung des Verfolgten und die im Gebet
und in wachsender Glaubenserkenntnis geeinte Gemeinde – hier die
Verwirrung und Ratlosigkeit der Verfolger, die völlige Unfähigkeit,
auch nur ansatzweise zu erahnen, daß Gottes heilschaffende Macht
am Werke ist, und dementsprechend das Fehlurteil des Herodes,
dem das Leben der Soldaten zum Opfer fällt.
Ein Ortswechsel des Herodes von Jerusalem nach Cäsarea ist im
Zusammenhang der Nachrichten über den Tod des Königs auch bei
Jos Ant XIX 8,2 erwähnt. Das Verlassen Jerusalems erscheint in der
luk Erzählung dadurch motiviert, daß die Befreiung des Petrus den
ehrgeizigen Plan des Herodes zunichte gemacht hatte, durch Chri-
stenverfolgungen die Gunst der Juden zu erlangen. Er sucht nun
anderswo und auf andere Weise Anerkennung.
Der von Lukas berichtete Konflikt zwischen Herodes und den Städten Tyrus und Sidon ist sonst nirgendwo bezeugt; aber eine gewisse
wirtschaftliche Abhängigkeit Phöniziens von Palästina ist nachweis-
bar. Lukas wird an wirtschaftliche Streitfragen gedacht haben, die
durch den Kämmerer Blastus, einen hochgestellten Hofbeamten,
geklärt werden konnten. Die gelungene Vermittlung gab Anlaß zu
einem Fest, bei dem der König prunkvoll auftrat, sich feiern und
sogar als Gott verehren ließ. Der auch bei *Jos* Ant XIX 8,2 belegte,
plötzlich nach einem prunkvollen, gotteslästerlichen Auftreten her-
einbrechende Tod des Königs galt Lukas nicht nur als Gottesgericht
über die Anmaßung, sondern zugleich als Strafe für die Christenver-
folgung und als Erweis göttlicher Macht über den ohnmächtigen
Ehrgeiz und über alle Ohn-Mächte, die sich der Ausbreitung des
Evangeliums entgegenstellen.

24–25 Ähnlich, wie es schon 9,31 nach der Abwendung der Verfol-
gungsgefahr hieß, daß die Kirche Frieden hatte und innerlich und
äußerlich wuchs, so wird auch hier nach der überstandenen Gefahr
und dem Außerkraftsetzen des Verfolgers das Wachstum und die
weitere Ausbreitung des Wortes Gottes festgestellt.
Sodann wird abschließend der Erzählfaden von 11,30 nochmals aufgenommen. Lukas schafft eine Überleitung zu der in Kap. 13 begin-

nenden ersten Missionsreise: Nicht nur Barnabas und Saulus kehren
nach Antiochia zurück, sondern es kommt mit ihnen auch Johannes
Markus, der sie auf der ersten Missionsreise bis nach Pamphylien
begleiten wird (13,5.13; 15,38). Ob Johannes Markus mit dem Phm
24; Kol 4,10; 2Tim 4,11; 1Petr 5,13 genannten Markus identisch und
der Verfasser des 2. Evangeliums ist, ist eine vielschichtige Frage. Bei
ihrer Beantwortung müssen mindestens folgende Gesichtspunkte
berücksichtigt werden: 1. Der Name *Markos* = Markus war sehr
verbreitet, so daß mehrfaches Vorkommen nicht schon auf Identität
schließen läßt. 2. In Kol, 2Tim und 1Petr hängt die Erwähnung mit
dem pseudepigraphischen Charakter dieser Schriften zusammen: In
ihnen ist zwar sicher nicht ein anonymer Markus, sondern der aus
Jerusalem stammende zeitweilige Paulusbegleiter gemeint; aber er
wird erwähnt aus dem speziellen Interesse der nachapostolischen
Zeit. In ihr versucht man bereits die Paulus- bzw. Petrustraditionen
zu sichern und die eigenen Schriften u. a. durch konkrete Personen-
angaben aus der Apostelzeit zu autorisieren. 3. Gegen die Annahme,
der in der Apg erwähnte Johannes Markus habe das 2. Evangelium
verfaßt, sprechen: a) Das Mk-Evangelium zeigt, daß vielfältige Traditionen verarbeitet worden sind, die zum Teil lange Überliefe-
rungsprozesse voraussetzen. b) Sein Verfasser besaß nur ungenaue
Ortskenntnis über Palästina. 4. Die altkirchliche Überlieferung, deren frühester Zeuge Papias ist (*Eusebius:* HistEccl III 39, 14–15) und
von dem alle weiteren Zeugnisse abhängen, identifiziert den in der
Apg erwähnten Johannes Markus mit dem in den Briefen genannten
Markus und schreibt ihm als dem Dolmetscher des Petrus in Rom
die Abfassung des 2. Evangeliums zu. Die starke apologetische Tendenz der Papiasnotiz beeinträchtigt aber den Wert ihrer historischen
Aussage. Papias beabsichtigte, die Autorität des 2. Evangeliums dadurch zu sichern, daß er seine Entstehung indirekt mit Petrus verband und seine Kombination wahrscheinlich aus 1Petr 5,13
erschloß.